Russian-English/English-Russian Dictionary
of Free Market Era Economics

Русско-Английский/Англо-Русский Словарь
Экономики Свободного Рынка

Русско-Английский/
Англо-Русский Словарь
Экономики Свободного Рынка

Автор:

М. А. Позин

Издательство «МакФарленд и Компания, Инк.»
Джефферсон, Северная Каролина, и Лондон

Russian-English/ English-Russian Dictionary of Free Market Era Economics

Compiled by

Mikhail A. Pozin

McFarland & Company, Inc., Publishers
Jefferson, North Carolina, and London

British Library Cataloguing-in-Publication data are available

Library of Congress Cataloguing-in-Publication Data

Pozin, Mikhail.
    Russian-English/English-Russian dictionary of free market era
economics / compiled by Mikhail Pozin.
      p. cm.
    ISBN 0-89950-876-6 (lib. binding : 50# alk. paper) ∞
    1. Economics — Dictionaries — Russian. 2. Russian language —
Dictionaries — English. 3. Economics — Dictionaries. 4. English
language — Dictionaries — Russian. I. Title.
HB61.P68   1993
330'.03 — dc20   92-56681
                                                CIP

Manufactured in the United States of America

McFarland & Company, Inc., Publishers
  Box 611, Jefferson, North Carolina 28640

INTRODUCTION

In recent years, Russia has begun a determined transition from a command-type to a market-oriented economy. Simultaneously, the country has entered an era of political democratization. These events have opened new commercial opportunities for companies and individual entrepreneurs. Also, a huge amount of information has become available for analysis and research by scholars, economists, and students who work or study in business-oriented fields.

The need for a comprehensive commercial dictionary which helps the user understand new terms and those rarely used in the former Soviet Union is evident. Unfortunately, in the West there has been no commercial bilingual dictionary published in recent years. A small number of dictionaries which have been published in Russia are available in English-Russian versions only and are designed exclusively for Russian speaking readers. In order to rectify the situation, this new, comprehensive English-Russian / Russian-English dictionary has been developed to satisfy the needs of both English and Russian speaking audiences.

The material comes mostly from Russian and American books, newspapers, and journals published in the last five years. It primarily covers such areas as accounting, advertising, commerce and trade, corporate law, financial markets, insurance, marketing, licensing and patents. A few colloquial and slang terms which have become a part of the everyday business vocabulary have been included in the text. Also, some entries deal with new types of equipment and technologies which play or have the potential to play an important role in international trade.

This dictionary can be used by readers who have little or no knowledge of business terminology. Russian words have stress marks and are identified by gender or their function in a sentence. The verbs, whenever possible, are given both in perfective and imperfective forms. Also identified are the most common noun cases and prepositions associated with these verbs. Multiple entries pertaining to the same subject and supplemented by noun and verb phrases allow the reader to deduce the meaning of an unknown term even when no exact match can be found in the dictionary. Some highly technical terms, for instance: "forward contract," "futures," "call options," are clarified with short explanations. The area in which a particular term is used (such as, finance, law, etc) is indicated in parentheses,

List of Abbreviations

abbr.	abbreviation	gen.	genitive case
acc.	accusative case	inst.	instrumental case
adj.	adjective	m.	masculine noun
adv.	adverb	n.	neuter noun
dat.	dative case	pl.	plural
e.g.	for example	prep.	prepositional case
f.	feminine noun	v.	verb

English Alphabet
Английский алфавит

Aa	Nn
Bb	Oo
Cc	Pp
Dd	Rr
Ee	Ss
Ff	Tt
Gg	Uu
Hh	Vv
Ii	Ww
Jj	Xx
Kk	Yy
Ll	Zz
Mm	

Russian Alphabet
Русский Алфавит

Аа	Мм	Щщ
Бб	Нн	ъ
Вв	Оо	ы
Гг	Пп	ь
Дд	Рр	Ээ
Ее	Сс	Юю
Её	Тт	Яя
Жж	Уу	
Зз	Фф	
Ии	Хх	
Йй	Цц	
Кк	Чч	
Лл	Шш	

ВВЕДЕНИЕ

В последние годы, в России, начался решительный переход от социалистической экономики к рыночной. Одновременно, этот процесс сопровождается политикой демократизации общества. В результате, в стране, как для компаний, так и для отдельных бизнесменов открылись новые коммерческие и деловые возможности. Кроме того, огромное количество информации стало доступным для экономистов, аналистов и студентов, которые проводят исследования или учатся в сфере бизнеса.

Необходимость наличия подробного коммерческого словаря, который дал бы возможность читателю разобраться как в новых, так и ранее редко используемых в бывшем Советском Союзе деловых терминах, совершенно очевидна. К сожалению, на Западе двуязычные словари, связанные с Советской или Российской экономикой, не издавались на протяжении уже многих лет. Несколько словарей изданных в России, доступны, почти без исключения, лишь в англо-русском варианте, что делает их пригодными, в основном, только для русскоязычной аудитории. Чтобы избежать этого недостатка и сделать перевод деловой терминологии возможным как для русского, так и для англоязычного читателя, данный словарь был составлен в двух частях: англо-русской и русско-английской.

Материал используемый в словаре был взят, главным образом, из русских и американских книг, газет и журналов, опубликованных за последние пять лет. Он подобран так, чтобы как можно подробнее представить терминологию в таких областях, как биржевая деятельность, бухгалтерское дело, деловое законодательство, коммерция, лицензирование и патентование, маркетинг, реклама и страхование. Среди прочих терминов, в текст были включены некоторые слэнговые выражения, которые уже стали неотъемлемой частью делового языка. Кроме того, в текст вошли некоторые слова, описывающие новые типы машин, оборудования и технологий, играющие или потенциальноспособные играть важную роль в международной торговле.

Предлагаемый словарь рассчитан на читателей, которые не обладают или имеют лишь ограниченное знание деловой терминологии. Русские слова снабжены ударениями и идентифицированы по их грамматическим признакам и функции в предложении. Глаголы указаны как в несовершенном, так и в совершенном виде. Кроме того, приведены наиболее часто встречающиеся с данным глаголом падежи существительных и предлоги. Ряд терминов, относящихся к одному и тому же предмету и пояснённые сопутствующими терминологическими сочетаниями, позволяют читателю определить значение искомого слова или выражения, даже если в тексте нет его точного эквивалента. Некоторые специфические термины, как например, "опцион", "форвардный контракт", или "фьючерсные сделки", снабжены краткими пояснениями. Область, в который используется данный термин указана в скобках, как-то: "finance", "patent" и т. д.

Список условных сокращений и обозначений

abbr.	сокращение	inst.	творительный падеж
acc.	винительный падеж	law	юридический термин
adj.	имя прилагательное	m.	мужской род
adv.	наречие	n.	средний род
colloquial	разговорное	patent	патентный термин
dat.	дательный падеж	pl.	множественное
e.g.	например		число
f.	женский род	prep.	предложный падеж
finance	финансовый термин	slang	слэнг
gen.	родительный падеж	v.	глагол

Английский алфавит
English Alphabet

Aa	Nn
Bb	Oo
Cc	Pp
Dd	Rr
Ee	Ss
Ff	Tt
Gg	Uu
Hh	Vv
Ii	Ww
Jj	Xx
Kk	Yy
Ll	Zz
Mm	

Русский Алфавит
Russian Alphabet

Аа	Мм	Щщ
Бб	Нн	ъ
Вв	Оо	ы
Гг	Пп	ь
Дд	Рр	Ээ
Ее	Сс	Юю
Ёё	Тт	Яя
Жж	Уу	
Зз	Фф	
Ии	Хх	
Йй	Цц	
Кк	Чч	
Лл	Шш	

A

abandon a claim   1. отка́зываться / отказа́ться от и́ска; 2. отка́зываться / отказа́ться от притяза́ний

abandon a patent   отка́зываться / отказа́ться от пате́нта

abandon price control   отменя́ть / отмени́ть контро́ль над це́нами

ability to adjust to market economy   приспособля́емость к ры́нку,

ability to compete   конкурентоспосо́бность, f.

able-bodied   трудоспосо́бный, adj.

above document   вышеука́занный докуме́нт

above list   вышеука́занный пе́речень

above what is planned   сверхпла́новый, adj.

absence   1. отсу́тствие, n.; 2. недоста́ток чего́-либо

absence of choice   отсу́тствие вы́бора

absentee   отсу́тствующий, adj.

absentee owner   отсу́тствующий владе́лец (владелец, не принима́ющий непосредственного участия в делах)

absenteeism   прогу́л, m.

absorbed costs   изде́ржки, при́нятые на свой счет

abstain   возде́рживаться / воздержа́ться (от + gen), v.

abstain from entering into contracts   возде́рживаться / воздержа́ться от заключе́ния догово́ров

abstract   1. рефера́т описа́ния изобрете́ния (patent); 2. аннота́ция, f.; 3. абстра́кт, m.; 4. кра́ткое изложе́ние содержа́ния

abstract of account   вы́писка из счёта

abuse   злоупотребле́ние, n.

abuse of credit   злоупотребле́ние креди́том

abuse of power

злоупотребле́ние вла́стью

abuse of rights   злоупотребле́ние права́ми

abuse of trust   злоупотребле́ние дове́рием

abuses in trade   злоупотребле́ния в торго́вле

accelerate   ускоря́ть / уско́рить (+ acc.), v.

accelerated depreciation   уско́ренная амортиза́ция

accelerated prosecution off a patent application   уско́ренное рассмотре́ние пате́нтной зая́вки

acceptable draft of a contract   прие́млемый прое́кт контра́кта

acceptable price   прие́млемая цена

acceptable quality   прие́млемое ка́чество

accept a check   принима́ть / приня́ть чек (в качестве оплаты)

accept an invitation   принима́ть / приня́ть приглаше́ние

accept an objection   принима́ть / приня́ть возраже́ние

accept an order   принима́ть / приня́ть зака́з (к исполнению)

acceptance   1. акце́пт (подтверждение обязательства, например, признание векселя должником) (finance), m.; 2. акце́птная опера́ция; 3. приня́тие к опла́те; 4. приня́тие, n.; 5. сда́ча-приёмка

acceptance certificate   1. акт сда́чи-приёмки; 2. приёмно-сда́точный акт

acceptance credit   акце́птный креди́т

acceptance in the customer's presence   сда́ча-приёмка в прису́тствии зака́зчика

acceptance in the transshipment of cargo   сда́ча-приёмка при перева́лке гру́за

acceptance is made on time   акце́пт проведён в срок

acceptance of a bill of exchange   акце́пт ве́кселя

acceptance of a bid   приня́тие предложе́ния (например, на аукционе или бирже)

acceptance of cargo   зарегистри́ро-

ванная сдáча-приёмка грýза
acceptance of equipment
сдáча-приёмка оборýдования
accepted claim прúнятая претéнзия
accepted order прúнятый óрдер
accepted standard
прúнятый стандáрт
access дóступ, m.
access to foreign markets
дóступ к междунарóдным рынкам
access to markets дóступ к рынкам
access to technology
дóступ к технолóгии
accident 1. несчáстный слýчай;
2. случáйность, f.; 3. авáрия, f.
accident insurance страховáние
прóтив несчáстного слýчая
accident rate коэффициéнт
произвóдственного травматúзма
accidental disclosure
случáйное раскрытие существá
изобретéния (patent)
accompanying document
1. сопроводúтельный докумéнт;
2. сопроводúловка (colloquial), f.
account 1. счёт (напримeр в банке
или компании), m.; 2. отчёт, m.
account in dollars дóлларовый счет
account number нóмер счёта
(напримeр, в банке)
account settlements in rubles
оплáта счетóв в рублях
accountability отчётность, f.
accountant 1. бухгáлтер, m.;
2. ревизóр, m.; 3. аýдитор, m.
accounting бухгалтéрия, f.
accounting entry
бухгáлтерская зáпись
accounting firm 1. аудитóрская
фúрма; 2. бухгáлтерская фúрма
accounting information
отчётная информáция
accounting methods
мéтоды бухгáлтерского учёта
accounting period отчётный перúод
accounting policy 1. полúтика
бухгáлтерского учёта; 2. óбщие
прúнципы бухгáлтерского учёта
accounting practices
прáктика учёта
accounting principles

прúнципы учёта
accounting procedure
мéтод бухгáлтерского учёта
accounting records
дáнные бухгáлтерского учёта
accounting software
компьютерная бухгалтéрия
accounting system систéма учёта
accounts outstanding
сýмма обязáтельств по счётам
accounts payable
счетá, подлежáщие оплáте
accounts receivable
счетá к получéнию
accreditation аккредитáция, f.
accrue
нарáщивать / нарастúть (+ acc.), v.
accrued charges нарóсшие сбóры
accrued interest
нарóсшие процéнты
accrued items начислéния, pl.
accrued liabilities
срóчные обязáтельства
accrued taxes
налóговые начислéния
accruing debt нарастáющий долг
accumulate
накáпливать / накопúть (+ acc.), v.
accumulate funds
аккумулúровать срéдства, v.
accumulated data
накóпленные дáнные
accumulated debt накóпленный долг
accumulated deficit
накóпленный дефицúт
accumulated dividend
нераспределённые дивидéнды
accumulated error
накóпленная ошúбка
accumulated inventory
накопúвшиеся запáсы
accumulated savings
накопúвшиеся сбережéния
accumulated stocks
накопúвшиеся запáсы
accumulation
1. накоплéние, m.; 2. прирóст, m.
accumulation of capital
накоплéние капитáла
accuracy of assessment
прáвильность оцéнки

acid rain   кисло́тный дождь
acknowledgement of an order
подтвержде́ние зака́за
acquire   1. приобрета́ть /
приобрести́ (+ acc.), v.;
2. скупа́ть / скупи́ть (+ acc.), v.
acquire a company   приобрета́ть /
приобрести́ компа́нию
acquire control   приобрета́ть /
приобрести́ контро́ль
acquire securities   приобрета́ть /
приобрести́ це́нные бума́ги
acquire shares
скупа́ть / скупи́ть а́кции
acquisition   1. приобрете́ние, n.;
2. получе́ние, n.; 3. завоева́ние, n.
acquisition cost
сто́имость приобрете́ния
acquisition of market power
завоева́ние госпо́дства на ры́нке
acquisition of property
приобрете́ние со́бственности
acquisition of technology
получе́ние техноло́гии
across the board
1. о́бщий, adj.; 2. каса́ющийся всех
across the board cuts   повсеме́ст-
ное сниже́ние расхо́дов
across the board wage increase
о́бщее повыше́ние за́работной
пла́ты
act   1. зако́н, m.; 2. акт, m.;
3. де́йствовать, v.; 4. исполня́ть /
исполнить (+ acc.), v.
act of purchase   акт ку́пли
act of sale   акт прода́жи
act of standards   нормати́вный акт
acting director   исполня́ющий
обя́занности дире́ктора
action   1. реше́ние пате́нтного
ве́домства; 2. де́йствие, n.
active balance   1. акти́вный бала́нс;
2. положи́тельный бала́нс;
3. акти́вное са́льдо
active balance of trade
акти́вный торго́вый бала́нс
active debt   непога́шенный долг
activity   1. акти́вность, f.;
2. де́ятельность, f.
actual   1. факти́ческий, adj.;
2. действи́тельный, adj.

actual arrangement
факти́ческая договоре́нность
actual cost   факти́ческие изде́ржки
actual data   факти́ческие да́нные
actual expenses
факти́ческие затра́ты
actual hours
факти́чески отрабо́танное вре́мя
actual inventor
действи́тельный изобрета́тель
actual loss   факти́ческие поте́ри
actual participation
факти́ческое уча́стие
actual patent holder   действи́тель-
ный патентовладе́лец
actual performance
факти́ческая производи́тельность
actual refusal   факти́ческий отка́з
actual sales   факти́ческие прода́жи
actual shortage
факти́ческая недоста́ча
actual situation   1. реа́лия дня;
2. действи́тельное положе́ние дел;
3 сложи́вшаяся ситуа́ция
actual state of the market
теку́щее состоя́ние ры́нка
actual value
действи́тельная сто́имость
acute shortage   о́стрый дефици́т
acute shortage of goods
това́рный го́лод
ad   рекла́мное объявле́ние (abbr.)
ad campaign   рекла́мная кампа́ния
adapter   ада́птер, m.
addition   доба́вка, f.
additional application   1. допол-
ни́тельная зая́вка (patent);
2. зави́симая зая́вка (patent)
additional charge   1. надба́вка, f.;
2. дополни́тельный сбор
де́нег; 3. дополни́тельное
обвине́ние (law)
additional clarifications
дополни́тельные объясне́ния.
additional cost
дополни́тельный расхо́д
additional expense
дополни́тельный расхо́д
additional incentives
дополни́тельные сти́мулы
additional markup   дополни́тельная

наце́нка

additional shipment
дополни́тельная отгру́зка

additional tax
дополни́тельный нало́г

additional terms
дополни́тельные усло́вия

addressee   1. адреса́т, m.;
2. получа́тель, m.

add up   сумми́ровать (+ асс.), v.

adequate data   доста́точные да́нные

adequate supply of goods   удовле-
твори́тельное това́рное покры́тие

**adhere to the rejection of a patent
application**   соглаша́ться /
согласи́ться с отка́зом по зая́вке
на пате́нт

adjudicated patent
пате́нт, рассмо́тренный в суде́

adjust   1. корректи́ровать / скор-
ректи́ровать (+ асс.), v.; 2. исправ-
ля́ть / испра́вить (+асс.), v.; 3. по-
правля́ть / попра́вить (+ асс.),v.

adjusted data
скорректи́рованные да́нные

adjusted for changes in prices
с попра́вкой на измене́ние цен

adjusted for seasonal variations   с
попра́вкой на сезо́нные колеба́ния

adjusted total   оконча́тельный ито́г

adjustment   1. согласова́ние, n.;
2. корректиро́вка, f.; 3. урегули́ро-
вание, n.; 4. приспособле́ние, n.

adjustment for depreciation
амортизацио́нное регули́рование

adjustment of claims
урегули́рование прите́нзий

adjustment process
проце́сс приспособле́ния

adjustment tables
табли́цы для пересче́та

adjustment to market change
приспособле́ние к измене́ниям на
ры́нке

administration   1. администра́ция, f.;
2. управле́ние, n.

administrative   1. администрати́в-
ный, adj.; 2. управле́нческий, adj.

administrative act
администрати́вный акт

administrative action   реше́ние

операти́вного хара́ктера

administrative and legal regulation
администрати́вно-правово́е
регули́рование

administrative costs
1. администрати́вные расхо́ды;
2. управле́нческие расхо́ды

administrative expenses
1. администрати́вные расхо́ды;
2. управле́нческие расхо́ды

administrative personnel
1. администрати́вный персона́л;
2. управле́нческий персона́л

administrative staff
администрати́вный персона́л

administrative work
управле́нческая рабо́та

admission fee   вступи́тельный взнос

admit guilt   признава́ть / призна́ть
себя́ вино́вным

admitted fault   при́знанная вина́

adoption   адапта́ция, f.

ad-time   эфи́рное вре́мя (отведенное рекла́ме)

ad valorem tax   адвало́рная по́шли-
на (налог на дополнительную стоимость, устанавливаемый в виде
процента от стоимости товара)

advance   1. достиже́ние, n.;
2. прогре́сс, m.; 3. ава́нс, m.

advance account   ава́нсовый отчёт

advance advertising   предвари́тель-
ная рекла́ма (до появления товара
в продаже)

advance as a delivery
ава́нс в ви́де поста́вки

advance delivery
доста́вка в креди́т

advance in price   повыше́ние цены́

advance in science
нау́чный прогре́сс

advance in the amount of ...
ава́нс на су́мму ...

advance in the art   прогре́сс в
да́нной о́бласти те́хники (patent)

advance money   де́нежный ава́нс

advance order
предвари́тельный зака́з

advance payment
ава́нсовый платёж

advanced   1. ависи́рованный, adj.;

2. передовóй, adj.; 3. рáзвитый, adj.
advanced capital
    авансúрованный капитáл
advanced method
    передовóй спóсоб
advanced technology
    передовáя технолóгия
advancement of a patent
application   ускóренное
    рассмотрéние заáвки (patent)
advances topped declines ... to ...
    колúчество вúросших áкций
    компáний превúсило колúчество
    упáвших в отношéнии ... к ...
advertise   рекламúровать (в+ prep.;
    + acc.), v.
advertise an invention
    рекламúровать изобретéние
advertise for something   давáть /
    дать объявлéние о чем-лúбо
advertise goods at an exhibition
    рекламúровать товáры на
    вúставке
advertised goods
    рекламúруемые товáры
advertisement   1. реклáма, f.;
    2. реклáмное объявлéние
advertisement in a magazine
    журнáльная реклáма
advertisement-led demand
    спрос, вúзванный реклáмой
advertisement manager
    начáльник отдéла реклáмы
advertisement of an innovation
    реклáма новúнки
advertisement of retail trade
    реклáма рóзничной торгóвли
advertisement rates
    тарúф на реклáмные объявлéния
advertisement release
    вúпуск реклáмы
advertiser   1. рекламодáтель, m.;
    2. публикáтор реклáмы
advertising   реклáмный, adj.
advertising agency
    реклáмное агéнство
advertising agent   реклáмный агéнт
advertising allowance
    ассигновáния на реклáму
advertising appeal
    привлекáтельность реклáмы

advertising approach   идéя,
    полóженная в оснóву реклáмы
advertising article
    реклáмная статья́
advertising artist
    реклáмный худóжник
advertising booklet
    реклáмный буклéт
advertising budget
    бюджéт на реклáму
advertising business
    реклáмное дéло
advertising campaign
    реклáмная кампáния
advertising costs
    расхóды на реклáму
advertising design
    реклáмное оформлéние
advertising effectiveness
    эффектúвность реклáмы
advertising expenditures
    расхóды на реклáму
advertising in a catalogue
    рекламúрование в каталóге
advertising information
    реклáмная информáция
advertising leaflet
    реклáмный листóк
advertising literature
    реклáмная литератýра
advertising materials   реклáмные
    материáлы (напримéр, фотогра-
    фии, описáния, образцы и пр.)
advertising media   срéдства широ́-
    кого распространéния реклáмы
advertising on radio and television
    рекламúрование по рáдио и
    телевúдению
advertising poster
    плакáтная реклáма
advertising power
    сúла воздéйствия реклáмы
advertising price list
    реклáмный прейскурáнт
advertising program
    реклáмная прогрáмма
advertising prospectus
    реклáмный проспéкт
advertising research
    исслéдование в óбласти реклáмы
advertising services

услу́ги в о́бласти рекла́мы
advertising strategy
рекла́мная страте́гия
advertising supplement
рекла́мное приложе́ние
advertising through mass media
реклами́рование сре́дствами
ма́ссовой информа́ции
advertising trademark
рекла́мный това́рный знак
advisory   консультати́вный, adj.
advisory board
консультати́вный сове́т
advisory group
консультати́вная гру́ппа
Advisory Letter   консультати́вное
реше́ние экспе́рта   (patent)
aerospace firm
аэрокосми́ческая фи́рма
aerospace industry 1. авиацио́нно-
косми́ческая промы́шленность;
2. звёздный би́знес (colloquial)
affect the market
влия́ть / по́влия́ть на ры́нок
affiant
лицо́, даю́щее аффиде́вит (law)
affidavit   аффиде́вит (засвидетель-
ствованные пи́сьменные
показа́ния) (law), m.
affidavit of support
фина́нсовый гара́нт
affiliate   1. доче́рнее предприя́тие;
2. филиа́л
affixed signature
поста́вленная по́дпись
affluent community
влия́тельные круги́
affordability of services
досту́пность услу́г
affordable housing
недорого́е жилье́
after allowing for inflation
с учётом инфля́ции
after sales service
обслу́живание по́сле прода́жи
after-tax earnings   чи́стый
за́работок по́сле вы́чета нало́гов
after-tax profit
при́быль за вы́четом нало́га
age discrimination   дискрими-
на́ция по при́знаку во́зраста

agency   1. аге́нство, n.;
2. учрежде́ние, n.; 3. бюро́, n.;
4. организа́ция, f.;
agency fee for services
сто́имость услу́г аге́нства
agency personnel
персона́л аге́нства
agenda   пове́стка дня
agent   аге́нт, m.
aggregate   1. совоку́пный, adj.;
2. обобщённый, adj.;
3. сумма́рный, adj.
aggregate costs
1. сумма́рные изде́ржки;
2. совоку́пные изде́ржки
aggregate data
1. обобщённые показа́тели;
2. совоку́пные да́нные
aggregate demand
совоку́пный спрос
aggregate incomes
совоку́пные дохо́ды
aggressive sales effort
энерги́чная кампа́ния по прода́же
agree   1. догова́риваться / догово-
ри́ться (о + prep.; с+ inst.), v.;
2. соглаша́ться / согласи́ться (на
+ acc.; с + inst.), v.
agree on price   догова́риваться /
договори́ться о цене́
agree to sign something
соглаша́ться / согласи́ться
подписа́ть что-ли́бо
agree upon a choice   согласо́вывать
/ согласова́ть вы́бор
agree upon an exchange
догова́риваться / договори́ться
об обме́не
agree upon payment   догова́ривать-
ся / договори́ться об опла́те
agreed cost   догово́рная сто́имость
agreed price   согласо́ванная цена
agreed tariff   согласо́ванный тари́ф
agreed upon   1. договорённый, adj.;
2. согласо́ванный, adj.
agreement   1. соглаше́ние, n.; 2.
договорённость, f.; 3. контра́кт, m.
agreement between parties
соглаше́ние сторо́н
agreement of service
контра́кт на обслу́живание

agreement on direct business ties
договор о прямы́х деловы́х свя́зях

agreement on economic and
technical cooperation   соглаше́ние
об экономи́ческом и
техни́ческом сотру́дничестве

agreement on mutual supplies
соглаше́ние о взаи́мных поста́вках

agricultural
сельскохозя́йственный, adj.

agricultural cooperative
сельскохозя́йственный кооперати́в

agricultural export / import
э́кспорт-и́мпорт сельскохозя́йст-
венной проду́кции

agricultural non-food products
непродово́льственное
сельскохозя́йственное сырье́

agricultural prices   це́ны на сель-
скохозя́йственную проду́кцию

agricultural procurement prices
сельскохозя́йственные
заготови́тельные це́ны

agricultural subsidies   субси́дии на
сельскохозя́йственную проду́кцию

agriculture   се́льское хозя́йство, n.

agriculture and related industries
се́льское хозя́йство и сме́жные
о́трасли

agro-business   1. агроби́знес, m.;
2. агропромы́шленный ко́мплекс
в эконо́мике

air-conditioner   кондиционе́р, m.

air-emissions standards   но́рмы
вы́броса в атмосфе́ру вре́дных
веще́ств

air fare   1. возду́шный тари́ф;
2. сто́имость авиабиле́та

air freight rates
тари́фы возду́шных перево́зок

air freight   1. авиафра́хт, m.;
2. возду́шный груз

airline agency
аге́нство авиакомпа́нии

airmail letter   авиаписьмо́, n.

airway bill   грузова́я накладна́я
возду́шного сообще́ния

alien resident   иностра́нный
по́дданный, постоя́нно
прожива́ющий в да́нной стране́

all copyrights reserved   все

а́вторские права́ сохраня́ются
(фо́рмула, предупрежда́ющая о
защи́те публика́ции зако́ном об
а́вторских права́х)

all expense paid trip   по́лностью
опла́ченная пое́здка

allocate   1. распределя́ть /
распредели́ть (+ acc.), v.;
2. асигно́вывать / ассигнова́ть (+
acc.), v.; 3. отчисля́ть / отчи́слить
(+ acc.), v.; 4. выделя́ть /
вы́делить (+ acc.), v.

allocate funds for current expenses
выделя́ть / вы́делить сре́дства
на теку́щие расхо́ды

allocate markets   распределя́ть /
распредели́ть ры́нки

allocate resources   распределя́ть /
распредели́ть ресу́рсы

allocated funds
вы́деленные сре́дства

allocation   1. ассигнова́ние, n.;
2. выделе́ние, n.; 3. отчисле́ния,
pl.; 4. распределе́ние, n.

allocation of labor
распределе́ние рабо́чей си́лы

allocation of risks between the
parties   распределе́ние ри́ска
ме́жду сторона́ми

allocations from an account
отчисле́ния со сче́та

allow a discount   предоставля́ть /
предоста́вить ски́дку

allow an application   признава́ть /
призна́ть предме́т зая́вки
патентоспосо́бным (patent)

allow ... days for delivery
доста́вка займе́т ... дней

allow insurance policy to lapse
позво́лять / позво́лить
страхово́му контра́кту исте́чь

allowance   1. надба́вка, f.; 2. посо́-
бие, n.; 3. приня́тие во внима́ние;
4. реше́ние о призна́нии изобре-
те́ния патентоспосо́бным (patent)

allowance for contingencies
надба́вка на непредви́денные
расхо́ды

all rights reserved   все права́ сохра-
ня́ются (фо́рмула, предупреж-
да́ющая о защи́те прав зако́ном)

all risks insurance страхова́ние от
всех ви́дов ри́ска,

all-time high реко́рдно высо́кий
у́ровень (например, какого-либо
финансового индекса)

all-time low реко́рдно ни́зкий
у́ровень (например, курса акций)

alternative 1. альтернати́ва, f.;
2. вариа́нт, m.

alternative design вариа́нт прое́кта

alternative fuels
1. нетрадицио́нные ви́ды то́плива;
2. ины́е приго́дные ви́ды то́плива

alternative goods and services
взаимозаменя́емые това́ры и
услу́ги

alternative sources of energy
1. нетрадицио́нные исто́чники
эне́ргии (например, солнечная
энергия); 2. ины́е приго́дные
исто́чники эне́ргии

ambiguous claim нея́сный пункт
фо́рмулы изобрете́ния (patent)

amend a paragraph вноси́ть /
внести́ измене́ния в пара́граф

amend a patent application
исправля́ть / испра́вить зая́вку на
пате́нт

amended item испра́вленный пункт

amendments in a draft of a contract
измене́ния в прое́кте контра́кта

American Express card Аме́рикэн
экспре́сс (кредитная карточка)

American Stock Exchange
Америка́нская (фондовая) би́ржа

amortization costs
амортизацио́нные расхо́ды

amount 1. коли́чество, n.;
2. су́мма, f.; 3. разме́р,

amount appropriated by resolution
су́мма, ассигно́ванная по
резолю́ции

amount due
су́мма, подлежа́щая опла́те

amount in rubles су́мма в рубля́х

amount of allocations
су́мма ассигнова́ний

amount of a loan су́мма за́йма

amount of an advance
разме́р ава́нса

amount of clearing payments

объём платеже́й по кли́рингу

amount of commission
разме́р коми́ссии

amount of compensation
су́мма де́нежной компенса́ции

amount of convertible currency
provided by the state to its
enterprises валю́тный лими́т
госуда́рственных предприя́тий

amount of deductions
су́мма вы́четов

amount of loss су́мма убы́тка

amount of payment разме́р опла́ты

amount of security
разме́р обеспече́ния

amount of settlement су́мма убы́т-
ка, подлежа́щая возмеще́нию (в
соответствие с договоренностью)

amount of outstanding debt
су́мма невы́плаченного до́лга

ample security доста́точное
обеспече́ние (например, залогом)

analysis ана́лиз, m.

analysis of the competitiveness
of a company ана́лиз конкуренто-
спосо́бности компа́нии

analysis of creditworthiness
ана́лиз кредитоспосо́бности

analysis of inflationary processes
ана́лиз инфляцио́нных проце́ссов

analysis of money circulation
ана́лиз де́нежного обраще́ния

analysis of the balance
ана́лиз состоя́ния бала́нса

analyst 1. анали́ст, m.;
2. иссле́дователь, m.

analyze a sample
анализи́ровать образе́ц

annual годово́й, adj.

annual auction ежего́дный аукцио́н

annual consumption
годово́е потребле́ние

annual fair ежего́дная я́рмарка

annual fee ежего́дная по́шлина

annual receipts годово́й дохо́д

annual report годово́й отчёт

annual return on investment годо-
во́й дохо́д на вло́женный капита́л

annual savings годова́я эконо́мия

annual turnover годово́й оборо́т

annuity 1. ежего́дная ре́нта;

2. аннуите́т (finance), m.

annuity bonds   ре́нтные облига́ции
(не имеют срока погашения.
Владелец получает проценты,
пока он держит облигации)

annul   аннули́ровать (+ acc.), v.

annul a patent
аннули́ровать пате́нт

$...-an-ounce gold
зо́лото по ... до́лларов за у́нцию

anticipated losses
ожида́емые убы́тки

anti-dumping levy
антиде́мпинговый нало́г

anti-labor   антирабо́чий, adj.

antiquated equipment
устаре́вшее обору́дование

anti-recession policy   антикри́зис-
ная экономи́ческая поли́тика

anti-trust law   антимонопо-
листи́ческое законода́тельство

anything of value   всё, что име́ет
це́нность (для продажи)

apartment complex
многокварти́рный дом

appeal   1. хода́тайство, n.;
2. апелля́ция, f.; 3. про́сьба, f.;
4. обжа́лование, n.; 5. касса́ция, f.;
6. привлека́тельность, f.

appeal before a higher court
обжа́лование пе́ред вышестоя́щим
судо́м

appeal of a decision
обжа́лование реше́ния

Appelant's Brief   запи́ска истца́
(подаваемая в апелляционную
инстанцию) (law)

appendix   приложе́ние, n.

appendix to an order
приложе́ние к о́рдеру

appliances department
отде́л бытовы́х электроприбо́ров

applicant   1. проси́тель, m.;
2. соиска́тель (например, на
объявленную вакансию), m.;
3. пода́тель зая́вки; 4. заяви́тель
на пате́нт (patent)

application
1. зая́вка, f.; 2. про́сьба, f.; 3. при-
мене́ние, n.; 4. испо́льзование, n.;
5. хода́тайство, n.

application documents
материа́лы зая́вки

application for a trademark
зая́вка на торго́вый знак

application for a visa
хода́тайство о ви́зе

application form   1. анке́та
(например, для поступления на
работу), f.; 2. бланк зая́вки

**application for participation
in an auction**   зая́вка на уча́стие
в аукцио́не

application of quotas   квоти́рование
(установление ограничений,
например, на объем экспорта
какого-либо продукта), n.

application to arbitration
заявле́ние в арбитра́ж

applied research
прикладны́е иссле́дования

apply sanctions
налага́ть / наложи́ть са́нкции

appointment   1. назначе́ние (например, на работу), n.; 2. встре́ча, f.;
3. прие́м (например, у врача), m.

appointment to a position
назначе́ние на пост

appraisal   оце́нка, f.

appraised value
оце́нная сто́имость

appraiser   оце́нщик, m.

approach
1. подхо́д, m.; 2. ме́тод, m.

appropriate   1. ассигно́вывать /
ассигнова́ть (+ acc.), v.; 2. при-
сва́ивать / присво́ить (+ acc.), v.;
3. предназнача́ть / предназна́чить
(+ acc.; + dat.), v.;
4. соотве́тствующий, adj.

appropriate money for something
ассигно́вывать / ассигнова́ть
де́ньги на что-либо

appropriate package
соотве́тствующий паке́т

appropriate somebody's property
присва́ивать / присво́ить чужу́ю
со́бственность

appropriation   1. ассигнова́ние, n.;
2. выделе́ние средств; 3. превра-
ще́ние в свою́ со́бственность

appropriation account

счет ассигнова́ний

appropriation of funds
ассигнова́ние де́нежных средств

approve 1. утвержда́ть /
утверди́ть (+ асс.), v.; 2. одобря́ть
/ одо́брить (+ асс.), v.; 3. разре-
ша́ть / разреши́ть (+ асс.), v.

approve a list
утвержда́ть / утверди́ть спи́сок

approve a loan разреша́ть /
разреши́ть вы́дачу за́йма

approve a plan
утвержда́ть / утверди́ть план

approved arrangement
одо́бренная договорённость

approved draft of a contract
утверждённый прое́кт контра́кта

approved price list
утверждённый прейскура́нт

approved tariff
утверждённый тари́ф

approximate price
приблизи́тельная цена

arbitrary approach
произво́льный подхо́д

arbitrary assumption
произво́льное допуще́ние

arbitration 1. арбитра́ж, m.;
2. трете́йский суд

arbitration agreement
арбитра́жное соглаше́ние

arbitration award
реше́ние арбитра́жа

arbitration clause 1. пункт
об арбитра́же в контра́кте;
2. арбитра́жная огово́рка

arbitration commission
арбитра́жная коми́ссия

arbitration decision
реше́ние арбитра́жа

arbitration documentation
арбитра́жная документа́ция

arbitration in foreign trade
арбитра́ж во вне́шней торго́вле

arbitration obligations
обяза́тельства по арбитражу

arbitration of a third country
арбитра́ж тре́тьей страны

arbitration procedure
поря́док рассмотре́ния прете́нзий

arbitration proceedings

заседа́ния арбитра́жа

arbitration process 1. проведе́ние
арбитра́жа; 2. ход арбитра́жа

arbitration rules
пра́вила арбитра́жа

arbitrator арби́тр, m.

area 1. сфе́ра, f.; 2. о́бласть, f.;
3. предме́т, m.

area of specialization
1. о́бласть специализа́ции;
2. предме́т де́ятельности

areas of economic cooperation
о́бласти экономи́ческого
сотру́дничества

armored vault 1. брони́рованная
ко́мната (например, для
хранения це́нностей);
2. брони́рованный сейф

arms trade торго́вля ору́жием

arms trader торго́вец ору́жием

arrange
устра́ивать / устро́ить (+ асс), v.

arrange repayment согласо́вывать /
согласова́ть вы́плату

**arrange something with a
representative**
догова́риваться / договори́ться
о чем-ли́бо с представи́телем

arrangement договорённость, f.

arrangement between parties
договорённость сторо́н

**arrangement between
representatives of firms** договорённость представи́телей фирм

**arrangement between trade
representatives** договорённость
торго́вых представи́телей

arrangement by correspondence
договорённость на осно́ве
перепи́ски

**arrangement confirmed by a
document** договорённость,
подтверждённая докуме́нтом

arrangements for a visit
договорённость о визи́те

arrears 1. задо́лженность, f.; 2. не-
до́имка, f.; 3. просро́ченная пла́та

arrears of interest
просро́ченные проце́нты

arrears of rent
задо́лженность по аре́ндной пла́те

arrive at the place of destination
прибыва́ть / прибы́ть по ме́сту
назначе́ния
article   1. предме́т (например, торговли), m.; 2. това́р, m.; 3. статья́
(например, газетная или договора), f.; 4. пара́граф, m.; 5. изде́лие,
n.; 6. вид изде́лия; 7. пункт, m.
article of a code   статья́ ко́декса
article of a treaty   статья́ догово́ра
articles of an agreement
пу́нкты соглаше́ния
articles of association
уста́в акционе́рного о́бщества
и́ли компа́нии
articles of food   пищевы́е проду́кты
articles of incorporation
официа́льный акт о регистра́ции
компа́нии
artificial   иску́сственный, adj.
artistic design
худо́жественное оформле́ние
as advertised
как бы́ло обе́щано в рекла́ме
as a result of a ballot
в ито́ге голосова́ния
as per invoice   согла́сно счёту
as per sample
в соотве́тствии с образцо́м
ask
запра́шивать / запроси́ть (+ асс.)
ask for a catalogue
запра́шивать / запроси́ть катало́г
ask for a sample
проси́ть / попроси́ть образе́ц
asking price   1. номина́льная цена́;
2. спра́шиваемая цена́;
3. цена́ продавца́
assembly line production
конве́йерное произво́дство
assembly of computer equipment
сбо́рка компью́терного
обору́дования
assert one's rights   предъявля́ть /
предъяви́ть свои́ права́
assess   1. определя́ть /
определи́ть (+ асс.), v.
2. оце́нивать / оцени́ть (+ асс.), v.
assess an operation
оце́нивать / оцени́ть опера́цию
assess customs duty

определя́ть / определи́ть разме́р
тамо́женной по́шлины
assess damage
определя́ть / определи́ть убы́тки
assess the surplus   определя́ть /
определи́ть са́льдо бала́нса
assessed taxes   прямы́е нало́ги
assessment   оце́нка, f.
assessment of cargo   оце́нка гру́за
assessment of compensation for
something   определе́ние разме́ра
компенса́ции за что-ли́бо
assessment of information
оце́нка информа́ции
assessment of profitability
оце́нка рента́бельности
assessment of quality of goods
оце́нка ка́чества това́ров
assessment of situation
оце́нка обстано́вки
assess the amount of shortage
определя́ть / определи́ть разме́р
недоста́чи
assets   1. акти́вы (finance), pl.; 2. ка-
пита́л, m.; 3. ауа́ры (finance), pl.
assets disposal   реализа́ция акти́вов
assets formation
1. накопле́ние основны́х фо́ндов;
2. накопле́ние капита́ла
assets holdings   су́мма акти́вов
assign   1. переуступа́ть /
переуступи́ть (например, имущество) (+ асс.), v.; 2. поруча́ть /
поручи́ть (+ асс.), v.
assign patent rights   переуступа́ть /
переуступи́ть пате́нтные права́
assignee   правопрее́мник, m.
assignment allowance
подъёмные, only pl.
assignor
лицо́, переуступи́вшее права́
assistant   1. помо́щник, m.;
2. ассисте́нт, m.
assistant manager
помо́щник управля́ющего
associate   1. присоедине́нный, adj.;
2. объедине́нный, adj.
associated company
доче́рняя компа́ния
associated member
ассоции́рованный член

(какой-либо организации)
association
1. связь, f.; 2. ассоциация, f.
assume 1. брать /
взять (+ асс.), v.; 2. допускать /
допустить (+ асс.), v.;
3. принимать / принять на себя
assume an obligation
принимать / принять на себя
обязательство
assume charge of business
принимать / принять на себя
ведение дел
assume full responsibility
принимать / принять на себя
полную ответственность
assume liabilities
1. принимать / принять на себя
обязательства; 2. принимать /
принять на себя долги
assume risk
брать / взять на себя риск
assumed name
1. вымышленное имя;
2. подставное лицо
assumption 1. принятие чего-либо
на себя; 2. предпосылка, f.;
3. допущение, n.
assurances заверения, pl.
assurances of the good reputation
заверения в хорошей репутации
assurances of immediate payment
заверения в немедленной оплате
astronomical prices
астрономические цены
at best в лучшем случае
at book value
по балансовой стоимости
at cost по себестоимости
at prevailing price
по существующей цене
at the earliest possible date
1. как можно скорее;
2. в ближайшее время
attack a patent
оспаривать / оспорить патент
attendance hours 1. приёмные
часы; 2. часы посещения
attitude отношение, n.
attorney
1. адвокат, m.; 2. поверенный, m.

attorney-in-fact лицо,
действующее по доверенности
attract buyers привлекать /
привлечь покупателей
auction
1. аукцион, m.; 2. торги, pl.
auction by tender закрытые торги
auction price аукционная цена
auction sale 1. продажа на
аукционе; 2. продажа с молотка
auctioneer аукционер, m.
audit 1. проверка отчётности;
2. ревизия, f.; 3. аудиторский
контроль
auditing 1. проведение ревизии;
2. аудиторский контроль
auditing committee
ревизионная комиссия
auditor 1. бухгалтер-ревизор;
2. аудитор, m.
auditors' findings
заключение ревизии
augment funds приумножать /
приумножить средства
austerity measures
меры жёсткой экономии
authorities
1. власти, pl.; 2. органы власти
authority 1. власть, f.; 2. полномочия, pl.; 3. авторитет, m.;
4. доверенность, f.
**authority of the chairman of
a foreign trade corporation**
полномочия председателя
внешнеторгового объединения
**authority of an official
representative** полномочия
официального представителя
**authority of an arbitration
commission** полномочия
арбитражной комиссии
authority to conclude a deal
полномочия на заключение
сделки
authority to conduct negotiations
полномочия вести переговоры
authority to sign право подписи
authorize 1. уполномачивать /
уполномочить (+ асс.;
на + асс.), v.; 2. дозволять /
дозволить (+ асс.; + dat.), v.

authorize somebody to
conclude an agreement   поручать /
поручить кому-либо заключить
соглашение
authorized actions   действия
в соответствии с выданными
полномочиями
authorized capital stock
разрешённый к выпуску
акционерный капитал (по
номинальной стоимости)
authorized dealer
уполномоченный дилер
authorized expenditures
утверждённые расходы
authorized person
уполномоченное лицо
authorized representative
уполномоченный представитель
author's certificate   авторское свидетельство (о изобретении)
automatic vending   продажа с
помощью торговых автоматов
automotive supply store
автомобильный магазин
auxiliary advertising
вспомогательная реклама
available   1. доступный, adj.;
2. наличный, adj.
available amount of money
имеющаяся в распоряжении сумма
available capital   1. ликвидный
капитал; 2. свободные средства
available currency   1. валютные
средства; 2. валютный резерв
available data   имеющиеся данные
available money   свободные деньги
available power
наличная мощность
available quantity of something
имеющееся в наличии
количество чего-либо
available supplies   1. имеющиеся
запасы; 2. наличные ресурсы
average amount
среднее количество
average buyer
типичный покупатель
average consumer
средний потребитель
average cost   средняя стоимость

average order size
средний объём заказа
average price   средняя цена
average work week   средняя про-
должительность рабочей недели
avoid expenses
избегать / избежать расходов
avoid something
избегать / избежать чего-либо
avoid the risk of fluctuation in
the exchange rate   избегать /
избежать риска колебания
валютного курса
award a contract   1. давать / дать
контракт; 2. давать / дать подряд
award a concession
сдавать / сдать в концессию
award of a contract to a company
1. присуждение контракта
компании; 2. выдача контракта
компании
award of damages   решение суда
о возмещении убытков
award of orders to a company
выдача заказов компании

B

back a loan   гарантировать заём
back order   невыполненный заказ
back pay   задержанная зарплата
backlog   1. отставание, n.;
2. невыполненные заказы
backlog of orders   портфель заказов
backwardness   отсталость, f.
bad check
1. опротестованный чек;
2. чек без денежного обеспечения
bad debt   безнадёжный долг
bad reputation   плохая репутация
bailout   выкуп, m.
balance   1. баланс, m.; 2. сальдо, n.;
3. остаток, m.; 4. уравновеши-
вать / уравновесить (+ acc.), v.;
5. сводить / свести счета
balance an account   балансировать
/ сбалансировать счет
balance item   статья баланса
balance of claims and liabilities
1. баланс требований и обяза-

тельств; 2. расчётный бала́нс

balance of debt   невы́плаченный
оста́ток задо́лженности

**balance of income and
expenditures**   бала́нс дохо́дов и
расхо́дов

balance of merchandise trade
бала́нс торго́вли това́рами

balance of payments
платёжный бала́нс

balance on account
оста́ток де́нег на счету́

balance on deposit
оста́ток на вкла́де

balance sheet   бала́нсовый отчёт

balance sheet entries
за́писи в бала́нсе

balance sheet items   статьи́ бала́нса

balanced budget
сбаланси́рованный бюдже́т

balanced decision
согласо́ванное реше́ние

balanced development
сбаланси́рованное разви́тие

balanced growth
сбаланси́рованный рост

ball-park estimate
гру́бая оце́нка (colloquial)

ban
запреща́ть / запрети́ть (+ асс.), v.

ban on transit
запреще́ние на транзи́т

bank   банк, m.

bank acceptance
ба́нковский акце́пт

bank account   расчётный счет

bank account holder
владе́лец ба́нковского счёта

bank assets   ба́нковские фо́нды

bank auditing   ба́нковская реви́зия

bank balance
оста́ток счёта в ба́нке

bank branches   отделе́ния ба́нков

bank capital   ба́нковский капита́л

bank credit line   ба́нковский
лими́т кредитова́ния

bank credit system   ба́нковская
креди́тная систе́ма

bank customers   клие́нты ба́нка

bank deposit   ба́нковский вкла́д

bank documentation

ба́нковская документа́ция

bank endorsement on a cheque
на́дпись ба́нка на че́ке

bank equipment   обору́дование
для оснаще́ния ба́нков

bank examiner   ба́нковский ревизо́р

bank guarantee   1. ба́нковское по-
руче́ние; 2. ба́нковская   гара́нтия

bank investments
инвести́ции ба́нка

bank issues   ба́нковские а́кции

bank loan   ба́нковская ссу́да

bank loan officer   ба́нковский
сотру́дник, занима́ющийся
вопро́сами о за́ймах

bank merger   слия́ние ба́нков

bank officer
должностно́е лицо́ в ба́нке

bank operation
ба́нковская опера́ция

bank rate
учётная ба́нковская ста́вка

bank regulators   ба́нковские реви-
зо́ры (назначенные государством
или независимым контрольным
органом)

bank scandal   ба́нковский сканда́л
(например, из-за денежных
махинаций)

bank service charge
пла́та за ба́нковские услу́ги

bank services   ба́нковские услу́ги

bank statement
1. ба́нковский отчёт
2. вы́писка о состоя́нии счёта.

bank stocks   а́кции ба́нков

bank teller   касси́р в ба́нке

bank transaction
ба́нковская опера́ция

bank transfer   1. ба́нковский пере-
во́д; 2. ба́нковский тра́нсферт

banking business   ба́нковское де́ло

banking costs   сто́имость креди́та

banking industry   ба́нковская
о́трасль (как отрасль экономики)

banking risk   ба́нковский риск

banking system
ба́нковская систе́ма

bankrupt bank
обанкро́тившийся банк

bankruptcy   банкро́тство, n.

bar chart столбцо́вая диагра́мма
bargain 1. сде́лка, f.; 2. вы́годная
поку́пка; 3. торгова́ться (с + inst.;
из-за + gen.), v.
bargaining 1. веде́ние перегово́ров
о це́не; 2. торг, m.
bargaining agreement
коллекти́вный догово́р
barter 1. ба́ртер, m.; 2. ба́ртерная
торго́вля; 3. натурообме́н, m.
barter payment arrangement со-
глаше́ние о расчётах по ба́ртеру
barter trade 1. ба́ртерная торго́в-
ля; 2. натура́льный   обме́н, m.
base 1. ба́за, f.; 2. осно́ва, f.
base a choice on something
обосно́вывать / обоснова́ть
вы́бор на чем-ли́бо
base pay
основна́я за́работная пла́та
base period ба́зовый пери́од
base price ба́зовая цена́
basic concepts основны́е поня́тия
basic cost исхо́дная сто́имость
(например, стоимость вновь
построенного предприятия)
basic data исхо́дные да́нные
basic fee основна́я по́шлина
basic fuels
основны́е энергоноси́тели
basic rate основна́я ста́вка
basics of auditing осно́вы а́удита
basics of marketing
осно́вы ма́ркетинга
basis 1. ба́зис, m.; 2. осно́ва, f.;
3. обоснова́ние, n.; 4. ра́зница
ме́жду фью́черсной и нали́чной
цено́й
basis for compensation
обоснова́ние для компенса́ции
basis for cooperation
осно́ва для сотру́дничества
basis of assessment
осно́ва для исчисле́ния
basket of currencies корзи́на ва-
лю́т (стандартный набор валют,
используемый в качестве основы
для пересмотра валютных курсов)
basket of goods корзи́на това́ров
(стандартный набор ряда товаров
для проведения статистических

исследований, например, для
определения темпов инфляции)
be at the helm of the company
быть в руково́дстве компа́нией
be beneficial
идти́ / пойти́ на по́льзу
be blacklisted попада́ть / попа́сть
в чёрный спи́сок
be businesslike
носи́ть / нести́ делово́й хара́ктер
be engaged in business
занима́ться / заня́ться би́знесом
be flat остава́ться / оста́ться
на одно́м у́ровне (например,
о доходах компании)
be forced out of business быть
принужде́нным закры́ть би́знес
be fully booked быть по́лностью
загру́женным зака́зами
be gainfully employed име́ть
принося́щую дохо́д рабо́ту
be in debt быть в долга́х
be in demand
по́льзоваться спро́сом
be in pawn
быть в закла́де (в ломбарде)
be in short supply
быть в ограни́ченном коли́честве
be in the black 1. быть при́быль-
ным; 2. дава́ть / дать при́быль;
3. име́ть положи́тельное са́льдо
be in the market for something
намерива́ться что-ли́бо купи́ть
be in the red 1. име́ть дефици́т;
2. быть убы́точным
be on a self-sustained budget
быть на хозрасчёте
be on file
1. быть зарегистри́рованным;
2. име́ть све́дения в картоте́ке
be on loan to another company
быть откомандиро́ванным для
рабо́ты в друго́й компа́нии
be on order
ожида́ть получе́ния зака́за
be on the payroll быть в спи́сочном
соста́ве рабо́чих и слу́жащих
предприя́тия
be out of order
быть в неиспра́вном состоя́нии
be present at a reception

присутствовать на приёме
be strapped for cash остро
нуждаться в наличных деньгах
be subject of appeal
подлежать обжалованию
be subject to arbitration подлежать рассмотрению в арбитраже
be the head of a company 1. возглавлять / возглавить компанию;
2. быть во главе компании
bear 1. спекулянт, играющий на
понижение (finance); 2. медведь
(finance), m.; 3. нести /
понести (+ acc.), v.
bear responsibility for negligence
нести / понести ответственность
за халатность
bear responsibility for something
нести / понести ответственность
за что-либо
bearer 1. получатель, m.;
2. предъявитель, m.
bearer bond
облигация на предъявителя
bearer check чек на предъявителя
bearer securities ценные бумаги
на предъявителя
bearer stocks
акции на предъявителя
bearing no interest
беспроцентный, adj.
bearish 1. имеющий тенденцию к
понижению (например, о рынке
ценных бумаг); 2. пессимистический взгляд (на состояние
финансовых рынков)
beauty aids
косметические средства
beauty contest конкурс красоты
beauty supply store
косметический магазин
become a member
1. вступать / вступить в членство;
2. стать членом
become dependent
попадать / попасть в зависимость
become obsolete 1. выходить /
выйти из употребления;
2. устаревать / устареть, v.
become operational
вступать / вступить в строй

beginning and end of year balance
баланс на начало и конец года, m.
begin registration 1. начинать /
начать регистрацию; 2. приступать
/ приступить к оформлению
below capacity недогрузка
производственных мощностей
beneficiary clause
пункт страхового договора,
определяющий наследника
benefit 1. выгода, f.;
2. пособие, n.; 3. льгота, f.
best price 1. лучшая цена;
2. наивысшая цена
bid 1. предлагаемая цена;
2. предлагаемая стоимость
выполнения проекта
bid and asked предлагаемые и просимые цены (например, покупателей и продавцов на бирже)
bid price цена, предлагаемая
покупателем или подрядчиком
bidder 1. участник торгов или
аукциона; 2. подрядчик, m.
bidding procedure
процедура проведения торгов
Big Board Нью-йоркская
фондовая биржа
big business крупный капитал
big order крупный заказ
big ticket items дорогостоящие
изделия (например, автомобили,
холодильники и пр.)
bilateral двусторонний, adj.
bilateral act двусторонний акт
bilateral conclusion of a contract
двустороннее заключение
контракта
bilateral cooperation
двустороннее сотрудничество
bilateral relations
двусторонние связи
bilateral trade
двусторонняя торговля
bill 1. счет, m.; 2. законопроект, m.; 3. денежный документ;
4. инвентарный список; 5. вексель, m.; 6. тратта (finance), f.
bill changer автомат для
размена бумажных денег
bill discounting

вéксельная опера́ция (finance)
bill endorsement
переда́точная на́дпись на вéкселе
bill from an agency
счет от агéнства
bill of acceptance
акцепти́рованный вéксель
bill of entry тамóженная
деклара́ция по прибы́тии
bill of exchange 1. переводнóй
вéксель; 2. тра́тта (finance), f.
bill of lading 1. коносамéнт, m.;
2. накладна́я, f.
bill of lading duplicate
дублика́т коносамéнта
**bill of lading made out to a
consignee's order**
коносамéнт "прика́зу получа́теля"
**bill of lading made out to a
consigner's order**
коносамéнт "прика́зу отправи́теля"
bill of sale 1. докумéнт о прода́же;
2. ку́пчая, f.
bill purchase поку́пка векселéй
billing 1. выпи́сывание счéта;
2. выпи́сывание тра́нспортной
накладнóй
billboard advertising
рекла́ма на стéндах
billionaire биллионéр, m.
binding contract
обя́зывающий контра́кт
blacklist 1. чéрный лист;
2. чéрный спи́сок
blacklisted company
бойкоти́руемая и́ли запрещённая
компа́ния
black market чéрный ры́нок
black market in housing
чéрный ры́нок кварти́р
black market price 1. цена́ чéрно-
го ры́нка; 2. чéрная цена́ (slang)
blame вина́, f.
blame for loss of cargo
вина́ за потéрю гру́за
blame for overdue delivery
вина́ за просрóчку доста́вки
blank 1. бланк, m.; 2. фóрма, f.;
3. незапóлненный, adj.
blank check незапóлненный чек
blank form

1. формуля́р, m.; 2. бланк, m.
blanket regulation
óбщее регули́рование (напримéр,
иностранных капиталовложéний)
block 1. пакéт цéнных бума́г;
2. па́ртия а́кций и́ли облига́ций;
3. замора́живать / заморóзить
(напримéр, счета или активы) (+
acc.), v.
block of shares пакéт а́кций
blue-chip companies
веду́щие компа́нии
blue-collar workers
рабóтники физи́ческого труда́
blue-ribbon commission
высокопоста́вленная коми́ссия
board 1. правлéние, n.;
2. совéт, m.; 3. би́ржа, f.
board meeting заседа́ние
правлéния (напримéр, компании)
board of directors
совéт директорóв
board of trade това́рная би́ржа
bond 1. облига́ция, f.; 2. тамóжен-
ный залóг; 3. обяза́тельство
(напримéр, кредитное), n.
bond auction
аукциóн для прода́жи облига́ций
bond dealer ди́лер по ку́пле-
прода́же облига́ций
bond financing финанси́рование
путéм вы́пуска облига́ций
bond market ры́нок облига́ций
bond prices цéны на облига́ции
bond rate курс облига́ций
bond rating оцéнка фина́нсовой
надёжности облига́ций
bond yield процéнт по облига́циям
bonded goods
това́ры в тамóженном залóге
bondholder 1. держа́тель обли-
га́ций; 2. владéлец облига́ций
bonds with long-term maturity
облига́ции с да́льним срóком
погашéния
bonds with short-term maturity
облига́ции с бли́зким срóком
погашéния
**bonds with intermediate-term
maturity** облига́ции со срéдним
срóком погашéния

bonus   1. премиа́льные, only pl.;
2. вознагражде́ние, n.;
3. бо́нус, m.
bonus system   премиа́льная систе́ма
book   1. резерви́ровать /
зарезерви́ровать (+ асс.), v.;
2. брони́ровать / заброни́ровать
(+ асс.), v.; 3. кни́га, f.
book advertisement
кни́жная рекла́ма
book fair   кни́жная я́рмарка
book tickets   резерви́ровать /
зарезерви́ровать биле́ты
book value   бала́нсовая
сто́имость акти́вов (finance)
bookkeeper
1. счетово́д, m.; 2. бухга́лтер, m.
bookkeeping   1. счетово́дство, n.;
2. бухгалте́рия, f.
booklet   букле́т, m.
booklet for publicity purposes
букле́т в це́лях рекла́мы
booklet with the trademark
of the firm   букле́т с эмбле́мой
фи́рмы
boost prices
поднима́ть / подня́ть це́ны
border control
пограни́чный контро́ль
borrow
занима́ть / заня́ть (+ асс.), v.
borrower   1. заёмщик, m.;
2. получа́тель ссу́ды
borrowing ceiling   де́нежный
лими́т на получе́ние за́йма
borrowing costs   сто́имость креди́та
borrowing power
кредитоспосо́бность, f.
borrowing rate   ста́вка проце́нта
на заёмный капита́л
boss   1. нача́льник, m.; 2. босс, m.
bottom line
1. ита́к, adv.; 2. са́мое ва́жное
bottom price   са́мая ни́зкая цена́
brain drain   уте́чка мозго́в
brain trust   1. гру́ппа экспе́ртов;
2. мозгово́й трест
brainwashing
промыва́ние мозго́в
branch   1. о́трасль, f.;
2. отделе́ние, n.; 3. филиа́л, m.

branch manager
управля́ющий филиа́лом
branch office   1. отделе́ние
(наприме́р, компа́нии), n.;
2. ме́стная конто́ра; 3. филиа́л, m.
branch of industry
о́трасль промы́шленности
branch out   расширя́ть / расши́рить
сфе́ру де́ятельности
branches of industry open
for foreign investment   о́трасли
промы́шленности откры́тые для
вложе́ния иностра́нного капита́ла
brand   1. ка́чество, n.; 2. ма́рка, f.;
3. сорт, m.; 4. торго́вая ма́рка
brand image   репута́ция ма́рки то-
ва́ра, сложи́вшаяся у покупа́теля
brand name   1. фабри́чная ма́рка;
2. ма́рка това́ра
brand-name goods   1. това́ры
широко́ изве́стных ма́рок
2. фи́рменные това́ры
brand name recognition
изве́стность ма́рки това́ра
среди́ покупа́телей
brand-new   соверше́нно но́вый
brand ratings   определе́ние сте́пени
популя́рности ма́рок това́ра у
покупа́телей
brand switching   перехо́д,
соверша́емый покупа́телем
от одно́й ма́рки това́ра к друго́й
brand trend survey   опро́с
о тенде́нциях измене́ния
популя́рности ма́рок това́ра
breach   1. наруше́ние, n.;
2. невыполне́ние, n.
breach of contract
наруше́ние контра́кта
breach of trust   поте́ря дове́рия
break a contract
наруша́ть / нару́шить догово́р
breakdown   1. поло́мка, f.;
2. ава́рия, f.; 3. распа́д, m.;
4. разложе́ние на составля́ющие
breakdown in communications
1. наруше́ние свя́зи;
2. прекраще́ние обще́ния
breakdown in management
поте́ря управле́ния (наприме́р,
на произво́дстве)

break-even point момéнт равновéсия мéжду прúбылями и убúтками

breakthrough 1. разрешéние слóжной проблéмы (напримéр, в ходе переговóров); 2. крýпное достижéние в наýке úли тéхнике

breakthrough in negotiations успéшное разрешéние наибóлее трýдных вопрóсов в переговóрах

bribery взя́точничество, n.

briefing 1. брúфинг, m.; 2. инструктáж, m.; 3. корóткая пресс-конферéнция

bring down prices снижáть / снúзить цéны

bring recovery оздоровля́ть / оздоровúть (+ acc.), v.

bring situation under control 1. овладевáтть / овладéть контрóлем над ситуáцией; 2. постáвить все на свой мéста; 3. овладевáть / овладéть ситуáцией

bring to completion 1. дорабáтывать / дорабóтать (+ acc.), v.; 2. завершáть / завершúть (+ acc.), v.

brisk demand оживлéнный спрос

brisk trade оживлéнная торгóвля

broadcast advertising радиореклáма, f.

broadening of exchange расширéние обмéна

broker 1. брóкер, m.; 2. мáклер, m.; 3. посрéдник, m.

broker on the Exchange 1. биржевóй брóкер; 2. биржевóй мáклер

broker's commission 1. комиссиóнное вознаграждéние за брóкерские услýги; 2. мáклерская прúбыль

broker's loan брóкерская ссýда

broker's offer предложéние брóкера

broker's refusal откáз брóкера

broker's warehouse брóкерская бáза

brokerage 1. посрéдничество, n.; 2. мáклерство, n.; 3. куртáж, m.

brokerage agreement соглашéние о брóкерской комúссии

brokerage house 1. брóкерская контóра; 2. брóкерский дом

brokerage agency брóкерская фúрма

brokerage firm 1. брóкерская контóра; 2. брóкерская фúрма

budget 1. бюджéт, m.; 2. смéта, f.

budget allocations расхóдные статьú бюджéта

budget deficit дефицúт бюджéта

budget estimates 1. бюджéтная смéта; 2. проéкт бюджéта

budget planning планúрование бюджéта

budget regulation регулúрование бюджéта

budget surplus бюджéтный избúток

budgetary бюджéтный, adj.

budgetary constraints бюджéтные ограничéния

budgetary policy бюджéтная полúтика

budgetary shortfall бюджéтный дефицúт

budgeted fixed costs предусмóтренные смéтой постоя́нные издéржки

building materials 1. строúтельные материáлы; 2. стройматериáлы, only pl.

building materials store магазúн строúтельных материáлов

building permit разрешéние на строúтельство

bulk cargo 1. насыпнóй груз; 2. наливнóй груз

bull 1. бык (finance), m.; 2. спекуля́нт, игрáющий на повышéние (на бирже)

bull market растýщий рúнок

bull the market спекулúровать на повышéние рúнка

bulletin бюллетéнь, m.

bulletin board доскá объявлéний

bulletin with price indexes бюллетéнь с úндексами цен

bullion слúтки úли монéты из драгоцéнных метáллов стандáртного вéса и прóбы

bullion bars драгоцéнные метáллы в слúтках стандáртного вéса и прóбы

bullion coins

моне́ты из драгоце́нных мета́ллов
станда́ртного ве́са и про́бы
bullish outlook   1. тенде́нция к
повыше́нию (например, рынка)
2. оптимисти́ческий взгляд (на
эконо́мику, финансовые рынки)
**bumper-to-bumper repair
coverage**   по́лная гара́нтия на
ремо́нт автомоби́ля
burden of responsibility
тя́жесть отве́тственности
bureau   бюро́, n.
business   1. би́знес, m.; 2. де́ло, n.
business ability
деловы́е спосо́бности
business accounting
бухга́лтерский уче́т
business accounts
бухга́лтерские счета́
business activity   1. делова́я
акти́вность; 2. коньюкту́ра, f.
business address
а́дрес предприя́тия
business administrator
управля́ющий дела́ми
business advice
комме́рческая консульта́ция
business alliance
1. предпринима́тельский сою́з;
2. делова́я коопера́ция
business analyst   экспе́рт, занима́ю-
щийся ана́лизом коньюкту́ры
business assets   акти́вы
комме́рческих предприя́тий
business association   ассоциа́ция
делово́го сотру́дничества
business barometers
статисти́ческие показа́тели
делово́й акти́вности
business behavior
поведе́ние деловы́х круго́в
business card   1. визи́тная ка́рточка;
2. визи́тка (colloquial), f.
business circles   деловы́е круги́
business community   деловы́е круги́
business conducting techniques
те́хника делово́го обраще́ния
**business connections in foreign
trade**   внешнеэкономи́ческие
торго́вые свя́зи
business contacts

деловы́е конта́кты
business cooperation
делово́е сотру́дничество
business correspondence
делова́я перепи́ска
business cycle   экономи́ческий цикл
business deal   1. делова́я сде́лка;
2. комме́рческая сде́лка
business demand   произво́дствен-
ный спрос (например, на товары)
business downturn
спад делово́й акти́вности
business environment
1. делово́й кли́мат;
2. усло́вия для веде́ния би́знеса
business equipment   обору́дование
для оснаще́ния о́фисов
business expenses
деловы́е расхо́ды
business failure   1. делова́я
неуда́ча; 2. банкро́тство, n.
business groups   деловы́е круги́
business hours   1. рабо́чие часы́;
2. прие́мные часы́
business information
1. делова́я информа́ция;
2. комме́рческая информа́ция
business insurance   страхова́ние
деловы́х предприя́тий
business interruption insurance
страхова́ние предприя́тий от
поте́рь, вы́званных преостано-
вле́нием их де́ятельности из-за
стихи́йных бе́дствий
business leaders
веду́щие деловы́е круги́
business-led recovery
оживле́ние эконо́мики за счет
преиму́щественного разви́тия
делово́го се́ктора
business library
делова́я библиоте́ка
business language of joint ventures
рабо́чий язы́к совме́стных
предприя́тий
business loan
ссу́да делово́му предприя́тию
business management
1. управле́ние дела́ми
2. нау́ка об управле́нии
business meeting

деловóе совещáние
business offer
деловóе предложéние
business office 1. канцелярия, f.;
2. административное помещéние
business on a commission basis
ведéние дел на коммиссиóнных
начáлах
business partner деловóй партнéр
business policy деловáя полúтика
(решения по ведéнию коммерческих и производственных
операций)
business practice деловáя прáктика
business protocol
деловóй протокóл
business telephone number
рабóчий телефóн
business ties деловы́е свя́зи
business training center
центр по подготóвке мéнеджеров
business transactions
деловы́е операции
business trip 1. командирóвка, f.;
2. деловáя поéздка
business visit деловóй визúт
businesslike behavior
деловúтость, f.
businessman 1. бизнесмéн, m.;
2. предпринимáтель, m.
businessman acts on his own
behalf бизнесмéн дéйствует от
своегó úмени
businessman on consignment
transactions коммерсáнт по
консигнациóнным (посрéдни-
ческим) сдéлкам
businessman specializing in
sales of equipment коммерсáнт
по продáже оборýдования
buy 1. покупáть / купúть (+ acc.;
на + prep., на + acc.; в + prep.), v.;
2. закупáть / закупúть (+ acc.; на
+ prep., на + acc.; в + prep.), v.
buy at an auction
покупáть / купúть на аукциóне
buy at sight покупáть / купúть
с пéрвого взгля́да
buy at the market покупáть /
купúть по (биржевой) ценé
на дáнный момéнт

buy back
выкупáть / вы́купить (+ acc.), v.
buy back shares of company stock
выкупáть / вы́купить áкции
компáнии
buy dirt cheap покупáть / купúть
баснослóвно дéшево
buy for rubles покупáть / купúть
на рублú
buy goods sight unseen покупáть /
купúть, не вúдя товáр
buy out выкупáть / вы́купить (напримéр, дóлю партнéра)
buy second hand 1. покýпка
подéржанного; 2. со вторы́х рук
buy securities at a going
market price покупáть / купúть
цéнные бумáги по текýщей
ры́ночной ценé
buy securities at the market
покупáть / купúть цéнные бумáги
по текýщей ры́ночной ценé
buy shares on margin покупáть /
купúть áкции на чáстью
зáнятые дéньги
buy up 1. покупáть / купúть что-
лúбо в больши́х колúчествах;
2. скупáть/скупúть все кругóм
buy wholesale
покупáть / купúть óптом
buyer покупáтель, m.
buyer provides transportation
трáнспорт закáзчика
buyer's expenses
расхóды покупáтеля
buyer's fault винá покупáтеля
buyers' market 1. вы́годное для
покýпок врéмя (предложéние
превышáет спрос); 2. ры́нок
покупáтеля
buyer's price ценá покупáтеля
(выгодная для покýпки)
buyer's refusal откáз покупáтеля
buyer's risk риск покупáтеля
buying commission
комиссиóнные за закýпку
buying in bulk закýпка óптом
buying motives
причúны, ведýщие к покýпке
buying order прикáз о покýпке
(напримéр, цéнных бумáг)

buying power   1. покупа́тельный потенциа́л; 2. сре́дства на поку́пки, име́ющиеся в распоряже́нии покупа́телей
buying price   покупна́я цена́
buying rate   курс покупа́теля
by stage   поэта́пный, adj.

C

cable
   1. ка́бель, m.; 2. телегра́мма, f.
calculate profitability
   рассчи́тывать / рассчита́ть рента́бельность
calculate the balance
   исчисля́ть / исчи́слить бала́нс
calculated risk   осо́знанный риск
calculating machine
   маши́на для счёта
calculation documents
   расчётная документа́ция
calculator   калькуля́тор, m
callable bonds   облига́ции с пра́вом отзы́ва (эмитет мо́жет досро́чно погаси́ть облига́ции, предвари́-тельно уве́домив владе́льца)
call option   1. опцио́н "колл"; 2. опцио́н покупа́теля (пра́во поку́пки а́кций или това́ра в тече́-ние определённого пери́ода по зара́нее устано́вленной цене́. Этот тип опцио́на испо́льзуется, когда́ предполага́ется, что курс этих а́кций или това́ра бу́дет расти́)
cancel
   1. отменя́ть / отмени́ть (+ acc.), v.; 2. аннули́ровать (+ acc.), v. 3. закрыва́ть / закры́ть (+ acc.), v.
cancel a transaction
   аннули́ровать сде́лку
cancel an account
   закрыва́ть / закры́ть счет
cancel an arbitration award
   аннули́ровать реше́ние арби́тра
cancel an order
   аннули́ровать зака́з
cancel an insurance policy
   аннули́ровать страхово́й по́лис
cancel negotiations   прекраща́ть /

прекрати́ть перегово́ры
cancel debt   аннули́ровать долг
cancel sanctions   отменя́ть / отмени́ть са́нкции
cancellation
   1. отме́на, f.; 2. аннули́рование, n.
cancellation based on a creditor's demand   отме́на по тре́бованию кредито́ра
cancellation based on an arbitration decision   отме́на на осно́ве арбитра́жного реше́ния
cancellation caused by nonfulfillment of obligations
   аннули́рование всле́дствие невыполне́ния обяза́тельств
cancellation clause
   огово́рка об отме́не
cancellation date   да́та отме́ны
cancellation of discriminatory terms and conditions   отме́на дискриминацио́нных усло́вий и обстоя́тельств
cancellation of liability   погаше́ние де́нежного обяза́тельства
cancellation of penalty
   отме́на штра́фа
cancelled check   1. опла́ченный чек; 2. пога́шенный чек
capacity   1. произво́дственная мо́щность; 2. потенциа́л, m.; 3. спосо́бность, f.
capacity utilization rate
   но́рма загру́зки произво́дственных мощносте́й
capital appropriations   ассигно-ва́ния на капиталовложе́ния
capital assets   основно́й капита́л
capital costs
   1. капита́льные затра́ты; 2. затра́ты основно́го капита́ла
capital flight from rubles   бе́гство от рубля́ (стремле́ние перевести́ сре́дства в бо́лее наде́жные це́нности)
capital formation
   приро́ст основно́го капита́ла
capital fund   капита́льный фонд
capital gain
   приро́ст капита́льной сто́имости (наприме́р, це́нных бума́г)

capital gains tax   нало́г на приро́ст
капита́льной сто́имости
capital goods   това́ры
произво́дственного назначе́ния
capital holdings
1. капита́льные акти́вы;
2. капита́льная со́бственность
capital infusion   влива́ние капита́ла
capital invested by the state   1. го-
суда́рственные инвести́ции; 2. го-
суда́рственные капиталовложе́ния
capital investment   1. капитало-
вложе́ния, pl.; 2. инвести́ции, pl.
capital losses   поте́ри капита́ла
capital planning
плани́рование капиталовложе́ний
capital requirements   потре́бности
в капита́льных затра́тах
capital spending
расхо́ды на капита́льные вложе́ния
cap price rise   остана́вливать /
останови́ть рост цен
capture a large share of the market
захва́тывать / захвати́ть
значи́тельную до́лю ры́нка
capturing of markets
завоева́ние ры́нков
car dealer
торго́вец автомоби́лями
car insurance
автомоби́льная страхо́вка
car loan
ссу́да на поку́пку автомоби́ля
car rental company   компа́ния
по прока́ту автомоби́лей
car salesman   продаве́ц маши́н
car service   автосе́рвис, m.
card index   картоте́ка, f.
careful choice   тща́тельный вы́бор
cargo   1. груз, m.; 2. ка́рго, m.
cargo airline
грузова́я авиакомпа́ния
cargo carrier   1. грузово́е тра́нс-
портное сре́дство; 2. компа́ния
по перево́зке гру́зов
cargo delivery   доста́вка гру́за
cargo insurance   страхова́ние гру́за
cargo nomenclature
номенклату́ра гру́за
cargo plane   грузово́й самолёт
cargo rates   фрахто́вые ста́вки

cargo receipt   распи́ска
в получе́нии гру́за
cargo ship   грузово́е су́дно
carrier   1. перево́зчик, m.;
2. тра́нспортная компа́ния
carrier's expenses
расхо́ды фрахто́вщика
carrier's risk   риск перево́зчика
carry out an inspection
проводи́ть / провести́ прове́рку
cartridge   ка́ртридж, m.
cash   1. нали́чность, f.;
2. нали́чные де́ньги
cash a check   получа́ть / получи́ть
де́ньги по че́ку
cash advance   де́нежный ава́нс
cash and carry   прода́жа за нали́ч-
ный расчёт без доста́вки на дом
cash balance   1. ка́ссовые оста́тки;
2. оста́ток нали́чных средств
cash benefit   де́нежное посо́бие
cash bonus   1. де́нежная пре́мия;
2. надба́вка нали́чными
cash credit   креди́т нали́чными
деньга́ми
cash deposit   нали́чный вклад
cash discount
ски́дка при упла́те нали́чными
cash dividend
дивиде́нды нали́чными
cash fixed costs   постоя́нные
изде́ржки с опла́той нали́чными
cash holdings   запа́сы нали́чности
cashier   касси́р, m.
cash in advance
1. ава́нс, m.; 2. пла́та вперёд
cash in the bank
нали́чность в ба́нке
cash list   1. ка́ссовая ве́домость;
2. ве́домость нали́чности
cash on delivery (c.o.d.)
1. опла́та по доста́вке;
2. опла́та нало́женным платежо́м
cash on hand
ка́ссовая нали́чность
cash payment
1. опла́та нали́чными;
2. опла́та за нали́чный расчёт
cash purchasing power
покупа́тельная спосо́бность де́нег
cash receipts   де́нежные

поступлéния (наличными)
cash refund
возврáт дéнег налúчными
cash register   кáссовый аппарáт
cash sale   продáжа за налúчные
cash store   магазúн, торгýющий
тóлько за налúчный расчёт
cash trade   торгóвля за налúчные
cash transaction
сдéлка за налúчный расчёт
casualty insurance   страховáние
от несчáстного слýчая
catalogue   1. каталóг, m.;
2. посы́лочный каталóг
(для посы́лочной торговли)
catalogue for 19...
каталóг на 19... год
catalogue has information on ...
каталóг содéржит
информáцию о ...
catalogue of produced goods
каталóг выпускáемой продýкции
catalogue sales
продáжа товáров из каталóга
catalogue sales company
компáния, специализúрующаяся
на продáжах товáров из каталóга
catalogue with prices
каталóг с указáнием цены́
catalogue with samples of goods
каталóг с образцáми товáров
catering services   выезднóе
ресторáнное обслýживание
cause damage
причиня́ть / причинúть ущéрб
cautious consumer
осторóжный покупáтель (покупатель, несклонный делать
дорогостоящие покупки)
cease relations   прекращáть /
прекратúть отношéния
ceiling price   максимáльно
высóкая допустúмая ценá
ceiling rate
предéльная нóрма процéнта
center spread advertisement   реклáма на развёрнутом центрáль-
ном листé (например, в журнале)
central bank   центрáльный банк
central buying
централизóванные закýпки

centralized management
централизóванное управлéние
centrally planned economies
стрáны с централизóванным
плáновым хозя́йством
certificate   1. сертификáт, m.;
2. удостоверéние, n.; 3. свидéтельство, n.; 4. диплóм, m.
certificate holder
владéлец сертификáта
certificate of deposit
депозúтный сертификáт
certificate of incorporation
свидéтельство об учреждéнии
(регистрации) компáнии
certificate of missing items   акт
о некомплéтности постáвленного
товáра
certificate of origin of goods
свидéтельство о происхождéнии
товáра
certificate of proof
акт об испытáнии
certificate of registration
регистрациóнное удостоверéние
certification   сертификáция, f.
certified cable
завéренная телегрáмма
certified copy   завéренная кóпия
certified damage
заактúрованное поврежнéние
certified letter   заказнóе письмó
certified public accountant
бухгáлтер-экспéрт (сдавший
специальные квалификационные
экзамены)
certify a document   удостоверя́ть /
удостовéрить докумéнт
chain discount stores   цепь
магазúнов, торгýющих
по снúженным цéнам
chain store   магазúн, входя́щий
в цепь магазúнов
chain stores   цепь магазúнов (одно-
типные магазины одной фирмы)
chairman   председáтель, m.
Chamber of Commerce
Торгóвая палáта
**Chamber of Commerce and
Industry**
Торговопромы́шленная палáта

chance bargain
случа́йная вы́годная поку́пка

change in quality
измене́ния ка́чества

change of ownership 1. конве́р-
сия, f.; 2. сме́на владе́льца

channels of communication
кана́лы свя́зи

channels of distribution
кана́лы распределе́ния

chapter глава́ (наприме́р, кни́ги
или правово́го ко́декса), f.

character flaw
недоста́ток в хара́ктере

charge 1. цена́, f.; 2. расхо́д, m.;
3. начисле́ние, n.; 4. отчисле́-
ние, n.; 5. назнача́ть / назна́чить
(+ acc.), v.; 6. взима́ть (+ acc.), v.

charge account откры́тый креди́т
(без обеспече́ния)

charge a penalty взима́ть штраф

charge a price
назнача́ть / назна́чить це́ну

charge commissions
взима́ть комиссио́нные

charge fees взима́ть сбо́ры

charge for customs clearance
сбор за пра́во вы́воза това́ров
че́рез тамо́жню

charge sales прода́жа в креди́т

charitable contributions поже́рт-
вования на благотвори́тельность

chart 1. схе́ма, f.; 2. диагра́мма, f.

charted aircraft
зафрахто́ванный самолёт

charter 1. уста́в, m.;
2. фрахтова́ние, n.; 3. ча́ртер
(догово́р о фрахтова́нии), m.

charter of a joint venture
уста́в совме́стного предприя́тия

charter party догово́р о перево́зке

chartered flight
ча́ртерный авиаре́йс

chartering application
зая́вка на фрахтова́ние

chartering procedure
поря́док фрахтова́ния

cheap currency
валю́та с зани́женным ку́рсом

check 1. чек (банко́вский), m.;
2. счет (в рестора́не), m.; 3. про-

веря́ть / прове́рить (+ acc.), v.

check an invoice
проверя́ть / прове́рить счет

check bounced чек оказа́лся
без обеспече́ния (colloquial)

check deposit че́ковый депози́т

check in the amount of ...
чек на су́мму ...

check processing
обрабо́тка че́ков (ба́нком)

check sample контро́льная про́ба

checkbook че́ковая кни́жка

checking account
че́ковый счёт в ба́нке

checking account deposits
че́ковые вкла́ды

chemical examination
хими́ческая экспорти́за

Chicago Board of Trade
Чика́гская това́рная би́ржа

chief examiner
гла́вный экспе́рт (patent)

Chief Executive Officer (CEO)
генера́льный дире́ктор

chief representative
гла́вный представи́тель

choice вы́бор, m.

choice based on a study of the
market вы́бор осно́ванный на
изуче́нии ры́нка

choice based on catalogues
вы́бор по катало́гам

choice based on market
information вы́бор на осно́ве
ры́ночной информа́ции

choice has been agreed upon
вы́бор согласо́ван

choice of a buyer
вы́бор покупа́теля

choice of a freighter
вы́бор фрахто́вщика

choice of an insurance agent
вы́бор страхово́го аге́нта

choice of a seller вы́бор продавца́

choice of a supplier
вы́бор поставщика́

choice of currency вы́бор валю́ты

choice of manner of payment
вы́бор усло́вий платежа́

choice of the currency of
transaction вы́бор валю́ты сде́лки

choice of transportation
выбор транспорта
choose packaging
выбирать / выбрать тару
chronic deficit
хронический дефицит
chronic shortages
хроническая нехватка
circulating assets
оборотные средства
circulating capital
оборотный капитал
circulating funds
оборотные фонды
circulation   1. денежное обращение; 2. обращение, n.; 3. тираж, m.
circumstances hamper the
fulfillment of obligations
обстоятельства препятствуют
выполнению обязательств
civil justice   гражданское право
civil liability
гражданская ответственность
civil responsibility
гражданская ответственность
civil service   государственная
гражданская служба
claim   1. иск, m.; 2. претензия, f.;
3. заявление прав; 4. рекламационный акт; 5. притязания на
изобретение; 6. требовать /
потребовать (+ асс.), v.;
7. формула изобретения (patent)
claim against a carrier
иск к транспортной компании
claim against a railroad
иск к железной дороге
claim a shortage   предъявлять /
предъявить иск о недостаче
claim concerning the quality of
goods   претензия в отношении
качества товара
claim damages   требовать /
потребовать возмещения
понесенного ущерба
claim exemption from taxes
требовать / потребовать исключения из облажения налогом (на
законном основании)
claim for damages   иск за убытки
claim for payment   иск об оплате

claim forwarded to a company
претензия, направленная
компании
claim of ownership
имущественный иск
claimed   заявленный, adj.
claims processing office
отдел по рассмотру
заявлений или исков
claims settlement fund   резерв для
выплаты страхового возмещения
claimant
1. заявитель, m.; 2. истец, m.
claimant's consent   согласие истца
clarify requirements
уточнять / уточнить требования
classification of risks
классификация рисков
classified
1. классифицированный, adj.;
2. разделенный по группам;
3. засекреченный, adj.
classified advertising
объявления под одной рубрикой
classified contract
засекреченный контракт
classified information
засекреченная информация
clause   1. оговорка в договоре; 2.
раздел (например, договора), m.;
3. часть формулы изобретения
clear account
счет без задолженности
clear an account
оплачивать / оплатить счет
clear cargo at customs   пропускать
/ пропустить груз через таможню
clearance sale   распродажа, f.
clearing   1. клиринг, m.;
2. система безналичных расчётов
clearing account
клиринговый счет
clearing agreement   соглашение
о клиринговых расчётах
clearing balance   баланс платежей
по клиринговым расчётам
clearing bank   клиринг-банк
(член расчетной палаты), m.
clearing claim
претензия по клирингу
clearing crediting

кредитова́ние по кли́рингу
clearing currency
кли́ринговая валю́та
clearing deficit
дефици́т по кли́ринговым счёта
clearing house 1. расчётная пала́та;
2. "кли́ринг-ха́уз" (организация
по сбору, классификации и
распространению услуг) , m.
clearing indebtedness
задо́лженность по кли́рингу
clearing payments 1. платежи́
по кли́рингу; 2. платежи́
по безнали́чному расчёту
clearing ruble   кли́ринговый рубль
(денежная единица, используемая
в безналичных расчетах)
clearing transactions
кли́ринговые опера́ции
clearly defined decision   чётко
сформули́рованное реше́ние
clerical job канцеля́рская рабо́та
clientele   клиенту́ра, f.
close 1. бли́зкий, adj.; 2. те́сный,
adj.; 3. с ограниченным чле́нством
и́ли капита́лом; 4. прекраща́ть /
прекрати́ть (+ асс.), v.; 5. закры-
ва́ть / закры́ть (+ асс.), v.; 6. за-
ключа́ть / заключи́ть (+ асс.), v.
close a bureau
закрыва́ть / закры́ть бюро́
close a deal
заключа́ть / заключи́ть сде́лку
close an auction
закрыва́ть / закры́ть аукцио́н
close-out sale
распрода́жа оста́тков това́ра
close stock company   акционе́рная
компа́ния закры́того ти́па
closed arbitration
закры́тый арбитра́ж
closed-end   закры́тый тип (ограничения на размер капитала или на
количество пайщиков, которые
не имеют права продавать свои
акции без согласия других
участников)
closed-end investment company
инвестицио́нная компа́ния
закры́того ти́па (с ограниченным
количеством акций и участников)

closed-end mutual fund
взаи́мный фонд закры́того ти́па
closed tenders закры́тые торги́
closely held company компа́ния с
ограни́ченным кру́гом акционе́ров
closing balance   ито́говый бала́нс
closing date
да́та закры́тия сде́лки
closing rate 1. курс при закры́тии
би́ржи; 2. заключи́тельный курс
coal-burning power plant   электро-
ста́нция, рабо́тающая на угле́
coastal trade 1. кабота́жная
торго́вля; 2. прибре́жная торго́вля
**Coordinating Committee of East-
West Trade Policy (COCOM) list**
спи́сок Комите́та по координа́ции
э́кспорта стратеги́ческих това́ров
ме́жду За́падом и Восто́ком
(КОКОМ) (список содержит
типы товаров, чей экспорт
запрещен в Восточную Европу)
coin 1. моне́та, f.; 2. ме́лочь, f.
coin changer
автома́т для разме́на моне́т
coin counter
1. маши́на для подсчёта моне́т;
2. моне́тный счётчик
coin-operated vending machine
торго́вый автома́т,
рабо́тающий на моне́тах
coin wrapping machine
маши́на для упако́вки моне́т
collapse of a company
банкро́тство компа́нии
collapse   прова́л, m.
collateral 1. зало́г, m.;
2. иму́щественное обеспече́ние;
3. обеспече́ние за́йма
collateral trust bonds облига́ции с
тра́стовым обеспече́нием (обеспечиваются ценными бумагами,
находящимися в финансовом
учреждении - трасте, на
доверительном хранении)
collect a debt   получа́ть / полу-
чи́ть де́ньги в покры́тие до́лга
collect arrears
1. инкасси́ровать (+ асс.), v.;
2. собира́ть / собра́ть недо́йки
(просроченные суммы)

collection of a bill
инка́ссо ве́кселя
collection of a check инка́ссо че́ка
collection of contributions
сбор взно́сов
collection of debts
1. взыска́ние долго́в;
2. инкасси́рование долго́в
collection of documents
сбор докуме́нтов
collection of information
сбор информа́ции
collection of payments 1. сбор
задо́лженности; 2. инка́ссо, n.
collection order
плате́жное тре́бование
collection period
срок погаше́ния задо́лженности
(срок между предъявлением
счета и его оплатой)
collective bargaining веде́ние
перегово́ров для заключе́ния
коллекти́вных догово́ров
(между предпринемателями
и профсоюзами)
collective behavior
коллекти́вное поведе́ние
collective farm   колхо́з, m.
collective farmer   колхо́зник, m.
combined costs   о́бщие изде́ржки
come in first
выходи́ть / вы́йти на пе́рвое ме́сто
come into effect
входи́ть / войти́ в си́лу
command a high price
идти́ по высо́кой цене́
commerce
1. торго́вля, f.; 2. комме́рция, f.
commercial   1. комме́рческий, adj.;
2. торго́вый, adj.; 3. промы́ш-
ленный (например, процесс), adj.;
4. комме́рческая рекла́ма (по
радио или телевидению)
commercial act   комме́рческий акт
commercial activity
1. торго́вая де́ятельность;
2. комме́рческая де́ятельность
commercial advertising
комме́рческая рекла́ма
commercial agent
1. комме́рческий агент;

2. торго́вый аге́нт
**commercial and industrial
exhibition**   торго́во-промы́шленная
вы́ставка
commercial bank
комме́рческий банк
commercial bulletin
1. комме́рческий бюллете́нь;
2. торго́вый бюллете́нь
commercial information
комме́рческая информа́ция
commercial correspondence
комме́рческая перепи́ска
commercial costs
совоку́пные изде́ржки
commercial counselor
торго́вый сове́тник
commercial credits
комме́рческие креди́ты
commercial cycle
1. торго́вый цикл;
2. цикл делово́й акти́вности
commercial disputes
торго́вые спо́ры
commercial exhibition
торго́вая вы́ставка
commercial expenses
торго́вые изде́ржки
commercial farm   това́рная фе́рма
commercial flows
торго́вые пото́ки
commercial information
комме́рческая информа́ция
commercial introduction
промы́шленное внедре́ние
commercial law   торго́вое пра́во
commercial letter of credit
това́рный аккредити́в
commercial paper market   ры́нок
комме́рческих бума́г (кратко-
срочных обязательств)
commercial policy
торго́вая поли́тика
commercial proceedings
дела́ по комме́рческим и́скам
commercial real estate   комме́р-
ческая недвижи́мость (нежилые
помещения и земля в непред-
назначенных для жилья зонах)
commercial relations
торго́вые отноше́ния

commercial ruble exchange rate
комме́рческий курс обме́на рубля́

commercial spot   рекла́мное
объявле́ние (в хо́де теле или
радио-программы)

commercial standard
торго́вый станда́рт

commercial terms
комме́рческие усло́вия

commercial transactions
1. комме́рческие опера́ции;
2. торго́вые сде́лки

commercial value
ры́ночная сто́имость

commission calculated
on the total sum   коми́ссия,
исчисля́емая с о́бщей су́ммы

commission for services
коми́ссия за услу́ги

commission   1. коми́ссия, f.;
2. комиссио́нное вознагражде́ние;
3. уполнома́чивать / уполно-
мо́чить (+ gen.; на + acc.), v.

commission agent
аге́нт-комиссионе́р, m.

commission charged by bank
комиссио́нные взима́емые ба́нком

commission charges
комиссио́нные, only pl.

commission discounts
ски́дка на комиссио́нные услу́ги

commission fee
комиссио́нный сбор

commission for services
коми́ссия за услу́ги

commission is fixed
in the amount of ...   коми́ссия
устано́влена в разме́ре ...

commission note
комиссио́нное поруче́ние

commission rate   ста́вка коми́ссии

commission on a percentage
basis   коми́ссия на проце́нтной
осно́ве

commissioning   1. сда́ча в
эксплуата́цию; 2. пуск, m.

commodity
1. това́р, m.; 2. сырьево́й това́р

commodity agreements
това́рные соглаше́ния

commodity auction
това́рный аукцио́н

commodity classification
классифика́ция това́ров

commodity exchange
това́рная би́ржа

commodity exchange regulations
пра́вила това́рной би́ржи

commodity expert   товарове́д, m.

commodity exports
това́рный э́кспорт

commodity funds   това́рные фо́нды

commodity futures   1. фью́черсные
това́рные сде́лки; 2. сде́лки о ку́п-
ле и́ли прода́же това́ров на срок

commodity market
това́рный ры́нок

commodity price index   и́ндекс
опто́вых цен на това́ры

commodity prices   це́ны на това́ры
(наприме́р, на агра́рно-сырьеву́ю
проду́кцию)

commodity production
това́рное произво́дство

commodity trade
торго́вля това́рами

common currency   о́бщая валю́та

common knowledge
общеизве́стная информа́ция

Common Market (EEC)
О́бщий ры́нок (ЕЭС)

common property ownership   сов-
ме́стное владе́ние со́бственностью

common sense approach
здра́вый подхо́д

common stock   просты́е а́кции

common stock fund
инвестицио́нный фонд по
опера́циям с просты́ми а́кциями

communication   1. коммуни-
ка́ция, f.; 2. связь, f.; 3. обще́ние, n.

communication by fax
факсими́льная связь

communication via computers
компью́терная связь

communication via satellite
спу́тниковая связь

compact disk   компа́кт-диск, m.

company acquisition
поку́пка компа́нии

company agreed to sell a unit
компа́ния согласи́лась прода́ть

одно́ из свои́х отделе́ний
company backlog
портфе́ль зака́зов компа́нии
company bailout спасе́ние
компа́нии от банкро́тства
company bankruptcy
банкро́тство компа́нии
company board
правле́ние компа́нии
company board of directors
сове́т директоро́в компа́нии
company branch office
филиа́л компа́нии
company buyback   вы́куп компа́нии
company charter
уста́вный докуме́нт компа́нии
company check чек компа́нии
company envelope
фи́рменный конве́рт
company going public образова́ние
акционе́рной компа́нии (компания,
переходящая во владе́ние акцио-
неров путем выпуска акций)
company headquarters 1. штаб-
кварти́ра компа́нии; 2. центра́ль-
ное отделе́ние компа́нии;
3. гла́вная конто́ра компа́нии
company liquidation
ликвида́ция компа́нии
company merger
слия́ние компа́ний
company name   назва́ние компа́нии
company officer
должностно́е лицо́ в компа́нии
company owner
владе́лец компа́нии
**company posted disappointing
results** компа́ния предста́вила
разочаро́вывающие да́нные о
свои́х при́былях и́ли достиже́ниях
company president
президе́нт компа́нии
company property
иму́щество компа́нии
company rating оце́нка
фина́нсового состоя́ния компа́нии
company regulations 1. пра́вила
вну́треннего распоря́дка ком-
па́нии; 2. предписа́ния компа́нии
company reorganization
реорганиза́ция компа́нии

company restructuring
перестро́йка структу́ры компа́нии
company sales force сотру́дники
компа́нии, за́нятые сбы́том
company seal 1. фи́рменная печа́ть;
2. печа́ть компа́нии
company seized by regulators
компа́ния, переведённая под
управле́ние контроли́рующей
организа́ции (например, из-за
нарушения государственных
предписаний)
company spokesman представи́тель
компа́нии, уполномо́ченный
де́лать заявле́ния от её и́мени
company's shares а́кции компа́нии
company trademark
това́рный знак компа́нии
**company under private
management** компа́ния под
управле́нием ча́стных лиц
**company with strong government
links** компа́ния с си́льными свя́зя-
ми в прави́тельственных круга́х
comparable data
сопостави́мые да́нные
comparable price
сравни́тельная цена́
comparable tariff
сопостави́мый тари́ф
comparative 1. сравни́тель-
ный, adj.; 2. относи́тельный, adj.
comparative analysis
сравни́тельный ана́лиз
comparative balance sheet
сравни́тельный бала́нс акти́вов
и пасси́вов
comparative cost price
сравни́тельная себесто́имость
comparison 1. сравне́ние, n.;
2. сопоставле́ние, n.
comparison basis
осно́ва для сравне́ния
**compensate a businessman
for his services** вознагражда́ть /
вознаград́ить коммерса́нта за
услу́ги
compensated damage
возмещённый уще́рб
compensate someone for something
компенси́ровать кого́-ли́бо

за что-либо

compensation   компенсация, f.

compensation award
решение о возмещении

compensation claim
иск на компенсацию

compensation for damages
компенсация за ущерб

compensation for losses
компенсация убытков

compensation for shortage
компенсация за недостачу

compensation in cash or in kind
компенсация деньгами или
натурой

compensation in kind   имущест-
венно-товарная компенсация

compensation in the amount of ...
компенсация в размере ...

compensation on claim
возмещение по иску

compensation ordered by court
компенсация на основе решения
суда

compensation payments
выплаты компенсации

**compensation specified by
an agreement**   возмещение,
обусловленное договором

compensation with interest
процентное возмещение

compete   конкурировать (с + inst.;
в + prep.; на + prep.), v.

competence   компетенция, f.

competence of the representative
компетенция представителя

competing patent
конкурирующий патент

competing products
конкурирующие товары

competition   1. конкуренция, f.;
2. соревнование, n.

competition in trade
конкуренция в торговле

competitive bid   конкурентоспо-
собное предложение

competitive edge
конкурентное превосходство

competitive price
конкурентная цена

competitive price system

система конкурентных цен

competitive pricing
свободное ценообразование

competitiveness
конкурентоспособность, f.

**competitiveness of goods
and services**   конкурентоспособность товаров и услуг

competitor   конкурент, m.

compile a catalogue   составлять /
составить каталог

completion of a loan
оформление займа

complementary goods
взаимодополняющие товары

complete   1. завершать / завер-
шить (+ acc.), v.; 2. полный, adj.;
3. целый, adj.; 4. законченный, adj.

complete acceptance
полный акцепт

complete a declaration
заполнять / заполнить декларацию

complete an order
выполнять / выполнить заказ

complete assessment
полная оценка

complete embargo   полное эмбарго

complete inspection
полная проверка

complete overhaul
капитальный ремонт

complete rejection
полное отклонение

complete return   полный возврат

complete satisfaction
полное удовлетворение

complete test   полное испытание

complete time   время завершения

**complete transshipment
documents**   оформлять / оформить
перевалку

completed construction
законченное строительство

complex of services
комплекс услуг

compliance with an appeal
удовлетворение апелляции

comply with formalities   выполнять
/ выполнить формальности

component part
1. составная часть; 2. деталь, f.

component products   проду́кты,
входя́щие в соста́в агреги́рован-
ной проду́кции

composite   1. сво́дный, adj.; 2. со-
воку́пный, adj.; 3. составно́й, adj.

composite balance sheet
сво́дный бала́нс

composite daily prices   совоку́пная
цена́ дня (составная цена ценных
бумаг на бирже на данный день)

composite index
совоку́пный и́ндекс

composite risk   совоку́пный риск

compound   1. сло́жный, adj.; 2. ко́м-
плексный, adj.; 3. составно́й, adj.;
4. среднегеометри́ческий, adj.

compound cost
ко́мплексные расхо́ды

compound interest
сло́жные проце́нты

compound rate
среднегеометри́ческие те́мпы

comprehensive eonomic plan
всеобъе́млющий экономи́ческий
план

comprehensive insurance
комбини́рованное страхова́ние

comprehensive insurance policy
по́лис комбини́рованного
страхова́ния

comprehensive utilization
of resources   максима́льное
испо́льзование ресу́рсов

comprehensive vehicle insurance
страхо́вка а́вто-ко́мби
(комбинированное страхование
автомобиля)

compulsory arbitration
принуди́тельный арбитра́ж

computation table
расче́тная табли́ца

computer   1. компью́тер, m.;
2. ЭВМ (электронно-вычисли-
тельная машина), abbr.

computer-based tasks   рабо́ты, тре́-
бующие примене́ния компью́тера

computer game
компью́терная игра́

computer hardware
материа́льная часть компью́тера

computer language   1. компью́тер-
ный язы́к; 2. язы́к ЭВМ

computer literacy   зна́ние осно́в
рабо́ты на компью́тере

computer network
компью́терные се́ти

computer programmer
программи́ст, m.

computer related products
and services   програ́ммные
проду́кты и обслу́живание,
относя́щееся к компью́терам

computer science   информа́тика, f.

computer software   1. програ́ммный
проду́кт; 2. математи́ческое
обеспече́ние (компьютеров)

computer systems designer   разра-
бо́тчик компью́терных систе́м

computer training   обуче́ние рабо́те
на компью́тере

concern   1. конце́рн, m.;
2. предприя́тие, n.; 3. фи́рма, f.;
4. интере́с, m.; 5. беспоко́йство, n.

concession   1. конце́ссия, f.;
2. ски́дка, f.; 3. усту́пка, f.

concessional financing
льго́тное финанси́рование

concessionary price   льго́тная цена́

conclude
заключа́ть / заключи́ть (+ асс.), v.

conclude a transaction
on the exchange   заключа́ть /
заключи́ть сде́лку на би́рже

concluded charter   заключе́нный
догово́р о фрахтова́нии

concluding clause of a contract
заключи́тельный разде́л контра́кта

conclusion of a contract
заключе́ние контра́кта

conclusion of a contract by parties
заключение контра́кта сторона́ми

conclusion of a contract
for the period of ...   заключе́ние
контра́кта на срок ...

conclusion of a contract on
mutually beneficial terms
заключе́ние контра́кта на
взаимовы́годных усло́виях

conclusion of a deal worth ...
заключе́ние сде́лки на су́мму ...

conclusion of a multilateral
contract   многосторо́ннее

заключе́ние догово́ра
**conclusion of an agreement
between countries** заключе́ние
соглаше́ния ме́жду стра́нами
conclusion of a transaction
заключе́ние сде́лки
conclusions drawn at a conference
вы́воды конфере́нции
conclusive arguments
убеди́тельные объясне́ния
conditional усло́вный, adj.
conditional sale 1. запрода́жа, f.;
2. усло́вная прода́жа
**conditional sale has been
made by a foreign firm**
запрода́жа была́ проведена́
иностра́нной компа́нией
condominium 1. кооперати́вная
кварти́ра; 2. кооперати́вный дом
conduct 1. выполня́ть / вы́полнить
(+ acc.), v.; 2. вести́ (+ acc.), v.
conduct an operation
выполня́ть / вы́полнить опера́цию
conduct negotiations
вести́ / провести́ перегово́ры
conference конфере́нция, f.
conference on marketing конфе-
ре́нция по вопро́сам ма́ркетинга
**conference on the problems
of copyright** конфере́нция по
а́вторскому пра́ву
confidential correspondence
конфиденциа́льная перепи́ска
confidentiality of data
конфиденциа́льность результа́тов
confidentiality of information
конфиденциа́льность информа́ции
confirm an arrangement
подтвержда́ть / подтверди́ть
договоре́нность
confirm assurances подтвержда́ть /
подтверди́ть завере́ния
confirm detention подтвержда́ть /
подтверди́ть задержа́ние
confirm participation подтвер-
жда́ть / подтверди́ть уча́стие
confirm the price подтвержда́ть /
подтверди́ть це́ну
confirm validity of something
подтвержда́ть / подтверди́ть
обосно́ванность чего́-ли́бо

confirmation 1. подтвержде́ние, n.;
2. санкциони́рование, n.
confirmation by fax
подтвержде́ние по телефа́ксу
confirmation by telephone
подтвержде́ние по телефо́ну
confirmation by telex
подтвержде́ние те́лексом
confirmation of an arrangement
подтвержде́ние договоре́нности
confirmation of an invitation
подтвержде́ние приглаше́ния
confirmation of a refusal
подтвержде́ние отка́за
confirmation of payment
подтвержде́ние платежа́
confirmation of shipment
подтвержде́ние отгру́зки
**confirmation of the dates
of a meeting**
подтвержде́ние сро́ков встре́чи
confirmed consent
подтвержде́нное согла́сие
confiscation of assets
1. конфиска́ция иму́щества;
2. экспроприа́ция иму́щества
confiscation of property
1. конфиска́ция иму́щества;
2. конфиска́ция со́бственности
conflicting data
противоречи́вые да́нные
conflicting information
противоречи́вые све́дения
conflicting trademarks
конфликту́ющие това́рные зна́ки
conform to the assurances received
соотве́тствовать полу́ченным
завере́ниям
confusing similarity of trademarks
пу́тающее схо́дство това́рных
зна́ков (дизориенти́рующее
потреби́теля)
confusing trademarks
пу́тающие това́рные зна́ки
congested railroad
загру́женная желе́зная доро́га
conglomerate конгломера́т, m.
consensus 1. консе́нсус, m.;
2. схо́дство мне́ний
consensus building measures шаги́
к достиже́нию еди́ного мне́ния

consent   согла́сие, n.
consent decree
заявле́ние о согла́сии
consent of the parties
согла́сие сторо́н
consent to conclude a deal
согла́сие на заключе́ние сде́лки
consent to deliver goods
согла́сие на поста́вку това́ра
consent to fulfill an order
согла́сие на выполне́ние догово́ра
consent to insurance
согла́сие на страхова́ние
consent to pay damages
согла́сие на упла́ту за уще́рб
consent to replacement
соглаше́ние на заме́ну
consent to settle a dispute
согла́сие на урегули́рование спо́ра
considerable credit
кру́пный креди́т
considerable damage
значи́тельное поврежде́ние
consideration of a claim
рассмотре́ние и́ска
consideration of a dispute
 by arbitration   рассмотре́ние
спо́ра в арбитра́жном поря́дке
consignee   грузополуча́тель, m.
consigner   грузоотправи́тель, m.
consigner's appeal
апелля́ция грузоотправи́теля
consignment   1. консигна́ция
(передача товара агенту для
продажи с его склада), f.;
2. консигнацио́нная отпра́вка
това́ров; 3. накладна́я, f.; 4. коно-
саме́нт, m.; 5. отпра́вка гру́зов
consignment agent
аге́нт-консигна́тор, m.
consignment note 1. тра́нспортная
накладна́я; 2. коноса́мент, m.
consignment transaction
консигнацио́нная сде́лка
consignment warehouse
консигнацио́нный склад
consistent data
непротиворечи́вые да́нные
consistent quality
однора́дное ка́чество
consolidate   1. своди́ть / свести́

воеди́но; 2. объединя́ть /
объедини́ть (+ acc.), v.;
3. консолиди́ровать (+ acc.), v.
consolidate contacts
закрепля́ть / закрепи́ть конта́кты
consolidated accounts
сво́дные счета́
consolidated balance sheet
сво́дный бала́нс
consolidated delivery system цен-
трализо́ванная систе́ма доста́вки
consolidated financing
совме́стное финанси́рование
consolidated mortgage bonds
по́лные облига́ции (обеспечены
закладной на все имущество
компании)
consolidation of debts
консолида́ция долго́в
consortium   консо́рциум, m.
conspiracy to defraud a company
за́говор с це́лью обма́ном
вы́манить де́ньги у компа́нии
constant prices   неизме́нные це́ны
construction   1. строи́тельство, n.;
2. строи́тельный, adj.
construction company
строи́тельная компа́ния
construction contract
подря́д на строи́тельство
construction cooperative
строи́тельный коопера́тив
construction costs
сто́имость строи́тельства
construction materials
1. строи́тельные материа́лы;
2. стройматериа́лы, only pl.
construction of new projects
строи́тельство но́вых объе́ктов
construction of shopping centers
строи́тельство торго́вых це́нтров
construction on a turnkey basis
строи́тельство "под ключ"
construction order
зака́з на строи́тельство
construction site
строи́тельная площа́дка
construction starts   зало́женные
под строи́тельство объе́кты
consular office 1. консула́т, m.;
2. ко́нсульское учрежде́ние

consulate   1. консула́т, m.;
2. ко́нсульское учрежде́ние
consultant   консульта́нт, m.
consulting   1. консульти́рование, n.;
2. конса́лтинг, m.
consulting agency
консультацио́нная фи́рма
consulting engineering company
инжене́рно-консультацио́нная
компа́ния
consulting fees
пла́та за консульта́цию
consulting firm
консультацио́нная фи́рма
consume   1. потребля́ть / употре-
би́ть (+ асс.), v.; 2. расхо́довать /
израсхо́довать (+ асс.), v.
consumer   1. потреби́тель, m.;
2. покупа́тель, m.
consumer advertising
потреби́тельская рекла́ма
consumer appeal
привлека́тельность това́ра
для потреби́теля
consumer behavior
поведе́ние покупа́теля
consumer choice
вы́бор потреби́телей
consumer confidence   уве́ренность
покупа́теля в благополу́чии
эконо́мики
consumer cooperative
потреби́тельский кооперати́в
consumer credit
потреби́тельский креди́т
consumer demand
потреби́тельский спрос
consumer durable goods
потреби́тельские това́ры
дли́тельного по́льзования
consumer electronics
бытова́я электро́ника
consumer electonics and
appliance business   би́знес в о́бла-
сти бытово́й электро́нной аппара-
ту́ры и бытовы́х эле́ктроприбо́ров
consumer goods
това́ры широ́кого потребле́ния
consumer goods basket
потреби́тельская корзи́нка
това́ров (условный набор товаров,

используемый для экономических
исследований, например, для
прослеживания темпов инфляции)
consumer goods price list   прейску-
ра́нт на потреби́тельские това́ры
consumer income
дохо́д потреби́теля
consumer-led recovery   оживле́ние
эконо́мики за счет уси́ленного
ро́ста заку́пок потреби́тельских
това́ров
consumer loan
ссу́да на потреби́тельские ну́жды
consumer market
потреби́тельский ры́нок
consumer market of
a Republic   республика́нский
потреби́тельский ры́нок
consumer-oriented advertising
реклами́рование, напра́вленное
на потреби́теля
consumer-oriented society
о́бщество, де́лающее упо́р
на потреби́тельский спрос
consumer price   1. потреби́тель-
ская цена́; 2. ро́зничная цена́
consumer price index
и́ндекс ро́зничных цен
consumer protection
защи́та потреби́теля (например,
от лживой рекламы)
consumer purchasing power
покупа́тельная спосо́бность
потреби́телей
consumer sector   потреби́тельский
се́ктор эконо́мики
consumer services
потреби́тельские услу́ги
consumer spending   расхо́ды
потреби́телей на поку́пки
consumer taste   вкус потреби́теля
consumption
1. потребле́ние, n.; 2. расхо́д, m.
consumption fund
фонд потребле́ния
consumption of goods and services
потребле́ние това́ров и услу́г
consumption tax   1. нало́г на по-
требле́ние; 2. акци́зный нало́г
contact   1. конта́кт, m.; 2. связь, f.
contacts based on mutual

interests связи на основе
взаимной заинтересованности
contacts with foreign partners
контакты с зарубежными
партнёрами
container ship
контейнерное судно
container shipments
контейнерные перевозки
container standards
стандартизация контейнеров
contingency 1. случайность, f.; 2.
непредвиденные обстоятельства
contingency fund   фонд на покрытие непредвиденных расходов
contingency plan план на случай
непредвиденных обстоятельств
continuous demand
постоянный спрос
contraband   контрабанда, f.
contract   контракт, m.
contract cost
контрактная стоимость
contract for sale of know-how
контракт на продажу ноу-хау
(т. е. продается информация,
описывающая технологию и
секреты производства)
contract for technical services
контракт на техническое
обслуживание
contract for transfer of know-how
договор о передаче ноу-хау
contract insurance
договорное страхование
contract negotiations
переговоры по контракту
contract of association
договор об учреждении акционерного общества или компании
contract of consignment
договор консигнации
contract of indemnity
договор о гарантии от убытков
contract of purchase
договор купли-продажи
contract operations
подрядные работы
contract payment
оплата договорных работ
contract price договорная цена

contract services
услуги по контракту
contract with an agency
контракт с агенством
contract without reservations
контракт без оговорок
contract with reservations
контракт с оговорками
contracting of services
заключение контракта
на предоставление услуг
contraction in business conditions
сокращение деловой активности
contraction of the market
сокращение рынка
contractor
1. подрядчик, m.; 2. исполнитель
работ; 3. подрядная организация
contractual deliveries
договорные поставки
contractual joint venture
совместное предприятие по
контракту
contractual license
договорная лицензия
contractual matters
договорные вопросы
contractual obligations
обязательства по контракту
или договору
contractual price договорная цена
contractual rate of interest
оговоренная в контракте
процентная ставка
contractual relations
договорные отношения
contractual sample
договорный образец
contractual sanctions
договорные санкции
contractual value стоимость,
указанная по контракту
contribute to something
способствовать чему-либо
contributing factor
способствующее обстоятельство
contribution   1. вклад, m.;
2. взнос, m.; 3. содействие, n.
control   1. контроль, m.; 2. регулирование, n.; 3. управление, n.
controlled inflation

управляемая инфляция
controlling company
 1. контролирующая компания;
 2. материнская компания
controlling interest in
 a stock company   контрольный
 пакет акций в акционерной
 компании
conventional merchandise
 transaction   традиционная купля-
 продажа товаров
conventional power plant
 тепловая электростанция
conversion   1. конверсия, f.;
 2. переход, m.; 3. превращение, n.
conversion from military
 production   конверсия военного
 производства (на выпуск мирной
 продукции)
conversion of state enterprises
 into stock companies
 акционирование государственных
 предприятий (с целью их превращения в акционерные компании)
conversion of state property
 разгосударствление, n.
conversion to civilian markets
 переход на рынки, связанные с
 выпуском продукции мирного
 назначения
convertibility   конвертируемость, f.
convertible bonds
 облигации, конвертируемые
 в акции (того же эмитента)
convertible currency   1. свободно-
 конвертируемая валюта;
 2. твёрдая валюта; 3. скв, abbr.
convertible insurance policy
 полис, позволяющий менять
 условия страхования
convertible ruble
 инвалютный рубль
convertible securities
 конвертируемые ценные бумаги
convertible stocks
 конвертируемые (в другие) акции
convert transfer rubles
 into national currency
 конвертировать переводные
 рубли в национальную валюту
convince of something   убеждать /

убедить в чём-либо
cooperation   сотрудничество, n.
cooperation agreement
 соглашение о сотрудничестве
cooperative bank
 кооперативный банк
cooperative property
 коперативная собственность
cooperative store
 кооперативный магазин
coordination of tariffs
 сопоставление тарифов
coowner   совладелец, m.
copiying machine   1. ксерокс, m.
 2. копировальная машина
coprocessor
 копроцессор (computer), m.
copy   1. копия, f.; 2. экземпляр, m.
copy of an act
 1. копия акта; 2. экземпляр акта
copy of an order   копия заявки
copying equipment
 копировальная аппаратура
copyright   авторское право
copyright act
 закон об авторском праве
copyright law
 закон об авторском праве
copyright material   материал,
 охраняемый авторским правом
copyright notice   знак, предупре-
 ждающий об авторском праве
copyright owner
 владелец авторского права
copyright reserved
 авторское право сохраняется
copyrighted work   охраняемое
 авторским правом произведение
corporate   имеющий отношение
 к корпорациям
corporate bond issuer   компания,
 выпускающая для продажи
 свои облигации (обязательства)
corporate bonds   1. промышленные
 облигации; 2. облигации
 промышленных компаний
corporate charter
 1. устав корпорации; 2. устав
 акционерного общества
corporate finances
 финансы частной корпорации

corporate headquarters
штаб-кварти́ра корпора́ции
corporate income tax
нало́г на дохо́ды корпора́ции
corporate profit
при́быль корпора́ции
corporate securities
це́нные бума́ги, вы́пущенные
компа́нией (наприме́р, облига́ции)
corporate tax нало́г на корпора́ции
corporation 1. корпора́ция, f.;
2. акционе́рное о́бщество
corporation bylaws
1. уста́в корпора́ции;
2. уста́в акционе́рного о́бщества
correct an error
исправля́ть / испра́вить оши́бку
correspondence
1. корреспонде́нция, f.;
2. перепи́ска, f.; 3. совпаде́ние, n.
correspondence about the
conclusion of an agreement
перепи́ска о заключе́нии
соглаше́ния
correspondence bank
ба́нк-корреспонде́нт (банк,
де́йствующий в ка́честве аге́нта
друго́го ба́нка, наприме́р, опери-
руя от его́ и́мени в стране́, где у
того́ нет представи́тельства), m.
correspondence by fax
перепи́ска по телефа́ксу
correspondence by mail
перепи́ска по по́чте
correspondence education
зао́чное образова́ние
correspondence file
па́пка с корреспонде́нцией
correspondence registration
оформле́ние корреспонде́нции
correspondence with a company
перепи́ска с компа́нией
corresponding currency
соотве́тствующая валю́та
correspond to a sample
соотве́тствовать образцу́
correspond with somebody вести́ /
провести́ перепи́ску с кем-ли́бо
cost 1. сто́имость, f.; 2. цена́, f.;
3. изде́ржки, pl.; 4. затра́ты, pl.
cost accountant

бухга́лтер-калькуля́тор
cost accounting 1. учёт изде́ржек
произво́дства; 2. хозрасчёт, m.
cost allocation
распределе́ние изде́ржек
cost analysis ана́лиз изде́ржек
(произво́дства)
cost and freight (c.a.f.) сто́имость
и фрахт (каф) (догово́р, по
кото́рому цена́ включа́ет
указанные расхо́ды)
cost-benefit analysis
ана́лиз затра́т и эффекти́вности
cost by piece
пошту́чная сто́имость
cost category статья́ изде́ржек
cost control контро́ль над це́нами
cost cutting сниже́ние изде́ржек
cost distribution
распределе́ние изде́ржек
cost-effectivness of services
рента́бельность услу́г
cost elements элеме́нты изде́ржек
cost estimate сме́та, f.
cost forecast
прогнози́рование изде́ржек
cost, insurance, freight (c.i.f.)
сто́имость, страхова́ние, фрахт
(сиф) (догово́р, по кото́рому цена́
включа́ет указанные расхо́ды)
cost item статья́ изде́ржек
cost of a business trip
сто́имость командиро́вки
cost of advertising
сто́имость рекла́мы
cost of a license
сто́имость лице́нзии
cost of a manufactured item
сто́имость изде́лия
cost of an order сто́имость зака́за
cost of borrowing 1. сто́имость
креди́та; 2. ссу́дный проце́нт
cost of capital
ста́вка проце́нта по креди́там
cost of compensation
сто́имость возмеще́ния
cost of construction
сто́имость строи́тельных рабо́т
cost of doing business
расхо́ды на веде́ние де́ла
cost of equipment

стóимость оборýдования
cost of freight   стóимость фрáхта
cost-offsetting   компенсáция затрáт
cost of goods   стóимость товáра
cost of innovation
стóимость новѝнки
cost of insurance
стóимость страховáния
cost-of-living   стóимость жѝзни
cost-of living adjustments
надбáвки на дороговѝзну (например, индексация зарплат с учетом
инфляции)
cost-of-living allowance
надбáвка на рост стóимости жѝзни
(повышение зарплат с целью компенсации изменений в индексе
прожиточного миниума)
cost of money   стáвка процéнта
cost of products sold
стóимость прóданной продýкции
cost of sales
издéржки по реализáции товáра
cost of services   стóимость услýг
cost of storage
стóимость хранéния
cost of transportation
стóимость перевóзки
cost of transportation is not
included   без учéта стóимости
перевóзки
cost of TV or radio time
стóимость эфѝрного врéмени
cost of upkeep   стóимость
поддержáния в порядке
(например помещений)
cost per unit   удéльные затрáты
cost price   ценá производства
cost price relationships
соотношéние мéжду ценóй
и себестóимостью
cost record   расхóдная вéдомость
cost savings   экономия затрáт
cost sharing   1. учáстие в расхó-
дах; 2. распределéние расхóдов
cost sheet
калькуляциóнная вéдомость
cost standards
нормативные затрáты
cost structure   структýра затрáт
cost value

первоначáльная стóимость
costs incurred in producing
goods and services   издéржки
производства товáров и услýг
costs of operation
эксплуатациóнные издéржки
costing   1. исчислéние издéржек
производства; 2. калькуляция
себестóимости
counterclaim   1. встрéчный иск;
2. встрéчное трéбование
counterdemand
встрéчное трéбование
counterfeit currency
поддéльная валюта
counterfeit money
фальшивые дéньги
counter   прилáвок, m.
counteroffer   1. встрéчное предложéние; 2. контрофéрта, f.
countershipment
встрéчная отгрýзка
count on something   дéлать /
сдéлать стáвку на что-лѝбо
coupon bond
облигáция на предъявѝтеля
coupons for buying fuel
for state owned vehicles   талóны
на бензѝн для государственных
машѝн
court documents
судéбная документáция
court jurisdiction 1. юрисдѝкция
судá; 2. судéбные полномóчия
court of law   суд, m.
court proceedings
судéбное разбирáтельство
courtesy visit   визѝт вéжливости
covered shortage
покрытая недостáча
covering note
1. сопроводѝтельная запѝска;
2. ковернóт (страховой документ,
защищающий застрахованное лицо
от возможных потерь в период
между оформлением полиса и
его утверждением), m.
crafted equipment
1. неустанóвленное оборýдование;
2. запакóванное оборýдование
crash economic program

антикри́зисная экономи́ческая
програ́мма
creative work тво́рческий труд
credit 1. креди́т, m.; 2. долг, m.
credit against goods
подтова́рный креди́т
credit against securities
креди́т под це́нные бума́ги
credit agencies
креди́тные учрежде́ния
credit agreement
креди́тное соглаше́ние
credit arrangements
предоставле́ние креди́тов
credit availability
нали́чие ссу́дного капита́ла
credit balance оста́ток креди́та
credit bureau
бюро́ креди́тной информа́ции
credit card креди́тная ка́рточка
credit card holder
владе́лец креди́тной ка́рточки
credit crunch
тру́дности с получе́нием креди́та
credit curbs
креди́тные ограниче́ния
credit financing
креди́тное финанси́рование
credit for a period from ... to ...
креди́т на срок от ... до ...
credit for the development of ...
креди́т для разви́тия ....
credit funds креди́тные ресу́рсы
credit guarantee
креди́тное поручи́тельство
credit in hard currency
креди́т в свобо́дно конверти́ру-
емой валю́те
credit in rubles креди́т в рубля́х
credit instruments 1. креди́тные
докуме́нты; 2. це́нные бума́ги
credit in the amount of ...
креди́т в разме́ре ...
credit limit лими́т кредитова́ния
credit line оговорённая договором су́мма за́йма (наприме́р,
между фи́рмой и ба́нком)
credit losses поте́ри по за́йму
credit market креди́тный ры́нок
credit needs
потре́бность в креди́те

credit on straight business
terms креди́т на чи́сто делово́й
осно́ве
credit rate креди́тные ста́вки
credit rating
оце́нка кредитоспосо́бности
credit requirements
потре́бность в креди́те
credit resources 1. креди́тные
фо́нды; 2. исто́чники креди́та
credit restrictions
креди́тные ограниче́ния
credit risk риск при предостав-
ле́нии креди́та
credit ruble креди́тный рубль
credit squeeze
ре́зкое ограниче́ние креди́та
credit terms
усло́вия предоставле́ния креди́та
credit to replenish current assets
креди́т на восполне́ние
оборо́тных средств
credit transaction
креди́тная сде́лка
credit union
креди́тный кооперати́в
credit worthiness
кредитоспосо́бность, f.
crediting кредитова́ние, n.
crediting imports
кредитова́ние и́мпорта
crediting of an exporter
кредитова́ние экспортёра
crediting of an importer
кредитова́ние импортёра
crediting of export transactions
кредитова́ние по э́кспортным
опера́циям
crediting of import transactions
кредитова́ние по и́мпортным
опера́циям
crediting procedure
поря́док кредитова́ния
creditor кредито́р, m.
creditor bank банк-кредито́р, m.
creditor nation страна́-кредито́р, f.
creditor's demand
тре́бование кредито́ра
crime-ridden environment
криминоге́нная обстано́вка
criminal 1. криминоге́нный, adj.;

2. престу́пный, adj.;
3. кримина́льный, adj.
criminal charges обвине́ния в
кримина́льной де́ятельности
**criminal charges against a
company** уголо́вное обвине́ние
про́тив компа́нии
criminal elements
кримина́льные элеме́нты
criminal negligence
престу́пная хала́тность
**criminal violation of the rules
of trade** кримина́льное наруше́ние
пра́вил торго́вли
criminal world престу́пный мир
crop insurance
страхова́ние от неурожа́я
cross-licensing
взаимообме́н лице́нзиями
cross the border
пересека́ть / пересе́чь грани́цу
crude data необрабо́танные да́нные
crude oil непererабо́танная нефть
curb 1. ограниче́ние, n.; 2. ограни́чивать / ограни́чить (+ асс.), v.
currency валю́та, f.
currency account валю́тный счет
currency allocations 1. распределе́ние валю́тных средств;
2. квоти́рование валю́ты
currency auction
валю́тный аукцио́н
currency bar валю́тный бар
currency clearing
валю́тный кли́ринг
currency compensation
валю́тная компенса́ция
currency conditions
валю́тные усло́вия
currency conversion
пересче́т валю́т
currency convertibility
обрати́мость валю́ты
currency credit валю́тный креди́т
currency depreciation
девальва́ция валю́ты
currency earning goods
това́ры, продава́емые за валю́ту
currency earnings
валю́тные поступле́ния
Currency Exchange

валю́тная би́ржа
currency fund 1. валю́тный фонд;
2. фонд валю́тных отчисле́ний
currency in circulation
валю́та в обраще́нии
**currency in the hands of
the public** валю́та на рука́х
у населе́ния
currency instability
неусто́йчивось валю́тных ку́рсов
currency intervention валю́тная
интерве́нция (действия централь-
ных банков с целью установить
желаемый валютный курс)
**currency is transferred
at the rate of the day** валю́та
перечи́слена по ку́рсу дня
currency market 1. валю́тный
ры́нок; 2. валю́тная би́ржа
currency movements
валю́тные колеба́ния
currency of payment
валю́та платежа́
currency of price валю́та цены́
currency outlays
1. расхо́д валю́ты;
2. валю́тные капиталовложе́ния
currency realignment
выра́внивание ку́рса валю́т
currency regulations
валю́тные предписа́ния
currency reserve 1. валю́тные
сре́дства; 2. валю́тный резе́рв
currency savings
валю́тная эконо́мия
currency specified by a contract
валю́та, определённая контра́ктом
currency speculation
валю́тная спекуля́ция
currency transfer
валю́тный тра́нсферт
current 1. совреме́нный, adj.;
2. теку́щий, adj.; 3. находя́щийся
в обраще́нии
current account теку́щий счет
current account balance
1. бала́нс по теку́щим опера́циям;
2. са́льдо по теку́щим опера́циям
current account deficit
дефици́т по теку́щим опера́циям
current capital оборо́тный капита́л

current deficit   текущий дефицит
current developments
текущие события
current dividend
текущий размер дивиденда
current expenditures
текущие расходы
current expenses
текущие расходы
current interest
текущая процентная ставка
current liabilities   краткосрочные
обязательства (например,
векселя сроком менее года)
current operating expenses   текущие производственные расходы
current price   текущая цена
current price list
действующий прейскурант
current rate   1. курс в данный
момент; 2. наличный курс
current rate discount
скидка с наличного курса
current risks   текущие риски
current standard costs
действующая норма издержек
current transactions
текущие операции
curtail import
ограничивать / ограничить импорт
curtail production   свёртывать /
свернуть производство
curtailment   1. сворачивание, n.; 2.
сокращение, n.; 3. ограничение, n.
curve   кривая, f.
custom   1. заказ, m.;
2. привычка, f.; 3. обычай, m.
custom-built   построенный на заказ
custom-made   сделанный
по индивидуальному заказу
custom-made car   автомобиль
с индивидуальной компановкой
customer   1. покупатель, m.;
2. клиент, m.; 3. заказчик, m.
customer service
обслуживание покупателя
customer's file   досье клиента
customer's order   заказ покупателя
customer's supervision   осущест-
вляемый заказчиком надзор
customer test   испытания,

проводимые заказчиком
customized   выполнено с учётом
пожеланий заказчика
customs   1. таможня, f.;
2. таможенное управление
customs agreement   соглашение
по таможенным вопросам
customs at a sea port
таможня в морском порту
customs ban   таможенный запрет
customs bond   таможенный залог
customs clearance
таможенное разрешение
на ввоз или вывоз товара
customs declaration
таможенная декларация
customs document
таможенный документ
customs duty
таможенная пошлина
customs expenses
таможенные расходы
customs fees   таможенные сборы
customs inspection
таможенная инспекция
customs inspector
таможенный инспектор
customs officer   1. работник
таможни; 2. таможенник, m.
customs procedures
таможенные правила
customs regulations
таможенные предписания
customs rules
порядок работы таможни
customs tariff   таможенный тариф
customs tariff rate
ставка таможенной пошлины
customs union   таможенный союз
customs warehouse
таможенный склад
cut down on business travel
expenses   уменьшать / уменьшить
расходы на командировки
cut fat from the company
уменьшать / уменьшить лишние
расходы компании (colloquial)
cut trade barriers   устранять /
устранить торговые барьеры
cutoff date   последний срок
cuts in the defense sector of the

economy   демилитаризация
экономики
cutthroat competition
безжалостная конкуренция
cycle   цикл (например,
экономической активности), m.
cyclical business   цикличный
бизнес (зависит от состояния
экономики. Например, производство автомобилей)
cyclical fluctuations
циклические колебания

D

daily   1. ежедневный, adj.;
2. дневной, adj.; 3. суточный, adj.
daily allowance   суточные, only pl.
daily average   среднее значение за
день (например, рыночного курса)
daily proceeds   дневная выручка
daily receipts   дневная выручка
daily records   1. суточная ведомость; 2. ежедневная отчётность
damage   1. ущерб, m.; 2. порча, f.;
3. повреждение, n.; 4. убыток, m.
damage assessment   1. оценка
ущерба; 2. оценка повреждений
damage caused
нанесённый ущерб
damage caused by an accident
повреждение в результате аварии
**damage caused by
force-majeure circumstances**
повреждение, вызванное обсто-
ятельствами непреодолимой силы
**damage caused during loading
and unloading**   повреждение во
время погрузки и выгрузки
damage claim   1. рекламационный
акт; 2. требование по возмещению
убытков
damage claimed by a buyer
заявленное покупателем
повреждение
damage estimate   оценка ущерба
damage in monetary form
ущерб в денежном выражении
damage in the amount of ...
ущерб в размере ...

damage is done to the customer
ущерб нанесён клиенту
**damage of goods due to
negligence**   повреждение товара
по халатности
damage to equipment
повреждение оборудования
damage to the environment   ущерб,
нанесённый окружающей среде
damaged goods   1. повреждённые
товары; 2. дефектные товары
damaged packaging
повреждённая упаковка
damaged reputation
подмоченная репутация
damages paid
возмещённые убытки
dangerous cargo   опасный груз
(например, в перевозке или
хранении)
data   данные, pl.
data bank   банк данных
data base   база данных
data package   1. пакет данных;
2. сводка данных
data processing   обработка данных
data recording   запись данных
data search and retrieval   поиск
и выдача хранимых данных
data source   источник информации
date
1. число, n.; 2. дата, f.; 3. срок, m.
date and time of signing
дата и время подписания
date of concluding a contract
дата заключения контракта
date of confirmation
дата подтверждения
date of receipt   дата квитанции
date of shipment   дата отгрузки
day off   выходной день
day order   приказ, действующий
один день (даётся брокеру на покупку или продажу ценных бумаг)
day shift   дневная смена
day-to-day activity
повседневная деятельность
day-to-day management
повседневное управление
(например, делами компании)
day-to-day work

повседне́вная рабо́та

day wages   поде́нная пла́та

deadbeat   неисправи́мый должни́к

deadline   оконча́тельный срок

dead season   ме́ртвый сезо́н

deal
1. вести́ (+ асс.), v.; 2. опера́ция, f.;
3. сде́лка, f.; 4. соглаше́ние, n.

deal with somebody
вести́ / провести́ дела́ с кем-ли́бо

deal with something
занима́ться / заня́ться чем-ли́бо

dealer
1. ди́лер, m.; 2. посре́дник, m.

dealer franchise   контра́кт ме́жду
ди́лером и фи́рмой, выдаю́щей
ему́ торго́вые привеле́гии

dealership   фи́рма, уполномо́чен-
ная вести́ опера́ции по прода́же

dealings of an agent
опера́ции аге́нта

dealings on the stock exchange
фо́ндовая опера́ция

debentures   облига́ции,
не обеспе́ченные зало́гом

debit   1. де́бет, m.; 2. де́бетовое
са́льдо; 3. прихо́д, m.

debit and credit   прихо́д и расхо́д

debit balance   1. де́бетовое са́льдо;
2. де́бетовый оста́ток

debit entry   за́пись в де́бет

debt   долг, m.

debt burden   долгово́е бре́мя

debt collection agency   аге́нство
по сбо́ру просро́ченных платеже́й

debt crunch
кри́зис задо́лженности

debt financing   финанси́рование
с по́мощью заёмного капита́ла

debt forgivness   списа́ние до́лга

debt-laden company
обремене́нная долга́ми компа́ния

debt limit   лими́т кредитова́ния

debt liquidation
ликвида́ция долго́в

debt payment
погаше́ние задо́лженности

debt relief   облегче́ние усло́вий
вы́платы задо́лженности

debt repayment   погаше́ние до́лга

debt rescheduling   измене́ние

сро́ков вы́платы задо́лженности

debt service   вы́плата до́лга

debt servicing costs
расхо́ды по погаше́нию креди́та

debt servicing problem   пробле́ма
с погаше́нием задо́лженности

debt-to-equity ratio   соотноше́ние
ме́жду заёмным и со́бственным
капита́лом

debtor   должни́к, m.

debtor nation   страна́-должни́к, f.

debtor's appeal
апелля́ция должника́

debtor's liability
задо́лженность должника́

decision   реше́ние, n.

decision against a claimant
реше́ние про́тив истца́

decision against a defendant
реше́ние про́тив отве́тчика

decision in favor of a claimant
реше́ние в по́льзу истца́

decision in favor of a defendant
реше́ние в по́льзу отве́тчика

**decision made on the conditions
agreed upon by the parties**
реше́ние, на согласо́ванных
сторона́ми усло́виях

decision making policy update
обновле́ние ме́тодов приня́тия
реше́ний

decision making procedure
спо́соб приня́тия реше́ний

decision on a claim   определе́ние
по и́ску

decision on an appeal
реше́ние по аппеля́ции

decision on a replacement
реше́ние о заме́не

decision with amendments
реше́ние с попра́вками

declaration
1. деклара́ция, f.; 2. заявле́ние, n.

declaration of damage
заявле́ние о повреждении

declaration of dividends
объявле́ние о вы́плате дивиде́ндов

declaration of origin   деклара́ция
о происхожде́нии това́ра

declaration of valuables
деклара́ция о прово́зе и́ли

наличии ценностей
declassified information
рассекреченная информация
decline 1. снижение, n.;
2. спад, m.; 3. ухудшение, n.
decline in prices снижение цен
decline in the exchange rate
понижение валютного курса
decline of economic activity
экономический спад
declining creditworthiness
падающая кредитоспособность
declining sectors of the economy
секторы экономики,
переживающие спад
decontrol of price formation
либерализация ценообразования
deductibles 1. подлежащая вычету
сумма; 2. франшиза (часть суммы
убытка, не оплачиваемая
страховой компанией), f.
deduction of expenses from taxes
списание расходов из налогов
deductions
1. отчисления, pl.; 2. вычеты, pl.
deductions from wages
вычеты из зарплаты
deed 1. договор, m.; 2. купчая, f.;
3. документ, m.; 4. титул
собственности
deed to the house купчая на дом
default 1. невыполнение
обязательств; 2. нарушение
обязательств по платежам
default claim
иск о негодном исполнении
default on a loan
неспособность выплатить заём
default on interest
неуплата процентов
default on payments нарушение
обязательств по платежам
defaulted bond непогашенная
в срок облигация
defaulted securities
обесцененные ценные бумаги
defective products
дефектные изделия
defects list дефектная ведомость
defendant 1. ответчик, m.; 2. под-
судимый, m.; 3. обвиняемый, m.

defense contract
военный контракт
defense contractor
военный подрядчик
defense expenditures 1. военные
расходы; 2. расходы на оборону
defense in an international court
защита в международном суде
defense industry
1. военная промышленность;
2. оборонщики (colloquial), pl.
defense of principles
защита принципов
defense order военный заказ
defensive character
оборонительный характер
deferred bonds отсроченные
облигации (дают эмитенту право
на отсрочку платежа)
deferred charges отсроченные
на будущее бюджетные расходы
deferred debt отсроченный долг
deferred demand 1. отложенный
спрос; 2. накопившийся спрос
deferred liabilities
отсроченные обязательства
deferred pay отложенная выплата
(например, до выхода на пенсию)
deffered payment
отсроченный платёж
**deferment of payments under
credit** отсрочка платежей по
кредитам
deficit
1. дефицит, m.; 2. нехватка, f.
deficit financing дефицитное
финансирование (осуществляется
путём увеличения государствен-
ного долга)
deficit spending
дефицитное расходование
definition 1. дефиниция, f.;
2. определение, n.
deflation 1. дефляция, f.;
2. спад деловой активности
deflation shock
дефляционный шок
deflationary environment обстановка, способствующая дефляции
deflationary policy
1. дефляционная политика;

2. поли́тика сниже́ния цен
deflator   1. дефля́тор (коэффициент для пересчёта в неизменные
цены) (finance), m.; 2. и́ндекс цен
defray expenses
покрыва́ть / покры́ть расхо́ды
**delay in shipment because
of the customer's fault**   заде́ржка
отгру́зки по вине́ зака́зчика
delay loading   заде́рживать /
задержа́ть погру́зку
delayed delivery
заде́ржанная доста́вка
delegation   делега́ция, f.
delegation of a foreign company
делега́ция иностра́нной компа́нии
**delegation of an industrial
enterprise**   делега́ция
промы́шленного предприя́тия
delicatessen store   магази́н
гастрономи́ческих това́ров
delinquent   1. неупла́ченный, adj.;
2. просро́ченный, adj.; 3. пре-
сту́пный, adj.; 4. вино́вный, adj.
delinquent notice   извеще́ние
о просро́ченном платеже́
delinquent rent
1. просро́ченная аре́ндная пла́та;
2. просро́ченная квартпла́та
delinquent taxes
просро́ченные нало́ги
deliver ... tons
доставля́ть / доста́вить ... тонн
delivered price   цена́ с доста́вкой
delivery
1. доста́вка, f.; 2. поста́вка, f.
delivery by air
доста́вка самолётом
delivery by installments
доста́вка по частя́м
delivery by sea   доста́вка мо́рем
delivery by truck
доста́вка автотра́нспортом
delivery costs
расхо́ды по доста́вке
delivery in lots
поста́вка по частя́м
delivery in separate lots
доста́вка отде́льными па́ртиями
delivery is made in full
поста́вка сде́лана по́лностью

**delivery is provided for
by the contract**   доста́вка
предусмо́трена контра́ктом
delivery man   рабо́тник,
доставля́ющий поку́пки на дом
delivery of goods to a warehouse
доста́вка това́ра на ба́зу
delivery on c.a.f.   доста́вка на
усло́виях каф (поставщик
оплачивает все расходы по
доставке за исключением
страхования груза)
delivery on c.i.f.   доста́вка на
усло́виях сиф (поставщик несет
все расходы по доставке груза,
включая его страхование)
delivery on credit
поста́вка в счет креди́та
delivery order   зака́з на поста́вку
delivery route   маршру́т доста́вки
delivery schedule
расписа́ние поста́вок
delivery service
слу́жба доста́вки зака́зов
delivery to a specified place
доста́вка до ука́занного ме́ста
delivery truck
грузови́к для доста́вки зака́за
demand   1. императи́в, m.;
2. тре́бование, n.; 3. спрос, m.;
4. запро́с, m.; 5. тре́бовать /
потре́бовать (+ acc.), v.
demand constraints
ограниче́ния на спрос
demand curve   крива́я спро́са
demand deposit   сро́чный вклад
demand earnest money
востре́бовать зада́ток
demand explanations   тре́бовать /
потре́бовать объясне́ний
demand for hard currency   спрос на
свобо́дно конверти́руемую валю́ту
demand for higher wages   тре́бо-
вание по повыше́нию за́работной
пла́ты
demand for money
потре́бность в деньга́х
**demand for the payment of
something**   тре́бование опла́ты
чего́-ли́бо
demand for the replacement of

damaged cargo   требование по
замене повреждённого груза
demand for services
потребность в услугах
demand management
регулирование спроса
**demonstration of new models
at an exhibition**   демонстрация
новых моделей на выставке
denationalization   1. денационали-
зация, f.; 2. конверсия государственной собственности; 3. разго-
сударственность собственности
dental insurance   страховка
на оплату лечения зубов
deny something   1. отказывать /
отказать в чём-либо; 2. отрицать
что-либо
department head
заведующий отделом
department store   универмаг, m.
deposit   1. вкладывать /
вложить (+ асс.), v.; 2. вклад, m.;
3. депозит, m.; 4. обеспечение, n.;
5. залог, m.; 6. депонирование, n.
deposit as a security   депони́ровать
в качестве обеспечения
deposit in escrow   мнимый вклад
deposit money in a bank
вносить / внести деньги в банк
**deposit payable to a particular
person**   именной вклад
deposit receipt   1. депозитная
расписка; 2. сохранная квитанция
depositor   владелец вклада
depreciated cost   остаточная
стоимость (стоимость основного
капитала за вычетом начислен-
ного износа)
depreciation   1. изнашивание, n.;
2. амортизация, f.; 3. снижение
стоимости
depreciation account
счёт амортизации
depreciation accounting   учёт
амортизационных отчислений
depreciation allowance   нормы
амортизационных списаний
depreciation fund
амортизационный фонд
depreciation rates

нормы амортизации
depressed area   район, страдающий
от экономического упадка
depressed market
рынок с плохим спросом
depression
1. депрессия, f.; 2. кризис, m.
deprive of something
лишать / лишить чего-либо
deputy   заместитель, m.
**derogatory information about
somebody or something**
негативная информация о
ком-либо или о чём-либо
**description of goods in a
catalogue**   описание товара
в каталоге
design   1. оформление, n.;
2. проект, m.; 3. конструкция, f.;
4. чертёж, m.
design costs   стоимость проектно-
конструкторских работ
design documentation
проектная документация
design firm
проектно-конструкторская фирма
design of an exhibition
оформление выставки
design of a price list
оформление прейскуранта
design patent   патент на
промышленный образец
design standards   проектно-
конструкторские стандарты
designer   1. дизайнер, m.; 2. кон-
структор, m.; 3. модельер, m.
designer products   специально
разработанные изделия (в отличие от ширпотреба)
**designated charitable
contributions**   целевые
пожертвования
designation of a name
указание наименования
desk-top publishing
настольное издательство на
базе персонального компьютера
desk-top computer
настольный компьютер
**destabilization of the consumer
market**   дестабилизация

потреби́тельского ры́нка

destructive elements
деструкти́вные элеме́нты

detachable order form
купо́н-зака́з, m.

detailed breakdown разби́вка на
составля́ющие (например, отчёта)

detailed estimate подро́бная сме́та

detain cargo at customs заде́ржи-
вать / задержа́ть груз на тамо́жне

detective agency
ссыскно́е аге́нство

detention
1. задержа́ние, n.; 2. аре́ст, m.

detention of cargo by a carrier
задержа́ние гру́за перево́зчиком

detention to cover
transportation payments задер-
жа́ние в обеспече́ние тре́бований
по расчётам за перево́зку

deteriorate
ухудша́ться / уху́дшиться, v.

deteriorating corporate
fundamentals ухудша́ющиеся
основны́е показа́тели де́ятель-
ности компа́нии

deteriorating economy
ухудша́ющаяся эконо́мика

deteriorating market
ухудша́ющийся ры́нок

determine определя́ть /
определи́ть (+ асс.), v.

determine demand
определя́ть / определи́ть спрос

determine the cause of damage
определи́ть / определя́ть при́чину
поврежде́ния

determine the cost определя́ть /
определи́ть сто́имость

determine the profitability of
concluding a contract реша́ть /
реши́ть вопро́с о ренда́бельности
заключе́ния контра́кта

devaluation of the national
currency девальва́ция
национа́льной валю́ты

develop
1. развива́ть / разви́ть (+ асс.), v.;
2. разраба́тывать /
разрабо́тать (+ асс.), v.

developed market economies

экономи́чески ра́звитые стра́ны

developer 1. застро́йщик, m.;
2. фи́рма застро́йщик

developing market economies
развива́ющиеся стра́ны
с ры́ночной эконо́микой

development 1. разви́тие, n.;
2. рост, m.; 3. освое́ние, n.;
4. совершéнствование, n.

development costs изде́ржки
на разрабо́тку (например,
но́вых изде́лий)

development financing
предоставле́ние креди́тов для
разви́тия (например, экономики)

development of cooperation
разви́тие сотру́дничества

development of trade
разви́тие торго́вли

development project
нау́чно-техни́ческая разрабо́тка

development tests
1. испыта́ния в хо́де разрабо́тки;
2. дово́дочные испыта́ния

development trends
тенде́нции разви́тия

developmental contract
контра́кт на разрабо́тку

diamond reserves алма́зный фонд

diesel fuel ди́зельное то́пливо

difference in the quality of goods
ра́зница в ка́честве това́ров

differences over markets
разногла́сия из-за ры́нков

differential pay
дифференциа́льная опла́та труда́

differential rates
дифференциа́льный тари́ф

differentiated currency coefficient
валю́тный коэффицие́нт (для пересчета договорных цен по иностранным сделкам в национальную валюту, например, рубли)

digital communication equipment
цифрово́е коммуникацио́нное
обору́дование

digitizer дигита́йзер (computer), m.

diligence of employees
стара́тельность персона́ла

diminishing productivity па́дающая
производи́тельность труда́

diminishing return on investment
убывающий доход на вложенный
капитал
dip in stock and bond prices
падение цен на акции и облигации
diploma
1. диплом, m.; 2. лайсенс, m.
diploma evaluation
подтверждение (оценка) диплома
direct consumer advertising
прямая потребительская реклама
direct charges   прямые издержки
direct consignment
прямая отгрузка грузов
direct costs   1. прямые затраты;
2. издержки, pl.
direct expenses   прямые затраты
direct financial subsidies
прямые финансовые субсидии
direct labor costs
издержки на рабочую силу
direct-mail advertising
прямая почтовая реклама
direct marketing
сбыт без посредников
direct participation
прямое участие
direct selling
прямые связи производителей
с розничной торговлей
direct tax   прямой налог
direct taxation
прямое налогообложение
direct ties   прямые связи (не
требующие санкции вышестоя-
щей организации)
direction   1. руководство, n.;
2. указание, n.; 3. направление, n.;
4. инструкция, f.
directions from above
указания свыше
disability insurance   страхование
по нетрудоспособности
disagreement with the draft
of a contract   несогласие
с проектом договора
disaster relief   помощь в бедст-
венной ситуации (возникшей,
например, из-за наводнения)
discard   1. браковать / забраковать (+ асс.), v.; 2. выбрасывать /

выбросить (+ асс.), v.
discarded goods
забракованные товары
disclaim all responsibilities
полный отказ от ответственности
disclosure form
форма раскрытия (форма,
заполняемая изобретателем для
передачи поверенному), (patent)
disclosure of company accounts
отчёт по финансовому положению
компании
... % discount   ...% скидки
discount   1. дисконт (учет векселей) (finance), m.; 2. дисконтировать (+ асс.), v.; 3. скидка, f.
discount broker
брокер, работающий на
сниженных комиссионных
discount in the amount of ...
уступка на сумму в ...
discount market
1. учётный рынок;
2. рынок коммерческих векселей
discount of securities
учет ценных бумаг
discount on securities   скидка при
сделках с ценными бумагами
по отношению к номиналу
discount prices   сниженные цены
discount rate   1. учётная ставка;
2. учётный процент
discount store
магазин сниженных цен
discount store chain
цепь магазинов сниженных цен
discounted bill   учтённый вексель
discounter   1. дисконтёр, m.;
2. лицо, учитывающее вексель
discounting   учёт векселей
discovered damage
обнаруженное повреждение
discovered defect
обнаруженный дефект
discovered shortage
обнаруженная недостача
discovery   открытие, n.
discretionary power   право долж-
ностного лица действовать
по своему усмотрению
discuss issues at a conference

обсуждáть / обсудúть вопрóсы
на конферéнции
**discuss something in general
terms** обсуждáть / обсудúть
что-лúбо в óбщих чертáх
dishonored bill
опротестóванный вéксель
disintegration of the economy
развáл эконóмики
disinvestment 1. дезинвестúро-
вание, n.; 2. изъя́тие капитáла
disk drive дисковóд (computer), m.
dismiss
увольня́ть / увóлить (+ acc.), v.
dismiss a case 1. откáзываться /
отказáться разбирáть дéло в судé;
2. отклоня́ть / отклонúть иск
dismiss from work
увольня́ть / увóлить с рабóты
display 1. дисплéй (computer), m.;
2. экрáн, m.; 3. покáзывать /
показáть (+ acc.), v.; 4. раскрывáть
/ раскры́ть (+ acc.), v.
display know-how раскрывáть /
раскры́ть секрéты произвóдства
disposable income дохóд потребúтеля пóсле вы́чета налóгов
dispute
1. спор, m.; 2. конфлúкт, m.; 3. оспáривать / оспóрить (+ acc.), v.
dispute a claim
оспáривать / оспóрить претéнзию
**dispute between an insured
and an insurer** спор мéжду стра-
ховáтелем и страховщикóм
dispute in court proceedings
спор в судéбном процéссе
dispute over money
спор о деньгáх
dispute over sales
спор по кýпле-продáже
dispute over working conditions
конфлúкт по пóводу услóвий
трудá
dispute subject to arbitration
конфлúкт, подлежáщий арбитрáжу
disregard fomalities нарушáть /
нарýшить формáльности
disruption of a delivery schedule
несоблюдéние плáна постáвок
dissolution 1. расторжéние, n.;

2. ликвидáция, f.;
3. аннулúрование, n.
dissolution of a company
ликвидáция компáнии
dissolution of a department
ликвидáция отдéла
dissolved contract
растóргнутый договóр
distribute an advertisement
распространя́ть / распространúть
реклáму
distribution 1. распределéние, n.;
2. раздáча, f.; 3. размещéние, n.
distribution agreement
1. дистрибýторское соглашéние;
2. соглашéние о снабжéнии
distribution center 1. распреде-
лúтельный центр; 2. оптóвая бáза;
3. дистрибýторский центр
distribution costs
издéржки обращéния
distribution network
1. распределúтельная сеть;
2. дистрибýторская сеть
**distribution of dividends among
shareholders** распределéние
дивидéндов среди владéльцев
áкций
distribution of property
распределéние сóбственности
distribution system
систéма распределéния
distributor 1. распределúтельная
организáция; 2. дистрибýтор, m.
diversification 1. диверсификáция, f.; 2. разносторóннее
развúтие; 3. разнотúпность, f.
**diversification of an investment
portfolio** диверсификáция
портфéля инвестúций
diversification of risks уменьшéние
рúска за счет диверсификáции
diversification of the economy
1. диверсификáция эконóмики;
2. разносторóннее развúтие
эконóмики
diversified agriculture многоотраслевóе сéльское хозя́йство
diversified company
многоцелевáя компáния
diversified join venture многоце-

левое совместное предприятие
divide
делить / разделить (+ асс.), v.
divide the text into several
paragraphs   делить / разделить
текст на несколько абзацев
dividend   1. дивиденд, m.; 2. ре-
гулярные денежные выплаты
на вложенный капитал
dividend notice
сообщение о выплате дивидендов
dividend yield   норма дивиденда
divisional bonds   частичные
облигации (обеспечиваются
закладной на часть имущества)
division of property
раздел имущества
do business on the market   участвовать в рыночных операциях
do business with a company   иметь
деловые отношения с компанией
do something for a fee
делать / сделать что-либо
за вознаграждение
do something on short notice
делать / сделать что-либо, не
имея времени на подготовку
documentation   1. документация, f.; 2. обоснование, n.;
3. оформление, n.
documented appeal
документированная апелляция
documented rejection   отказ,
подтвержденный документами
documented shortage
заактированная недостача
document in ... copies
документ в ... экземплярах
documents for registration
1. документы для регистрации;
2. документы для оформления
documents of title to the goods
товарораспорядительная
документация
documents on production
technology   документы по
технологии производства
dollar   1. доллар (США, если не
указывается название страны), m.;
2. зеленый (slang), adj.
dollar balances   долларовые активы

dollar equivalent   в пересчете
на американские доллары
dollar rate in rubles
курс доллара в рублях
dollar strength   склонность обменного курса доллара к повышению
dollar volume of receipts
выручка в долларах
dollar was quoted at ...
Japanese yen   доллар котировался
в ... японских йен
dollar weakness   склонность
обменного курса доллара к
понижению;
domestic   1. внутренний, adj.;
2. отечественный, adj.
domestic accounts
счета расчетов внутри страны
domestic advertising
внутренняя реклама
domestic consumption
потребление внутри страны
domestic currency transfer
внутренний валютный трансферт
domestic economy
экономика внутри страны
domestic financing
внутреннее финансирование
domestic market
внутренний рынок
domestic network of material
and technical supply   внутренняя
сеть материально-технического
снабжения
domestic patent
отечественный патент
domestic prices
цены внутреннего рынка
domestic wholesale prices
внутренние оптовые цены
domicile   1. юридический адрес;
2. постоянное местонахождение
dominant company   ведущая
в своей области компания
donate funds   жертвовать /
пожертвовать средства
double dip recession   двойной спад
(цикл, в котором экономика на
короткое время выходит из спада,
а затем вновь ухудшается)
double entry bookkeeping

двойна́я бухгалте́рия

double taxation
двойно́е налогообложе́ние

doubt the validity
сомнева́ться в обосно́ванности

Dow-Jones industrial average index   и́ндекс До́у-Джо́нса а́кций промы́шленных компа́ний

Dow-Jones industrial average gained ... points   и́ндекс До́у-Джо́нса а́кций промы́шленных компа́ний вы́рос на ... пу́нктов

Dow-Jones futures index
и́ндекс До́у-Джо́нса для фью́черских сде́лок

Dow-Jones transportation index
и́ндекс До́у-Джо́нса для а́кций тра́нспортных компа́ний

Dow-Jones utilities index
и́ндекс До́у-Джо́нса для а́кций коммуна́льных компа́ний

downgrade a credit rating
снижа́ть / сни́зить оце́нку кредитоспосо́бности

down payment   1. первонача́льный де́нежный взнос; 2. зало́г, m.

downtown stores   магази́ны, расположе́нные в це́нтре го́рода

downward adjustment
попра́вка в сто́рону уменьше́ния

downward trend
тенде́нция к пониже́нию

draft   1. прое́кт (например, догово́ра), m; 2. чертёж, m.; 3. ко́пия докуме́нта; 4. ве́ксель, m.; 5. чернови́к, m.

draft agreement   прое́кт догово́ра

draft at sight
ве́ксель на предъяви́теля

draft budget   1. бюдже́тная сме́та; 2. прое́кт бюдже́та

draft clause   пункт прое́кта

draft design   эски́зный прое́кт

draft of a bill   законопрое́кт, m.

draft of a contract
прое́кт контра́кта

draft on funds
расхо́дование резе́рвных средств

draw   1. составля́ть / соста́вить (+ асс.), v.; 2. черти́ть / начерти́ть (+ асс.), v.; 3. брать / взять (+ асс.)

(например, де́ньги со счета), v.

draw a bill
выставля́ть / вы́ставить ве́ксель

draw money by power of attorney   получа́ть / получи́ть де́ньги по дове́ренности

draw on an account
брать / взять де́ньги со счёта

draw up an arrangement   оформля́ть / офо́рмить договорённость

drawing of a sample
чертёж образца́

drawing up a document
оформле́ние докуме́нта

drawing up a specification
оформле́ние специфика́ции

drawn bill   1. вы́данный ве́ксель; 2. вы́ставленный ве́ксель

drive-in bank   ба́нковское обслу́живание клие́нта без вы́хода из автомоби́ля

drug and organized crime cases   суде́бные дела́, свя́занные с нарко́тиками и организо́ванной престу́пностью

drug money
наркодо́ллары (США), pl.

drug trafficking
контраба́нда нарко́тиков

drunk-driving liability of the employers   юриди́ческая отве́тственность работода́телей за сотру́дников, водя́щих маши́н в нетре́звом ви́де, находя́сь при исполне́нии служе́бных обя́занностей

due date   1. устано́вленный срок; 2. срок платежа́

duly authorized agent   до́лжным о́бразом уполномо́ченный аге́нт

dummy company
фикти́вная компа́ния

dumping   1. де́мпинг, m.; 2. прода́жа по бро́совым це́нам

duplicate   1. дублика́т, m.; 2. ко́пия, f.

durable consumer goods
потреби́тельские това́ры дли́тельного по́льзования

durable goods
това́ры дли́тельного по́льзования

duration of an auction
срок рабо́ты аукцио́на
duration of detention
продолжи́тельность задержа́ния
duration of stay
пери́од пребыва́ния
duties of an official representative
обя́занности официа́льного
представи́теля
duty-free беспо́шлинный, adj.
duty-free access for exports
э́кспорт впуска́емый в страну́
без облаже́ния нало́гом
duty-free shop магази́н, поку́пки
в кото́ром не облага́ются
тамо́женной по́шлиной
duty-paid price
цена́, включа́ющая по́шлину
dynamics of the development
дина́мика разви́тия

E

early delivery досро́чная поста́вка
earn a good deal of money
зараба́тывать / зарабо́тать мно́го
де́нег
earnest money зада́ток, m.
earnest money to ensure the
fulfillment of obligations
зада́ток с це́лью обеспече́ния
исполне́ния обяза́тельств
earning assets
акти́вы, принося́щие при́быль
earning power
1. рента́бельность, f.;
2. спосо́бность приноси́ть дохо́д
earnings before taxes зарабо́танные
сре́дства до вы́платы нало́гов
earnings in convertible currency
валю́тная вы́ручка
earnings in rubles
рубле́вая при́быль
earnings potential
ожида́емый за́работок
earnings stability
стаби́льность дохо́дов
earnings translated into dollars
зарабо́танные сре́дства
вы́раженные в до́лларах

easy payments
платежи́ на льго́тных усло́виях
easy terms льго́тные усло́вия
ecological damage
экологи́ческий уще́рб
ecological disaster
экологи́ческая катастро́фа
ecology эколо́гия, f.
eco-terrorism
экологи́ческий террори́зм
economic 1. экономи́ческий, adj.;
2. рента́бельный, adj.;
3. хозя́йственный, adj.
economical эконо́мный, adj.
economically most vulnerable
groups of the population
экономи́чески наибо́лее уязви́мые
слои́ о́бщества
economic assistance
экономи́ческая по́мощь
economic autonomy
экономи́ческий суверните́т
economic barriers
экономи́ческие барье́ры
economic bulletin
экономи́ческий бюллете́нь
economic chaos ха́ос в эконо́мике
economic climate hospitable to
foreign investment экономи́чес-
кий кли́мат благо-прия́тный для
вложе́ния иностра́нного капита́ла
economic competition
экономи́ческое соревнова́ние
economic conditions
экономи́ческое положе́ние
economic cooperation
экономи́ческое сотру́дничество
economic crimes
экономи́ческие преступле́ния
economic disparity
экономи́ческое нера́венство
economic dispute
хозя́йственный спор
economic downturn
ухудше́ние состоя́ния эконо́мики
economic environment
экономи́ческие усло́вия
economic forecast
экономи́ческий прогно́з
economic freedom of a producer
экономи́ческая свобо́да

товаропроизводи́теля

economic incentive funds   фо́нды экономи́ческого стимули́рования

economic independence экономи́ческая самостоя́тельность

economic indicator экономи́ческий показа́тель

economic information экономи́ческая информа́ция

economic infrastracture 1. экономи́ческая инфраструкту́ра; 2. хозя́йственные свя́зи

economic interdependence экономи́ческая зави́симость друг от дру́га

economic planning плани́рование эконо́мики

economic potential экономи́ческий потенциа́л

economic recovery оздоровле́ние эконо́мики

economic region экономи́ческий райо́н

economic self-sufficiency   авта́ркия (государственная политика развития страны на основе собственных экономических ресурсов), f.

economic shock caused by deflation   дефляцио́нный шок

economic shock therapy экономи́ческая шокотерапи́я (резкое уменьшение спроса путем сильного увеличения цен и удорожания кредита)

economic slowdown   1. экономи́ческий спад; 2. замедле́ние те́мпов экономи́ческого разви́тия

economic slump паде́ние эконо́мики страны́

economic stagnation 1. экономи́ческая стагна́ция; 2. засто́й в эконо́мике

economic summit   встре́ча в верха́х по экономи́ческим вопро́сам

economic ties экономи́ческие свя́зи

economic turnaround поворо́т к лу́чшему в эконо́мике

economies of scale   эконо́мия от увеличе́ния объе́ма произво́дства

economy   1. эконо́мика, f.; 2. хозя́йство, n.; 3. эконо́мия, f.; 4. бережли́вость, f.

economy driven by consumer spending   эконо́мика, развива́ющаяся за счет потреби́тельского спро́са

effective   1. эффекти́вный, adj.; 2. поле́зный, adj.; 3. де́йствующий, adj.

effective advertisement эффекти́вная рекла́ма

effective consumer protection де́йственная защи́та потреби́теля

effective date срок вступле́ния в си́лу

effective date of an insurance policy   да́та вступле́ния страхово́го по́лиса в си́лу

effective interest rate де́йствующая ста́вка проце́нта

effective tax rate де́йствующая ста́вка нало́га

elasticity of demand эласти́чность спро́са

electrical supply store магази́н электротова́ров

electric car электри́ческий автомоби́ль

electric power   электри́чество, n.

electronic mail   электро́нная по́чта

electronic security system систе́ма электро́нной защи́ты (например, для ограничения доступа к хранимой в компьютере информации)

eligible companies   компа́нии, име́ющие пра́во на что-ли́бо (например, участвовать в торгах)

elf   специали́ст в о́бласти биржево́го техни́ческого ана́лиза (colloquial), m.

eliminate a defect устраня́ть / устрани́ть дефе́кт

embargo   эмба́рго, n.

embargo on something эмба́рго на что-ли́бо

embezzlement 1. растра́та, f.; 2. хище́ние де́нег

embezzlement of state property хище́ние госуда́рственной

собственности
embezzler   растра́тчик, m.
emergency   1. непредви́денная
ситуа́ция; 2. ава́рия, f.; 3. кра́йняя
необходи́мость
emergency circumstances
чрезвыча́йные обстоя́тельства
emergency loan   сро́чный заём
emergency purchases
э́кстренные заку́пки
emergency service
авари́йная слу́жба
emergency situation
чрезвыча́йное положе́ние
emerging jobs   1. создава́емые
рабо́ты; 2. появля́ющиеся рабо́ты
emission and investment of
securities   вы́пуск и
размеще́ние це́нных бума́г
emission of money
1. вы́пуск де́нег; 2. печа́тание
де́нег (colloquial)
emitter   1. организа́ция и́ли
компа́ния, выпуска́ющая це́нные
бума́ги; 2. эмите́нт, m.
empirical approach
эмпири́ческий подхо́д
empirical test
эмпири́ческая прове́рка
employed inventor
изобрета́тель-слу́жащий, m.
employee morale   отноше́ние
к де́лу трудово́го коллекти́ва
employee participation fund   фонд
уча́стия рабо́чих и слу́жащих
в при́былях предприя́тия
employee's invention   служе́бное
изобрете́ние (сде́ланное в порядке выполне́ния служе́бных
обя́занностей)
employer-employee relations
отноше́ния ме́жду нанима́телем
и слу́жащим
employment agency
1. аге́нство по трудоустро́йству;
2. бюро́ по трудоустро́йству
employment contract
трудово́й догово́р
employment information
1. информа́ция о нали́чии рабо́чих
мест; 2. импло́ймент информа́ция

employment office   би́ржа труда́
enclosed copy   прило́женная ко́пия
encouragement   поощре́ние, n.
encourage the development
of cooperation   спосо́бствовать
разви́тию сотру́дничества
end cost of production
факти́ческая себесто́имость
end of the year sale
преднового́дняя распрода́жа
endorse a cheque
подпи́сывать / подписа́ть
оборо́тную сто́рону че́ка
endorsement   1. по́дпись на обо-
ро́те фина́нсового докуме́нта;
2. переда́точная на́дпись (например, на чеке); 3. индосса́мент, m.
endorsement date   да́та совер-
ше́ния переда́точной на́дписи
endorsement to ...
переда́точная на́дпись на и́мя ...
endorsement to the bank
переда́точная на́дпись в по́льзу
ба́нка
endowment   1. назначе́ние вкла́да;
2. поже́ртвование, n.; 3. де́ньги
да́нные в дар (напри́мер,
уче́бному заведе́нию)
endowment fund
благотвори́тельный фонд на
специа́льные це́ли (напри́мер,
на развитие искусств)
energy   1. эне́ргия, f.; 2. си́ла, f.;
3. энергоноси́тели, pl.
energy and fuel consumption
потребле́ние эне́ргии и то́плива
energy balance
энергети́ческий бала́нс
energy crisis
энергети́ческий кри́зис
energy-intensive   энергоёмкий, adj.
energy savings
эконо́мия энергоресу́рсов
energy supply   энергоресу́рсы, pl.
enforce an embargo   проводи́ть /
провести́ в жизнь эмба́рго
enforcement power   полномо́чия
для проведе́ния в жизнь
при́нятых реше́ний
engineering   1. инжини́ринг, m.;
2. прое́ктно-констру́кторские

разрабо́тки и эксперти́за
engineering design
техни́ческое проекти́рование
engineering fees
1. счет за техни́ческие услу́ги;
2. счет за услу́ги по инжини́рингу
engineering services
услу́ги ти́па инжини́ринг
ensure an exchange
обеспе́чивать / обеспе́чить обме́н
ensure transportation   обеспе́чивать
/ обеспе́чить перево́зку
enterpreneurial activity предпри-
нима́тельская де́ятельность
enterpreneurial spirit
дух предпринима́тельства
enterpreneurship
предпринима́тельство, n.
enterprise   1. предприя́тие, n.;
2. фи́рма, f.; 3. делово́е объеди-
не́ние; 4. предпринима́тельство, n.
enterprise selling its products
for both hard currency and rubles
валю́тно-рубле́вое предприя́тие
enterprising people   1. деловы́е
лю́ди; 2. предприи́мчивые лю́ди
enter the world economy
включа́ться / включи́ться
в мирову́ю эконо́мику
entry costs   изде́ржки, свя́занные
с вступле́нием компа́нии в но́вую
о́трасль
envelope of a firm
фи́рменный конве́рт
envelope with a trademark
конве́рт с това́рным зна́ком
environment   1. окружа́ющая
среда́; 2. кли́мат, m.; 3. обстано́в-
ка, f., 4. усло́вия (например, для
рабо́ты), pl.
environmental costs   расхо́ды
на охра́ну окружа́ющей среды́
environmental equipment and
services   обору́дование и услу́ги
по охра́не окружа́ющей среды́
environmental expenditures
расхо́ды по охра́не окружа́ющей
среды́
environmental standards   но́рмы
по охра́не окружа́ющей среды́
environmentally conscious

consumer   покупа́тель това́ров,
не нанося́щих вред окружа́ющей
среде́
environmentally safe process   про-
це́сс произво́дства, не принося́-
щий вреда́ окружа́ющей среде́
equal partners
равнопра́вные партнёры
equal pay   ра́вная опла́та
(например, для мужчи́н и женщин)
equal pay for an equal job
ра́вная опла́та за ра́вный труд
equal treatment
одина́ковое обраще́ние
equipment catalogue
катало́г обору́дования
equipment rental company   ком-
па́ния по прока́ту обору́дования
equipment specification
специфика́ция обору́дования
equity   1. со́бственная часть ка-
пита́ла; 2. обыкнове́нная а́кция;
3. капита́л компа́нии (разница
между активами и текущими обя-
зательствами); 4. маржа́ (разница
между рыночной стоимостью ценных бумаг и размером полученной
под них ссуды) (finance), f.
equity accumulation
приро́ст со́бственных средств
equity capital
акционе́рный капита́л
equity financing   финанси́рование
за счет вы́пуска а́кций
equity participation   1. уча́стие
в акционе́рном капита́ле;
2. чей-ли́бо паке́т а́кций
equity shares   просты́е а́кции
erosion of consumer
purchasing power   уменьше́ние
покупа́тельной спосо́бности
потреби́телей
erosion of profits
уменьше́ние при́былей
erroneous assumption
оши́бочное допуще́ние
escalator clause
огово́рка о повыше́нии цены́
escape clause   избави́тельная
огово́рка (позволяющая при
определенных условиях

нарушить договор)

establish a claim   обоснóвывать / обосновáть претéнзию

establish an order   устанáвливать / установи́ть порядок

establish the period of limitation   устанáвливать / установи́ть срок дáвности

established fault   устанóвленная винá

established order   устанóвленный порядок

established standard   устанóвленный стандáрт

established tariff   устанóвленный тари́ф

establishment   1. истéблишмент (столпы óбщества), m.; 2. предприятие, n.; 3. основáние (напримéр, нóвой компáнии), n.

establishment of a firm   учреждéние фи́рмы

establishment of business contacts   установлéние деловы́х контáктов и́ли связей

estate   1. прáво сóбственности; 2. наслéдство, n.; 3. земéльное владéние

estate tax   налóг на наслéдство

estimate   1. оцéнка, f.; 2. калькуляция, f.; 3. подсчёт, m.; 4. смéтные предположéния

estimate and financial calculation   смéтно-финáнсовый расчёт

estimated market price   ориентирóвочная ры́ночная ценá

estimated rate   ориентирóвочная оцéнка

estimated total costs   оцéнка совокýпных затрáт

estimated value   оцéнка стóимости

Eurocurrency   евровалю́та, f.

Eurodollar   евродóллар (американские дóллары, находящиеся в банках в Еврóпе), m.

European Economic Community (EEC)   Европéйское Экономи́ческое Сообщество (ЕЭС)

everyday repairs and other services   бытовóе обслýживание

evidence for a claim

доказáтельства по и́ску

evidence of fault   доказáтельство вины́

evident fault   очеви́дная винá

examination   1. провéрка, f.; 2. инспéкция, f.; 3. экспертиза, f.; 4. осмóтр, m.

examination certificate   свидéтельство об экспертизе

examination data   дáнные экспертизы

examination documentation   документáция экспертизы

examination materials   материáлы экспертизы

examination of cargo   провéрка грýза

examination of documents   провéрка докумéнтов

examination report   акт экспертизы

examination to determine the cause of a defect   экспертиза для определéния причи́ны дефéкта

examiner   1. ревизóр, m.; 2. патéнтный экспéрт (patent)

exceeding one's authority   превышéние сóбственных полномóчий

excellent reputation   отли́чная репутáция

excerpts from the minutes   вы́писка из протокóла

excess capacity   избы́точные произвóдственные мóщности

excess demand   избы́точный спрос

excess inventory   затовáренность, f.

excessive   чрезмéрный, adj.

excessive expenses   изли́шние расхóды

excessive indebtedness   чрезмéрная задóлженность

exchange   1. обмéн, m.; 2. валю́та, f.; 3. би́ржа, f.

exchange bureau   меняльная контóра

exchange certificate   валю́тный сертификáт

exchange clearing   валю́тный кли́ринг

exchange control   контрóль над валю́тными операциями

exchange fraud
валю́тные махина́ции
exchange of goods
обме́н това́рами
exchange of services
обме́н услу́гами
exchange of specialists
and expertise   обме́н
специали́стами и о́пытом
exchange on the basis of
clearing accounts   обме́н на ба́зе
взаи́мных расчётов
exchange operations
валю́тные опера́ции
exchange premium
надба́вка к валю́тному ку́рсу
exchange rate   курс обме́на
exchange rate adjustment
регули́рование валю́тного ку́рса
exchange risks   валю́тные ри́ски
exchange shortage
валю́тный дефици́т
exchange stabilization fund   фонд
стабилиза́ции валю́тного ку́рса
Exchange trading in futures
фью́черсная би́ржа
exchange transactions
валю́тные опера́ции
exchangeability   1. обрати́мость, f.;
2. спосо́бность к обме́ну
excise tax   акци́зный нало́г
exclude from something   исключа́ть
/ исключи́ть из чего́-ли́бо
exclusive   1. исключи́тельный, adj.;
2. отли́чный, adj.; 3. монопо́ль-
ный, adj.; 4. привилегиро́ван-
ный, adj.; 5. эксклюзи́вный, adj.
exclusive agent
аге́нт, с монопо́льным пра́вом
прода́жи в определённом райо́не
exclusive buyer
покупа́тель с исключи́тельным
пра́вом на поку́пку това́ра
exclusive contract   исключа́ющий
контра́кт (обязывает делать
закупки только у данного
поставщика)
exclusive interview
интервью́, дава́емое то́лько
да́нному лицу́ и́ли организа́ции
exclusive license

исключи́тельная лице́нзия
exclusive neighborhood
привилегиро́ванный жило́й райо́н
exclusive right
исключи́тельное пра́во
execute   1. исполня́ть / испо́л-
нить (+ acc.), v.; 2. управля́ть (+
inst.), v.; 3. выполня́ть /
вы́полнить (+ acc.), v.
executed order
офо́рмленный зака́з-наря́д
execution of an agreement
выполне́ние соглаше́ния
executive board   1. правле́ние, n.;
2. исполни́тельный комите́т
executive committee
исполни́тельный комите́т
executive compensation
вознагражде́ние руководя́щего
соста́ва компа́нии
executive director
дире́ктор-исполни́тель, m.
executive duties
администрати́вные обя́занности
executive perks   набо́р привле́гий
для руководя́щего соста́ва
компа́нии
executive personnel
руководя́щий соста́в
executive positions
руководя́щие посты́
executive power
исполни́тельная вла́сть
executive secretary
исполни́тельный секрета́рь
exempt   освобожда́ть / освободи́ть
(из + gen.; от + gen.; + acc.), v.
exemption   1. освобожде́ние
от обяза́тельств; 2. льго́ты, f.;
3. изъя́тие, n.
exemption from duties
освобожде́ние от по́шлины
exemption from liabilities
освобожде́ние от обяза́тельств
exercise one's rights
испо́льзовать свои́ права́
exercise the stock option
испо́льзовать преиму́щественное
пра́во на поку́пку а́кций
exhausted credit
исче́рпанный креди́т

exhibit   1. вы́ставочный экспона́т;
2. экспони́ровать (+ асс.), v.
exhibit goods at an exhibition   экс-
пони́ровать това́ры на вы́ставке
exhibition   вы́ставка, f.
exhibition advertisement
вы́ставочная рекла́ма
exhibition booklet
вы́ставочный букле́т
exhibition booth
вы́ставочный стенд
exhibition catalogue
вы́ставочный катало́г
exhibition design
вы́ставочное оформле́ние
exhibition floor
вы́ставочная площа́дка
exhibition of a branch of industry
отраслева́я вы́ставка
exhibition of new makes
 of machine-tools   вы́ставка но́вого
стано́чного обору́дования
existing order
существу́ющий поря́док
existing price   существу́ющая цена́
exorbitant prices
чрезме́рно высо́кие це́ны
expansion of trade
расшире́ние торго́вли
expect   ожида́ть (в+ prep.;
на + prep.; + асс.; + gen.), v.
expected demand
ожида́емый спрос
expected total costs
по́лные ожида́емые расхо́ды
expenditure
1. расхо́д, m.; 2. затра́ты, pl.
expenditure appropriation
ассигнова́ния на расхо́ды
expenditures for defense
расхо́ды на оборо́ну
expense account   счет на
представи́тельские расхо́ды
expense budget   сме́та расхо́дов
expense items   статьи́ расхо́дов
expenses
1. расхо́ды, pl.; 2. изде́ржки, pl.
expenses are provided for
изде́ржки предусмо́трены
expenses taken into account
учтённые расхо́ды

experimental approach
экспериме́нтальный подхо́д
experimental development
экспериме́нтальная разрабо́тка
experimental drug   лека́рство,
находя́щееся в ста́дии прове́рки
experimental use
экспериме́нтальное испо́льзование
expert evaluation
экспе́ртная оце́нка
expiration date
да́та истече́ния сро́ка де́йствия
expiration of a patent   да́та
истече́ния сро́ка де́йствия пате́нта
expiration of insurance
истече́ние сро́ка страхова́ния
export   1. э́кспорт, m.;
2. экспорти́ровать (+ асс.), v.
export application
э́кспортная зая́вка
export capacity
э́кспортный потенциа́л
export cargo insurance policy
по́лис на страхова́ние
экспорти́руемых гру́зов
export control   1. контро́ль за вы́-
возом; 2. контро́ль над э́кспортом
export duty   по́шлина на вы́воз
export earnings
э́кспортные поступле́ния
export goods on the world market
поставля́ть това́ры на мирово́й
ры́нок
export goods sold in advance
запро́данные э́кспортные това́ры
export incentives
э́кспортные льго́ты
export industries   э́кспортные
о́трасли промы́шленности
export license
лице́нзия на э́кспорт
export of goods   э́кспорт това́ров
export of services   э́кспорт услу́г
export on a compensatory basis
э́кспорт на компенсацио́нной
осно́ве
export oriented part of the
 economy   внешнеэкономи́ческий
ко́мплекс
export permit
1. разреше́ние на э́кспорт това́ра;

2. виза на вывоз товара

export potential of the country
экспортный потенциал страны

export price   экспортная цена

export purchasing power
покупная способность экспорта

export quota   квота на экспорт

export revenue
экспортные доходы

export sector
экспортный сектор экономики

export shortfall   сокращение
экспортных поступлений

export warehouse
экспортный склад

export / import agency
внешнеторговая организация

export / import company
внешнеторговая компания

export / import credits
экспортно-импортные кредиты

export / import documents   экспортно-импортная документация

export / import enterprise   внешне-
экономическое объединение

export / import firm
внешнеторговая фирма

export / import of raw materials
экспорт-импорт сырья

export / import operation
экспортно-импортная операция

export / import payments
экспортно-импортные платежи

export / import relations
внешнеторговые связи

exporter   экспортёр, m.

exporter's currency
валюта экспортёра

exposition of an exhibition
экспозиция выставки

expressed consent
выраженное согласие

expropriation of assets
1. экспроприация имущества;
2. конфискация имущества

extended cover clause   оговорка
о расширенном страховании

extended credit
предоставленный кредит

extended imports
расширенный импорт

extensive agriculture
экстенсивное сельское хозяйство

extensive correspondence
обширная переписка

extensive growth of the economy
экстенсивный рост экономики

extention of a term
продление срока

extent of damages   1. размер
убытков; 2. размер ущерба

extent of guilt   мера вины

external   1. внешний, adj.;
2. иностранный, adj.

external audit   1. внешний аудит;
2. ревизия со стороны

external debt   1. иностранный долг;
2. внешний долг

external economic activity   внеш-
неэкономическая деятельность

external liabilities   1. внешние
обязательства; 2. обязательства
по иностранным операциям

external market   внешний рынок

external payments
платежи за границу

external risks   внешние риски

external sources of financing
дополнительные источники
финансирования

extraordinary   1. чрезвычай-
ный, adj.; 2. непредвиденный, adj.

extraordinary expenditures
чрезвычайные расходы

extraordinary financing
чрезвычайное финансирование

extra pay   дополнительная оплата

F

fact of inspection   факт проверки

factory list price   цена по прейскуранту завода-изготовителя

factory outlet mall
торговый центр, состоящий
из магазинов, принадлежащих
компаниям-производителям

factory outlet store
магазин, принадлежащий
компании-производителю

factory service

заводско́е обслу́живание
factory shipments отгру́женная
проду́кция с предприя́тия
factory tooling устано́вка
заводско́го обору́дования
factory warranty
заводска́я гара́нтия
failed bank
обанкро́тившийся банк
failed negotiations
безрезульта́тные перегово́ры
failure 1. неуда́ча, f.; 2. нехва́тка, f.;
3. ава́рия, f.; 4. неспосо́бность, f.
failure to deliver an agreed
quantity of goods недопоста́вка, f.
failure to meet delivery dates
наруше́ние сро́ков поста́вок
failure to pay a fee
неупла́та по́шлины
fair 1. я́рмарка, f.; 2. благоприя́т-
ный, adj.; 3. справедли́вый, adj.;
4. че́стный, adj.; 5. схо́дный, adj.;
6. доста́точный, adj.
fair amount
доста́точное коли́чество
fair competition
че́стная конкуре́нция
fair deal че́стная сде́лка
fair organizers
устрои́тели я́рмарки
fair play че́стное поведе́ние
fair price 1. справедли́вая цена́;
2. схо́дная цена́
fair rate of exchange
благоприя́тный курс обме́на
fair return on an investment
удовлетвори́тельный дохо́д
на вло́женный капита́л
fair trade торго́вля на осно́ве
взаи́мной вы́годы
fair trade practices
че́стные ме́тоды торго́вли
falling prices па́дающие це́ны
fall in the exchange rate
паде́ние валю́тного ку́рса
fall of ... points 1. пониже́ние на ...
пу́нктов; 2. паде́ние на ... пунктов
(наприме́р, ку́рса а́кций)
false advertising лжи́вая рекла́ма
false claim ло́жное притяза́ние
false declaration

ло́жная деклара́ция
false information
ло́жная информа́ция
familiarize a delegation with ...
ознака́мливать / ознако́мить
делега́цию с ...
familiarizing ознакомле́ние, n.
familiarizing somebody with an
assortment of goods
ознакомле́ние кого́-либо с
ассортиме́нтом това́ров
family budget семе́йный бюдже́т
family business семе́йная фи́рма
family enterprise
семе́йное предприя́тие
family farm семе́йная фе́рма
family income семе́йный дохо́д
family store небольшо́й магази́н,
принадлежа́щий одно́й семье́
fare reduction уменьше́ние сто́и-
мости биле́тов на тра́нспорте
farmers' market 1. городско́й
ры́нок сельскохозя́йственной
проду́кции; 2. крестья́нский ры́нок
farm income 1. дохо́д от фе́рмы;
2. сельскохозя́йственный дохо́д
farm workers
сельскохозя́йственные рабо́чие
far-reaching далекоиду́щий, adj.
far-reaching economic reform
program далекоиду́щая програ́м-
ма экономи́ческих рефо́рм
fashionable goods мо́дные това́ры
fashion designer 1. модельѐр, m.;
2. диза́йнер мо́дной оде́жды
fatal accident несчастны́й слу́чай
со смерте́льным исхо́дом
fault 1. недоста́ток, m.; 2. вина́, f.;
3. дефе́кт, m.
fault of a freighter
вина́ фрахтовщика́
faulty equipment
неиспра́вное обору́дование
faulty goods
1. брак, m.; 2. дефе́ктный това́р
favorable 1. благоприя́тный, adj.;
2. положи́тельный, adj.;
3. акти́вный, adj.
favorable accounts акти́вные счета́
favorable balance 1. положи́тель-
ный бала́нс; 2. акти́вный бала́нс;

3. положи́тельное са́льдо, n.
favorable circumstances
благоприя́тные обстоя́тельства
favorable terms   вы́годные усло́вия
favorable trade outlook   благо-
прия́тная делова́я коньюкту́ра
fax index   и́ндекс фа́кса
fax machine
1. факс, m.; 2. телефа́кс, m.
feasibility   1. осуществи́мость, f.;
2. обосно́ванность, f.
feasibility study   ана́лиз эконо-
ми́ческой и́ли техни́ческой
целесообра́зности прое́кта
Federal bank deposits insurance
госуда́рственное страхова́ние
ба́нковских вкла́дов (США)
federal employees   госуда́рст-
венные слу́жащие (США)
federal expenditures
госуда́рственные расхо́ды (США)
fee   1. по́шлина, f.; 2. сбор, m.;
3. пла́та, f.; 4. чле́нский взнос;
5. гонора́р, m.
fee regulations
положе́ние о сбо́рах
fee required by law
по́шлина, устано́вленная зако́ном
fee tariff   тари́ф для сбо́ров
fees charged at fixed rates
сбо́ры по устано́вленной та́ксе
feedback   1. отве́т, m.; 2. обра́тная
свя́зь; 3. отве́тная реа́кция
fiber-optic
оптикоэлектро́нный, adj.
fiber-optic cable
оптикоэлектро́нный ка́бель
field consultants   выезжа́ющие
на ме́сто консульта́нты
field inquiry   обсле́дование
на ме́сте
field manager   управля́ющий
ме́стным отделе́нием компа́нии
field office   1. ме́стное отделе́ние
компа́нии; 2. филиа́л, m.
field test
произво́дственные испыта́ния
figure   1. рису́нок, m.;
2. изображе́ние, n.; 3. число́, n.
figure trademark   изобрази́тельный
това́рный знак

file   1. досье́, n.; 2. картоте́ка, f.;
3. подава́ть / пода́ть (+ асс.)
(например, заявку на патент), v.;
4. сгруппиро́ванные докуме́нты;
file an appeal   подава́ть / пода́ть
на обжа́лование
file an application
подава́ть / пода́ть зая́вку
file of documents
па́пка с докуме́нтами
file on someone
досье́ на кого́-либо
filing   1. представле́ние докуме́нта
на регистра́цию; 2. регистра́ция
докуме́нтов; 3. подши́вка
докуме́нтов
filing date   да́та регистра́ции
filing documents
подши́вка докуме́нтов
filing fee   по́шлина за пода́чу
filing of a document   представ-
ле́ние докуме́нта на регистра́цию
film advertising   рекла́ма в кино́
final   1. оконча́тельный, adj.; 2. ре-
ша́ющий, adj.; 3. преде́льный, adj.
final arrangement
оконча́тельная договорённость
final calculation   1. ито́говая каль-
куля́ция; 2. отчётная калькуля́ция
final choice   оконча́тельный вы́бор
final conclusion of a contract
оконча́тельное заключе́ние
контра́кта
final costs   коне́чная сто́имость
(включает все виды затрат)
final date   после́дний срок
final decision
оконча́тельное реше́ние
final expenditures
коне́чные расхо́ды
final fee
единовре́менная по́шлина
final negotiations
оконча́тельные перегово́ры
final notice
после́днее уведомле́ние
final payment   после́дний взнос
final rejection
оконча́тельный отка́з
final settlement
оконча́тельный расчёт

final **wording of the draft
of a contract**   оконча́тельная
реда́кция прое́кта контра́кта
finance   1. производи́ть /
произвести́ финанси́рование;
2. фина́нсовое де́ло;
3. фина́нсы, only pl.;
4. фина́нсовые опера́ции
finance **company**
компа́ния фи́нансового креди́та
financial **agreement**
фина́нсовое соглаше́ние
financial **aid**   де́нежная по́мощь
financial **analysis**
фина́нсовый ана́лиз
financial **analyst**
фина́нсовый анали́ст
financial **assets**
фина́нсовые сре́дства
financial **assets and liabilities**
фина́нсовые акти́вы и пасси́вы
financial **authorization**
разреше́ние на финанси́рование
financial **backing**
фина́нсовая подде́ржка
financial **capital**
фина́нсовый капита́л
financial **control**
фина́нсовый контро́ль
financial **credit**   де́нежный креди́т
financial **disclosure**   гла́сность в
отноше́нии фина́нсовой отчётности (наприме́р, компании)
financial **enterprise**
фина́нсовая фи́рма
financial **incentives**   1. материа́ль-
ные сти́мулы; 2. фина́нсовая
заинтересо́ванность; 3. сре́дства
материа́льного пощре́ния
financial **indicators**
фина́нсовые показа́тели
financial **institutions**
ба́нковские учрежде́ния
financial **instruments paying
interest**   це́нные бума́ги,
принося́щие проце́нты
financial **investment**
вклад де́нег в це́нные бума́ги
financial **market**
1. фина́нсовый ры́нок; 2. би́ржа, f.
financial **means**   1. фина́нсовые

сре́дства; 2. де́нежные сре́дства
financial **participation in a project**
фина́нсовое уча́стие в прое́кте
financial **rating**
оце́нка фина́нсового положе́ния
financial **regulations**
фина́нсовые предписа́ния
financial **relations**
фина́нсовые отноше́ния
financial **report**   фина́нсовый отчёт
financial **resources**
фина́нсовые ресу́рсы
financial **responsibility**   фина́нсовая
отве́тственность (наприме́р, за
вы́плату кредита)
financial **scandal**
фина́нсовый сканда́л
financial **security**
фина́нсовое обеспече́ние
financial **self-sufficiency**
самоокупа́емость, f.
financial **shortage**
фина́нсовая недоста́ча
financial **squeeze**   1. фина́нсовые
затрудне́ния; 2. тру́дности с
получе́нием креди́та
financial **stability**
фина́нсовая усто́йчивость
financial **standing**   фина́нсовое
состоя́ние (наприме́р, компании)
financial **statement**   1. фина́нсовый
отчёт; 2. бала́нс дохо́дов и рас-
хо́дов; 3. фина́нсовая ве́домость
financial **straits**   тру́дные
фина́нсовые обстоя́тельства
financial **strength rating**   оце́нка
фина́нсового положе́ния
(наприме́р, компании)
financing   финанси́рование, n.
financing **arrangements**
договоре́нность о финанси́ровании
financing **fund**
фонд финанси́рования
financing **of appropriations**
финанси́рование ассигнова́ний
financing **of a project by a bank**
финанси́рование прое́кта ба́нком
financing **of exports**
финанси́рование э́кспорта
financing **of foreign trade**   финан-
си́рование вне́шней торго́вли

financing of imports
финанси́рование и́мпорта
financing of purchases
финанси́рование заку́пок
financing through banks
финанси́рование че́рез ба́нки
find an important business contact
выходи́ть / вы́йти на ну́жного
челове́ка (colloquial)
find a market   1. по́льзоваться
спро́сом; 2. находи́ть / найти́ сбыт
find the cause of damage   находи́ть
/ найти́ причи́ну поврежде́ния
findings of an examination
вы́воды эксперти́зы
fine   1. штрафны́е са́нкции;
2. де́нежный штраф; 3. пе́ня, f.
finished goods   гото́вая проду́кция
finished products   1. гото́вые
изде́лия; 2. гото́вая проду́кция
fire damage
уще́рб, нанесённый пожа́ром
fire hazard   пожароопа́сный, adj.
fire insurance
страхова́ние от пожа́ра
fireproof safe   несгора́емый сейф
fire sale   1. распрода́жа това́ра
повреждённого огнём; 2. сро́чная
распрода́жа по са́мым ни́зким
це́нам
fire somebody   выгоня́ть / вы́гнать
кого́-ли́бо с рабо́ты
firm   1. фи́рма, f.; 2. твёрдый, adj.;
3. усто́йчивый, adj.; 4. торго́вый
дом
firm acting as an agent
фи́рма в ка́честве аге́нта
firm market
ры́нок с хоро́шим спро́сом
firm name   назва́ние фи́рмы
firm of consulting engineers   про-
е́ктно-констру́кторская инже-
не́рная консультацио́нная фи́рма
firm offer   1. твёрдое предло-
же́ние; 2. твёрдая офе́рта
firm price   твёрдая цена́
first choice   наибо́лее предпо-
чти́тельный вариа́нт
first copy   пе́рвый экземпля́р
first draft   черново́й набро́сок
first mortgage   зало́женная недви-

жи́мость свобо́дная от вся́ких
долго́в
first paragraph   1. пе́рвый пара́граф;
2. пе́рвый абза́ц
firsthand   1. из пе́рвых рук;
2. небы́вший в употребле́нии
fiscal   1. фина́нсовый, adj.; 2. бюд-
же́тный, adj.; 3. нало́говый, adj.;
4. фиска́льный, adj.
fiscal measures   нало́говые ме́ры
fiscal policy   фина́нсово-
бюдже́тная поли́тика
fiscal year   фина́нсовый год
fixed   1. твёрдый, adj.; 2. фикси́ро-
ванный, adj.; 3. неизме́нный, adj.
fixed assets   1. недвижи́мость, f.;
2. сре́дства, pl.; 3. основны́е
фо́нды
fixed capital   основно́й капита́л
fixed exchange rates
твёрдые валю́тные ку́рсы
fixed expenses
постоя́нные изде́ржки
fixed fee   твёрдый тари́ф
fixed income   1. фикси́рованный
дохо́д; 2. постоя́нный дохо́д
fixed income securities   це́нные
бума́ги, принося́щие твёрдый
дохо́д (постоянный дивиденд)
fixed interest   твёрдый проце́нт
fixed interest loan
заём под твёрдый проце́нт
fixed liabilities   долгосро́чные
обяза́тельства (например,
векселя сроком более года)
fixed normative
устано́вленный нормати́в
fixed overhead charges
постоя́нные накладны́е расхо́ды
fixed price   фикси́рованная цена́
fixed price contract
контра́кт с устано́вленной цено́й
fixed rate of interest
твёрдая ста́вка проце́нта
fixed royalties   постоя́нный
разме́р лицензио́нных платеже́й
fixed term insurance   страхова́ние
жи́зни на определённый срок
fix the priority date   устана́вливать
/ установи́ть приорите́т (patent)
fix the time and place for

signing a contract   назначáть /
назнáчить врéмя и мéсто
подписáния контрáкта

flat   1. вя́лый, adj.; 2. слáбый (например, спрос), adj.; 3. беспро-
цéнтный, adj.; 4. рóвный, adj.

flat earnings
неувели́чивающийся дохóд

flat fee   твéрдая сýмма гонорáра

flat refusal   категори́ческий откáз

flat tax rate
еди́ная налóговая стáвка

flea market   барахóлка, f.

flexible schedule
скользя́щий грáфик

flight   1. бéгство, n.; 2. рейс, m.;
3. полéт, m.

flight from ruble   бéгство от рубля́
(продажа рублей или отказ
принимать рубли в оплату из-за
боязни их скорого обесценения)

flight to quality   бéгство в
кáчество (покýпка наибóлее
надéжных цéнных бумáг в
период политической или
экономической нестабильности)

flight-to-safety buying   покýпка
наибóлее надéжных цéнных бумáг и метáллов (в опасном экономическом или политическом
положении)

float a loan
размещáть / размести́ть заéм

floatation of bonds
размещéние облигáций

floating   1. изме́нчивый, adj.; 2. плáвающий, adj.; 3. оборóтный, adj.

floating currency   "плáвающая"
валю́та (валюта со свободно
колеблющимся курсом)

floating debt
текýщая задóлженность

floating prices
подвижнáя шкалá цен

floating rates   плáвающие кýрсы
(например, валю́т)

floating ruble exchange rate
плáвающий курс рубля́

flood insurance
страховáние от наводнéния

floppy disk drive

флóппи-дисковóд (computer), m.

flow   1. потóк, m.; 2. процéсс. m.;
3. операции, pl.

flow of commodities
товáрные потóки

flows of goods   товáрные потóки

flowchart   схéма технологи́ческого
процéсса

fluctuation in the exchange rate
колебáния валю́тного кýрса

fluctuation of markets
неустóйчивость ры́нков

fluctuations
1. скачки́, pl.; 2. изменéния, pl.

fluctuations on the world market
скачки́ (колебания) на мировóм
ры́нке

fluidity of capital
подви́жность капитáла

folder of documents
пакéт докумéнтов

follow-up advertising
повтóрная реклáма

food
1. продовóльствие, n.; 2. пи́ща, f.

food crisis
продовóльственный кри́зис

food donations   пожéртвования
продовóльственных продýктов

food parcel   продуктóвая посы́лка

food processing industry   пищепе-
рерабáтывающая промы́шленность

food shipments
постáвки продовóльствия

food shortage
нехвáтка продовóльствия

food stamps   продовóльственные
купóны (для малообеспеченных
слоев населения) (США)

foodstuffs
продовóльственные товáры

force   1. заставля́ть / застáвить (+
gen.), v.; 2. принуждáть /
принуди́ть (+ acc.), v.

force majeure   непреодоли́мая си́ла
(термин относится к нарушению
контракта в силу обстоятельств,
вне контроля ответственной за
него стороны, например, из-за
наводнéния)

forced cancellation

вы́нужденная отме́на
forced concession
вы́нужденная усту́пка
forced labor   вы́нужденный труд
forced liquidation   вы́нужденная
ликвида́ция
forced participation   вы́нужденное
уча́стие
forced replacement   вы́нужденная
заме́на
forced replacement of goods
вы́нужденная заме́на това́ра
forced sale   вы́нужденная прода́жа
forced transshipment   вы́нужденная
перева́лка
forecast   прогно́з, m.
forecaster   состави́тель прогно́зов
forecasting of business activity
прогно́з делово́й коньюкту́ры
foreclosure   прода́жа со́бственно-
сти за просро́ченные долги́
foreclosure by a bank   прода́жа
невы́плаченной со́бственности
ба́нком
foreclosure on a house
прода́жа до́ма за долги́
foreign   1. иностра́нный, adj.; 2. за-
рубе́жный, adj.; 3. вне́шний, adj.;
4. несво́йственный, adj.
foreign aid   иностра́нная по́мощь
foreign bank   иностра́нный банк
foreign branch
иностра́нное отделе́ние
foreign business partner
иностра́нный партне́р
foreign capital inducement   при-
влече́ние иностра́нного капита́ла
foreign correspondent bank
иностра́нный банк-корреспонде́нт
foreign creditors
иностра́нные кредито́ры
foreign debt   1. вне́шний долг;
2. внешнеэкономи́ческий долг
foreign economic relations
экономи́ческие отноше́ния
с зарубе́жными стра́нами
foreign exchange constraint
нехва́тка иностра́нной валю́ты
foreign exchange costs
изде́ржки в иностра́нной валю́те
foreign exchange earnings

зарабо́танные сре́дства в валю́те
foreign financing
вне́шнее финанси́рование
foreign firm   1. иностра́нная фи́рма;
2. инофи́рма, f.
foreign insurance policy
по́лис иностра́нного страхова́ния
foreign investment
1. иностра́нные капиталовложе́ния;
2. иностра́нные инвести́ции
foreign participation
1. иностра́нное уча́стие;
2. иностра́нный капита́л
foreign partner   1. инопартне́р, m.;
2. иностра́нный партне́р
foreign patenting
зарубе́жное патентова́ние
foreign share in the authorized
capital stock   до́ля иностра́нного
капита́ла в акционе́рном капита́ле
foreign trade advertising
внешнеторго́вая рекла́ма
foreign trade bank
внешнеторго́вый банк
foreign trade catalogue
внешнеторго́вый катало́г
foreign trade cooperation
сотру́дничество в о́бласти
вне́шней торго́вли
foreign trade correspondence
внешнеторго́вая корреспонде́нция
foreign trade credit
внешнеторго́вый креди́т
foreign trade deficit   дефици́т
внешнеторго́вого бала́нса
foreign trade delegation
внешнеторго́вая делега́ция
foreign trade document
внешнеторго́вый докуме́нт
foreign trade information
внешнеторго́вая информа́ция
foreign trade inspection
внешнеторго́вая инспе́кция
foreign trade negotiations
внешнеторго́вые перегово́ры
foreign trade operation
внешнеторго́вая опера́ция
foreign trade outlook   прогно́з
состоя́ния междунаро́дной
торго́вли
foreign trade price list

внешнеторго́вый прейскура́нт
foreign trade relations
внешнеторго́вые отноше́ния
foreign trade shipments
внешнеторго́вые перево́зки
foreign trade statistics
внешнеторго́вая стати́стика
foreign trade transaction
внешнеторго́вая сде́лка
forged deposit   фальши́вый депози́т
form   1. фо́рма, f.; 2. создава́ть /
создáть (+ acc.), v.
form a company
создавáть / создáть компáнию
form of refusal   1. фо́рма откло-
не́ния; 2. фо́рма отка́за
form of security
фо́рма обеспече́ния
forms of regulation
фо́рмы регули́рования
for payment
1. на инка́ссо; 2. на опла́ту
for the purpose of adjustments
в це́лях внесе́ния корректи́вов
formal assurances   завере́ния,
подтвержде́нные докуме́нтами
formal request   форма́льный запро́с
formalities   форма́льности, pl.
formalize an arrangement
закрепля́ть / закрепи́ть
документа́льно договоре́нность
format   форма́т, m.
former address   пре́жний а́дрес
former name   пре́жнее назва́ние
forthcoming correspondence
поступа́ющая корреспонде́нция
forward   1. бу́дущий, adj.; 2. сро́ч-
ный, adj.; 3. передово́й, adj.; 4. от-
правля́ть / отпра́вить (+ acc.), v.;
5. посыла́ть / посла́ть (+ acc.), v.
forward a draft
посыла́ть / посла́ть ве́ксель
forward contract   1. контра́кт
на запрода́жу; 2. фо́рвардный
контра́кт (соглаше́ние о купле-
прода́же това́ров или це́нных
бума́г с поста́вкой и расче́том
в ука́занный срок в бу́дущем)
**forward contract on the sale
of corn**   запрода́жа бу́дущего
урожа́я кукуру́зы

forward exchange
ку́пля-прода́жа валю́ты на срок
forward transaction   фо́рвардная
сде́лка (сделка с обяза́тельной
поста́вкой това́ра в бу́дущем)
forwarded correspondence
отпра́вленная корреспонде́нция
forwarded letter
отпра́вленное письмо́
forwarded reminder
по́сланное напомина́ние
forwarding agent   экспеди́тор, m.
forwarding charges
тра́нспортные изде́ржки
framework of foreign trade   струк-
ту́ра междунаро́дной торго́вли
franchise   1. лице́нзия на испо́льзо-
вание фи́рменного и́мени, това́ра
и́ли техноло́гии; 2. лицензи́ро-
ванная компа́ния; 3. франши́за
(finance), f.; 4. привиле́гия, f.
franchise contract
франши́зный контра́кт
franchise tax   1. нало́г на привиле́-
гию; 2. франшизный налог (США -
налог на зарегистри́рованную в
да́нном шта́те компа́нию за пра́во
занима́ться би́знесом)
franchising rights   права́ на
эксплуата́цию лицензи́рованного
предприя́тия
free   1. свобо́дный, adj.; 2. беспла́т-
ный, adj.; 3. необяза́тельный, adj.
free bank checking account
беспла́тный ба́нковский че́ковый
счет
free delivery   1. беспла́тная
поста́вка; 2. поста́вка фра́нко
free economic zone
свобо́дная экономи́ческая зо́на
free enterprise system   систе́ма
ча́стного предпринима́тельства
free enterprise zone   зо́на
свобо́дного предпринима́тельства
**free exchange of ideas and
opinions**   свобо́дный обме́н
мы́слями и мне́ниями
free market   1. свобо́дный ры́нок;
2. нерегули́руемый ры́нок
free of debts   свобо́дный от долго́в
free on board (f.o.b.)   1. свобо́дно на

борту́ (фоб); 2. фра́нко-борт, m.
(продаве́ц за свои́ сре́дства обя-
зан доста́вить и погрузи́ть това́р
на борт су́дна)

free rate
свобо́дный (нерегули́руемый) курс

free sample беспла́тный образе́ц

free trade свобо́дная торго́вля

free trade pact
соглаше́ние о свобо́дной торго́вле

free trade zone
зо́на свобо́дной торго́вли

free transportation
беспла́тная перево́зка

freeze 1. блоки́ровать / забло-
ки́ровать (+ асс.), v.; 2. замора́-
живать / заморо́зить (+ асс.), v.

freeze on expenditures
замора́живание расхо́дов

freeze on salaries
замора́живание за́работной пла́ты

freight 1. фрахт, m.;
2. грузоперево́зки, pl.

freight rate 1. фрахто́вый тари́ф;
2. фрахто́вая ста́вка

freight with insurance
фрахт со страхова́нием

fresh idea 1. нова́ция, f.;
2. све́жая мысль; 3. оригина́льное
предложе́ние

frictions тре́ния, pl.

friendly relations
дру́жеские отноше́ния

friendly takeover
поку́пка компа́нии с её согла́сия

fringe benefits 1. дополни́тельные
вы́платы к зарпла́те; 2. льго́ты, pl.

frivolous claim
необосно́ванный иск

front-page advertising
рекла́ма на ти́тульной страни́це

frozen account 1. заморо́женный
счет; 2. аресто́ванный счет

frozen assets
1. заморо́женные сре́дства;
2. неликви́дные сре́дства

frozen credits
заморо́женные креди́ты

fuel costs расхо́ды на то́пливо

fuel-energy sector
то́пливно-энергети́ческий се́ктор

fulfill a plan
выполня́ть / вы́полнить план

**fulfill obligations in accordance
with one's assurances** выполня́ть /
вы́полнить обяза́тельства в
соотве́тствии с заве́рениями

fulfill obligations in time
выполня́ть / вы́полнить
обяза́тельства в срок

fulfillment of obligations
исполне́ние обя́занностей

full amount по́лная су́мма

full cost по́лная сто́имость

full employment policy
поли́тика по́лной за́нятости

full examination 1. по́лная
прове́рка; 2. по́лная эксперти́за

full member 1. по́лный член;
2. действи́тельный член
(како́й-либо организа́ции)

full-page advertising рекла́мное
объявле́ние на це́лую страни́цу

full payment по́лная опла́та

full recovery по́лное возмеще́ние
(наприме́р, уще́рба)

full service 1. по́лный се́рвис;
2. по́лное обслу́живание; 3. по́л-
ное се́рвисное обслу́живание

full-service bank
универса́льный банк

full-time employee слу́жащий,
рабо́тающий на по́лную ста́вку

full-time job
рабо́та в по́лную сме́ну

functional approach
функциона́льный подхо́д

functional specialization
функциона́льная специализа́ция

functionary 1. функционе́р, m.;
2. должностно́е лицо́

fundamental reforms
коренны́е рефо́рмы

fundamental research
фундамента́льное иссле́дование

**fund for the development
of production** фонд разви́тия
произво́дства

**fund for the development of
science and technology** фонд
нау́чно-техни́ческого разви́тия

fund-raising campaign

кампа́ния по сбо́ру средств

funds   1. сре́дства, pl.; 2. фо́нды, pl.; 3. ресу́рсы, pl.

furniture store   ме́бельный магази́н

future   1. бу́дущий, adj.; 2. фью́черсный, adj.; 3. сро́чный, adj.

future deliveries   1. бу́дущие поста́вки; 2. фью́черсные поста́вки

futures   1. фью́черсные сде́лки (сделки с товарам или ценным бумагами заключенные в данный день со вступлением в силу к определенному моменту в будущем); 2. сро́чные сде́лки; 3. това́ры и́ли фина́нсовые инструме́нты, закупа́емые и́ли продава́емые на срок.

futures market   1. фью́черсная би́ржа; 2. фью́черсный ры́нок; 3. сро́ная би́ржа (рынок, на котором заключаются фью́черсные сделки)

futures trading on the Exchange   1. би́ржевая торго́вля по сро́чным сде́лкам; 2. фью́черсная торго́вля на би́рже

futures turnover   1. оборо́т фью́черсной торго́вли; 2. оборо́т сро́чной торго́вли

G

gambling business   иго́рный би́знес

gambling debt   иго́рный долг

game-port   гейм-порт (computer), m.

gaps in supply   1. перебо́и с поста́вками; 2. перебо́и со снабже́нием

gather information for assessment   подбира́ть / подобра́ть материа́лы для оце́нки

general   1. о́бщий, adj.; 2. генера́льный, adj.; 3. гла́вный, adj.; 4. преоблада́ющий, adj.

general administrative expenses   о́бщие администрати́вные расхо́ды

general agent   генера́льный аге́нт

General Agreement on Tariffs and Trade (GATT)   Общее соглаше́ние о торго́вле и тари́фах (ГАТТ)

general business situation   о́бщее экономи́ческое положе́ние

general director   генера́льный дире́ктор

general expenses   о́бщие накладны́е расхо́ды

general fund   1. нецелево́й фонд; 2. фонд на ра́зные расхо́ды

general inspection   о́бщая прове́рка

general knowledge   общеизве́стные све́дения

general ledger   гла́вная кни́га (finance)

general license   генера́льная лице́нзия

general manager   гла́вный управля́ющий

general notoriety of a trademark   широ́кая изве́стность това́рного зна́ка

general price level   о́бщий у́ровень цен

general price list   о́бщий прейскура́нт

general strike   всео́бщая забасто́вка

general tariff   просто́й тари́ф

general tax crimes   обы́чные наруше́ния нало́гового законода́тельства

general terms   1. о́бщие усло́вия; 2. основны́е поня́тия

generic   1. о́бщий, adj.; 2. характе́рный для одного́ кла́сса

generic brand   това́р без фабри́чной ма́рки изготови́теля

generic drugs   лека́рства под о́бщим назва́нием (без указания торговой марки производителя. Например, "аспирин")

generic name   о́бщее назва́ние

gentleman's agreement   джентльме́нское соглаше́ние

get adjusted to something   приспоса́бливаться / приспосо́биться к чему́-либо

get bank financing   получа́ть / получи́ть финанси́рование че́рез банк get into debt　наде́лать долго́в

get rid of something　избавля́ться / изба́виться от чего́-ли́бо

getting information
получе́ние информа́ции

getting on a long-term waiting list at a store　1. за́пись в магази́не; 2. встава́ть / встать на о́чередь в магази́не

give　дава́ть / дать (+ асс.), v.

give a discount
1. дава́ть / дать ски́дку;
2. де́лать / сде́лать ски́дку

give a gift　1. презентова́ть пода́рком; 2. дари́ть / подари́ть пода́рок

give an account　1. дава́ть / дать отчёт; 2. отчи́тываться / отчита́ться (в + prep.; о + prep.), v.

give an account of expenses　отчи́тываться / отчита́ться в расхо́дах

give an assessment
дава́ть / дать оце́нку

give an important place to something　отводи́ть / отвести́ ва́жное ме́сто чему́-ли́бо

give a person proxy　дава́ть / дать полномо́чия дове́ренному лицу́

give assistance　предоставля́ть / предоста́вить по́мощь

give consent to a loan
дава́ть / дать согла́сие на заём

give information
дава́ть / дать информа́цию

give reasons for rejection
аргументи́ровать отклоне́ние

give someone power of attorney
выдава́ть / вы́дать кому́-ли́бо дове́ренность

glasnost'　гла́сность, f.

global　1. мирово́й, adj.; 2. всеми́рный, adj.; 3. глоба́льный, adj.

global economic integration
глоба́льная экономи́ческая интегра́ция

global economy
мирова́я эконо́мика

global progress in science and technology　мирово́й нау́чно-техни́ческий прогре́сс

go into use
входи́ть / войти́ в употребле́ние

go out of business
1. уходи́ть / уйти́ из би́знеса;
2. закрыва́ть / закры́ть де́ло

go slow approach
осторо́жный подхо́д

go through customs　проходи́ть / пройти́ тамо́женный досмо́тр

go to the money market for funds　выходи́ть / вы́йти на ры́нок

goal-specific program
целенапра́вленная програ́мма

going market rate　теку́щий ры́ночный валю́тный курс

going-out-of business sale
распрода́жа в связи́ с ликвида́цией предприя́тия

gold bonds　золоты́е облига́ции (погаша́ются зо́лотом)

gold bullion　зо́лото в сли́тках

gold card　"золота́я" креди́тная ка́рточка (дает владе́льцу большо́й креди́тный лими́т и дополни́тельные привеле́гии)

gold coin　золота́я моне́та

gold content of the ruble
золото́е содержа́ние рубля́

golden parachute　"золото́й парашю́т" (договорённость о крупном вознаграждении руководящего лица в компании, в случае его увольнения)

gold in coins　зо́лото в моне́тах

gold in jewelry
зо́лото в ювели́рных изде́лиях

gold producing companies
золотодобыва́ющие компа́нии

gold reserves　золото́й запа́с

gold standard　золото́й станда́рт

good business　вы́годное де́ло

good till month order
прика́з бро́керу, де́йствующий в тече́нии ме́сяца (finance)

goods　1. това́ры, pl.; 2. ве́щи, pl.

goods document
това́рный докуме́нт

goods exchange　това́рный обме́н

goods for personal use
ве́щи ли́чного по́льзования

goods / freight turnover
грузооборо́т, m.

goods in short supply

дефици́тные това́ры
goods in stock
име́ющиеся в нали́чии това́ры
goods in very short supply
остродефици́тные това́ры
goods offered for sale   това́ры,
вы́ставленные на прода́жу
goods of foreign origin   това́ры
иностра́нного происхожде́ния
goods on hand   нали́чные това́ры
goods on sale   распродава́емые
по сни́женным це́нам това́ры
goods pledged with a bank
това́рнозало́говый креди́т
goods with youth appeal   това́ры
привлека́тельные для молодёжи
government   1. прави́тельство, n.;
2. управле́ние, n.
government agency
госуда́рственное аге́нство
government assistance
прави́тельственная по́мощь
government bonds
облига́ции госуда́рственного за́йма
government business   рабо́та
по госуда́рственным зака́зам
government coffers
1. кошелёк госуда́рства;
2. госуда́рственная казна́
government contract
прави́тельственный контра́кт
government customs
госуда́рственная тамо́жня
government debt
госуда́рственный долг
government deficit   дефици́т
госуда́рственного бюдже́та
government deposit
прави́тельственный депози́т
government enterprise
1. госуда́рственное предприя́тие;
2. госуда́рственная организа́ция
government expenditures
1. госуда́рственные расхо́ды;
2. прави́тельственные расхо́ды
government financing
госуда́рственное финанси́рование
government guaranteed financing
финанси́рование, гаранти́рованное
прави́тельством
government inspection

госуда́рственная инспе́кция
government property
госуда́рственная со́бственность
government receipts
госуда́рственные дохо́ды
government regulations
госуда́рственные предписа́ния
government securities
госуда́рственные це́нные бума́ги
government tariff
госуда́рственный тари́ф
government trade policy
госуда́рственная внешнеторго́вая
поли́тика
grace period   1. льго́тный пери́од;
2. срок отсро́чки платеже́й
**graduate program "Master of
Business Administration" (MBA)**
аспиранту́ра по програ́мме
"Ма́стер оф би́знес
администрэ́йшн" (МБА)
**graduate program "Master of
International Management" (MIM)**
аспиранту́ра по програ́мме
"Ма́стер междунаро́дного
ме́неджмента" (МММ)
graduate student   аспира́нт, m.
grant   1. субси́дия, f.; 2. стипе́н-
дия, f.; 3. безвоздме́здное финан-
си́рование каки́х-ли́бо прое́ктов;
4. дари́ть / подари́ть (+ асс.; +
dat.), v.; 5. предоставля́ть /
предоста́вить (+ асс.; + dat.), v.
grant a discount   предоставля́ть /
предоста́вить ски́дку
grant a license   предоставля́ть /
предоста́вить лице́нзию
grant a loan
выдава́ть / вы́дать ссу́ду
grant an aid   предоставля́ть /
предоста́вить по́мощь
grant a patent
выдава́ть / вы́дать пате́нт
grant a postponement   предостав-
ля́ть / предоста́вить отсро́чку
(наприме́р, на подгото́вку к
судебно́му разбира́тельству)
grant credits for imports
предоставля́ть / предоста́вить
креди́ты для и́мпорта
grant-in-aid   1. субси́дия, f.;

2. вспомошéствование, n.

grant recipient
получáтель субси́дии

grantee правопреéмник, m.

grantee of the trademark
владéлец товáрного знáка

grantor лицó, предоставля́ющее
прáво и́ли субси́дию

grey market "сéрый" ры́нок
(полулегальный рынок дефицит-
ных товаров, продаваемых с
большой наценкой)

great damage огрóмный ущéрб

green card
кáрточка резидéнта (США)

green image репутáция защи́тника
окружáющей среды́

green market ры́нок товáров, обо-
ру́дования и услу́г, спосóбствую-
щих охрáне окружáющей среды́

green movement движéние за
охрáну окружáющей среды́

Green Party Зелéная Пáртия (партия, существующая во многих
странах и имеющая целью
направить государственную
политику на решение вопросов
по охране окружающей среды)

grocery store бакалéйный магази́н

gross 1. вáловой, adj.; 2. óб-
щий, adj.; 3. совоку́пный, adj.;
4. бру́тто, adj.

gross earnings вáловой дохóд

gross national product (GNP)
валовóй национáльный проду́кт
(сумма произведенных за отчет-
ный период товаров и услуг внутри страны и зарубежом) (ВНП)

gross negligence
кру́пный недосмóтр

gross receipts вáловые поступлéния (денежных средств)

gross revenue
вáловой дохóд бюджéта

gross sales вáловая су́мма продáж

gross weight бру́тто-вес, m.

groundless delay
безоснов́ательная отсрóчка

grounds for a choice
основáния для вы́бора

grounds for establishing contacts
причи́ны для установлéния
контáктов

grounds for rejection
основáния для откáза

group insurance
коллекти́вное страховáние

group insurance policy
групповóй страховóй пóлис

Group of 7 большáя семéрка
(термин относится к 7 ведущим в
экономическом развитии странам)

growth 1. приро́ст, m.;
2. рост, m.; 3. разви́тие, n.

growth company
быстрорасту́щая компáния

growth of profitability
рост рентáбельности

growth potential
возмóжность для рóста

growth rate тéмпы рóста

growth stocks
áкции, с потенциáлом бы́строго
и долговрéменного рóста

guarantee 1. обеспечéние, n.;
2. гарáнтия, f.; 3. поручéние
(поручительство за что-либо), n.

guarantee against hidden defects
гарáнтия от скры́тых дефéктов

guarantee credit
гаранти́ровать креди́т

guarantee fund гаранти́йный фонд

guarantee period гаранти́йный срок

guarantee transportation
гаранти́ровать перевóзку

guarantee under a contract
поручéние по контрáкту

guarantee under an invoice
поручéние по счéту

guaranteed delivery
гаранти́рованная достáвка

guaranteed employment
рабóчий гарáнт

guaranteed price
гаранти́рованная ценá

guaranteed security
гаранти́рованное обеспечéние

guaranteed wage rate гаранти́ро-
ванная стáвка зáработной плáты

guarantor
1. поручи́тель, m.; 2. гарáнт, m.

guest visa гостевáя ви́за

guest worker
иностра́нный рабо́чий (рабочий
на заработках в чужой стране)

H

haggle торгова́ться (с + inst.;
из-за + gen.), v.

handle 1. вести / провести́ (например, дело) (+ acc.), v.;
2. управля́ть (+ inst.), v.; 3. обра-
ба́тывать / обрабо́тать (+ acc.), v.

handle the case
вести́ / провести́ де́ло

handling agent аге́нт по погру́-
зочно-разгру́зочным рабо́там

handling capacity
пропускна́я спосо́бность

handling charge
пла́та за обрабо́тку гру́за

handling equipment погру́зочно-
разгру́зочное обору́дование

handling fee по́шлина за обрабо́т-
ку докуме́нтов (например,
патентных)

handling and shipping fee по́шлина
за подгото́вку и отпра́вку това́ра

hand over information передава́ть
/ переда́ть информа́цию

hand-picked employee тща́тельно
подо́бранный сотру́дник

hard 1. тяже́лый, adj.; 2. твёрдый, adj.; 3. упо́рный, adj.;
4. жёсткий, adj.

hard-core unemployment неподда-
ю́щаяся устране́нию безрабо́тица

hard currency 1. свобо́дно
конверти́руемая валю́та;
2. скв, abbr.; 3. твёрдая валю́та

hard currency deposits депози́ты в
свобо́дно конверти́руемой валю́те

hard disk drive
жёсткий дисково́д (computer)

hard-to-fill jobs рабо́чие вака́нсии,
кото́рые тру́дно запо́лнить

hard worker тру́женик, m.

hardware 1. обору́дование, n.;
2. материа́льная часть;
3. хозя́йственные това́ры

hardware store
магази́н хозя́йственных това́ров

have the right of appeal
име́ть пра́во на апелля́цию

head 1. глава́, m.; 2. гла́вный, adj.;
3. руководи́ть (+ inst.), v.

head of a delegation
глава́ делега́ции

head of an agency
дире́ктор аге́нства

head representative
гла́вный представи́тель

headquarters 1. гла́вная конто́ра;
2. штаб-кварти́ра, f.

health 1. здоро́вье, n.; 2. здраво-
охране́ние, n.; 3. что-ли́бо, отно-
ся́щееся к здравоохране́нию

health aids санита́рно-
гигиени́ческие сре́дства

health care costs сто́имость
медици́нского обслу́живания

health hazards
вре́дные для здоро́вья усло́вия

health insurance
1. страхова́ние здоро́вья;
2. медици́нская страхо́вка

health services
медици́нское обслу́живание

heavy
1. тяже́лый, adj.; 2. кру́пный, adj.

heavy damage
значи́тельный уще́рб

heavy debts
обремени́тельные долги́

heavy-duty equipment обору́до-
вание предназна́ченное для
рабо́ты с больши́ми нагру́зками

heavy industry
тяже́лая промы́шленность

heavy losses
значи́тельные поте́ри

hedge against a crisis принима́ть /
приня́ть предупреди́тельные
ме́ры про́тив кри́зиса

hedging
1. хеджи́рование (finance), n.;
2. подстрахо́вывание, n.;
3. сде́лка для подстрахо́вки

hesitant market ры́нок в
выжида́тельном состоя́нии

hidden

1. скры́тый, adj.; 2. ко́свенный, adj.
hidden costs   скры́тые изде́ржки
hidden economy   1. подпо́льная
экономи́ка; 2. скры́тая эконо́мика
hidden inflation   скры́тая инфля́ция
hidden profit   скры́тая при́быль
hidden tax   ко́свенный нало́г
hidden taxation
ко́свенное налогообложе́ние
hidden unemployment
скры́тая безрабо́тица
hide information
ута́ивать / утаи́ть информа́цию
hide something
скрыва́ть / скрыть что-ли́бо
high   1. высо́кий, adj.; 2. значи́-
тельный, adj.; 3. интенси́вный, adj.;
4. гла́вный, adj.
high capacity market   ёмкий ры́нок
high capital cost
высо́кая капиталоёмкость
high cost   высо́кая сто́имость
high cost of living
дорогови́зна жи́зни
high cost of money
высо́кий проце́нт по креди́там
high definition TV (HDTV)
телеви́дение с высо́кой
разреша́ющей спосо́бностью
high definition TV set   телеви́зор
с высо́кой разреша́ющей спосо́б-
ностью экра́на
high fees   1. высо́кие по́шлины;
2. высо́кие тари́фы
high-level delegation
высокопоста́вленная делега́ция
high-level job
высоконача́льственная пози́ция
high-level official
высокопоста́вленный чино́вник
high-pressure tactics   навя́зчивая
попы́тка доби́ться це́ли
high priority issues
1. неотло́жные вопро́сы;
2. приорите́тные пробле́мы
high priority task   1. приорите́тная
зада́ча; 2. неотло́жная зада́ча
high profitability
высо́кая рента́бельность
high quality lot   па́ртия
высокока́чественных изде́лий

high rate   высо́кий курс
high risk bonds   ненаде́жные обли-
га́ции; 2. "му́сорные" облига́ции
high-speed printer   1. быстродей-
ствующее печа́тающее устро́й-
ство; 2. скоростно́й при́нтер
high-standing official
отве́тственный де́ятель
high tax rate
высо́кая нало́говая ста́вка
high-technology
сверхсовреме́нная те́хника
high-technology export   э́кспорт
сло́жных маши́н и обору́дования
high-yield bonds   облига́ции,
даю́щие высо́кий проце́нт дохо́да
high-yield funds   инвестицио́нные
фо́нды, вкла́дывающие де́ньги
в це́нные бума́ги, принося́щие
высо́кий проце́нт (что обы́чно
свя́зано с бо́льшим ри́ском)
high-yield issuer   эмите́нт це́нных
бума́г с высо́ким проце́нтом
highest bid
наивы́сшая предло́женная цена́
highest bidder   сторона́,
предложи́вшая наивы́сшую це́ну
highest category of quality
вы́сшая катего́рия ка́чества
highest price   наивы́сшая цена́
highly leveraged deal   сде́лки
с испо́льзованием большо́й
до́ли за́нятого капита́ла
highway construction
строи́тельство шоссе́йных доро́г
hire   нанима́ть / наня́ть (+ acc.; на
+ acc.; в + acc.), v.
hire an agency
нанима́ть / наня́ть аге́нство
hired labor   наёмные рабо́чие
hiring costs   расхо́ды, свя́занные
с на́ймом рабо́чей си́лы
hold   1. держа́ть (+ acc.), v.; 2. про-
води́ть / провести́ (наприме́р,
собра́ние) (+ acc.), v.; 3. вмеща́ть
/ вмести́ть (+ acc.), v.
hold a conference   проводи́ть /
провести́ конфере́нцию
hold an auction
проводи́ть / провести́ аукцио́н
hold talks

вести / провести переговоры
hold talks on a conditional sale
вести / провести переговоры
о запродаже
hold tenders
проводить / провести торги
holder
1. держатель, m.; 2. владелец, m.
holder of a license 1. владелец лицензии; 2. держатель лицензии
holding capacity
1. емкость, f.; 2. вместимость, f.
holding company   холдинговая
компания (компания, владеющая
контрольным пакетом акций других компаний, или контролирующая действия их совета директо-
ров)
home delivery   доставка на дом
home insurance
страхование жилья
honor contractual commitments
выполнять / выполнить
контрактные обязательства
hospitalization insurance
больничное страхование
hostile takeover   покупка
компании против её желания
hotel business   гостиничный бизнес
hotel security system   система
обеспечения безопасности в
отеле
hotel vacancy rate   процент
пустующих гостиничных номеров
hot item
изделие повышенного спроса
hotline   линия прямой связи (например с главой правительства)
hot stock   "горячие акции" (быстро
растущие акции, пользующиеся
большим спросом)
hourly rate   почасовая ставка
заработной платы
house
1. фирма, f.; 2. торговый дом
household   1. домашнее хозяйство;
2. семья (как общественная
единица), f.
household appliances
бытовые электроприборы
household articles

предметы домашнего обихода
household budget
бюджет домашнего хозяйства
household goods
хозяйственные товары
housing construction
жилищное строительство
housing starts index
индекс закладки новых домов
hub airport   узловой аэропорт
human costs   издержки на
человеческие факторы
human resources   1. человеческие
ресурсы; 2. людские ресурсы
hyperinflation   гиперинфляция, f.

I

IBM clone computer
IBM аналог (о компьютере)
idea of the invention 1. идея изобретения; 2. принцип изобретения
identical trademark тождествен-
ный товарный знак
identity card
удостоверение личности
idle 1. бездействующий, adj.;
2. неработающий, adj.;
3. незанятый, adj.
idle a plant
останавливать / остановить завод
idle capacity   неиспользуемые
производственные мощности
idle time   простой, m.
illegal 1. нелегальный, adj.;
2. незаконный, adj.
illegal act
противоправное действие
illegal business activities   ведение
дел незаконным образом
illegal detention
незаконное задержание
illegal distribution
противоправное распределение
illegal embargo
незаконное эмбарго
**illegal influencing of contract
awards**   незаконное воздействие
на процесс выдачи контрактов
illegally sold goods

"ле́вый това́р" (slang)

illicit trade   1. незако́нная торго́вля; 2. контраба́ндная торго́вля

illiteracy rate
проце́нт безгра́мотного населе́ния

illuminated advertisement
светова́я рекла́ма

illustrated catalogue
иллюстри́рованный катало́г

illustrated price list
иллюстри́рованный прейскура́нт

image
1. и́мидж, m.; 2. репута́ция, f.

imbalance   1. несбаланси́рованность, f.; 2. дисбала́нс, m.

imbalances in the economy
разбаланси́рованная эконо́мика

imitated trademark
подде́льный това́рный знак

immediately available goods
име́ющиеся в нали́чии това́ры

immigration regulations
иммиграцио́нные предписа́ния

impact of an advertisement
возде́йствие рекла́мы

impeccable reputation
безупре́чная репута́ция

implement
проводи́ть / провести́ в жизнь

implement decisions   осуществля́ть / осуществи́ть реше́ния

implicit reference
ко́свенная ссы́лка

import
1. импорти́ровать (+ acc.), v.;
2. ввози́ть / ввезти́ това́ры из-за рубежа́; 3. и́мпорт, m.; 4. и́мпортные това́ры

import and export license fee
сбор за вы́дачу разреше́ния на ввоз и вы́воз това́ра

import application
и́мпортная зая́вка

import article   статья́ и́мпорта

import capacity
и́мпортный потенциа́л

import cost   и́мпортная сто́имость

import curbs
и́мпортные ограниче́ния

import demand
спрос на и́мпортные това́ры

import license   лице́нзия на и́мпорт

import of goods   и́мпорт това́ров

import permit
1. разреше́ние на ввоз това́ра;
2. ви́за на ввоз това́ра

import price   и́мпортная цена́

import statistics
стати́стика и́мпорта

import tax   по́шлина на ввоз

import transaction
и́мпортная сде́лка

import warehouse
и́мпортный склад

imported goods   и́мпортные това́ры

important circumstances
ва́жные обстоя́тельства

importation
1. и́мпорт, m.; 2. ввоз, m.

importation of consumer goods
и́мпорт това́ров широ́кого потребле́ния

importation of finished goods
и́мпорт гото́вой проду́кции

importation of machinery and equipment   и́мпорт маши́н и обору́дования

importation of raw materials
и́мпорт сырья́

importer's currency
валю́та импорте́ра

imports   1. и́мпорт, m.;
2. и́мпортные това́ры

imports on a compensatory basis
и́мпорт на компенсацио́нной осно́ве

impose
налага́ть / наложи́ть (+ acc.), v.

impose a fine
налага́ть / наложи́ть штраф

impose a levy
налага́ть / наложи́ть сбор

impose a penalty
налага́ть / наложи́ть штраф

impose fees
накла́дывать / наложи́ть сбо́ры

impounding of property
аре́ст на иму́щество

improper detention
незако́нное задержа́ние

improper use of one's office
незако́нное испо́льзование

служе́бного положе́ния
improve relations
улучша́ть / улу́чшить отноше́ния
improved market
оздоровле́нный ры́нок
improvement   1. улучше́ние, n.;
2. благоустро́йство, n.
**improvement of the financial
situation**
фина́нсовое оздоровле́ние
improvement suggestion
рационализа́торское предложе́ние
impulse buying
поку́пка под де́йствием моме́нта
inaccessible
недосту́пный чему́-ли́бо
in accordance with something
в соотве́тствии с чем-ли́бо
in and out costs   изде́ржки по
доста́вке и вы́возу со скла́да
in and out of the market
покупа́ть / купи́ть и бы́стро
про́дать це́нные бума́ги (finance)
in arbitration
в арбитра́жном поря́дке
in bulk
1. ма́ссой, adv.; 2. нава́лом, adv.
in constant prices
в неизме́нных це́нах
in current dollars   сто́имость в
теку́щих це́нах, вы́раженных в
до́лларах
in earnest   в ви́де зада́тка
in monetary terms
в де́нежном выраже́нии
in quantitative terms
в коли́чественном выраже́нии
in quantity   в большо́м коли́честве
in the name of ...   от и́мени ...
in spite of repeated demands
несмотря́ на неоднокра́тные
тре́бования
inactive account   неакти́вный счет
(наприме́р, в ба́нке или
в бро́керской фи́рме)
incentive
1. сти́мул, m.; 2. мотива́ция, f.
incentive funds
фо́нды материа́льного поощре́ния
incentive payments
прогресси́вная опла́та

incentives for capital investment
поощре́ние прито́ка капита́лов
**incentives for good job
performance**   мотива́ция к
хоро́шему труду́
incidental costs
второстепе́нные расхо́ды
incidental expenses
1. непредви́денные затра́ты;
2. случа́йные расхо́ды
include a clause
включа́ть / включи́ть огово́рку
include a price list in a catalogue
включа́ть / включи́ть
прейскура́нт в катало́г
include in the agenda   включа́ть /
включи́ть в пове́стку дня
income   1. дохо́д, m.; 2. де́нежные
поступле́ния; 3. за́работок, m.
income bond   дохо́дная облига́ция
(эмите́нт выпла́чивает проце́нты
в зави́симости от величины́ или
нали́чия при́были)
income differentiation
ра́зница в дохо́дах
income distribution
распределе́ние дохо́дов
income statement
деклара́ция о дохо́дах
income tax form   нало́говая фо́рма
income tax relief
льго́ты по подохо́дному нало́гу
incoming test   входно́й контро́ль
(поступа́ющих на предприя́тие
изде́лий и материа́лов)
incorporated bank
акционе́рный банк
incorporated company
объединённая компа́ния
increase
1. рост, m.; 2. увеличе́ние, n.
increase in business activity
нара́щивание масшта́бов би́знеса
increase in imports
увеличе́ние и́мпорта
increase in personal income
1. рост де́нежных дохо́дов насе-
ле́ния; 2. увеличе́ние де́нежных
дохо́дов населе́ния
increase lending   увели́чивать /
увели́чить масшта́бы

кредитова́ния
incur debts
влеза́ть / влезть в долги́
indebtedness   1. задо́лженность, f.;
2. су́мма до́лга
indebtedness in the amount of ...
задо́лженность в разме́ре ...
indebtedness to a bank
задо́лженность ба́нку
indemnity   1. гара́нтия от убы́тка;
2. компенса́ция уще́рба
indemnity clause   пункт догово́ра
об отве́тственности за убы́тки
indented paragraph   1. вы́деленный
пара́граф; 2. вы́деленный абза́ц
independent   1. незави́симый, adj.;
2. автоно́мный, adj.;
3. самостоя́тельный, adj.
independent audit   вне́шний ау́дит
independent contractor 1. незави́-
симый подря́дчик; 2. фи́рма, вы-
полня́ющая рабо́ту по контра́кту
**independent producers of goods
and services**   незави́симые произ-
води́тели това́ров и услу́г
independent trade union
незави́симый профсою́з
index   1. показа́тель, m.;
2. и́ндекс, m.; 3. указа́тель, m.
index number   цифрово́й и́ндекс
index of goods in a catalogue
код това́ра в катало́ге
**index of leading economic
indicators**   и́ндекс веду́щих
экономи́ческих показа́телей
**indexation of income against
inflation**   индекса́ция дохо́дов
indicate a date
ука́зывать / указа́ть срок
indicate an index
ука́зывать / указа́ть и́ндекс
indicate reasons for rejection
ука́зывать / указа́ть причи́ны
для отклоне́ния
indication of a price in a catalogue
указа́ние цены́ в катало́ге
indicator   1. индика́тор, m.;
2. показа́тель, m.; 3. указа́тель, m.
indirect   1. ко́свенный, adj.;
2. вспомога́тельный, adj.;
3. побо́чный, adj.

indirect costs   ко́свенные изде́ржки
indirect demand   ко́свенный спрос
indirect expenses
ко́свенные изде́ржки
indirect financial subsidies
ко́свенные фина́нсовые субси́дии
indirect tax   ко́свенный нало́г
indirect taxation
ко́свенное налогообложе́ние
indirect participation
ко́свенное уча́стие
indispensable products
проду́кты пе́рвой необходи́мости
individual
1. физи́ческое лицо́ (law); 2. инди-
видуа́льный, adj.; 3. отде́льно
взя́тый; 4. персона́льный, adj.
individual consumption
ли́чное потребле́ние
individual insurance policy
индивидуа́льный страхово́й по́лис
inducement of foreign capital   при-
влече́ние иностра́нного капита́ла
inducements   1. сти́мулы, pl.;
2. льго́тные усло́вия
industrial   1. промы́шленный, adj.;
2. произво́дственный, adj.;
3. индустриа́льный, adj.
industrial accident
произво́дственная тра́вма
industrial activity
промы́шленная де́ятельность
industrial advertising   рекла́ма
для промы́шленных зака́зчиков
industrial construction
промы́шленное строи́тельство
industrial consumption
промы́шленное потребле́ние
industrial cooperation
промы́шленное сотру́дничество
industrial costs
изде́ржки в промы́шленности
industrial design
1. промы́шленное проекти́рование;
2. промы́шленный образе́ц
industrial employment   трудова́я
за́нятость в промы́шленности
industrial enterprise
промы́шленное предприя́тие
industrial equities
а́кции промы́шленных компа́ний

industrial espionage
промы́шленный шпиона́ж
industrial exhibition
промы́шленная вы́ставка
industrial fair
промы́шленная я́рмарка
industrial firm
промы́шленная фи́рма
industrial park   технопа́рк, m.
industrial refrigerating equipment
промы́шленное холоди́льное
обору́дование
industrial trade gap
внешнеторго́вый дефици́т в тор-
го́вле промы́шленными това́рами
industrial use
1. промы́шленное испо́льзование;
2. промы́шленное применéние
inferior goods 1. низкока́чествен-
ные това́ры; 2. неконкурентоспо-
со́бные това́ры
infiltration проникновéние, n.
inflate prices
взви́нчивать / взвинти́ть цéны
inflation инфля́ция, f.
inflation rate тéмпы инфля́ции
inflationary environment
инфляцио́нная обстано́вка
inflict damage
наноси́ть / нанести́ ущéрб
influence somebody ока́зывать /
оказа́ть влия́ние на кого́-ли́бо
influence the market
воздéйствовать на ры́нок
inform 1. сообща́ть /
сообщи́ть (+ acc.; + dat.), v.;
2. уведомля́ть / уведоми́ть (+ acc.;
о + prep.), v.; 3. извеща́ть /
извести́ть (+ acc.; о + prep.), v.
inform by fax
информи́ровать фа́ксом
inform by telex
информи́ровать тéлексом
inform of a meeting
сообща́ть / сообщи́ть о встрéче
information 1. информа́ция, f.;
2. да́нные, only pl.
information agency
информацио́нное агéнство
information bank банк да́нных
information bulletin

информацио́нный бюллетéнь
information bureau
информацио́нное бюро́
information exchange
обмéн информа́цией
information explosion
информацио́нный взрыв
information in the field of
advertising информа́ция
в о́бласти реклáмы
information network
информацио́нная сеть
information on currency markets
информа́ция о валю́тных ры́нках
information on exhibitions and
fairs информа́ция о вы́ставках
и я́рмарках
information on the market
condition of certain goods
информа́ция о коньюкту́ре ры́нка
отдéльных това́ров
information on trade agreements
информа́ция о торго́вых
соглашéниях
infrastructure инфраструкту́ра, f.
infringe 1. наруша́ть /
нару́шить (+ acc.), v.; 2. вторга́ть-
ся / вто́ргнуться (в + acc.), v.
infringe on a patent наруша́ть /
нару́шить патéнтные права́
infringe on a trademark
наруша́ть / нару́шить права́
на това́рный знак
initial 1. первонача́льный, adj.; 2.
исхо́дный, adj.; 3. нача́льный, adj.;
initial fee первонача́льная по́шлина
initial inventory
первонача́льное коли́чество,
имéвшихся в нали́чии запа́сов
initial payment
первонача́льный платéж
initial price исхо́дная цена́
initial proceedings
перви́чное рассмотрéние
initiation fee
вступи́тельный взнос
initialling of a contract
парафи́рование контра́кта
innovation 1. нови́нка, f.;
2. нова́ция, f.; 3. иннова́ция, f.;
4. изобретéние, n.

innovation groups   1. инновацио́н-
ные гру́ппы; 2. гру́ппы по разра-
бо́тке нововведе́ний
input data   1. входны́е да́нные;
2. исхо́дные да́нные
input device   1. устро́йство вво́да;
2. вво́дное устро́йство (например,
в компьютере)
inquiries telephone number
конта́ктный но́мер (телефона)
inquiry   1. запро́с, m.; 2. наведе́ние
спра́вок
inquiry by fax   запро́с по фа́ксу
insert a clause
вноси́ть / внести́ огово́рку
insider   ли́цо и́ли организа́ция,
располага́ющие конфиденциа́ль-
ной информа́цией (например, о
действительном финансовом
состоянии компании)
insider trading   незако́нные опера́-
ции с це́нными бума́гами на осно́-
ве конфиденциа́льной информа́ции
insist on something
наста́ивать / настоя́ть на чем-ли́бо
inspection   1. инспе́кция, f.;
2. осмо́тр, m.; 3. реви́зия, f.;
4. контро́ль, m.
inspection certificate
контро́льный сертифика́т
inspection of cargo at the border
инспе́кция гру́за на грани́це
inspection of goods
осмо́тр това́ров
inspection of the exterior
вне́шняя прове́рка
inspection procedure
поря́док инспекти́рования
inspector
1. инспе́ктор, m.; 2. ревизо́р, m.
installment   очередно́й взнос
(при продаже в рассро́чку)
installment loan
заём с погаше́нием в рассро́чку
installment plan   распределе́ние
платеже́й (при продаже
в рассро́чку)
installment sale
прода́жа в рассро́чку
instant gratification   неме́дленное
удовлетворе́ние жела́ний

instructions   1. инстру́кция, f.;
2. маркиро́вка, f.; 3. пра́вила, f.
instructions and regulations
regarding currency transactions
пра́вила о валю́тных опера́циях
instructions in the language of
the seller's / buyer's country
инстру́кции на языке́ страны́
продавца́ / покупа́теля
instructions on a packing container
маркиро́вка та́ры
instruments of economic and
market policy   рыночноэконо-
ми́ческие инструме́нты
instrument specification
специфика́ция прибо́ра
insufficient funds   1. недоста́ток
средств; 2. недоста́ча, f.
insurable risk
риск, подлежа́щий страхо́вке
insurance
1. страхова́ние, n.; 2. страхо́вка, f.
insurance agency
страхово́е аге́нство
insurance agent   страхово́й аге́нт
insurance benefit
страхово́е посо́бие
insurance business   1. страхово́е
де́ло; 2. страхово́й би́знес
insurance claim   тре́бование на вы́-
плату страхово́го возмеще́ния
insurance claim form
бланк для тре́бований на
вы́плату страхово́го возмеще́ния
insurance company charter
уста́в страхово́й компа́нии
insurance contract
страхово́й контра́кт
insurance coverage
страхово́е покры́тие
insurance documents
страховы́е фо́рмы
insurance expenses
расхо́ды на страхова́ние
insurance expert   э́ксперт
в о́бласти страхово́го де́ла
insurance industry   страхова́ние
(как отрасль экономики), n.
insurance liability
обяза́тельства по страхова́нию
insurance license   лице́нзия на

проведе́ние страховы́х опера́ций
insurance market   страхово́й ры́нок
insurance of bank deposits
страхова́ние ба́нковских вкла́дов
insurance of credit
страхова́ние креди́та
insurance of credit and
exchange risks   страхова́ние
креди́тных и валю́тных ри́сков
insurance of securities
страхова́ние це́нных бума́г
insurance operations
страховы́е опера́ции
insurance payment
страхова́я вы́плата
insurance policy   страхово́й по́лис
insurance policy deductibles   часть
страховы́х расхо́дов, выпла́чи-
ваемая владе́льцем страхово́го
по́лиса
insurance policy in force
де́йствующий страхово́й догово́р
insurance premium
страхова́я пре́мия
insurance protection   объём
страхово́й отве́тственности
insurance rates   1. страховы́е
ста́вки; 2. страхово́й тари́ф
insurance risk   страхово́й риск
insurance under a policy
страхова́ние по по́лису
insurance underwriter   страхова́я
компа́ния
insurance underwriting services
услу́ги страховы́х компа́ний
insurance without a medical
examination   страхова́ние без
предвари́тельного медици́нского
осмо́тра
insure   1. гаранти́ровать (+ acc.), v.;
2. осуществля́ть / осуществи́ть
страхова́ние
insured
1. застрахо́ванное лицо́ и́ли
организа́ция; 2. страхова́тель, m.
insured account
застрахо́ванный счет
insured bank
банк с застрахо́ванными вкла́дами
insured bonds   облига́ции
застрахо́ванные от банкро́тства

insured cargo   застрахо́ванный груз
insured mail
застрахо́ванная по́чта
insured storage
застрахо́ванное хране́ние
insurer   1. страхова́я компа́ния;
2. страховщи́к, m.
insurer's responsibility
отве́тственность страховщика́
intangible assets   1. "неосяза́емые"
акти́вы; 2. нематериа́льные акти́вы
(патенты, привелегии и пр.)
integrated cost
сумма́рная сто́имость
intellectual potential   интеллекту-
а́льный потенциа́л (включает уровень образования в стране, количество инженеров, ученых и пр.)
intellectual property
интеллектуа́льная со́бственность
intense competitionon
си́льная конкуре́нция
intensification   интенсифика́ция, f.
intensive   1. интенси́вный, adj.;
2. си́льный, adj.
intensive agriculture
интенси́вное се́льское хозя́йство
intensive development
интенси́вное разви́тие
(например, промышленности)
intensive growth of the economy
интенси́вный рост эконо́мики
interbranch complex
межотраслево́й ко́мплекс
interest   1. интере́с, m.;
2. проце́нтный дохо́д;
3. до́ля уча́стия в чем-ли́бо
interest-bearing account
проце́нтный счет
interest-bearing loan
проце́нтный заём
interest costs
изде́ржки на упла́ту проце́нтов
interest free   беспроце́нтный, adj.
interest free account
беспроце́нтный счет
interest free loan
беспроце́нтный заём
interest group   ло́бби (лица,
пытающиеся оказать влияние на
тех, от кого зависит принятие

решений) (unchanged), n.
interest on debt
проце́нты на задо́лженность
interest on an unpaid balance про-
це́нты по непога́шенному оста́тку
interest payment
вы́плата проце́нтов
interest rate   1. взима́емый проце́нт
на заём; 2. уче́тная ста́вка
interested parties
заинтересо́ванные ли́ца
interface интерфе́йс (computer), m.
intergovernmental agreement
межправи́тельственное
соглаше́ние
intermediary trading company
торго́во-посре́дническая фи́рма
intermediate-term credit
среднесро́чный креди́т
internal   вну́тренний, adj.
internal audit 1. вну́тренний ау́дит;
2. вну́тренняя реви́зия
internal auditor   шта́тный ревизо́р
internal convertibility
вну́тренняя конверти́руемость
internal financing
вну́треннее финанси́рование
internal funds сре́дства из
вну́тренних исто́чников
internal market   вну́тренний ры́нок
Internal Revenue Service (IRS)
нало́говая инспе́кция (США)
international   1. междунаро́д-
ный, adj.; 2. мирово́й, adj.;
3. интернациона́льный, adj.
international accounts
1. междунаро́дные счета́;
2. междунаро́дные расче́ты
international arbitration
междунаро́дный арбитра́ж
international assets
заграни́чные акти́вы
international auction
междунаро́дный аукцио́н
international bank
междунаро́дный банк
international businessman
бизнесме́н-междунаро́дник, m.
international commodity markets
междунаро́дные това́рные ры́нки
international convention

междунаро́дная конве́нция
international cooperation
междунаро́дное сотру́дничество
international corporation
транснациона́льная корпора́ция
international division of labor
междунаро́дное разделе́ние труда́
international economic crisis
междунаро́дный экономи́ческий
кри́зис
**international economic
disturbances**   беспоря́дки
в мирово́й эконо́мике
international exhibition
междунаро́дная вы́ставка
international fair
междунаро́дная я́рмарка
international indebtedness
междунаро́дная задо́лженность
international law
междунаро́дное пра́во
international loan
иностра́нный заём
international meeting
междунаро́дная встре́ча
International Monetary Fund (IMF)
Междунаро́дный валю́тный
фонд (МВФ)
international monetary policy
поли́тика регули́рования между-
наро́дных валю́тных отноше́ний
international relations
междунаро́дные отноше́ния
international standards
междунаро́дные станда́рты
international tariff
междунаро́дный тари́ф
international trade center
центр междунаро́дной торго́вли
interpret
1. интерпрети́ровать (+ acc.), v.;
2. толкова́ть (+ acc.), v.
interpret data
интерпрети́ровать да́нные
interpretation of a contract
толкова́ние контра́кта
interregional comparisons
межрегиона́льные сопоставле́ния
interregional financial agreements
межрегиона́льные фина́нсовые
соглаше́ния

interregional trade
межрегиональная торговля
introduce   1. вводить /
ввести (+ асс.), v.; 2. представлять
/ представить (+ асс.), v.
introduce a new paragraph
вводить / ввести новый параграф
introduce a standard
вводить / ввести стандарт
introduction   1. презентация, f.;
2. представление к знакомству
кого или чего-либо; 3. ввод, m.;
4. вступление, n.;
introduction of a large number of
computers into the economy
компьютеризация экономики
introduction of new goods
into the market   внедрение
на рынок новых товаров
introduction of taxes
введение налогов
invalid signature
недействительная подпись
invalid transaction
недействительная сделка
invention   изобретение, n.
inventor   изобретатель, m.
inventor's certificate
авторское свидетельство
inventory   1. запасы товаров;
2. опись товаров; 3. учёт, m.;
4. инвентаризация, f.; 5. инвентарная опись
inventory accumulation
накопление товарно-материальных
запасов
inventory book   инвентарная книга
inventory buildup   накопление
товарно-материальных запасов
inventory of shortage
учёт недостачи
inventory on hand
наличные товарные запасы
inventory reduction sale
распродажа с целью уменьшить
складские запасы
invest   1. вкладывать /
вложить (+ асс.), v.;
2. инвестировать (+ асс.)
invest in gold   вкладывать /
вложить деньги в золото

invest in securities
вкладывать / вложить деньги
в ценные бумаги
invested funds
вложенные средства
investigate
1. расследовать (+ асс.), v.;
2. собирать / собрать (данные,
информацию и пр.) (+ асс.), v.; 3.
проводить / провести следствие
investigate a company
проводить / провести расследование деятельности компании
investigate a reputation   собирать /
собрать сведения о репутации
investigation   1. расследование, n.;
2. следствие, n.
investment   1. инвестиция, f.;
2. капиталовложение, n.
investment adviser
консультант по инвестициям
investment and development
funds   фонды капиталовложений
и развития
investment bank
инвестиционный банк
investment boom
инвестиционный бум
investment broker   брокер по
инвестиционным ценным бумагам
investment climate
инвестиционный климат
investment company
инвестиционная компания
investment concessions
льготы для инвестирования
investment credit
инвестиционный кредит
investment demand
потребность в капиталовложениях
investment enterprise
инвестиционная фирма
investment fund
фонд капиталовложений
investment group   1. инвестиционная группа; 2. группа инвесторов
investment in equities
инвестирование в акции
investment market
1. инвестиционный рынок;
2. рынок капиталов

investment plan
план капиталовложе́ний
investment portfolio
портфе́ль це́нных бума́г
investment program
инвестицио́нная програ́мма
investment project
програ́мма капиталовложе́ний
на разви́тие произво́дства
investment regulations   пра́вила,
регули́рующие капиталовложе́ния
investment services   услу́ги
по управле́нию инвести́циями
investment tax credit   ски́дка
с нало́га на инвести́рованный
капита́л
investor
1. инве́стор, m.; 2. инвести́тор, m.
investors' trust
дове́рие инве́сторов
invisible import   неви́димый
и́мпорт (наприме́р, импорт ряда
услуг в отличие от товаров)
invisible payments   неторго́вые
расче́ты (оплата услуг в отличие
от товаров)
invitation   1. приглаше́ние, n.;
2. объявле́ние (наприме́р,
торгов), n.; 3. назначе́ние
(наприме́р, подписки), n.
invitation of a trade delegation
приглаше́ние торго́вого
представи́тельства
invitation to a reception
приглаше́ние на прие́м
invitation to negotiations
приглаше́ние для перегово́ров
invitation to sign an agreement
приглаше́ние на подписа́ние
соглаше́ния
invite bids
объявля́ть / объяви́ть торги́
invite tenders for shares
объявля́ть / объяви́ть о подпи́ске
на а́кции
invoice   1. счет, m.; 2. факту́ра, f.;
3. накладна́я, f.
invoice for payment
счет на опла́ту
invoice in dollars   счет в до́лларах
invoice in the amount of ...

1. накладна́я на су́мму в...;
2. счет на су́мму в ...;
3. факту́ра на су́мму...
invoice in the name of ...
счет на и́мя ...
invoice is made out in the
name of ...   счет вы́писан на и́мя ...
invoice price
цена́, ука́занная на накладно́й
invoice sum   су́мма по счету
in working order
в рабо́чем состоя́нии
irredeemable bonds   облига́ции
без пра́ва о́тзыва (до срока
погашения)
irregular payments
нерегуля́рные платежи́
irreparable damage
невозмести́мый уще́рб
irrigated farming
ороша́емое се́льское хозя́йство
issue   1. вы́пуск, m.; 2. эми́ссия, f.;
3. це́нные бума́ги; 4. выдава́ть /
вы́дать (+ асс.), v.
issue a certificate
выдава́ть / вы́дать сертифика́т
issue a decision
выдава́ть / вы́дать заключе́ние
issue a draft   1. выставля́ть /
вы́ставить ве́ксель; 2. выставля́ть
/ вы́ставить тра́тту
issue a duplicate
выдава́ть / вы́дать дублика́т
issue a license to somebody
выдава́ть / вы́дать лице́нзию
кому́-ли́бо
issue an examination certificate
выдава́ть / вы́дать заключе́ние
эксперти́зы (осмотра)
issue an insurance policy   выдава́ть
/ вы́дать страхово́й по́лис
issue a visa
выдава́ть / вы́дать ви́зу
issue documents
выдава́ть / вы́дать документа́цию
issue of rationing coupons
таллониза́ция, f.
issue of securities
1. вы́пуск це́нных бума́г;
2. эми́ссия це́нных бума́г
issuer of securities

эмите́нт це́нных бума́г
issuing of money   эми́ссия де́нег
item   1. шту́ка изде́лия и́ли това́ра;
2. пункт (наприме́р, догово́ра), m.;
3. пара́граф, m.; 4. статья́ бала́нса
и́ли сме́ты; 5. вид изде́лия
item for delivery
предме́т поста́вки
item in a contract
пункт в контра́кте
item of an agreement
пункт соглаше́ния
itemized invoice   постате́йный
счет (счет с перечисле́нием по
пу́нктам всех ви́дов ку́пленых
това́ров и их цен)
itemized list   постате́йный спи́сок

J

janitorial services   услу́ги по
убо́рке (наприме́р, зда́ний)
jewelry gold   ювели́рное зо́лото
job   1. рабо́та, f.; 2. зада́ние, n.
job applicant   1. соиска́тель на
до́лжность; 2. челове́к, подаю́щий
заявле́ние о прие́ме на рабо́ту
job application form   анке́та,
поступа́ющего на рабо́ту
job creation program   програ́мма
по созда́нию рабо́чих мест
job demand
спрос на рабо́чие вака́нсии
job interview   собесе́дование
с кандида́том на рабо́чее ме́сто
job migration   1. мигра́ция рабо́чих
мест; 2. мигра́ция произво́дства
jobless rate   у́ровень безрабо́тицы
job opening   рабо́чая вака́нсия
job retraining program   програ́мма
переквалифика́ции трудя́щихся
job security   гара́нтия
сохране́ния рабо́чего ме́ста
joint   1. совме́стный, adj.; 2. сово-
ку́пный, adj.; 3. объедине́н-
ный, adj.; 4. коллекти́вный, adj.
joint account   совме́стный счет
joint advertisement
совме́стная рекла́ма
joint application

коллекти́вная зая́вка (наприме́р,
на пате́нт)
joint commission
объедине́нная коми́ссия
joint cost   совме́стные расхо́ды
joint creditor
совоку́пный кредито́р
joint manufacturing
совме́стное произво́дство
joint marketing arrangements
програ́ммы о совме́стном сбы́те
joint ownership   совладе́ние, n.
joint project   совме́стный прое́кт
joint responsibility
совме́стная отве́тственность
joint-stock bank   акционе́рный банк
joint use   совме́стное по́льзование
joint venture
совме́стное предприя́тие
journal entry
бухга́лтерская прово́дка
joystick   джо́йстик (computer), m.
junk bonds   1. "му́сорные облига́-
ции; 2. "бро́совые" облига́ции
(облига́ции корпора́ций со значи́-
тельным ри́ском, компенси́руе-
мым повы́шенным проце́нтом)
junk mail advertising   ма́ссовая
почто́вая рекла́ма, рассчи́танная
на случа́йного покупа́теля
jurisdiction   юрисди́кция, f.
justification   1. обоснова́ние, n.;
2. оправда́ние, n.
justification for cancellation
обоснова́ние аннули́рования
justification of claims
обоснова́ние прете́нзий
justification of requirements
обоснова́ние тре́бований
justify refusal
обосно́вывать / обоснова́ть отка́з

K

keep prices down
держа́ть це́ны на ни́зком у́ровне
key   1. ключ, m.; 2. ва́жный, adj.;
3. веду́щий, adj.; 4. ключево́й, adj.;
5. кла́виша, f.
key assumption

1. основно́е предположе́ние;

2. са́мое гла́вное допуще́ние

key currency   ключева́я валю́та

key decision   ключево́е реше́ние

key employees

ключевы́е сотру́дники

key factor   реша́ющий фа́ктор

keyboard   клавиату́ра (например,

компьютера), f.

khozraschet   хозрасчёт

(самоокупаемость), m.

kind of packaging   вид та́ры

know-how   1. но́у-ха́у (знание се-

кретов технологии производства

или осуществления способа), n.;

2. зна́ние и уме́ние (patent)

know-how put into practice   ис-

по́льзование но́у-хо́у в пра́ктике

known damage   зара́нее изве́стное

поврежде́ние (например, груза)

L

label   1. ярлы́к, m.; 2. этике́тка, f.

labeling   маркиро́вка, f.

labor   1. труд, m.; 2. рабо́чая си́ла

labor contract   трудово́й догово́р

labor costs

сто́имость рабо́чей си́лы

labor incentives   мотива́ция труда́

labor-intensive work   рабо́та, тре́-

бующая большо́й затра́ты труда́

labor market   ры́нок рабо́чей си́лы

labor productivity

производи́тельность труда́

labor productivity rate   у́ровень

производи́тельности труда́

labor shortage

нехва́тка рабо́чей си́лы

labor unrest

волне́ния среди́ рабо́чих

lack   1. нехва́тка, f.; 2. недоста́ча, f.;

3. отсу́тствие, n.

lack of a basis for something

отсу́тствие основа́ний для чего́-

ли́бо

lack of parity in the exchange

process   неэквивале́нтный обме́н

lack of understanding of

economic issues   экономи́ческая

безгра́мотность

lackluster performance

невпечатля́ющие показа́тели

lag behind somebody

отстава́ть / отста́ть от кого́-ли́бо

land developer

1. строи́тельная компа́ния;

2. землеустрои́тельная компа́ния

land improvement

земе́льное благоустро́йство

lapsed insurance policy

аннули́рованный страхово́й по́лис

large   1. большо́й, adj.; 2. кру́п-

ный, adj.; 3. значи́тельный, adj.

large capital   кру́пный капита́л

large exposure in unguaranteed

credits   значи́тельная су́мма в

негаранти́рованных креди́тах

large scale downturn in

production   всеобъе́млющее

паде́ние произво́дства

large scale privatization

крупномасшта́бная приватиза́ция

large variety of products

большо́е разнообра́зие проду́ктов

laser   ла́зер, m.

laser disk   ла́зерный диск

laser printer   ла́зерный при́нтер

last

1. после́дний, adj.; 2. ху́дший, adj.

last choice

1. наиме́нее жела́тельный вы́бор;

2. ху́дший вариа́нт

last copy   после́дний экземпля́р

late   1. по́здний, adj.; 2. запозда́-

лый, adj.; 3. после́дний, adj.;

4. но́вый, adj.

late delivery

поста́вка с запозда́нием

late payment   просро́ченная опла́та

latest sample   нове́йший образе́ц

law   1. зако́н, m.; 2. пра́во, n.

law firm   1. правозащи́тная фи́рма;

2. юриди́ческая конто́ра

law of supply and demand

зако́н спро́са и предложе́ния

lay   1. прекраща́ть / прекрати́ть

(например, работу) (+ acc.) , v.;

2. увольня́ть / уво́лить (+ acc.), v.

lay a claim to something   заявля́ть

/ заяви́ть права́ на что-ли́бо

lay a foundation
закладывать / заложить основу
lay somebody off
увольнять / уволить кого–либо
layoff costs   затраты, связанные
с увольнением рабочей силы
lead   1. возглавлять /
возглавить (+ асс.), v.; 2. вести (+ асс.), v.; 3. лидировать, v.
leading countries   ведущие страны
leading economic indicators   ведущие экономические показатели
lean company   компания, оперирующая с минимумом рабочей силы
и накладных расходов
lean inventories   небольшие товарные запасы (на складе компании)
leap   1. рывок, m.; 2. скачок
(например, в экономике), m.
learn the ins and outs of business
изучать / изучить все тонкости
бизнеса
lease agreement
арендный договор
lease of seats on the Exchange
аренда брокерских мест на бирже
leasing   1. лизинг (аренда или наем
какой-либо собственности на
определенный период или на
весь амортизационный срок), m.;
2. аренда, f.
leasing company   1. лизинговая
компания (компания, являющаяся
владельцем сдаваемой в аренду
собственности); 2. компания по
аренде
least cost   наименьшие издержки
leave of absence   отгул, m.
led by someone
во главе с кем-либо
ledger   1. бухгалтерская книга;
2. учётный регистр
legal   1. легальный, adj.;
2. законный, adj.; 3. правовой, adj.
legal action for damages
иск о возмещении убытков
legal action for nondelivery
иск о возмещении недостачи
legal action for recovery
иск на взыскание
legal address   юридический адрес

legal adviser   юрисконсульт, m.
legal basis
правовая обоснованность
legal basis of enterpreneurship
правовые основы предпринимательства
legal compensation
законное возмещение
legal counsel   юридическое лицо
legal counsel in a foreign
trade transaction   юридическое
лицо во внешнеторговой сделке
legal counsel's right of signature
право подписи юридического лица
legal detention   законное
задержание (например, товара)
legal document
правовой документ
legal embargo   законное эмбарго
legal entity   юридическое лицо
legal environment   правовая среда
legal exemption   освобождение
на законном основании
legal expenses   судебные издержки
legal guarantees
правовые гарантии
legal meaning
1. юридический смысл;
2. юридическое толкование
legal objection
исковое возражение
legal participation
законное участие
legal protection   правовая защита
legal protection of a trademark
правовая защита товарного знака
legal rate of interest   установленная законом процентная ставка
legal recovery   законное взыскание
legal refusal   законный отказ
legal rights   законные права
legal security
правовое обеспечение
legal state   правовое государство
legal status of joint ventures
юридический статус совместных
предприятий
legal system   правовая система
legal tender
законное платёжное средство
legalization of profiteering

декриминализа́ция спекуля́ции
legislative   законода́тельный, adj.
legislative power
законода́тельная власть
Lehman Brothers Treasury index
и́ндекс Ле́ман Бра́зерс для
казначе́йских облига́ций (США)
lend   1. дава́ть / дать взаймы́;
2. кредитова́ть (+ асс.), v.;
3. ссужа́ть / ссуди́ть (+ асс.), v.
lend money
1. дава́ть / дать де́ньги взаймы́;
2. ссужа́ть / ссуди́ть деньга́ми
lending   1. кредитова́ние, n.;
2. предоставле́ние за́ймов
lending policy   креди́тная поли́тика
lending rate
ста́вка ссу́дного проце́нта
length of service   срок слу́жбы
lessee   1. аренда́тор, m.;
2. квартиросъёмщик, m.
lessor   арендода́тель, m.
letter   1. письмо́, n.; 2. докуме́нт, m.
letter of advice
1. ави́зо (извеще́ние) (finance), n.;
2. пи́сьменное уведомле́ние
letter of a foreign company
письмо́ иностра́нной компа́нии
letter of credit   аккредити́в, m.
letter of credit amount
су́мма акредити́ва
letter of credit for the full
value of the contract   аккредити́в
на по́лную сто́имость контра́кта
letter of credit interest
проце́нты по аккредити́ву
letter of credit on certain
conditions   аккредити́в на
определённых усло́виях
letter of intent
письмо́-обяза́тельство, n.
letter of reference
1. рекоменда́тельное письмо́;
2. характери́стика, f.
letter to a supplier
письмо́ поставщику́
level   1. у́ровень, m.; 2. су́мма, f.;
3. разме́р, m.
level of business activity
у́ровень делово́й акти́вности
level of prices   у́ровень цен

level of the exchange rate
у́ровень валю́тного ку́рса
leveling of the trade balance
выра́внивание торго́вого бала́нса
levy   1. сбор, m.; 2. нало́г, m.
levy taxes
налага́ть / наложи́ть нало́ги
liabilities
1. задо́лженность, f.; 2. долги́, pl.;
3. де́нежные обяза́тельства
liability for accidental loss   отве́т-
ственность за непредви́денную
утра́ту
liability for damages
отве́тственность за уще́рб
liability insurance   страхова́ние
гражда́нской отве́тственности
liability in the amount of ...   де́-
нежное обяза́тельство в разме́ре...
license   1. ла́йсенс, m.;
2. лице́нзия, f.; 3. дипло́м, m.
license agreement
1. лицензио́нное соглаше́ние;
2. лицензио́нный догово́р
license application   зая́вка
на получе́ние разреше́ния
на каку́ю-ли́бо де́ятельность
license contract   лицензио́нный
контра́кт
license fee   лицензио́нный сбор
license gives the right to ...
лице́нзия даёт пра́во на ...
license holder   владе́лец лице́нзии
license to deal in currencies
лице́нзия на проведе́ние валю́тных
опера́ций
licensed capacity
разрешённая мо́щность
licensee   1. лицензиа́т, m.;
2. владе́лец лице́нзии
licensing   1. лицензи́рование, n.;
2. предоставле́ние лице́нзий
licensing agreement
лицензио́нное соглаше́ние
licensing board   организа́ция име́ю-
щая пра́во на вы́дачу лице́нзий
licensing company   компа́ния,
предоставля́ющая лице́нзию
licensing of trademarks
лицензи́рование това́рных зна́ков
licensing requirements   тре́бова-

ния для получе́ния лице́нзии
licensing transaction
лицензио́нная сде́лка
licensor лицензиа́р (лицо́ или
организа́ция, предоставля́ющая
лице́нзию), m.
lien 1. зало́г, m.; 2. пра́во удер-
жа́ния зало́га до его́ вы́платы
lien holder лицо́, уде́рживаю-
щее до вы́купа зало́женное
обеспече́ние
life 1. жизнь, f.; 2. вре́мя слу́жбы;
3. срок го́дности
life contract
пожи́зненный контра́кт
life insurance страхова́ние жи́зни
life insurance annuity
пожи́зненная страхова́я ре́нта
life insurance assets
акти́вы страхово́й компа́нии
life insurance company
компа́ния по страхова́нию жи́зни
lifelong пожи́зненный, adj.
lifetime guarantee
пожи́зненная гара́нтия
lift 1. поднима́ть /
подня́ть (+ acc.), v.; 2. снима́ть /
снять (+ acc), v.; 3. отменя́ть /
отмени́ть (+ acc.), v.
lift a ban on something снима́ть /
снять запре́т на что-ли́бо
lift the freeze on economic
cooperation отменя́ть / отмени́ть
эмба́рго на экономи́ческое
сотру́дничество
light industry
лёгкая промы́шленность
likelihood of participation
вероя́тность уча́стия
limitation 1. квоти́рование (уста-
новле́ние ограниче́ний, например,
на экспорт како́го-либо про-
ду́кта), n.; 2. ограниче́ние, n.
limitation on making a claim
да́вность для предъявле́ния
прете́нзий
limited ограни́ченный, adj.
limited access
ограни́ченный до́ступ
limited amount of money
ограни́ченная су́мма де́нег

limited authority
ограни́ченные полномо́чия
limited availability ограни́ченное
коли́чество (например, име́ю-
щихся в нали́чии това́ровов)
limited consumption
ограни́ченное потребле́ние
limited expenses
лимити́рованные расхо́ды
limited liability company
компа́ния с ограни́ченной
отве́тственностью
limiting clauses
ограни́чивающие огово́рки
limit trade ограни́чивать /
ограни́чить торго́влю
liquid 1. ликви́дный, adj.; 2. жи́д-
кий, adj.; 3. легко́ реализу́емый;
4. легко́ превраща́емый в
нали́чные де́ньги
liquid assets 1. ликви́дные акти́вы;
2. легко́ реализу́емые акти́вы
liquidate
1. закрыва́ть / закры́ть (+ acc.), v.;
2. ликвиди́ровать (+ acc.), v.
liquidation ликвида́ция, f.
liquidation clause
огово́рка о ликвида́ции
liquidation of a business
закры́тие делово́го предприя́тия
liquidation of a joint venture
ликвида́ция совме́стного
предприя́тия
liquidation of funds
ликвида́ция фо́ндов
liquidation of property
ликвида́ция иму́щества
liquidation stipulated by
regulations огово́ренная уста́вом
ликвида́ция
liquid crystal display
диспле́и на жи́дких криста́лах
liquid fuel жи́дкое то́пливо
liquidity 1. ликви́дность, f.;
2. сре́дства, легко́обраща́емые
в нали́чные; 3. нали́чность, f.
liquidity crisis
о́страя нехва́тка ликви́дных
средств (нали́чных денег)
liquidity needs
нужда́ в ликви́дных сре́дствах

liquidity position положе́ние
с ликви́дными сре́дствами
liquified gas сжи́женный газ
liquor store ви́нный магази́н
list 1. пе́речень, m.; 2. спи́сок, m.;
3. рее́стр, m. 4. перечисля́ть /
перечи́слить (+ асс.), v.
list of documents
пе́речень докуме́нтов
list of foreign firms
1. спи́сок иностра́нных компа́ний;
2. спи́сок инофи́рм
list of goods ассорти́мент, m.
list of samples
номенклату́ра образцо́в
list price прейскура́нтная цена́
listed securities це́нные бума́ги
зарегистри́рованные и
коти́рующиеся на би́рже
literacy rate
проце́нт гра́мотного населе́ния
literature agent
литерату́рный аге́нт
litigant
сторона́ в суде́бном проце́ссе
litigation 1. суде́бное
разбира́тельство; 2. тя́жба, f.
living expenses расхо́ды на жизнь
living standards усло́вия жи́зни
load 1. грузи́ть / погрузи́ть (+ асс.;
в + prep.; на + prep.), v.;
2. нагру́зка, f.; 3. погру́зка, f.;
4. загру́женность, f.
loading погру́зка, f.
loading at the buyer's expense
погру́зка за счет покупа́теля
loading at the seller's expense
погру́зка за счет продавца́
loading in bulk 1. погру́зка
нава́лом; 2. погру́зка на́сыпью
loading in containers
погру́зка в конте́йнерах
loading notification
извеще́ние о погру́зке
loading without packaging
погру́зка без упако́вки
loan 1. заём, m.; 2. ссу́да, f.;
3. креди́т, m.
loan account ссу́дный счет
loan agreement
контра́кт на вы́дачу креди́та

loan application
зая́вка на получе́ние за́йма
loan business ссу́дные опера́ции
loan commitments for joint
ventures креди́тные гара́нтии
совме́стным предприя́тиям
loan for an indefinite term
бессро́чная ссу́да
loan for exportation
ссу́да по э́кспортным опера́циям
loan indicated in the contract
ука́занная в догово́ре ссу́да
loan interest rate
1. взима́емый проце́нт на заём;
2. проце́нт за́йма
loan in the amount of ...
ссу́да в разме́ре ...
loan losses креди́тные поте́ри
loan on pawn заём под зало́г
loan receipts
распи́ска в получе́нии за́йма
loan receiving company
кредиту́емое предприя́тие
loan repayable on demand
заём, погаша́емый по тре́бованию
loan-sharking ростовщи́чество, n.
loan terms
усло́вия предоставле́ния за́йма
loan to a buyer заём покупа́телю
loan to a company заём компа́нии
loaning кредитова́ние, n.
lobby ло́бби (ли́ца, пыта́ющиеся
оказа́ть влия́ние на тех, от кого́
зави́сит приня́тие реше́ний) (unchanged), n.
local 1. ме́стный, adj.;
2. национа́льный, adj.
local advertising ме́стная рекла́ма
local authorities ме́стные вла́сти
local brand фабри́чная ма́рка,
изве́стная в ограни́ченном райо́не
local consumption
ме́стное потребле́ние
local currency ме́стная валю́та
local firm ме́стная фи́рма
local goods ме́стные това́ры
local government
о́рганы ме́стного самоуправле́ния
local market ме́стный ры́нок
local resources ме́стные ресу́рсы
local union

ме́стное отделе́ние профсою́за
local warehouse   ме́стный склад
London Stock Exchange
Ло́ндонская би́ржа
long-felt need
настоя́тельная потре́бность
long-range   рассчи́танный на
до́лгий срок и́ли расстоя́ние
long-standing contacts   1. да́вние
конта́кты; 2. устоя́вшиеся свя́зи
long-term   долгосро́чный, adj.
long-term borrowing
долгосро́чный заём
long-term cooperation
долгосро́чное сотру́дничество
long-term credit
долгосро́чный креди́т
long-term debt
долгосро́чная задо́лженность
long-term forecasting
долгосро́чное прогнози́рование
long-term insurance
долгосро́чное страхова́ние
long-term interest
проце́нты на долгосро́чный заём
long-term loan   долгосро́чный заём
long-term operation
долгосро́чная опера́ция
long-term project
долгосро́чный прое́кт
long-term rate   но́рма проце́нта по
долгосро́чным це́нным бума́гам
long-term test
дли́тельное испыта́ние
lose reputation
теря́ть / потеря́ть репута́цию
loss   1. поте́ря, f.; 2. убы́ток, m.;
3. уще́рб, m.
loss accounting
бухга́лтерский учёт поте́рь
loss and gain account
счет при́былей и убы́тков
loss because of default   убы́ток
от неисполне́ния обяза́тельств
loss because of negligence
убы́ток по неосторо́жности
loss of confidence in the ruble
утра́та дове́рия к рублю́
loss of earnings   поте́ря за́работка
loss of profit
уще́рб в ви́де упу́щенной при́были

loss of property   поте́ря иму́щества
losses because of a carrier's
fault   поте́ри по вине́ перево́зчика
losses caused by infringement
уще́рб, вы́званный наруше́нием
losses caused by transshipment
поте́ри, вы́званные перева́лкой
losses in production
произво́дственные поте́ри
losses on exchange
поте́ри при обме́не валю́ты
lot   1. па́ртия (това́ра), f.; 2. лот, m.
lot quantity   1. разме́р па́ртии
това́ра; 2. разме́р ло́та
low   1. ни́зкий, adj.; 2. ма́лый, adj.;
3. недоста́точный, adj.
low-grade   1. ненадёжный (например, облига́ции), adj.; 2. низко-
со́ртный, adj.;
low-income housing   жильё
для малообеспе́ченных слоёв
населе́ния
low-interest credit
креди́т под ни́зкий проце́нт
low-pressure advertising
ненавя́зчивая рекла́ма
low profitability
ни́зкая рента́бельность
lowest bidder   лицо́ и́ли компа́ния,
предлага́ющие минима́льную це́ну
(например, пыта́ясь получи́ть
подря́д)
lowest price   са́мая ни́зкая цена́
lowest tender   предложе́ние
по са́мой ни́зкой цене́
loyal customers   1. постоя́нные
покупа́тели; 2. потреби́тели,
покупа́ющие проду́кцию то́лько
да́нной фи́рмы и́ли ма́рки
lucrative market   о́чень вы́годный
ры́нок (например, сбы́та)
lucrative order
о́чень вы́годный зака́з
luggage receipt
бага́жная квита́нция
lump sum payment
одноразовая вы́плата всей су́ммы
lure customers
завлека́ть / завле́чь клие́нтов
luxury goods   предме́ты ро́скоши
luxury tax   нало́г на прода́жу

предме́тов ро́скоши

M

machine building sector
машинострои́тельный се́ктор
made-to-order сде́ланный на зака́з
mafia ма́фия, f.
mail 1. по́чта, f.; 2. почто́вое от-
правле́ние; 3. корреспонде́нция, f.;
4. отправля́ть / отпара́вить по
по́чте
mail-order почто́вый зака́з
mail-order advertising рекла́ма с
це́лью получи́ть зака́зы по по́чте
mail-order business
би́знес посре́дством почто́вых
посы́лок в отве́т на зака́зы
mail-order form
бланк почто́вого зака́за
mail-order trade
посы́лочная торго́вля
mailing address почто́вый а́дрес
mailing list спи́сок адреса́тов
для рассы́лки публика́ций
main article
определя́ющая статья́
main objective гла́вная зада́ча
main office 1. гла́вная конто́ра;
2. штаб-кварти́ра, f.
maintain
сохраня́ть / сохрани́ть (+ acc.), v.
maintain demand
подде́рживать / поддержа́ть спрос
maintain in working order
подде́рживать / поддержа́ть
в рабо́чем состоя́нии
maintain prices подде́рживать /
поддержа́ть у́ровень цен
maintain the accounts вести́ счета́
maintain work order
подде́рживать / поддержа́ть
трудову́ю дисципли́ну
maintenance 1. обслу́живание, n.;
2. теку́щий ремо́нт
maintenance expenses изде́ржки
на содержа́ние и теку́щий ремо́нт
maintenance instructions
инстру́кции по техни́ческому
обслу́живанию

major 1. основно́й, adj.;
2. гла́вный, adj.; 3. кру́пный, adj.
major account счет кру́пного
клие́нта и́ли зака́зчика
major contributor уча́стник,
де́лающий кру́пный взно́с
major medical expense insurance
страхова́ние чрезвыча́йных
медици́нских расхо́дов
major shareholder владе́лец
контро́льного паке́та а́кций
major trading partners
крупне́йшие торго́вые партнёры
make
1. произво́дство, n.; 2. де́лать /
сде́лать (+ acc.), v.; 3. выполня́ть /
вы́полнить (+ acc.), v.; 4. ма́рка, f.
make a bid 1. де́лать / сде́лать
предложе́ние (наприме́р, на
аукцио́не и́ли би́рже); 2. де́лать /
сде́лать ста́вку
make a choice
де́лать / сде́лать вы́бор
make a commitment брать / взять
на себя́ обяза́тельство
make a deal
заключа́ть / заключи́ть сде́лку
make a decision
принима́ть / приня́ть реше́ние
make a deposit
вноси́ть / внести́ де́ньги
make an advance payment вноси́ть
/ внести́ ава́нсовый платёж
make an appointment
назнача́ть / назна́чить встре́чу
make an exchange
производи́ть / произвести́ обме́н
make a payment
производи́ть / произвести́ опла́ту
**make a payment in accordance
with a price list** производи́ть /
произвести́ расче́ты в
соотве́тствии с прейскура́нтом
**make a presentation at a
conference** выступа́ть / вы́ступить
с докла́дом на конфере́нции
make a provision in an agreement
вноси́ть / внести́ огово́рку
в соглаше́ние
make arrangements
де́лать / сде́лать приготовле́ния

make a xerox copy
де́лать / сде́лать ксероко́пию
make clear
дава́ть / дать я́сно поня́ть
make concessions
де́лать / сде́лать усту́пки
make out an invoice according
to a price list   выпи́сывать /
вы́писать счет по прейскура́нту
make out a receipt
выпи́сывать / вы́писать квита́нцию
make payments by a letter of
credit   распла́чиваться / распла-
ти́ться в фо́рме аккредити́ва
make up a price list   составля́ть /
соста́вить прейскура́нт
making out an order
оформле́ние о́рдера
malpractice insurance   страхова́ние
от некомпете́нтного веде́ния дел
management   1. ме́неджмент, m.;
2. администра́ция, f.;
3. управле́ние, n.
management by objective
целево́е управле́ние
management fee
управле́нческий гонора́р
management meeting
заседа́ние правле́ния
management of an enterprise
by its employees   самоуправле́ние
предприя́тием
management of the economy
регули́рование эконо́мики
management responsibility   адми-
нистрати́вная отве́тственность
management restructuring
реорганиза́ция администрати́вно-
управле́нческого аппара́та
management structure
управле́нческая иера́рхия
management takeover   поку́пка
компа́нии её управля́ющими
managerial body
распоряди́тельный о́рган
managerial experience
управле́нческий о́пыт
managerial positions
управле́нческие посты́
mandatory   обяза́тельный, adj.
mandatory insurance

обяза́тельное страхова́ние
mandatory quarantine inspection
обяза́тельный каранти́йный надзо́р
mandatory sale of currencies
to the state   обяза́тельная
прода́жа валю́ты госуда́рству
mandatory sales to the state
1. обяза́тельные поста́вки
госуда́рству; 2. обяза́ловка
(colloquial), f.
manipulate prices   иску́сственно
повыша́ть и́ли понижа́ть це́ны
manipulate the market   иску́с-
ственно изменя́ть це́ны на ры́нке
manpower   рабо́чая си́ла
manufacture   1. произво́дство, n.;
2. обрабо́тка, f.; 3. промы́шленное
произво́дство; 4. изготовля́ть /
изгото́вить (+ acc.), v.
manufactured consumer goods
промы́шленные това́ры широ́кого
потребле́ния
manufactured items
промы́шленные изде́лия
manufacturer's outlet store
магази́н, принадлежа́щий фи́рме-
изготови́телю
manufacturer's suggested price
цена́, предлага́емая изготови́телем
для ро́зничной прода́жи
manufacturing costs
изде́ржки произво́дства
manufacturing license
лице́нзия на пра́во произво́дства
manufacturing order   зака́з
предприя́тию на изготовле́ние
margin   1. при́быль, f.; 2. но́рма
при́были; 3. ра́зница, f.; 4. маржа́
(ра́зница между це́нами, курса́ми
или ста́вками) (finance), f.
margin call   тре́бование от бро́-
кера клие́нту внести́ на счет до-
полни́тельные сре́дства (в связи́
с паде́нием ку́рса це́нных бума́г)
marginal   1. преде́льный, adj.;
2. маржина́льный, adj.; 3. кра́й-
ний, adj.; 4. ху́дшего ка́чества
marginal costs   1. преде́льные из-
де́ржки; 2. приростны́е изде́ржки
(связанные с измене́нием объема
произво́дства)

marginal data
предельные показатели
marginal rate   предельная норма
marginal tax rate
предельная налоговая ставка
maritime agency
морское агенство
maritime custom house
морская таможня
markdown   уценка, f.
marked price   обозначенная цена
market   1. рынок, m.; 2. биржа, f.;
3. рынок сбыта
market activity   интенсивность
купли-продажи на рынке
market analysis
изучение коньюктуры
market average
средний рыночный курс
market behavior   поведение рынка
market business conditions
коньюктура рынка
market capacity   ёмкость рынка
market closed at ...
рынок закрылся на уровне ...
market demand
потребность рынка
market disruption   нарушение
рыночного равновесия
market economy   1. рыночная экономика; 2. рыночные отношения
market exchange rate
курс валютного рынка
market glut   затоваривание рынка
market goes down   1. рынок идёт
вниз; 2. рынок падает
market goes up   1. рынок растёт;
2. рынок идёт вверх
market infrastructure
инфраструктура рынка (включает
биржи, банки, акционерные
компании и пр.)
market is in the doldrums
вялый рынок
market is unchanged
рынок не меняется
market monopolization
монополизация рынка
market of new issues   рынок новых
выпусков ценных бумаг
market opportunities

возможности сбыта
market orientation
рыночная ориентация
market oriented
рассчитанный на продажу
market potential
возможности сбыта
market price   1. коммерческая цена;
2. договорная цена; 3. рыночная
цена
market quotation
1. биржевая котировка;
2. данные о рыночных ценах
market rally   1. значительный
рост цен на рынке; 2. взлет цен
на бирже
market rate
рыночная норма процента
market recovery   улучшение
состояния рынка после спада
market report
обзор коньюктуры рынка
market saturation
насыщение рынка
market share   1. доля рынка; 2. процент рынка (например, процент
автомобильного рынка, приходя-
щийся на долю данной компании)
market-sharing arrangements
раздел рынков сбыта
market stabilization
стабилизация рынка
market survey
обзор состояния рынка
market trend analysis
анализ тенденций рынка
marketable securities легко
реализуемые ценные бумаги
marketing   1. маркетинг, m.; 2. на-
ука о рынках и сбыте; 3. сбыт, m.
marketing analysis   маркетинговый
анализ (анализ сбыта)
marketing association
1. сбытовая ассоциация;
2. сбытовой коператив
marketing cooperative
сбытовой кооператив
marketing costs
издержки по сбыту
marketing experts
1. специалисты по рынкам сбыта;

2. экспéрты по мáркетингу
marketing information
мáркетинговая информáция
marketing manager
мéнеджер по мáркетингу
marketing plan   план по сбы́ту
marketing research
мáркетинговое исслéдование
marketing research program
прогрáмма исслéдований по
мáркетингу
marketing terminology
мáркетинговая терминолóгия
mark up
1. нацéнка, f.; 2. надбáвка к ценé
mark up pricing
ценообразовáние с нацéнкой
mass-produced article
издéлие мáссового производства
mass production
мáссовое производство
material   1. материáл, m.;
2. материáльный, adj.; 3. сущéст-
венный, adj.; 4. вáжный, adj.
material and financial
responsibility   материáльно-
финáнсовая отвéтственность
material and technical supply
материáльно-техни́ческое
снабжéние
material assets
товáрно-материáльные цéнности
material damage
материáльный ущéрб
material resources
материáльные ресýрсы
material responsibility
материáльная отвéтственность
material right   материáльное прáво
material security
материáльное обеспечéние
material shortage
материáльная недостáча
material values
материáльные цéнности
maturity date
срок погашéния цéнных бумáг
maturity of the bonds
срок погашéния облигáций
maximum amount
максимáльное коли́чество

maximum penalty
максимáльно большóй штраф
maximum result
1. максимáльная отдáча;
2. максимáльный результáт
mean rate   срéдний курс
measures against something
мéры по борьбé с чем-ли́бо
mechanical damage
механи́ческое повреждéние
mechanized loading
механизи́рованная погрýзка
media advertising
реклáма с пóмощью средств
мáссовой информáции
median sales price   среднестати-
сти́ческая продáжная ценá
mediation of an agent
посрéдничество агéнта
medical   медици́нский, adj.
medical benefits
посóбие по болéзни
medical certificate
медици́нский сертификáт
medical equipment
медици́нское оборýдование
medical insurance
медици́нская страхóвка (на
оплáту расхóдов на лечéние)
medical malpractice
медици́нские оши́бки
medical malpractice insurance
страховáние от медици́нских
оши́бок
medical services
медици́нское обслýживание
meet   1. встречáть /
встрéтить (+ acc.), v.; 2. оплáчи-
вать / оплати́ть (+ acc.), v.;
3. удовлетворя́ть /
удовлетвори́ть (+ acc.), v.
meet a delegation
встречáть / встрéтить делегáцию
meet costs
возмещáть / возмести́ть издéржки
meet debts
покрывáть / покры́ть долги́
meet interest and principal
payments   выплáчивать /
вы́платить ссýдные процéнты
и ссýдный капитáл

meet qualifying standards
for something   отвечать / ответить
требованиям для чего-либо
meet the payroll
выплачивать / выплатить зарплату
meeting
1. встреча, f.; 2. совещание, n.
meeting agenda
повестка совещания
meeting for business talks
встреча для переговоров
meeting has been held
встреча состоялась
meeting of representatives
встреча представителей
meeting people at a reception
знакомство на приеме
meeting to conclude a deal
встреча для заключения сделки
meeting to establish business
relations   встреча для установ-
ления деловых отношений
meeting to gather information
встреча для сбора информации
meeting was held in an atmosphere
of trust and mutual understanding
встреча прошла´ в обстановке
доверия и взаимопонимания
member   член (какой-либо
организации), m.
member of a delegation
член делегации
membership   членство, n.
membership store   закрытый магазин (обслуживающий только
прикрепленных лиц)
merchandise   товар, m.
merchandise selection
выбор товаров
merchandise trade
торговля товарами
merchandising costs
издержки сбыта
merchant   коммерсант, m.
merchant bank   коммерческий банк
merchant ship   торговое судно
merit   1. достоинство, n.;
2. преимущество, n.
merit pay increase   надбавка
к зарплате за хорошую работу
merits of the application

существо заявки (например,
патентной)
metallic currency
металлические деньги
method   1. метод, m.; 2. способ, m.;
3. технология, f.
method of crediting
метод кредитования
method of payment   способ оплаты
method of production
технология, f.
microcomputer
мини-компьютер, m.
micro floppydisk
компьютерный дискет
migration rate
коэффициент миграции
mild economic recovery
незначительное улучшение
экономического положения
military-industrial complex
военно-промышленный комплекс
millionaire   миллионер, m.
minimum   1. минимальный, adj.;
2. наименьший, adj.
minimum amount
минимальное количество
minimum charge
минимальный тариф
minimum penalty
минимальный штраф
minimum rate   минимальная ставка
minimum risk   минимальный риск
minimum wage   минимальная зарплата (установленная законом)
mining enterprise   предприятие
добывающей промышленности
Minister   министр, m.
Minister of Trade
министр торговли
Minister of Finance
министр финансов
Minister of Energy
министр энергетики
Ministry   министерство, n.
Ministry of Finance
Министерство финансов
mini-warehouse   склад, разделённый на небольшие отсеки для
индивидуальных клиентов
minority shareholder

акционе́р, не владе́ющий
контро́льным паке́том а́кций
Mint   моне́тный двор
minutes   протоко́л (например,
совеща́ния), m.
minutes of negotiations
протоко́л перегово́ров
misalignment in price levels
диспропо́рции в у́ровне цен
miscellaneous costs
про́чие расхо́ды
miscellaneous expenses
про́чие расхо́ды
misleading advertising
рекла́ма, вводя́щая покупа́теля
в заблужде́ние
missing   1. отсу́тствующий, adj.;
2. недостаю́щий, adj.
missing document
недостаю́щий докуме́нт
missing information
недостаю́щая информа́ция
missing money   недоста́ча, f.
missing quantity
недостаю́щее коли́чество
mixed economy
сме́шанная эконо́мика
model agreement
типово́е соглаше́ние
mode of acquisition
спо́соб приобрете́ния
moderate price   уме́ренная цена́
moderate risks   уме́ренные ри́ски
modernization of production
capacity   модерниза́ция произво́д-
ственных мощносте́й
modify an insurance policy
вноси́ть / внести́ измене́ния
в страхово́й контра́кт
monetary   1. де́нежный, adj.;
2. валю́тно-фина́нсовый, adj.
monetary and fiscal policies
де́нежно-креди́тная и бюдже́тная
поли́тика
monetary circulation
де́нежное обраще́ние
monetary claim   1. де́нежный иск;
2. де́нежные притяза́ния
monetary compensation
де́нежная компенса́ция
monetary credit   де́нежный креди́т

monetary-fiscal policy
валю́тно-фина́нсовая поли́тика
monetary policy
поли́тика в отноше́нии де́нежного
обраще́ния и креди́та
monetary unit   1. де́нежная
едини́ца; 2. едини́ца валю́ты
monetary valuation
де́нежная оце́нка
money   1. де́ньги, only pl.;
2. де́нежные сре́дства
money and credit in circulation
де́нежно-креди́тное обраще́ние
money available for loans
креди́тные ресу́рсы
money-back guarantee
гаранти́рованный возвра́т де́нег
при возвраще́нии това́ра
money capital   1. де́нежный
капита́л; 2. ссу́дный капита́л
money earned   1. вы́ручка, f.;
2. зарабо́танные де́ньги
money for environmental protection
де́ньги на охра́ну окружа́ющей
среды́
money in cash
де́нежные нали́чные сре́дства
money in circulation
де́ньги, находя́щиеся в обраще́нии
money is no object
цена́ не име́ет значе́ния
money laundering   "отмыва́ние"
де́нег (опера́ции для преда́ния
зако́нного хара́ктера нелега́льно
полу́ченным деньга́м)
money lender
1. кредито́р, m.; 2. ростовщи́к, m.
money lending rate
ста́вка ссу́дного проце́нта
money manager   специали́ст,
инвести́рующий де́ньги клие́нтов
и опери́рующий их счета́ми
money market
ры́нок краткосро́чного капита́ла
money order   1. мо́ни-о́рдер, m.;
2. де́нежный перево́д;
3. де́нежное поруче́ние
money receipts
де́нежные поступле́ния
money transfer   1. перево́д де́нег;
2. де́нежный перево́д

money turnover   де́нежный оборо́т
money velocity
   ско́рость де́нежного обраще́ния
money-wiring business
   би́знес в о́бласти пересы́лки
   де́нег по телегра́фу
money wrapping machine
   маши́на для упако́вки де́нег
monopoly   монопо́лия, f.
monopoly breakup
   демонополиза́ция, f.
monopoly holding individual
or company
   индивидуа́л-монополи́ст, m.
monopoly on foreign trade
   внешнеторго́вая монопо́лия
monthly installment payments
   ме́сячные платежи́ за поку́пку
   в рассро́чку
monthly payment   ме́сячный взнос
moonlighting
   одновреме́нная рабо́та в
   не́скольких места́х (colloquial)
moratorium on strikes
   морато́рий на забасто́вки
mortality rate
   коэффицие́нт сме́ртности
mortgage   1. ипоте́ка, f.; 2. за́лог
   недви́жимости; 3. ссу́да под зало́г
   недви́жимости
mortgage bonds   облига́ции,
   обеспе́ченные закладно́й под
   недви́жимость
mortgage company   1. ипоте́чная
   компа́ния; 2. компа́ния, даю́щая
   за́ймы под закла́д; 3. ипоте́чный
   банк
mortgage debt
   ипоте́чная задо́лженность
mortgage insurance   страхова́ние
   ипоте́чной задо́лженности
mortgage rate
   ста́вка по закладно́й
most favored nation status in
trade   режи́м наибо́льшего
   благоприя́тствия в торго́вле
most urgent problems
   приорите́тные пробле́мы
mother firm   1. матери́нская
   фи́рма; 2. роди́тельская фи́рма
motion   хода́тайство, n.

mouse   мышь (computer), f.
movement   1. движе́ние, n.;
   2. дина́мика, f.; 3. колеба́ние, n.
movement in price
   1. дина́мика цен; 2. движе́ние цен
movement in rates of interest
   дина́мика креди́тных ста́вок
movement in the exchange rate
   движе́ние ку́рса валю́т
movers   компа́нии, занима́ющиеся
   грузовы́ми перево́зками
multilateral clearing
   многосторо́нний кли́ринг
multilateral cooperation
   многосторо́ннее сотру́дничество
multiple exchange rates   мно́жест-
   венные валю́тные ку́рсы (например, разные обменные курсы
   рубля при наличных и безналичных рассчетах)
municipal   1. муниципа́льный, adj.;
   2. городско́й, adj.; 3. относя́щийся
   к городско́му управле́нию
municipal bonds
   муниципа́льные облига́ции
municipal enterprise
   муниципа́льное предприя́тие
municipal police
   муниципа́льная поли́ция
municipal property
   муниципа́льное иму́щество
municipal services
   коммуна́льные услу́ги
mutual
   1. взаи́мный, adj.; 2. о́бщий, adj.
mutual assistance   взаимопо́мощь, f.
mutual consent   взаи́мное согла́сие
mutual cooperation
   взаи́мное сотру́дничество
mutual funds   взаи́мные фо́нды
   (занимаются вложением денег
   клиентов под руководством про-
   фессиональных инвесторов)
mutual imports   взаи́мный и́мпорт
mutual insurance
   взаи́мное страхова́ние
mutual life insurance company
   компа́ния страхова́ния жи́зни на
   взаи́мных нача́лах (основывается
   на паевом капитале)
mutual obligations

взаи́мные обяза́тельства
mutual trade взаи́мная торго́вля
mutual understanding in
cooperation взаимопонима́ние
в сотру́дничестве
mutually advantageous cooperation
взаимовы́годное сотру́дничество
mutually advantageous transaction
взаимовы́годная сде́лка
mutually beneficial conclusion
of an agreement взаимовы́годное
заключе́ние соглаше́ния
mutually beneficial exchange
взаимовы́годный обме́н
mutually beneficial interaction
взаимовы́годное сотру́дничество

N

name 1. назва́ние, n.; 2. и́мя, n.;
3. наименова́ние, n.
name of a consignee of goods
наименова́ние получа́теля гру́за
name someone to the post at ...
назнача́ть / назна́чить кого́-ли́бо
на пост в ...
names of goods in a price list
наименова́ние това́ров в
прейскура́нте
national 1. национа́льный, adj.;
2. госуда́рственный, adj.;
3. в преде́лах страны́
national advertising
рекла́ма по всей стране́
national bank национа́льный банк
national brand фабри́чная ма́рка,
изве́стная по всей стране́
national currency
национа́льная валю́та
national debt
госуда́рственный долг
national income
национа́льный дохо́д
nationalized bank
национализи́рованный банк
natural loss есте́ственная у́быль
(наприме́р, усу́шка, уте́чка и пр.)
natural person физи́ческое лицо́
natural resources
приро́дные ресу́рсы

nature of damage
хара́ктер поврежде́ния
necessary replacement
необходи́мая заме́на
necessity of choice
необходи́мость вы́бора
need 1. бе́дность, f.; 2. нужда́, f.;
3. потре́бность, f.
need for replacement
необходи́мость заме́ны (наприме́р,
обору́дования)
need support
нужда́ться в подде́ржке
negative balance
пасси́вный бала́нс
negative cash flow превыше́ние
расхо́да нали́чности над её
поступле́нием
negligence 1. недосмо́тр, m.;
2. упуще́ние, n.; 3. небре́жность, f.;
4. хала́тность, f.
negotiable 1. свободнообраща́ю-
щийся, adj.; 2. оборо́тный, adj.
negotiable bonds свобо́дно
обраща́ющиеся облига́ции
negotiable securities свобо́дно
обраща́ющиеся це́нные бума́ги
negotiate 1. вести́ / провести́
перегово́ры; 2. торгова́ться (с +
inst.; из-за + gen.), v.
negotiate a loan вести́ / провести́
перегово́ры о за́йме
negotiate an exchange вести́ /
провести́ перегово́ры об обме́не
negotiated contract контра́кт,
заключё́нный в результа́те
перегово́ров
negotiated fee
опла́та по договорё́нности
negotiated price догово́рная цена́
negotiated terms усло́вия, дости́г-
нутые в результа́те перегово́ров
negotiating agent
коммерса́нт-посре́дник, m.
negotiations перегово́ры, only pl.
negotiations on the terms of
payment перегово́ры о спо́собе
платежа́
negotiations with a customer
перегово́ры с зака́зчиком
negotiations with a delegation

переговоры с делегацией
neon signs   световая реклама
net   1. нетто, n.; 2. после вычетов;
3. чистый, adj.
net amount   чистая сумма
net assets   чистые активы
net income   чистый доход
net investment
1. прирост основного капитала;
2. прирост основных фондов
net proceeds   чистый доход
neutral arbitration
нейтральный арбитраж
new   1. новый, adj.; 2. впервые
появившийся
new art
новая область техники (patent)
new composition   новый состав
new internatonal economic
order   новый международный
экономический порядок
new issue   акции, впервые
предлагаемые на рынке
new name   новое название
new price list   новый прейскурант
new round of negotiations
новый раунд переговоров
newspaper article   газетная статья
new thinking   новое мышление
new world order   новый мировой
(политический) порядок
New York Stock Exchange
Нью-Йоркская фондовая биржа
next best alternative
наилучший оставшийся выход
niche in the market   область
рынка, свободная от конкуренции
no charge   бесплатно, adv.
no-fee bank service   бесплатное
банковское обслуживание
no interest loan
беспроцентный заём
noise regulations   правила,
ограничивающие уровень шума
nominal   1. в денежном выражении; 2. нарицательный (по стоимости), adj.; 3. номинальный, adj.
nominal cost
нарицательная стоимость
nominal fee   символический сбор
nominal price   1. нарицательная

цена; 2. номинальная цена
(в отличие от рыночной)
nominal rate of interest
номинальная ставка процента
no-name brand   товар под общим
названием без указания фабрич-
ной марки изготовителя
nonbinding contract
расторжимый контракт
nonconvertible ruble
1. неконвертируемый рубль;
2. деревянный рубль (slang)
nondurable goods   товары
кратковременного пользования
nonexclusive license
неисключительная лицензия
(права лицензиата ограничены
определенным объемом)
nonirrigated farming
неорошаемое сельское хозяйство
nonobjection clause   оговорка об
отсутствии права возражения
nonobservance of formalities
несоблюдение формальностей
nonperforming loan
безнадёжная задолженность
nonperforming property   имущество, не приносящее дохода
nonproductive activity
непроизводительная деятельность
nonproductive assets
непроизводительный капитал
nonproductive sphere of the
economy   непроизводственная
сфера экономики
nonprofit organization
1. некоммерческая организация;
2. организация, не ставящая
целью получение прибыли
nonquantifiable factors   факторы,
не поддающиеся количественному
измерению
nonrecurring costs
непериодические издержки
nonrenewable resources
невоспроизводимые ресурсы
nonresident alien
временно проживающий в данной
стране иностранный подданый
nontaxable property   собственность, необлагаемая налогом

nontaxable securities   цéнные
бумáги, необлагáемые налóгом
nonvoting stocks   áкции,
не даю́щие владéльцу прáво
гóлоса на акционéрном собрáнии
normalize relations
урегулúровать отношéния
normal procedure
нормáльная процедýра
normative profit margin
устанóвленный ýровень прúбыли
normatives of assets   норматúвы
оборóтных средств
notarized copy
кóпия, завéренная натáриусом
notarized signature
пóдпись, завéренная нотáриусом
notary public   нотáриус, m.
notebook personal computer
электрóнная записнáя кнúжка
notice about an auction
извещéние об аукциóне
notification   1. извещéние, n.;
2. уведомлéние, n.
notification by cable
телегрáмма-уведомлéние, f.
notification of acceptance
уведомлéние об акцéпте
notification of cancellation
извещéние об аннулúровании
notification of nonpayment of
a check   уведомлéние о неоплáте
чéка
notification of referral of a
matter to arbitration   уведомлéние о передáче дéла в арбитрáж
notification of shipment
уведомлéние об отгрýзке
notification receipt
распúска в получéнии извещéния
notification report
акт-извещéние; m.
notify about rejection   уведомля́ть
/ уведомúть об отклонéнии
notify a company of something
уведомля́ть / уведомúть
компáнию о чем-лúбо
no vacancies   всё зáнято
novel feature
элемéнт новизны́
novel idea   инновáция, f.

nuclear power plant
áтомная электростáнция
number   1. нóмер, m.; 2. числó, n.;
3. колúчество, n.
number of copies
колúчество экземпля́ров
number of pieces   колúчество штук
number of units
колúчество единúц
numbered paragraph
нумерóванный парáграф

O

object   1. объéкт, m.; 2. цель, f.
object of an advertisement
объéкт реклáмы
object of an embargo
объéкт эмбáрго
objection   1. возражéние, n.;
2. препя́тствие, n.
objection in a counterclaim
возражéние во встрéчном úске
objection of a claimant
возражéние истцá
objection of a party
возражéние стороны́
objection of a respondent
возражéние отвéтчика
objective factor
1. объектúвный фáктор;
2. объектúвные обстоя́тельства
obligation   1. обязáтельство, n.;
2. долг, m.; 3. обя́занность, f.
obligation to meet a delivery date
обязáтельство вы́полнить срок
постáвки
obligatory deliveries
обязáтельные постáвки
observe the order of signing
соблюдáть / соблюстú поря́док
подписáния
obsolete   1. устарéвший, adj.;
2. вы́шедший из употреблéния
obsolete equipment
устарéвшее оборýдование
obsolete standard
устарéвший стандáрт
obtain   1. получáть /

получи́ть (+ асс.), v.; 2. достава́ть / доста́ть (+ асс.), v.; 3. приобрета́ть / приобрести́ (+ асс.), v.

obtain a license
получа́ть / получи́ть лице́нзию

obtain data from a bulletin
получа́ть / получи́ть да́нные из бюллете́ня

obtained credit
полу́ченный креди́т

occupancy rate
коэффицие́нт за́нятости

occupational
1. профессиона́льный, adj.;
2. свя́занный с рабо́той

occupational hazard
вре́дность произво́дства

occupational mortality rate
коэффицие́нт произво́дственной сме́ртности

occupational rate   обы́чная ста́вка зарпла́ты для да́нной профе́ссии

occupational safety and
 health regulations   пра́вила те́хники безопа́сности и охра́ны труда́

odd lot
нестанда́ртная сде́лка (finance)

odd lot order   зака́з на поку́пку ме́нее 100 а́кций

odd lot purchase   заку́пка ме́нее 100 а́кций

offer   1. предложе́ние, n.; 2. снаб-же́ние, n.; 3. офе́рта (1. цена, по которой дилер предлагает про-дать валюту или ценные бумаги; 2. процентная ставка, по которой банк предлагает заем) (finance); f.

offer a catalogue
предлага́ть / предложи́ть катало́г

offer discussion
1. обсужде́ние предложе́ния;
2. обсужде́ние офе́рты

offer know-how
предлага́ть / предложи́ть но́у-ха́у (например, для продажи)

offer new forms of advertising
предлага́ть / предложи́ть но́вые фо́рмы реклами́рования

offer something for sale   выставля́ть / вы́ставить что-ли́бо на прода́жу

offered price   запра́шиваемая цена́

office   1. служе́бный кабине́т;
2. конто́ра, f.; 3. учрежде́ние, n.;
4. о́фис, m.

office address   а́дрес предприя́тия

office automation
автоматиза́ция конто́рских рабо́т

office building value   сто́имость зда́ния под учрежде́ние

office equipment   1. оргте́хника, f.;
2. обору́дование для оснаще́ния о́фисов

office occupancy rate   проце́нт несда́нных учрежде́нческих помеще́ний

office of the Chamber of Commerce
бюро́ торго́вой пала́ты

office space rented for hard currency   валю́тный о́фис

office supply store
магази́н канцеля́рских това́ров

official   1. официа́льный, adj.;
2. служе́бный, adj.; 3. должност-но́е лицо́; 4. чино́вник, m.;
5. функционе́р, m.

official arrangement
официа́льная договорённость

official assurances
официа́льные завере́ния

official cable
служе́бная телегра́мма

official data   официа́льные да́нные

official delegation
официа́льная делега́ция

official filing fee
зая́вочная по́шлина (patent)

official inquiry
официа́льный запро́с

official invitation
официа́льное приглаше́ние

official meeting
официа́льная встре́ча

official rate   официа́льный курс (например, обмена валют)

official rate of pay
должностно́й окла́д

official relations
официа́льные отноше́ния

official representative
официа́льный представи́тель

official ruble exchange rate
официа́льный курс обме́на рубля́

official signing
официа́льное подписа́ние

official visit   официа́льный визи́т

off-peak hours   вне часо́в пик

oil embargo   эмба́рго на нефть

oil glut   перепроизво́дство не́фти

omitted paragraph
1. пропу́щенный пара́граф;
2. пропу́щенный абза́ц

on a competitive basis
на конкуре́нтной осно́ве

on a noncurrency basis
на безвалю́тной осно́ве

on average   в сре́днем

on payment   по упла́те

on-site inspection
прове́рка на ме́сте

on straight business terms
на чи́сто деловы́х усло́виях

on the foundation of parity
на равнопра́вной осно́ве

on the house   1. беспла́тно, adv.;
2. за счет хозя́ина

onetime arbitration
ра́зовый арбитра́ж

onetime demand
однора́зовый спрос

one year guarantee
одногоди́чная гара́нтия

open   1. откры́тый, adj.; 2. свобо́д-
ный, adj.; 3. нерегули́рыемый, adj.;
4. досту́пный, adj.; 5. открыва́ть /
откры́ть (+ acc.; + dat.), v.;
6. начина́ть / нача́ть (+ acc.), v.

open a bureau
открыва́ть / откры́ть бюро́

open account   откры́тый счет

open account credit
креди́т по откры́тому счёту

open-air market
ры́нок под откры́тым не́бом

open an account at the bank
открыва́ть / откры́ть счет в ба́нке

open an auction
открыва́ть / откры́ть аукцио́н

open arbitration
откры́тый арбитра́ж

open auction   откры́тый аукцио́н

open credit   откры́тый креди́т

open door policy   поли́тика
откры́тых двере́й (наприме́р,

для вложе́ния иностра́нного
капита́ла в эконо́мику страны́)

open economy
эконо́мика откры́того ти́па

open-end   откры́тый тип (без
ограниче́ний на вы́пуск а́кций
или на разме́р капита́ла)

open-end investment company
инвестицио́нная компа́ния
откры́того ти́па

open end mutual fund
взаи́мный фо́нд откры́того ти́па

opening   1. откры́тие чего́-ли́бо;
2. вака́нсия, f.

**open negotiations on a
conditional sale**   начина́ть /
нача́ть перегово́ры о запрода́же

open to the public   1. откры́тый
до́ступ; 2. откры́то для пу́блики

opening of an exhibition
откры́тие вы́ставки

opening planned for ...
откры́тие назна́чено на ...

opening price   курс це́нных бума́г
на моме́нт откры́тия би́ржи

opening rate   нача́льный курс

operate   1. рабо́тать (в + prep.;
на + prep.; + inst.), v.; 2. де́йст-
вовать (+ inst), v.; 3. испо́льзо-
вать (+ acc.), v.; 4. эксплуати́ро-
вать (+ acc.), v.

operate under a contract
рабо́тать по догово́ру

operating   1. де́йствующий, adj.;
2. теку́щий, adj.; 3. исполни́тель-
ный, adj; 4. эксплуатацио́н-
ный, adj.

operating accounts   теку́щие счета́

operating agreement
догово́р на эксплуата́цию

operating budget
сме́та теку́щих затра́т

operating capital
оборо́тный капита́л

operating company
де́йствующая компа́ния

operating expenditures
теку́щие расхо́ды

operating license
лице́нзия на эксплуата́цию

operating load

эксплуатацио́нная нагру́зка

operating manual 1. инстру́кция
по эксплуата́ции (наприме́р,
оборудования); 2. руково́дство
по управле́нию (наприме́р,
технологическим процессом)

operating service life
срок эксплуата́ции

operation   опера́ция, f.

operative documentation
операти́вная документа́ция

option 1. опцио́н (1. преимущест-
венное право на сделку;
2. на бирже, покупка права на
операции с товарами или ценными
бумагами по определенной цене
до установленной даты), m.;
2. вы́бор, m.

option deal
опцио́нное соглаше́ние

option dealer   опцио́нный ди́лер
(лицо или фирма специализирую-
щиеся в опционах)

option to buy more shares пра́во
купить дополни́тельное коли́-
чество а́кций по определённой
цене́

option to buy shares
пра́во покупки а́кций

optional equipment   дополни́тель-
ное обору́дование, (устанавли-
ваемое по желанию заказчика
за дополнительную плату)

order 1. поря́док, m.; 2. о́рдер, m.;
3. зака́з, m.; 4. зака́зывать /
заказа́ть (+ асс.), v.;
5. зака́з-наря́д, m.

order a catalogue
зака́зывать / заказа́ть катало́г

order an advertisement
зака́зывать / заказа́ть рекла́му

order blank form   бланк зака́за

order commitment
обяза́тельство по зака́зу

order for personnel training
зака́з на обуче́ние персона́ла

order of business   пове́стка дня

order of cancellation
поря́док отме́ны

order of consideration of disputes
поря́док рассмотре́ния спо́ров

order of deliveries
поря́док поста́вок

order of events
после́довательность собы́тий

order of proceedings
поря́док рассмотре́ния

order of registration
поря́док регистра́ции

order of signing
поря́док подписа́ния

order of transportation of cargo
поря́док сле́дования гру́за

order on credit   зака́з в креди́т

order to receive goods
о́рдер на получе́ние това́ра

**order under a long-term
agreement**   зака́з по
долгосро́чному соглаше́нию

ordered quantity
зака́занное коли́чество

organization chart
схе́ма структу́ры организа́ции

organized 1. организо́ванный, adj.;
2. входя́щий в каку́ю-ли́бо
организа́цию

organized crime
организо́ванная престу́пность

organize data
систематизи́ровать да́нные

organizing committee
инициати́вный комите́т

origin 1. происхожде́ние, n.;
2. нача́ло, n.; 3. исто́чник, m.

origin of a dispute
возникнове́ние спо́ра

origin of a product
происхожде́ние изде́лия

original 1. оригина́л, m.;
2. по́длинник, m.

original capital   нача́льный капита́л

original copy of an act
оригина́л а́кта

original estimates
первонача́льная сме́та

original of a document
оригина́л докуме́нта

original purchase price первона-
ча́льная цена́ (цена первого
приобретения, до перепродажи)

other income   про́чие дохо́ды

outdated price list

устаре́вший прейскура́нт
outmoded   устаре́вший, adj.
out-of-budget funds
    внебюдже́тные сре́дства
out-of-court settlement
    разреше́ние спо́ра без
    суде́бного разбира́тельства
out-of-date price list
    устаре́вший прейскура́нт
out-of-pocket expenses   расхо́ды
    на непредви́денные ну́жды
out-of-spec. lot
    брако́ванная па́ртия изде́лий
out-of-town check
    чек, вы́писанный не в том
    го́роде, где нахо́дится банк
outplacement office   отде́л,
    помога́ющий в трудоустро́йстве
    подлежа́щих увольне́нию лиц
outplacement services   по́мощь
    в по́исках но́вой рабо́ты,
    подлежа́щим увольне́нию
output data   выходны́е да́нные
outside financing
    вне́шнее финанси́рование
outstanding claims   неурегули́ро-
    ванные тре́бования
outstanding debt
    невы́плаченный долг
outstanding securities   находя́щие-
    ся в обраще́нии це́нные бума́ги
overall   1. о́бщий, adj.; 2. совоку́п-
    ный, adj.; 3. ито́говый, adj.
overall appropriation
    о́бщая су́мма ассигнова́ний
overall balance   ито́говый бала́нс
overall business activity
    о́бщая делова́я акти́вность
overall consumption
    о́бщий у́ровень потребле́ния
overall cost   по́лная сто́имость
overall quality of goods
    о́бщее ка́чество това́ра
overall risk   совоку́пный риск
overall test
    ко́мплексные испыта́ния
overdraft
    1. превыше́ние креди́та; 2. задо́л-
    женность ба́нку; 3. овердра́фт
    (кредит у банка на текущий счет
    в размере не более установлен-

ной су́ммы с ежедне́вно взима-
    мым проце́нтом) (finance), m.
overdue payment
    просро́ченная опла́та
overextended account
    просро́ченный счет (например,
    клиента в брокерской фирме)
overhaul cost   сто́имость
    капита́льного ремо́нта
overhead   накладны́е расхо́ды
overhead expenses
    накладны́е расхо́ды
overhead rate
    ста́вка накладны́х расхо́дов
overland transit   назе́мный транзи́т
overmonetization   бесконтро́льный
    вы́пуск де́нег
overnight delivery
    доста́вка в 24 часа́
overnight mail   1. по́чта, доставл-
    я́емая на сле́дующий день;
    2. экспре́сс-по́чта, f.;
overpayment   перепла́та, f.
overpriced goods
    това́ры с завы́шенной цено́й
overpricing   завыше́ние цены́
overrun the cost ceiling
    превы́сить максима́льно разре-
    ше́нную су́мму расхо́да
overseas financial markets
    зарубе́жные фина́нсовые ры́нки
oversimplified assumption
    гру́бое допуще́ние
oversized load
    крупногабари́тный груз
over-the-counter market (OTC)
    внебиржево́й ры́нок це́нных бума́г
over-the-counter securities
    це́нные бума́ги, непродава́емые
    на гла́вных би́ржах
overtime   сверхуро́чные, only pl.
overtime costs   затра́ты
    на сверхуро́чную рабо́ту
overvalued currency   валю́та
    с завы́шенным ку́рсом
overvalued stock market
    фина́нсовый ры́нок с завы́шенной
    сто́имостью а́кций
owner
    1. владе́лец, m.; 2. хозя́ин, m.
owner's equity   1. со́бственный ка-

питáл; 2. сóбственные срéдства

P

pace of economic recovery
тéмпы оживлéния эконóмики
Pacific Rim Economies
экономи́чески разви́тые стрáны
тихоокеáнского бассéйна
package   1. пакéт, m.; 2. тáра, f.;
3. упакóвка, f.; 4. кóмплекс, m.;
5. комплéкт, m.
package contract   контрáкт
на пóлный кóмплекс рабóт
package deal   кóмплексная сдéлка
packaged goods
расфасóванные товáры
package licensing   пакéтное ли-
цензи́рование (предоставление
лицензии по нескольким
изобретениям на основании
портфеля патентов)
package offer   пакéт предложéний
package store   ви́нный магази́н
packaging
1. тáра, f.; 2. упакóвка, f.
packing   1. упакóвка чегó-ли́бо;
2. упакóвка, f.
packing container   тáра, f.
packing envelope
упакóвочный конвéрт
packing instructions
инстрýкции по упакóвке
paid   1. уплáченный, adj.;
2. вы́плаченный, adj.
paid amount   заплáченная сýмма
paid commission
уплáченная коми́ссия
paid debt   вы́плаченный долг
paid duty   уплáченная пóшлина
paid holidays
оплáченные прáздники
paid storage
оплáченное хранéние
paid vacations   оплáченный óтпуск
pair with someone   объединя́ться /
объедини́ться с кем-ли́бо
panic buying   ажиотáжный спрос
panic selling   пани́ческая распродáжа (например, ценных бумаг)

paper assets   1. цéнные бумáги;
2. имýщество в цéнных бумáгах
paper gain   оцéночная при́быль
paper money   бумáжные дéньги
paragraph   1. парáграф (например,
докумéнта), m.; 2. абзáц, m.
parent company
1. матери́нская компáния;
2. роди́тельская компáния
parity of exchange
паритéт валю́ты
parity rate   паритéт, m.
partial   1. части́чный, adj.;
2. непóлный, adj.
partial acceptance
части́чный акцéпт
partial arrangement
части́чная договорённость
partial embargo
части́чное эмбáрго
partial exemption
части́чное освобождéние
partial liquidation
части́чная ликвидáция
partial participation
части́чное учáстие
partial payment   части́чный платéж
participant   учáстник, m.
participant at an auction
учáстник аукциóна
**participants in the conclusion
of a contract**   учáстники
в заключéнии контрáкта
participate in a conference
учáствовать в конферéнции
participate in an exhibition
учáствовать в вы́ставке
participation   1. учáстие, n.;
2. распределéние, n.; 3. дóля, f.
participation by invitation
учáстие по приглашéнию
participation in an auction
учáстие в аукциóне
participation in a transaction
учáстие в сдéлке
participation in profits
учáстие в при́былях
participation of a foreign company
учáстие инострáнной компáнии
participation through a third party
учáстие чéрез трéтье лицó

partners from across the ocean
заокеанские партнёры
partnership agreement
договор о партнёрстве
part of the money   часть денег
part-time employee   служащий,
работающий неполное рабочее
время
part-time job
работа в неполную смену
parts shortage   нехватка частей
party   1. сторона (участвующая
в переговорах или сделке), f.;
2. партия, f.
party at fault   виновная сторона
(при нарушении контракта)
party responsible for losses
виновник убытков
passenger rates
пассажирские тарифы
passenger service
обслуживание пассажиров
past-due bill   1. просроченный
счет; 2. просроченный вексель
patent   патент, m.
patentability
патентоспособность, f.
patent advertising
реклама патента
patent agreement
патентное соглашение
patent application
заявка на патент
patent attorney
патентный поверенный
patent documentation
патентная документация
patent fee   патентная пошлина
patent gazette
патентный бюллетень
patent holder   патентовладелец, m.
patent infringement suit
иск о нарушении патентных прав
patent law   патентное право
patent marketing
торговля патентами
patent number   номер патента
patent protection
патентная защита
patent rights   патентные права
(права, вытекающие из владения

патентом)
patent search   1. патентный поиск;
2. поиск патентной информации
patented article
запатентованное изделие
pattern   1. схема, f.; 2. система, f.
pattern of consumption
система потребления
pawn   1. залог, m.; 2. заклад, m.;
3. закладывать / заложить вещи
pawn goods
закладывать / заложить товары
pawnbroker   ростовщик, дающий
деньги под залог
pawnshop   ломбард, m.
pay   1. плата, f.; 2. заработная
плата; 3. зарплата, f.;
4. выплата, f.; 5. платить /
заплатить (за + acc.; + acc.), v.
pay a fine
платить / заплатить штраф
pay a penalty
платить / заплатить неустойку
pay attention to something
уделять / уделить чему-либо
внимание
pay a visit
наносить / нанести визит
pay back
возвращать / вернуть деньги
pay by check
платить / заплатить чеком
pay by the day   подённая оплата
**pay compensation for the
termination of a contract**
платить / заплатить неустойку
за отмену контракта
pay for a business trip   оплачивать
/ оплатить командировку
pay for something   платить /
заплатить за что-либо
pay in advance
платить / заплатить авансом
pay in full
платить / заплатить полностью
pay off an advance
погашать / погасить аванс
pay on delivery
платить / заплатить при доставке
pay one's own way   жить на
свой собственные средства

pay raise
увеличе́ние за́работной пла́ты
pay the top dollar for something
плати́ть / заплати́ть вы́сшую
це́ну за что-ли́бо
pay to the order of ...
плати́ть / заплати́ть по указа́нию
тако́го-то лица́
payday   день вы́дачи зарпла́ты
payee   получа́тель платежа́
payer   плате́льщик, m.
payload   1. поле́зная нагру́зка;
2. пла́тный груз
payment   1. опла́та, f.;
2. плате́ж, m.; 3. расче́ты, pl.
payment arrangements
договоре́нность об опла́те
payment by result   поощри́тельная
систе́ма за́работной пла́ты
payment clause   пункт в контра́кте,
обусла́вливающий усло́вия
пла́тежа
payment documents
плате́жная документа́ция
payment for collection
инка́ссовая опера́ция
payment for transit
опла́та транзи́та
payment gold   плате́жное зо́лото
payment in arrears
задо́лженный плате́ж
payment in full   по́лная упла́та
payment in gold   опла́та зо́лотом
payment in national currency
плате́ж в национа́льной валю́те
payment in the amount of ...
опла́та в разме́ре ...
payment of an advance
вы́плата ава́нса
payment of an invoice on demand
опла́та счета́ по пе́рвому
тре́бованию
payment of a penalty
опла́та неусто́йки
payment of costs   опла́та изде́ржек
payment of fees   упла́та сбо́ров
payment of freight   опла́та фра́хта
payment of interest
a current account   вы́плата
проце́нтов по теку́щему счёту
payment on a contingency basis

опла́та при успе́шном оконча́нии
де́ла
payment order
плате́жное поруче́ние
payment period   сро́ки опла́ты
payment procedure   поря́док
осуществле́ния платеже́й
payment transactions
плате́жные опера́ции
payment with a check
опла́та че́ком
payment without deductions
плате́ж без вы́четов
payments according to a price list
опла́та по прейскура́нту
payments and collections
платежи́ и поступле́ния
payments between firms
расче́ты ме́жду фи́рмами
payments by a letter of credit
аккредити́вная фо́рма расче́тов
payments for transit shipments
расче́ты по транзи́тным
перево́зкам
payments in dollars
расче́ты в до́лларах
payments in foreign currency
расче́ты в иностра́нной валю́те
payments on an open account
расче́т в фо́рме откры́того счёта
payments with traveler's cheques
расче́ты с по́мощью доро́жных
че́ков
payoff   1. вы́игрыш, m.; 2. отда́ча
на вло́женные де́ньги и́ли уси́лия
payoff for long-term investments
отда́ча на долговре́менное
вложе́ние капита́ла
payoff period   пери́од окупа́емости
payroll   1. фонд за́работной пла́ты;
2. расче́тный лист
payroll account
счет за́работной пла́ты
payroll sheet
плате́жная ве́домость
payroll tax   нало́г на фонд
за́работной пла́ты
peace dividend   ми́рный дивиде́нд
peak load   максима́льная нагру́зка
(наприме́р, электроста́нции
в рабо́чие часы́)

pegged currency　валю́та, курс кото́рой "привя́зан" к валю́те друго́й страны́

pegged rate　иску́сственно подде́рживаемый обме́нный курс

penalty　1. неусто́йка, f.; 2. са́нкция, f.; 3. штраф, m.

penalty as a fine　неусто́йка в фо́рме штра́фа

penalty awarded by arbitration　штраф, устано́вленный арбитра́жем

penalty claimed　зая́вленная неусто́йка

penalty clause　огово́рка о пла́те штра́фа за неусто́йку

penalty due to the improper execution of contractual obligations　неусто́йка из-за нето́чного соблюде́ния догово́рных обяза́тельств

penalty for late delivery　неусто́йка за просро́чку поста́вки

penalty for violation　штраф за наруше́ние

pending　1. гряду́щий, adj.; 2. бу́дущий, adj.; 3. наступа́ющий, adj.; 4. находя́щийся в ста́дии рассмотре́ния

pending application　зая́вка, находя́щаяся на рассмотре́нии (patent)

pending lawsuit　незако́нченное суде́бное де́ло

pending patent　зая́вка, по кото́рой при́нято реше́ние о вы́даче пате́нта

penny-stock market　ры́нок деше́вых а́кций

pension fund　пенсио́нный фонд

people's economy　наро́дное хозя́йство

people's resources　людски́е ресу́рсы

per capita consumption　потребле́ние на ду́шу населе́ния

percentage allocations　проце́нтные отчисле́ния

percentage discount　проце́нтная усту́пка

per diem expenses　су́точные, only pl.

perestroika　перестро́йка (перестро́йка росси́йской эконо́мики и полити́ческого ку́рса в сто́рону демокра́тии и свобо́дного ры́нка), f.

performance　1. выполне́ние, n.; 2. исполне́ние, n.; 3. производи́тельность, f.; 4. эксплуатацио́нные ка́чества

performance assessment　оце́нка рабо́ты, исполне́ния

performance rate　но́рма вы́работки

performance rating　1. оце́нка рабо́ты; 2. оце́нка исполне́ния

performance test　1. эксплутацио́нное испыта́ние; 2. прове́рка режи́ма рабо́ты

periodical inspection　периоди́ческая прове́рка

period of storage　срок хране́ния

peripheral equipment　перефери́йные устро́йства (computer)

perishable goods　скоропо́ртящиеся това́ры

permanent　1. постоя́нный, adj.; 2. пермане́нтный, adj.

permanent appointment　прие́м на постоя́нную рабо́ту

permanent arbitration　пермане́нтный арбитра́ж

permanent resident　иностра́нный по́дданный, постоя́нно прожива́ющий в да́нной стране́

permanent warehouse　постоя́нный склад

permit　1. разреше́ние, n.; 2. про́пуск, m.; 3. лице́нзия, f.

person　лицо́, n.

person responsible for the reception of trade representatives　отве́тственный за прие́м торго́вых представи́телей

personal　1. персона́льный, adj.; 2. ли́чный, adj.; 3. лицево́й, adj.

personal account　лицево́й счет

personal assets　ли́чное иму́щество

personal check　1. персона́льный чек; 2. именно́й чек

personal computer　1. персона́льный компью́тер; 2. ПЭВМ, abbr.

personal consumption

ли́чное потребле́ние
personal consumption fund
фонд ли́чного потребле́ния
personal credit
индивидуа́льный заём
personal deductions вы́чет из ли́чного дохо́да, не подлежа́щий обложе́нию нало́гом
personal insurance
ли́чное страхова́ние
personal interest in participation
ли́чная заинтересо́ванность в уча́стии
personal invitation
персона́льное приглаше́ние
personal loan
ли́чный креди́т без обеспече́ния
personal property
ли́чное иму́щество
personal savings
ли́чные сбереже́ния
personnel administration
управле́ние ка́драми
personnel retention costs
изде́ржки на сохране́ние рабо́чей си́лы (при сокращении объема производства)
personnel turnover
теку́честь рабо́чей си́лы
petition to court пи́сьменное заявле́ние в суд, содержа́щее про́сьбу
petrodollar нефтедо́ллар (валюта, полученная от продажи нефти), m.
petty cash ме́лкие су́ммы
photo advertisement
фотореклама, f.
pickup in business activity
1. подъём делово́й акти́вности; 2. оживле́ние би́знеса
piece шту́ка, f.
piecemeal use of funds
распыле́ние средств
pile on debts
залеза́ть / зале́зть в долги́
pilot 1. про́бный, adj.; 2. прове́рочный, adj.; 3. эксперимента́льный, adj.
pilot lot про́бная па́ртия изде́лий
pilot plant 1. эксперимента́льный заво́д; 2. о́пытно-промы́шленная

устано́вка
place 1. ме́сто, n.; 2. вы́пуск, m.; 3. размеще́ние, n.; 4. помеща́ть / помести́ть (на + prep; в + prep.; + acc.), v.; 5. размеща́ть / размести́ть (на + prep.; в + prep; + acc.), v.
place a loan
размеща́ть / размести́ть заём
place an order with a company
оформля́ть / офо́рмить зака́з с компа́нией
place for stamping
ме́сто для печа́ти
place of a meeting ме́сто встре́чи
place of arbitration
ме́сто проведе́ния арбитра́жа
place of concluding a contract
ме́сто заключе́ния контра́кта
place of departure
ме́сто отправле́ния
place of destination 1. ме́сто сле́дования; 2. ме́сто назначе́ния
place of issuance of an insurance policy ме́сто вы́дачи страхово́го по́лиса
place of transshipment of goods
ме́сто перева́лки гру́за
place of work ме́сто рабо́ты
place responsibility for something on somebody возлага́ть / возложи́ть отве́тственность за что-ли́бо на кого́-ли́бо
place responsibility on a supplier
возлага́ть / возложи́ть отве́тственность на поставщика́
placement 1. размеще́ние, n.; 2. устро́йство на рабо́ту
placement agency 1. бюро́ по трудоустро́йству; 2. би́ржа труда́
placement of securities
размеще́ние це́нных бума́г
placing of orders
размеще́ние зака́зов
plaintiff исте́ц, m.
plaintiff's statement
заявле́ние истца́
plan плани́ровать / заплани́ровать (+ acc.), v.
planned costs
заплани́рованные затра́ты

planned participation
   заплани́рованное уча́стие
plant storage facilities
   заводско́й склад
play the market
   спекули́ровать на би́рже
pleadings under claim
   объясне́ния по и́ску
pledge   1. обяза́тельство, n.;
   2. взнос, m.; 3. зало́г, m.
pledged securities
   зало́женные це́нные бума́ги
pledged security
   зало́говое обеспече́ние
plenipotentiary representative
   полномо́чный представи́тель
plotter   1. пло́ттер, m.;
   2. графопострои́тель, m.
plumber   санте́хник, m.
plumbing supplies   санте́хника, f.
plumbing supplies store
   магази́н санита́рно-техни́ческого
   обору́дования
plunging prices
   ре́зко па́дающие це́ны
pluralism   плюрали́зм, m.
P. O. Box   абонеме́нтнный я́щик
pocket profits   прикарма́нивать /
   прикарма́нить при́были
point of no return   моме́нт, по́сле
   кото́рого нельзя́ перемени́ть
   при́нятого реше́ния
police raids designed to stop
 black market activities
   контро́льные ре́йды
policy   1. по́лис, m.; 2. поли́тика, f.
policy for attracting investments
   поли́тика привлече́ния инвести́ций
policy taken out with a foreign
 insurance company   по́лис,
   заключе́нный с иностра́нной
   страхово́й компа́нией
policy update
   обновле́ние поли́тики
policymakers   руководя́щие круги́
policymaking authorities
   директи́вные о́рганы
poll tax   поду́шный нало́г
   (взимается в равной сумме
   со всех налогоплательщиков)
pollution control equipment

обору́дование по очи́стке
   вы́бросов
portable computer
   1. портати́вный компью́тер;
   2. перено́сный компью́тер
port charges   порто́вые сбо́ры
port of call   порт захо́да су́дна
portfolio   портфе́ль (например,
   ценных бумаг), m.
portfolio of orders
   портфе́ль зака́зов
portfolio of securities
   портфе́ль це́нных бума́г
positive cash flow   превыше́ние
   поступле́ния нали́чности
   над её расхо́дом
possibility of cancellation
   возмо́жность отклоне́ния
possibility of concluding a
contract   реа́льность заключе́ния
   контра́кта
possibility of renewal of an
insurance policy   возмо́жность
   возобновле́ния страхово́го
   контра́кта
post   1. до́лжность, f.; 2. по́чта, f.;
   3. объявля́ть / объяви́ть (в + prep;
   на + prep.; + acc.), v.; 4. опубли-
   ко́вывать / опубликова́ть (в +
   prep.; + acc.), v.; 5. выве́шивать /
   вы́весить (на + acc.; + acc.), v.
postal   почто́вый, adj.
postal declaration
   почто́вая деклара́ция
postal insurance   страхова́ние
   почто́вых отправле́ний
posted price
   официа́льно объя́вленная цена́
posted rate   спра́вочный курс
postmark   почто́вый ште́мпель
postmark on a letter
   да́та ште́мпеля на письме́
postponable costs   изде́ржки,
   кото́рые мо́гут быть отло́жены
postpone   откла́дывать /
   отложи́ть (+ acc.), v.
postpone a date
   откла́дывать / отложи́ть срок
postpone a meeting
   откла́дывать / отложи́ть встре́чу
postponement   отсро́чка, f.

potential   1. потенциа́л, m.;
2. ожида́емый, adj.; 3. сущест-
ву́ющая возмо́жность
potential buyer
потенциа́льный покупа́тель
potential demand
потенциа́льный спрос
potential market
потенциа́льный ры́нок
pour cash into something 1. ин-
вести́ровать де́ньги во что-ли́бо;
2. влива́ть / влить де́ньги
во что-ли́бо
poverty line черта́ бе́дности
power 1. си́ла, f.; 2. спосо́б-
ность, f.; 3. мо́щность, f.; 4. энергия, f.; 5. полномо́чия, only pl.
power company компа́ния по
произво́дству электроэне́ргии
power consumption
потребле́ние электроэне́ргии
power equipment
силово́е обору́дование
power of an arbitration
commission полномо́чия
арбитра́жной коми́ссии
power of attorney
юриди́ческая дове́ренность
power plant электроста́нция, f.
power supply электроснабже́ние, n.
practical application
практи́ческое примене́ние
precious metals
драгоце́нные мета́ллы
precious metals account
счет в драгоце́нных мета́ллах
preferential 1. предпочти́тель-
ный, adj.; 2. льго́тный, adj.;
3. преференциа́льный, adj.
preferential rate льго́тная ста́вка
preferential system of
distribution of goods о́тпуск
това́ров "нале́во" (slang)
preferential trade agreement
соглаше́ние о предоставле́нии
исключи́тельных и преиму́щест-
венных прав прода́жи
preferential treatment льго́та, f.
preferred shares
привилегиро́ванные а́кции
preffered stock

привилегиро́ванные а́кции
preliminary предвари́тельный, adj.
preliminary agreement
предвари́тельное соглаше́ние
preliminary analysis
предвари́тельный ана́лиз
preliminary arrangement
предвари́тельная договорённость
preliminary choice
предвари́тельный вы́бор
preliminary conclusion about
something предвари́тельное
заключе́ние о чем-ли́бо
preliminary conclusion of
an agreement предвари́тельное
заключе́ние соглаше́ния
preliminary negotiations
предвари́тельные перегово́ры
premium 1. надба́вка, f.;
2. вы́сший (по качеству), adj.
premium bonds
облига́ции вы́игрышного за́йма
premium discount
ски́дка со страхово́й пре́мии
premium quality вы́сшее ка́чество
premium rate 1. но́рма надба́вки;
2. коэффицие́нт надба́вки
prepackaged goods предвари́-
тельно расфасо́ванные това́ры
prepaid expenses
зара́нее опла́ченные расхо́ды
preparation for something
подгото́вка к чему́-ли́бо
prepare 1. гото́виться /
подгото́виться (к + dat.), v.;
2. подгота́вливать / подгото́вить
(+ acc.), v.; 3. пригото́вливать /
пригото́вить (+ acc.), v.
prepare a conference
подгота́вливать / подгото́вить
конфере́нцию
prepare a reception подгота́вли-
вать / подгото́вить прие́м
prepare documentation
подгота́вливать / подгото́вить
документа́цию
prepare for something гото́виться
/ подгото́виться к чему́-ли́бо
prepared draft of a contract
подгото́вленный прое́кт контра́кта
prepayment clause пункт контра́к-

та, определя́ющий усло́вия
предвари́тельной опла́ты
preproduction costs изде́ржки
подгото́вки произво́дства
present
   1. прису́тствовать (на + prep.; в +
   prep.), v.; 2. предъявля́ть /
   предъяви́ть (+ acc; + dat.), v.;
   3. дари́ть / подари́ть (+ acc.), v.;
   4. настоя́щий, adj.
present an order
   предъявля́ть / предъяви́ть о́рдер
present article настоя́щая статья́
present insurance policy
   настоя́щий страхово́й по́лис
president президе́нт, m.
press conference
   пресс-конфере́нция, f.
pressure on somebody
   1. пре́ссинг на кого́-ли́бо;
   2. давле́ние на кого́-ли́бо
prevailing price
   преоблада́ющая цена́
prevailing rates преоблада́ющие
   ста́вки (наприме́р, обме́нных
   ку́рсов)
prevent infringement
   предотврати́ть / предотвраща́ть
   наруше́ние
prevention of infringement
   предупрежде́ние наруше́ния
price 1. цена́, f.; 2. курс, m.
price adjustment
   1. корректиро́вка цен;
   2. регули́рование цен
price advertising рекла́ма цен
price appeal привлека́тельность
   това́ра за счет его́ ни́зкой цены́
price appreciation potential
   существу́ющая вероя́тность
   повыше́ния в цене́ (наприме́р,
   сто́имости це́нных бума́г)
price at the current exchange
 rate цена́ по теку́щему
   валю́тному ку́рсу
price behavior дина́мика цен
price bracket
   1. ви́лка цен; 2. диапазо́н цен
price clause
   пункт контра́кта о цене́
price competition

ценова́я конкуре́нция
price competitiveness
   ценова́я конкурентоспосо́бность
price control контро́ль над це́нами
price correction
   корректиро́вка цен
price-cutting сниже́ние цен
   с це́лью подорва́ть сбыт
   у конкуре́нтов
price decontrol
   сня́тие контро́ля над це́нами
price discount ски́дка с цены́
price-earnings ratio отноше́ние це-
   ны́ а́кции к дохо́ду на э́ту а́кцию
price estimate
   ориентиро́вочная цена́
price ex-dividend цена́ а́кции
   без пра́ва получе́ния пе́рвого
   дивиде́нда
price fixing 1. поддержа́ние цен
   на усло́вленном у́ровне;
   2. манипуля́ция це́нами
price fluctuation колеба́ния цен
price formation устано́вка цен
price formation reform
   рефо́рма ценообразова́ния
price in convertible currency
   валю́тная цена́
price increase рост цен
price in current dollars
   сто́имость в теку́щих це́нах,
   вы́раженных в до́лларах
price index
   прейскура́нтный и́ндекс
price in rubles рубле́вая цена́
price leader компа́ния, дикту́ющая
   це́ны на ры́нке
price limit лими́т цены́
price list прейскура́нт, m.
price list for services
   прейскура́нт на услу́ги
price offered by the buyer
   цена́ спро́са
price of freight цена́ фра́хта
price of gold цена́ зо́лота
price of goods цена́ това́ра
price of goods according
 to a price list цена́ това́ра
   по прейскура́нту
price of know-how цена́ но́у-ха́у
price of services цена́ на услу́ги

price per share   цена́ одно́й а́кции
price range
1. ви́лка цен; 2. диапазо́н цен
price reduction   сниже́ние цен
price reform   рефо́рма цен
price revision clause
огово́рка о пересмо́тре цены́
price stabilization
стабилиза́ция цен
price tag   1. це́нник, m.;
2. ярлы́к с указа́нием цены́
това́ра; 3. сто́имость чего́-ли́бо
price war   война́ цен
(резкое понижение цен
с целью захватить рынок у
более слабого конкурента)
prices adjusted for comparison
сопостави́мые це́ны
prices adjusted for inflation
це́ны с уче́том инфля́ции
prices at the close of trading
це́ны при закры́тии би́ржи
prices tumbled
це́ны покати́лись вниз
pricing   1. исчисле́ние и́ндекса цен;
2. ценообразова́ние, n.;
3. назначе́ние цены́
pricing of goods in rubles
оце́нка това́ров в рубля́х
pricing policy
поли́тика ценообразова́ния
primary   1. первонача́льный, adj.;
2. гла́вный, adj; 3. сырьево́й, adj.
primary data sources   перви́чные
исто́чники информа́ции
primary goods   сырьё, n.
prime   1. первонача́льный, adj.;
2. перви́чный, adj.; 3. отли́ч-
ный, adj.; 4. превосхо́дный, adj.
prime contractor
гла́вный подря́дчик
prime rate   ста́вка креди́тного
проце́нта, взима́емая с лу́чших
клие́нтов (минимальная ставка)
prime responsibility
основна́я отве́тственность
principal   1. хозя́ин, m.;
2. глава́, m.; 3. ва́жный, adj.;
4. основно́й, adj.; 5. капита́л, m.;
6. основна́я су́мма до́лга
principal amount 1. су́мма,

на кото́рую начисля́ются
проце́нты; 2. су́мма за́йма
principal right
преиму́щественное пра́во
principle   1. при́нцип, m.;
2. осно́ва, f.; 3. зако́н, m.
principle place of business
1. гла́вная конто́ра;
2. официа́льный а́дрес
principles of cooperation
при́нципы сотру́дничества
principles of marketing
осно́вы ма́ркетинга
printer   1. при́нтер, m.;
2. печа́тающее устро́йство
printer with Russian characters
русифици́рованный при́нтер
printing costs
типогра́фские расхо́ды
prior   1. пре́жний, adj.;
2. предше́ствующий, adj.;
3. первонача́льный, adj.
prior claim   основно́й иск (patent)
prior knowledge   1. изве́стность
при́знаков изобрете́ния (patent);
2. ра́нее изве́стное
prior right
преиму́щественное пра́во
priority   1. приорите́т, m.; 2. стар-
шинство́, n.; 3. поря́док сро́чно-
сти; 4. поря́док очере́дности;
5. преиму́щественное пра́во
priority data
да́нные о приорите́те (patent)
priority date
1. да́та приорите́та (patent);
2. приорите́тная да́та (patent)
priority order   сро́чный зака́з
priority right
преиму́щественное пра́во
private
1. ча́стный, adj.; 2. ли́чный, adj.
private agency   ча́стное аге́нство
private car owner
ча́стник (colloquial), m.
private carrier's trade
ча́стный изво́з
private company
ча́стная компа́ния
private demand   1. ли́чный спрос;
2. спрос со стороны́ населе́ния

private donations
частные пожéртвования
private enterpreneurship
1. чáстное предпринимáтельство;
2. чáстно-предпринимáтельская
дéятельность
private enterprise   чáстная фúрма
private farm   1. крестьянское
хозяйство; 2. чáстная фéрма;
3. фéрмерское хозяйство
private financing
чáстное финансúрование
private funds   чáстные срéдства
private house   чáстный дом
private investment
чáстные капиталовложéния
private invitation
чáстное приглашéние
private land ownership   чáстная
сóбственность на зéмлю
private responsibility
лúчная отвéтственность
private trade   чáстная торгóвля
privatization   приватизáция, f.
privatization commission
приватизациóнная комúссия
(регулирует деятельность по
приватизации собственности)
privatization fund
фонд приватизáции
privatization of property
приватизáция сóбственности
privatization of public housing
приватизáция госудáрственного
жилóго фóнда
privatization of small businesses
мáлая приватизáция
privatization of the
insurance business   приватизáция
страховóго дéла
"privatization" vouchers   приватизациóнные чéки (в России, вауче-
ры, выдаваемые правительством
гражданам страны для приобретения акций в приватизируемых
государственных предприятиях)
privatize
1. приватизúровать (+ асс.), v.;
2. передавáть / передáть в
чáстную сóбственность
prize fund   призовóй фонд

probability of repayment of a debt
1. возврáтность дéнег;
2. вероятность выплаты дóлга
probable cost
предполагáемая стóимость
problem loan   1. рискóванный заём;
2. просрóченный заём
problem of ruble convertibilty
проблéма конвертúруемости
рубля
procedure
1. процедýра, f.; 2. прáвила, pl.
procedure of an auction   порядок
проведéния аукциóна
proceedings   1. судéбный процéсс;
2. судéбное разбирáтельство; 3.
рассмотрéние (дела, вопроса), n.
proceedings are set for ...
разбирáтельство назнáчено на ...
proceeds   1. выｒученная сýмма;
2. дохóд, m.; 3. дéнежные
пóступлéния
proceeds from loans
поступлéния от зáймов
proceeds in cash
дéнежная выручка
process   1. процéсс, m.; 2. ход, m.;
3. движéние, n.; 4. обрабáтывать /
обрабóтать (+ асс.; на + prep.; в +
prep.), v.; 5. перерабáтывать /
переработáть (+ асс.), v.
process of making a product
спóсоб изготовлéния издéлия
process of using a product
спóсоб испóльзования издéлия
processed food   1. переработанные
пищевые продýкты; 2. обрабóтан-
ные продовóльственные продýкты
processing
1. обрабóтка, f.; 2. перерабóтка, f.
processing costs
издéржки обрабóтки
processing of bank information
обрабóтка бáнковской
информáции
procurement   1. снабжéние, n.;
2. закýпка, f.; 3. заготóвка, f.
procurement instructions
закýпочные инстрýкции
procurement investigation
криминáльное расслéдование

де́ятельности по заку́пкам
procurement prices
    заку́почные це́ны
producer   1. производи́тель, m.;
    2. изготови́тель, m.
producers' association
    ассоциа́ция производи́телей
producer's marketing costs
    изде́ржки производи́теля
    на сбыт свое́й проду́кции
producers' prices 1. цена́ изгото-
ви́телей; 2. цена́ производи́телей
product   1. проду́кт, m.;
    2. изде́лие, n.; 3. това́р, m.
product appearance
    вне́шний вид проду́кта
product development
    разрабо́тка но́вой проду́кции
product line   проду́кция, в кото́рой
    специализи́руется предприя́тие
product protected under a
licensing agreement
    изде́лие, защищённое
    лицензио́нным соглаше́нием
production   1. вы́работка, f.; 2. из-
готовле́ние, n.; 3. произво́дство, n.
production assessment test
    оце́ночные испыта́ния seríйной
    проду́кции
production at full capacity   произ-
во́дство на по́лную мо́щность
production crediting   кредитова́ние
    в сфе́ре произво́дства
production expenses   расхо́ды
    на произво́дственные ну́жды
production load
    произво́дственная нагру́зка
production monopoly   исключи́-
тельное пра́во на произво́дство
production objectives
    произво́дственные це́ли
production order specification
    специфика́ция произво́дственного
    зака́за
production technology
    техноло́гия произво́дства
productivity
    1. производи́тельность труда́;
    2. продукти́вность, f.
productivity gains
    рост производи́тельности труда́

productivity rate
    у́ровень производи́тельности
professional associations
    профессиона́лные ассоциа́ции
profit   1. при́быль, f.; 2. вы́года, f.;
    3. дохо́д, m.; 4. нажи́ва, f.
profit and loss statement
    ве́домость при́былей и убы́тков
profit distributed to shareholders
    при́быль распределённая ме́жду
    владе́льцами а́кций
profit from participation
    вы́игрывать / вы́играть от уча́стия
profit-making enterprise
    дохо́дное предприя́тие
profit sharing
    долево́е уча́стие в при́былях
profitability   рента́бельность, f.
profitability of an advertisement
    рента́бельность рекла́мы
profitability of a sale
    рента́бельность прода́жи
profitability of financing
    рента́бельность финанси́рования
profitability of services
    рента́бельность услу́г
profitable   1. вы́годный, adj.
    2. при́быльный, adj.
profitable agency
    рента́бельное аге́нство
profitable business
    при́быльный би́знес
profiteer
    1. деле́ц, m.; 2. спекуля́нт, m.
profiteer in currencies
    1. валю́тный спекуля́нт;
    2. фарцо́вщик (slang), m.
program
    1. програ́мма, f.; 2. план, m.
program designed to break-up
monopolies   антимонопо́льная
    програ́мма
program of a reception
    програ́мма приёма
progress in the art   прогре́сс в
    да́нной о́бласти те́хники (patent)
prohibitive cost
    чересчу́р высо́кая сто́имость
prohibitive price
    запрети́тельная цена́
project   1. прое́кт, m.; 2. план, m.;

3. те́ма, f.; 4. райо́н строи́тельства
project based on a novel idea
инновацио́нный прое́кт
projected target rate of return
заплани́рованная целева́я но́рма
при́были
prolongation of recession
затя́гивание спа́да
promissory note   1. ве́ксель, m.;
2. долгово́е обяза́тельство
promotion   1. повыше́ние по
слу́жбе; 2. соде́йствие, n.;
3. рекла́мная де́ятельность
promotion and sales expenses
рекла́мные и торго́вые изде́ржки
promotion sale   рекла́мная рас-
прода́жа по сни́женным це́нам
с це́лью стимули́рования сбы́та
promotional campaign   рекла́мная
кампа́ния по стимули́рованию
сбы́та
promotional expenses   расхо́ды
по стимули́рованию сбы́та
prompt   1. сро́чный, adj.; 2. акку-
ра́тный, adj.; 3. надёжный. adj.
prompt delivery   сро́чная доста́вка
prompt payer
испра́вный плате́льщик
prompt payment
своевре́менный платёж
proof   1. доказа́тельство, n.;
2. свиде́тельство, n.
proof of damage
доказа́тельство поврежде́ния
proof of fault   доказа́тельство вины́
proper packaging
надлежа́щая упако́вка
property   1. иму́щество, n.;
2. со́бственность, f.
property appraisal
оце́нка сто́имости иму́щества
property claim   1. иск, m.;
2. тре́бование на со́бственность
property damage
материа́льный уще́рб
property deed   докуме́нт на
владе́ние со́бственностью
property development   1. строи́-
тельство, n.; 2. финанси́рование
строи́тельства
property dispute

иму́щественный спор
property insurance
1. страхова́ние со́бственности;
2. иму́щественное страхова́ние
property loss   материа́льная утра́та
property of a third party
иму́щество тре́тьего лица́
property owner   со́бственник, m.
property rights
пра́во со́бственности
proprietor
1. владе́лец, m.; 2. хозя́ин, m.
prosecute a company
пресле́довать компа́нию
в суде́бном поря́дке
prosecutor's office   прокурату́ра, f.
prospect   1. потенциа́льный
покупа́тель; 2. зака́зчик, m.
prospectus   проспе́кт, m.
prospectus of a firm
фи́рменный проспе́кт
protection
1. защи́та, f.; 2. охра́на, f.
protection by arbitration
защи́та арбитра́жем
protection from creditors
защи́та от кредито́ров
(в слу́чае банкро́тства)
protectionism   протекциони́зм, m.
protection of rights   защи́та прав
protective duty   охра́нная по́шлина
protégé   ста́вленник, m.
protested bill
опротесто́ванный ве́ксель
proven fault   дока́занная вина́
prove the validity   дока́зывать /
доказа́ть обосно́ванность
provide   1. снабжа́ть /
снабди́ть (+ acc.), v.; 2. обеспе́-
чивать / обеспе́чить (+ acc.), v.;
3. дава́ть / дать (+ acc.), v.
provide for protection   предусма́-
тривать / предусмотре́ть защи́ту
provide instructions
дава́ть / дать инстру́кцию
provide insurance   обеспе́чивать /
обеспе́чить страхо́вкой
provisional   1. вре́менный, adj.;
2. предвари́тельный, adj.;
3. усло́вный, adj.
provisional sale   запрода́жа, f.

provisional sale of goods on
account of mutual deliveries
запрода́жа в счет взаи́мных
поста́вок
provisional sale on favorable
terms   запрода́жа на вы́годных
усло́виях
provisions
продово́льственные това́ры
provoke a dispute
вызыва́ть / вы́звать спор
proxy   дове́ренное лицо́
public   1. госуда́рственный, adj.;
2. обще́ственный, adj.; 3. публи́ч-
ный, adj.; 4. казённый, adj.
public administration
госуда́рственно-администрати́вная
де́ятельность
public consumption   потребле́ние
в обще́ственном се́кторе
public demand
спрос госуда́рственного се́ктора
public financing
госуда́рственное финанси́рование
public health   здравоохране́ние, n.
public housing   госуда́рственный
и́ли муниципа́льный жило́й фонд
public housing project   жило́й
кварта́л из госуда́рственных
и́ли муниципа́льных домо́в
(с ни́зкой квартпла́той)
public opinion poll
опро́с обще́ственного мне́ния
public relations   1. обще́ственные
свя́зи (установле́ние диалога между, например, компанией и об-
ществом, чьи интересы она затра-
гивает); 2. "па́блик риле́йшнз"
public relations agency
аге́нство обще́ственных свя́зей
public relations department
отде́л обще́ственных свя́зей
public sale   откры́тая прода́жа
publication about the opening of
something   публика́ция
об откры́тии чего́—ли́бо
(например, выставки)
publicly held company   компа́ния
с широ́ким кру́гом акционе́ров
publish   1. опублико́вывать / опу-
бликова́ть (в + prep.; + acc.), v.;

2. печа́тать / напеча́тать (в +
prep.; + acc.), v.
publish a bulletin
издава́ть / изда́ть бюллете́нь
published information
опублико́ванная информа́ция
publishing house   изда́тельство, n.
purchase   1. поку́пка, f.; 2. ку́пля, f.;
3. заку́пка, f.; 4. покупа́ть / ку-
пи́ть (+ acc.), v.; 5. приобрета́ть /
приобрести́ (+ acc.), v.
purchase agreement
соглаше́ние о заку́пках
purchase delivery
поста́вка заку́пленного това́ра
purchase invoice
счет на приобре́тенные това́ры
purchase of convertible currency
заку́пка валю́ты
purchase of gold
приобрете́ние зо́лота
purchase of goods   заку́пка това́ров
purchase of goods for stockpiling
покупа́ть / купи́ть това́ры впрок
purchase of securities
поку́пка це́нных бума́г
purchase of shares   поку́пка а́кций
purchase option   опцио́н на заку́п-
ки (преиму́щественное право
решать, где производить закупки
сырья́)
purchase order   зака́з на поста́вку
purchase order form
бланк зака́за на поста́вку
purchase prices   заку́почные це́ны
purchasing   1. заку́пка, f.;
2. загото́вка, f.; 3. снабже́ние, n.
purchasing budget
бюдже́т на заку́пки
purchasing company
компа́ния по заку́пкам
purchasing cooperative
заку́почный кооперати́в
purchasing department   1. отде́л
заку́пок; 2. отде́л снабже́ния
purchasing power
покупа́тельная спосо́бность
purchasing power of the ruble
покупа́тельная спосо́бность рубля́
purpose
1. цель, f.; 2. наме́рение, n.

purpose of a business trip
цель командиро́вки
purpose of a visit by a delegation   цель пребыва́ния делега́ции
purpose of registration
цель регистра́ции
put   1. вкла́дывать / вложи́ть (+ асс.), v.; 2. вноси́ть / внести́ (в + асс.; на + асс.; + асс.), v.; 3. класть / положи́ть (в + асс.; на + асс.; + асс.), v.; 4. ока́зывать / оказа́ть (+ асс.), v.
put option   опцио́н "пут" (опцион, приобретаемый на товары или ценные бумаги, когда существует мнение, что их цена пойдет вниз)
put ...% down for something
вноси́ть / внести́ ...% нали́чными за что-ли́бо
put pressure on someone
1. ока́зывать / оказа́ть пре́ссинг на кого́-ли́бо; 2. ока́зывать / оказа́ть давление на кого́-ли́бо
put something on the back burner   отодвига́ть / отодви́нуть что-ли́бо на за́дний план (colloquial)
put to test   подверга́ть / подверг-нуть прове́рке (например, теорию)

Q

qualitative assessment
ка́чественная оце́нка
quality   ка́чество, n.
quality appeal
привлека́тельность това́ра за счет его́ высо́кого ка́чества
quality assessment
оце́нка ка́чества
quality assurance
гара́нтия ка́чества
quality certificate
сертифика́т ка́чества
quality claim
прете́нзия по по́воду ка́чества
quality conscious consumer
покупа́тель, предъявля́ющий высо́кие тре́бования к ка́честву

това́ра
quality control   контро́ль ка́чества
quality defect   дефе́кт ка́чества
quality examination   эксперти́за ка́чества (например, товара)
quality goods
высокока́чественные това́ры
quality guarantee
гара́нтия ка́чества
quality improvement
повыше́ние ка́чества
quality inspection
прове́рка ка́чества
quality inspection of goods
прове́рка ка́чества това́ра
quality is within specifications
ка́чество нахо́дится в допусти́мых преде́лах
quality of an item
ка́чество изде́лия
quality of design
ка́чество констру́кции
quality of labor   ка́чество труда́
quality of service
ка́чество обслу́живания
quality of work   ка́чество рабо́ты
quality specification
станда́рты ка́чества
quantitative   коли́чественный, adj.
quantitative analysis
коли́чественный ана́лиз
quantitative restrictions on export
1. коли́чественные ограниче́ния на э́кспорт; 2. кво́та на э́кспорт
quantitative shortage
коли́чественная недоста́ча
quantity   коли́чество, n.
quantity by weight
коли́чество по ве́су
quantity claim
прете́нзия по по́воду коли́чества
quantity discount   опто́вая ски́дка
quantity inspection
прове́рка коли́чества
quantity of goods on hand
коли́чество, име́ющихся в нали́чии това́ров
quarantine
1. каранти́н, m.; 2. задержа́ние, n.
quarantine inspection
каранти́йный надзо́р

quarantine inspection at customs
каранти́йный тамо́женный надзо́р
quarantine inspection rights
права́ каранти́нного надзо́ра
quarter   кварта́л, m.
quarterly earnings
кварта́льные дохо́ды
quarterly report to stockholders
кварта́льный отчёт держа́телям
а́кций
quorum   кво́рум, m.
quotas on export and import
квоти́рование э́кспорта и и́мпорта
quotation of rate of exchange
котиро́вка валю́тного ку́рса
quote   1. коти́роваться (в + prep.;
на + prep.), v.; 2. ука́зывать /
указа́ть (в + prep.; на + prep.; +
acc.), v. 3. назнача́ть / назна́чить
це́ну
quoted price 1. зарегистри́рованная
биржева́я и́ли ры́ночная цена́;
2. коти́рованная цена́
quoted securities   це́нные бума́ги,
коти́рующиеся на би́рже
quote prices in a catalogue   ука-
зывать / указа́ть це́ны в катало́ге

R

racket   рэ́кет, m.
racketeer   рэкети́р, m.
racketeering   рэкети́рство, n.
radio advertising 1. рекла́ма
по ра́дио; 2. радиорекла́ма, f.
radio commercial
рекла́мное объявле́ние по ра́дио
radio time   эфи́рное вре́мя
rail   желе́зная доро́га
rail consignment note
железнодоро́жная накладна́я
rail rates   ста́вки
железнодоро́жных тари́фов
rail transport
железнодоро́жный тра́нспорт
railroad   желе́зная доро́га
railroad bill of lading
железнодоро́жная накладна́я
railroad company
железнодоро́жная компа́ния

railroad consignment note
железнодоро́жная накладна́я
railroad customs house
железнодоро́жная тамо́жня
railroad is responsible for the
safety of goods   желе́зная доро́га
отвеча́ет за сохра́нность гру́за
railroad repairs
ремо́нт желе́зной доро́ги
railroad services
услу́ги желе́зной доро́ги
railroad station 1. железнодоро́ж-
ная ста́нция; 2. вокза́л, m.
railroad warehouse
железнодоро́жный склад
raise
1. повыше́ние, n.; 2. увели́чивать /
увели́чить (+ acc.), v.; 3. собира́ть
/ собра́ть (+ acc.), v.; 4. подни-
ма́ть / подня́ть (+ acc.), v.; 5. вы-
двига́ть / вы́двинуть (+ acc.), v.
raise a loan   получа́ть / получи́ть
де́ньги по за́йму
raise an objection   выдвига́ть /
вы́двинуть возраже́ние
raise capital 1. собира́ть / собра́ть
капита́л; 2. набира́ть / набра́ть
ну́жную су́мму
random test   вы́борочный тест
range of imports
номенклату́ра и́мпорта
rapid march towards a market
economy   форси́рованное
продвиже́ние к ры́нку
rate 1. коэффицие́нт, m.; 2. но́р-
ма, f.; 3. курс, m.; 4. расце́нка, f.;
5. ско́рость, f.; 6. ста́вка, f.;
7. сте́пень, f.; 8. у́ровень, m.
rate of absenteeism
коэффицие́нт невы́хода на рабо́ту
rate of accumulation
но́рма накопле́ния
rate of consumption
но́рма потребле́ния
rate of conversion   курс пересчёта
rate of defaults on bonds   проце́нт
непога́шенных в срок облига́ций
rate of dependency   сте́пень
зави́симости (наприме́р, от
госуда́рственных зака́зов)
rate of depletion of something

интенси́вность расхо́дования
чего́-ли́бо
rate of depreciation
но́рма амортиза́ции
rate of dividend on shares
ста́вка дивиде́нда по а́кциям
rate of exchange   валю́тный курс
rate of growth   те́мпы ро́ста
rate of insurance
ста́вка страхово́й пре́мии
rate of interest   ста́вка проце́нта
rate of investment
но́рма инвести́ций
rate of loading   но́рма погру́зки
rate of pay   ста́вка окла́да
rate of probability
сте́пень вероя́тности
rate of profit   но́рма при́были
**rate of profitability of purchases
 for hard currency**   валю́тная
эффекти́вность поку́пок (су́мма
в рубля́х, вы́рученная при про-
да́же това́ра, на ка́ждый до́ллар,
затра́ченный на его́ поку́пку)
rate of replacement   но́рма заме́ны
(наприме́р, основны́х фо́ндов)
rate of return   1. но́рма при́были;
2. ренда́бельность, f.
rate of turnover   ско́рость оборо́та
rate of turnover of inventory
ско́рость оборо́та това́рно-
материа́льных запа́сов
rate on the day of payment
курс на день платежа́
rate regulation
контро́ль над тари́фами
rate scale   1. тари́фное расписа́ние;
2. расце́нки, pl.
rate slashing   ре́зкое сниже́ние
ста́вок и́ли ку́рсов
rates of freight   фрахто́вые ста́вки
rates of a price-list
расце́нки прейскура́нта
rates of charges   ста́вки сбо́ров
rates of wages
ста́вки за́работной пла́ты
rating   1. ре́йтинг, m.; 2. оце́нка, f.;
3. оце́нка фина́нсового положе́ния;
4. принадле́жность к катего́рии
ration card   1. ка́рточка, f.;
2. потреби́тельская ка́рточка

ration card coupon
отрывно́й тало́н к ка́рточке
**ration card with detachable
 coupons**   ка́рточка с купо́нами
raw materials   сырье́, n.
raw materials market
сырьево́й ры́нок
R & D project   о́пытно-иссле́дова-
тельская програ́мма
reach the borrowing ceiling
исче́рпывать / исчерпа́ть
креди́тный лими́т
readiness of goods for inspection
гото́вность това́ра к прове́рке
real   1. реа́льный, adj.; 2. действи́-
тельный, adj.; 3. недвижи́мый, adj.;
4. в неизме́нных це́нах
real costs   реа́льные изде́ржки
real estate   недвижи́мость
(постро́йки, уча́стки земли́), f.
real estate agency   компа́ния по
ку́пле-прода́же недвижи́мости
real estate agent   аге́нт по
ку́пле-прода́же недвижи́мости
real estate broker   бро́кер по
сде́лкам с недвижи́мостью
real estate bust
крах цен на недвижи́мость
real estate company   компа́ния по
ку́пле-прода́же недвижи́мости
real estate loan
ссу́да под недвижи́мость
real estate market   ры́нок ку́пли-
прода́жи недвижи́мости
real estate portfolio   портфе́ль
недвижи́мого иму́щества (все
ви́ды недвижимой со́бственности
сосредото́ченные в чьих-ли́бо
рука́х)
real interest rates   реа́льная ста́в-
ка проце́нта (ста́вка проце́нта,
уме́ньшенная на проце́нт ро́ста
инфля́ции)
real purchasing power   реа́льная
покупа́тельная спосо́бность
real volume of sales
факти́ческий объём прода́ж
reason   1. основа́ние, n.;
2. причи́на, f.; 3. смысл, m.
reason for a choice
основа́ния для вы́бора

reason for exemption
основа́ние для освобожде́ния
(наприме́р, от нало́гов)
reasonable   1. уме́ренный, adj.;
2. прие́млемый, adj.; 3. разу́м-
ный, adj.
reasonable charge
прие́млемый счет
reasonable price   уме́ренная цена́
reasonable refusal
обосно́ванный отка́з
receipt   1. квита́нция, f.;
2. получе́ние, n.; 3. распи́ска, f.
receipt book
квитанцио́нная кни́жка
receipt date of a telephone
message   да́та получе́ния
телефоногра́ммы
receipt for documents received
распи́ска в получе́нии докуме́нтов
receipt for the amount of ...
распи́ска на су́мму в ...
receipt of an order
получе́ние зака́за
receipt of cargo   получе́ние гру́за
receipt of cargo in full
получе́ние гру́за по́лностью
receipt of goods   получе́ние това́ра
receipt of goods from a warehouse
получе́ние това́ра со скла́да
receipt of money   получе́ние де́нег
receipt of payment
получе́ние платежа́
receipt to the bearer
квита́нция на предъяви́теля
receipts   1. вы́ручка, f.;
2. де́нежные поступле́ния;
3. дохо́д, m.; 4. прихо́д, m.
receipts and expenditures
прихо́д и расхо́д
receipts from a sale
сре́дства, вы́рученные от прода́жи
receive   1. получа́ть /
получи́ть (+ acc.), v.; 2. принима́ть
/ приня́ть (+ acc.), v.
receive a catalogue
получа́ть / получи́ть катало́г
receive a certificate
получа́ть / получи́ть сертифика́т
receive an acceptance certificate
получа́ть / получи́ть акт

о сда́че-прие́мке
receive an advance
получа́ть / получи́ть ава́нс
receive an inquiry from a
company   получа́ть / получи́ть
запро́с от компа́нии
receive an invitation
получа́ть / получи́ть приглаше́ние
receive an order
получа́ть / получи́ть зака́з
receive assurances
получа́ть / получи́ть завере́ния
receive confirmation   получа́ть /
получи́ть подтвержде́ние
receive goods at a railway station
получа́ть / получи́ть това́ры
на железнодоро́жной ста́нции
receive goods from a warehouse
получа́ть / получи́ть това́ры
со скла́да
receive goods into custody
принима́ть / приня́ть това́ры
на хране́ние
received correspondence
полу́ченная корреспонде́нция
received credit
полу́ченный креди́т
received order   полу́ченный зака́з
received telephone message
полу́ченная телефоногра́мма
receiving act   прие́мный акт
reception   прие́м, m.
reception at an embassy
прие́м в посо́льстве
reception in honor of someone
прие́м в честь кого́-либо
reception to celebrate the
signing of a contract   прие́м по
слу́чаю подписа́ния контра́кта
recession
1. реце́ссия, f.; 2. спад, m.
recipient   получа́тель (наприме́р,
по́мощи), m.
reciprocal   1. вза́имный, adj.;
2. обою́дный, adj.
reciprocal agreement
взаи́мное соглаше́ние
reciprocal concessions
взаи́мные усту́пки
reciprocal credit
взаи́мные креди́ты

reciprocal deliveries
взаи́мные поста́вки
reciprocal exchange
взаи́мный обме́н
reciprocal license 1. взаи́мная
лице́нзия; 2. обме́н лице́нзиями
recognized exchange
1. официа́льная би́ржа;
2. зарегистри́рованная би́ржа
recommend a representative
рекомендова́ть представи́теля
reconcile accounts
согласо́вывать / согласова́ть счета́
reconsider 1. пересма́тривать /
пересмотре́ть (+ асс.), v.;
2. переду́мывать / переду́мать, v.
reconsider an insurance policy
пересма́тривать / пересмотре́ть
страхово́й по́лис
reconsider a plan пересма́тривать
/ пересмотре́ть план
record регистри́ровать /
зарегистри́ровать (+ асс.), v.
record a patent регистри́ровать /
зарегистри́ровать пате́нт
record cancellation регистри́ро-
вать / зарегистри́ровать факт
отме́ны
recoup costs
компенси́ровать изде́ржки
recover 1. получа́ть / получи́ть
обра́тно; 2. взы́скивать /
взыска́ть (+ асс.), v.
recover damages
взы́скивать / взыска́ть убы́тки
recover debts
взы́скивать / взыска́ть долги́
recover legal fees взы́скивать /
взыска́ть суде́бные расхо́ды
recovered amount
взы́сканная су́мма
recovered property вновь
обрете́нная со́бственность
recovery 1. получе́ние обра́тно;
2. взыска́ние (по суду́), n.;
3. вы́игрыш де́ла по суду́;
4. улучше́ние состоя́ния
(наприме́р, экономики)
recovery from a shipping company
взыска́ние с тра́нспортной
компа́нии

recovery in the amount of ...
взыска́ние в разме́ре ...
recovery in the buyer's favor
взыска́ние в по́льзу покупа́теля
recovery of an insurance sum
взыска́ние страхово́й су́ммы
recovery of a shortage
взыска́ние недоста́чи
recovery through arbitration
взыска́ние по арбитра́жу
recurring costs
периоди́ческие расхо́ды
redemption 1. погаше́ние до́лга;
2. вы́куп, m.
redemption date
да́та погаше́ния це́нных бума́г
redemption of a loan
погаше́ние ссу́ды
redemption of bonds
погаше́ние облига́ций
redemption of indebtedness
погаше́ние задо́лженности
redemption of property
вы́куп иму́щества
rediscount of a bill
переучёт ве́кселя
reduce 1. уменьша́ть /
уме́ньшить (+ асс.), v.; 2. снижа́ть
/ сни́зить (+ асс.), v.; 3. сокраща́ть
/ сократи́ть (+ асс.), v.
reduce imports
сокраща́ть / сократи́ть и́мпорт
reduced prices сни́женные це́ны
reduced rate 1. пони́женный курс;
2. льго́тный тари́ф
reduced rate loan льго́тный креди́т
reduction 1. уменьше́ние, n.;
2. пониже́ние, n.; 3. сокраще́ние, n.
reduction in profitability
уменьше́ние рента́бельности
reduction of overhead
уменьше́ние накладны́х расхо́дов
re-establish relations восстана́в-
ливать / восстанови́ть отноше́ния
reference 1. спра́вка, f.;
2. ссы́лка, f.; 3. о́тзыв, m.
reference price спра́вочная цена́
reference to a contract
ссы́лка на контра́кт
reference year отчётный год
refinance debt перефинанси́ровать

долг (на новых условиях)
reflect
  отражать / отразить (+ асс.), v.
refrigerated truck грузовик
  с холодильной установкой
refrigerated warehouse
  склад-холодильник, m.
refund
  1. возврат, m.; 2. возмещение, n.
refund of dues возврат пошлины
refunded amount
  возвращённая сумма
refusal
  1. отказ, m.; 2. отклонение, n.
refusal considered by an
  arbitration commission отказ,
  рассмотренный арбитражной
  комиссией
refusal to accept goods
  отказ от принятия товара
refusal to compensate for losses
  отказ компенсировать ущерб
refusal to fulfill obligations
  отказ от выполнения обязательств
refusal to have a meeting
  отказ от встречи
refusal to pay an insurance claim
  отказ оплаты страхового
  требования
refuse 1. отказываться / отказаться (от + gen.), v.; 2. отклонять
  / отклонить (+ асс.), v.
refuse a bill
  отказываться / отказаться
  от акцептирования векселя
refuse an order отказываться /
  отказаться от заказа
refuse to accept отказываться /
  отказаться от акцепта
refuse to settle отказываться /
  отказаться урегулировать
  спорный вопрос
refuse to sign отказываться /
  отказаться от подписания
region 1. регион, m.; 2. район, m.
regional 1. региональный, adj.;
  2. районный, adj.
regional bank окружной банк
regional conference
  региональная конференция
regional financial activities

региональная финансовая
деятельность
regional relations региональные
  отношения
register 1. регистрировать /
  зарегистрировать (+ асс.), v.;
  2. вносить / внести запись;
  3. реестр, m.; 4. список, m.;
  5. указатель, m.; 6. ведомость, f.
register a copyright
  регистрировать / зарегистрировать авторское право
register a trademark
  регистрировать / зарегистрировать товарный знак
registered acceptance зарегистрированная сдача-приёмка
registered bond
  1. именная облигация;
  2. зарегистрированная облигация
registered letter 1. письмо
  с уведомлением о вручении;
  2. заказное письмо
registered parcel 1. заказная
  посылка; 2. заказная бандероль
registered securities
  именные ценные бумаги
registered stocks именные акции
registered telex
  зарегистрированный телекс
registered trademark зарегистрированный товарный знак
registrar регистратор, m.
registration 1. регистрация, f.;
  2. оформление, n.
registration book
  регистрационная книга
registration fee
  регистрационная пошлина
registration in a patent bureau
  регистрация в патентном бюро
registration of a patent
  регистрация патента
registration of a stock company
  регистрация акционерной
  компании
registration of correspondence
  регистрация корреспонденции
registration of funds учёт средств
registration of goods at a
  warehouse регистрация товара

на скла́де

regular inspection
системати́ческая прове́рка

regulated company   компа́ния, чья
де́ятельность контроли́руется
госуда́рством

regulating   регули́рование, n.

regulation   1. регули́рование, n.;
2. контро́ль, m.

**regulation of export-import
operations**   контро́ль над э́кс-
портно-и́мпортными опера́циями

**regulation of foreign trade
relations**   регули́рование
внешнеторго́вых отноше́ний

regulation of money in circulation
контро́ль над де́нежным оборо́том

regulation of the economy
регули́рование эконо́мики

regulation of trade
контро́ль над торго́влей

regulations   1. предписа́ния, pl.;
2. пра́вила, pl.; 3. инстру́кции, pl.

**regulatory barriers to foreign
investment**   предписа́ния,
препя́тствующие вложе́нию
иностра́нного капита́ла

reimburse   1. возмеща́ть /
возмести́ть (+ acc.), v.;
2. покрыва́ть / покры́ть
(например, расходы) (+ acc.), v.

reimbursement
1. возвра́т (например, денег), m.;
2. возмеще́ние, n.; 3. покры́тие, n.

reimbursement for a business trip
опла́та командиро́вки

reimbursement of expenses
возмеще́ние расхо́дов

reimbursement of fees
возмеще́ние взно́сов

**reimbursement of overhead
expenses**   покры́тие накладны́х
расхо́дов

reinvested dividends   реинве-
сти́рованные дивиде́нды (на
покупку дополнительного количества акций той же компании)

reinvested profit
реинвести́рованная при́быль

reject   1. отверга́ть / отве́рг-
нуть (+ acc.), v.; 2. отклоня́ть
/ отклони́ть (+ acc.), v.

reject a bid   отклоня́ть /
отклони́ть предложе́ние
(например, цену на проект)

rejected batch
брако́ванная па́ртия изде́лий

rejected claim   отклонённый иск

rejected goods
забрако́ванные това́ры

rejected lot
забрако́ванная па́ртия изде́лий

rejected statement
отве́ргнутое заявле́ние

rejection
1. отка́з, m.; 2. отклоне́ние, n.

**rejection has been considered
by the company**   отка́з был
рассмо́трен компа́нией

rejection of a bank   отка́з ба́нка

rejection of a claim
отклоне́ние прете́нзии

rejection of an application
отклоне́ние зая́вки

rejection of an offer
1. отклоне́ние предложе́ния;
2. отклоне́ние офе́рты

**rejection of goods because of
inferior quality**   отклоне́ние
това́ра из-за плохо́го ка́чества

rejects   1. брак, m.;
2. некондицио́нный това́р

relations   отноше́ния, pl.

relations based on mutual trust
отноше́ния осно́ванные на
взаи́мном дове́рии

relations with a company
отноше́ния с компа́нией

**relationship between
supply and demand**   коньюкту́ра, f.

relaxation of price control
либерализа́ция цен

release   1. освобожде́ние, n.;
2. вы́дача, f.; 3. отпуска́ть /
отпусти́ть (+ acc.), v.; 4. освобож-
да́ть / освободи́ть (из + gen.; от +
gen.; + acc.), v.; 5. выдава́ть /
вы́дать (+ acc.), v.

release date   да́та вы́пуска

release from responsibility
освобожде́ние от отве́тственности

release from responsibility

for negligence   освобождáть /
освободи́ть от отвéтствен-
ности за упущéние
release funds   высвобождáть /
вы́свободить срéдства
reliable   надёжный, adj.
reliable businessman
надёжный бизнесмéн
reliable company
надёжная компáния
reliable figures   надёжные дáнные
reliable information
надёжная информáция
remain unchanged   оставáться /
остáться на одно́м у́ровне
reminder   напоминáние, n.
reminder about indebtedness
напоминáние о задóлженности
remove   1. изымáть / изъя́ть (из +
gen; + acc.), v.; 2. снимáть /
снять (с + gen.; + acc.), v.
remove an embargo
снимáть / снять эмбáрго
remove something from
circulation   изымáть / изъя́ть
что-ли́бо из обращéния
render   1. окáзывать /
оказáть (+ acc.), v.; 2. предостав-
ля́ть / предостáвить (+ acc.), v.;
3. дéлать / сдéлать (+ acc.), v.
render assistance
окáзывать / оказáть пóмощь
render jobs obsolete   дéлать / сдéлать определéнные ти́пы рабóт
и́ли профéссии устарéвшими
rendering of engineering services
оказáние услу́г ти́па инжини́ринг
rendering of services
сéрвисное обслу́живание
renegotiation of debt   пересмóтр
услóвий вы́платы дóлга
renew   возобновля́ть / возобно-
ви́ть (+ acc.), v.
renew an insurance policy
возобновля́ть / возобнови́ть
страховóй договóр на нóвый срок
renew credit   возобновля́ть /
возобнови́ть креди́т
renewable term life insurance
возобновля́емое на нóвый
срок страховáние жи́зни с

изменéнием страховы́х прéмий
renewal   1. возобновлéние, n.;
2. возрождéние, n.
renewal cost
стóимость ремóнта и́ли замéны
renewal of a contract
возобновлéние контрáкта
rent   1. арéндная плáта; 2. арендо-
вáть (+ acc.), v.; 3. кварти́рная
плáта; 4. квартплáта, f.; 5. плáта
за арéнду; 6. предоставлéние в
арéнду и́ли в прокáт; 7. рéнта, f.;
8. сдавáть / сдать в арéнду
rent control
регули́рование арéндной плáты
(напримéр, квартплáты)
rent payment   1. арéндная плáта;
2. квартплáта, f.
rental   1. плáта за арéнду; 2. рéнтный дохóд; 3. предоставлéние
в арéнду и́ли в прокáт
rental company   бюрó прокáта
rental income   рéнтный дохóд
rental rates   1. стáвки арéндной
плáты; 2. тари́ф за прокáт
repaid loan   погáшенная ссу́да
repair   1. ремóнт, m.; 2. почи́нка, f.;
2. ремонти́ровать / отремонти́ро-
вать (+ acc.), v.; 3. чини́ть /
почини́ть (+ acc.), v.
repair manual
инстру́кция по ремóнту
repair order   закáз на ремóнт
repair shop   ремóнтная мастерскáя
repayment
1. погашéние (напримéр ссу́ды), n.;
2. вы́плата, f.; 3. уплáта, f.
repayment of credit   1. погашéние
креди́та; 2. вы́плата креди́та
repayment of credit in rubles
погашéние креди́та в рубля́х
repayment of debt
погашéние задóлженности
repeated   1. повтóрный, adj.;
2. многокрáтный, adj.
repeated demand
повтóрное трéбование
repeated tests
многокрáтные испытáния
repeat order   повтóрный закáз
replacement

1. замещение, n.; 2. замена, f.
replacement based on a claim
замена, основанная на иске
replacement clause
оговорка о замене
replacement cost
восстановительная стоимость
replacement declaration
заявление о замене
replacement of a consignment
of goods   замена партии товара
replacement offer
предложение о замене
replacement of parts
замена частей
replacement of substandard items
замена низкокачественных
изделий
replacement specified by a
contract   замена, предписанная
контрактом
replacement value insurance
страхование на сумму необхо-
димую для восстановления
потерянного имущества
replace something   осуществлять /
осуществить замену чего-либо
representative
1. представитель, m.;
2. представительный, adj.
representative agent
агент-представитель, m.
representative of an international
organization   представитель
международной организации
representative sample
представительный образец
repurchase of funds   выкуп фондов
reputation
1. имидж, m.; 2. репутация, f.
reputation of a company
репутация компании
reputation of a trademark
репутация товарного знака
reputation of goods
репутация товара
request   1. просьба, f.; 2. требование, n.; 3. запрос, m.; 4. запрашивать / запросить (+ acc.), v.;
5. требовать / потребо-
вать (+ acc.), v.; 6. просить /

запросить (+ acc.), v.
request a sample
запрашивать / запросить образец
request cancellation
требовать / потребовать отмены
request for a discount
просьба об уступке
request for a refund
требование возврата денег
request for replacement
просьба о замене
required examination
требуемая экспертиза
required quantity
необходимое количество
resale
1. перепродажа, f.; 2. ресёл, m.
resale network   1. сеть по
перепродаже; 2. реселерская сеть
resale price
цена товара при перепродаже
resale value   стоимость товара
при перепродаже
reschedule negotiations   перено-
сить / перенести переговоры
rescind takeover obstacles
убирать / убрать препятствия на
пути покупки одной компании
другой
research   научные исследования
research grant
субсидия на финансирование
исследовательских работ
reserve   1. запас, m.; 2. резерв, m.;
3. резервировать / зарезервиро-
вать (в + prep.; + acc.), v.;
4. сохранять / сохранить за собой;
5. оговорка, f.;
reserve allocations
выделение средств в резерв
reserve credit   резервный кредит
reserve funds   резервные фонды
reserve the right to do something
1. оставлять / оставить за собой
право сделать что-либо;
2. сохранять / сохранить за собой
право сделать что-либо
residential   1. жилой, adj.;
2. предназначенный для жилья
residential building permit
разрешение на постройку

жило́го до́ма
residential construction
жило́е строи́тельство
residential prices
це́ны на жилы́е дома́
residential rates
тари́ф для бытовы́х потреби́телей
(наприме́р на газ, электри́чество)
residential real estate   жилы́е дома́
и земля́ в зо́нах жилы́х домо́в
residual demand
оста́точный спрос
resign
1. уходи́ть / уйти́ в отста́вку;
2. снима́ть / снять с себя́
возло́женные полномо́чия
resignation   вы́ход в отста́вку
resolution   резолю́ция, f.
resource-saving technology
ресурсосберега́ющая техноло́гия
respect one's rights
уважа́ть чьи-ли́бо права́
responsibility
1. отве́тственность, f.;
2. обяза́тельство, n.
responsibility for an operation
отве́тственность за опера́цию
responsibility for damage
отве́тственность за уще́рб
responsibility for liquidation
отве́тственность за ликвида́цию
responsibility for payments
under a letter of credit
отве́тственность за платежи́
по аккредити́ву
responsibility for risks
отве́тственность за ри́ски
responsibility for safekeeping
of goods   отве́тственность
по хране́нию това́ра
responsibility for shipment of
goods   отве́тственность
за отгру́зку това́ра
responsibility for storage
отве́тственность за хране́ние
responsibility for transportation
отве́тственность за перево́зку
responsibility of a foreign
trade enterprise   отве́тственность
внешнеторго́вого объедине́ния
responsibility rests with the

company   отве́тственность лежи́т
на компа́нии
responsible person
отве́тственное лицо́
restaurant check   счет в рестора́не
restitution   реститу́ция, f.
restricted area   закры́тый райо́н
restrictive   1. ограничи́тельный,
adj.; 2. лимити́рующий, adj.
restrictive business practices
поли́тика ограниче́ния делово́й
акти́вности
restrictive credit policy
поли́тика ограниче́ния креди́тов
restrictive marketing
arrangements   ограничи́тельные
торго́вые соглаше́ния
restructuring
1. перестро́йка, f.; 2. переде́лка, f.
restructuring of international
economic relations   перестро́йка
междунаро́дных экономи́ческих
отноше́ний
restructuring toward a consumer
oriented economy   переориента́ция
хозя́йства на ну́жды потреби́теля
result   1. результа́т, m.; 2. ито́г, m.;
3. ока́нчиваться / око́нчить-
ся (+ inst.), v.
result from negligence   явля́ться /
яви́ться сле́дствием упуще́ния
result of inspection
результа́т прове́рки
resume   возобновля́ть /
возобнови́ть (+ acc.), v.
resumé   1. резюме́, n.;
2. послужно́й спи́сок;
resumption   1. возобновле́ние, n.;
2. восстановле́ние, n.
resumption of deliveries
возобновле́ние поста́вок
resumption of foreign trade
возобновле́ние вне́шней торго́вли
resumption of mail delivery
возобновле́ние доста́вки по́чты
resumption of payments
возобновле́ние платеже́й
resumption of services
возобновле́ние услу́г
retail   1. ро́зничная прода́жа;
2. ро́зничный, adj.

retail business ро́зничная торго́вля
retail price ро́зничная цена́
retainer   предвари́тельный гонора́р
(например, юри́сту)
retire equipment   спи́сывать /
списа́ть обору́дование
retirement 1. вы́ход в отста́вку;
2. вы́ход на пе́нсию; 3. погаше́ние
(до́лга), n.; 4. вы́куп, m.
retirement of debt
погаше́ние задо́лженности
retirement of securities изъя́тие
це́нных бума́г из обраще́ния
retroactive clause огово́рка об
обра́тной си́ле (law)
return 1. дохо́д, m.;
2. при́быль, f.; 3. возвраща́ть /
верну́ть (+ acc.), v.
return a deposit   возвраща́ть /
верну́ть вклад и́ли зало́г
return cargo   обра́тный груз
return department отде́л возвра́та
поку́пок (в магази́не)
returned goods
возвраще́нный това́р
returned lot
возвраще́нная па́ртия изде́лий
return on equities
дохо́ды от а́кций
return postage
опла́ченный почто́вый отве́т
return to profitability
вновь стать рен− та́бельным
revaluation of assets
переоце́нка фо́ндов
revenue bonds облига́ция,
обеспе́чиваемая дохо́дами
от определе́нного объе́кта
(например, платно́го шоссе́)
revise 1. пересмотре́ть /
пересма́тривать (+ acc.), v.; 2. ис-
правля́ть / испра́вить (+ acc.), v.
revised draft of a contract
перерабо́танный прое́кт контра́кта
revised prices
пересмо́тренные це́ны
revised text   испра́вленный текст
revocation
1. отме́на, f.; 2. аннули́рование, n.
revocation of a license
аннули́рование лице́нзии

revoke 1. отменя́ть /
отмени́ть (+ acc.), v.; 2. аннули́ро-
вать (+ acc.), v.; 3. отбира́ть /
отобра́ть (y + gen.; + acc.), v.;
4. снима́ть / снять (+ acc.), v.
revoke a patent
аннули́ровать пате́нт
revoke the power of attorney
отбира́ть / отобра́ть дове́ренность
revoked authority
сня́тые полномо́чия
revolving credit автомати́чески
возобновля́емый креди́т
right 1. пра́во, n.; 2. компете́н-
ция, f.; 3. пра́вильно, adv.; 4. ве́р-
ный, adj.; 5. пра́вильный, adj.;
6. дове́ренность, f.
right of appeal 1. пра́во на апел-
ля́цию; 2. пра́во на обжа́лование
right of each of the parties
пра́во ка́ждой из сторо́н
right of first signature
пра́во пе́рвой по́дписи
right of purchase
пра́во на поку́пку
right of redemption of securities
пра́во вы́купа це́нных бума́г
right of refusal пра́во на отка́з
right of sale пра́во прода́жи
right of veto пра́во "ве́то"
right-of-way 1. полоса́
отчужде́ния; 2. пра́во прохо́да
right to a signature
пра́во на по́дпись (докуме́нтов)
right to cancel an order
пра́во на отме́ну зака́за
right to export   пра́во на э́кспорт
right to export document
вывозно́й докуме́нт
right to import пра́во на и́мпорт
right to sign by proxy
дове́ренность на пра́во по́дписи
rights of administration
компете́нция дире́кции
rights of management
компете́нция правле́ния
rigid management
жёсткое регули́рование
rise in the exchange rate
рост валю́тного ку́рса
rise of ... points

повыше́ние на ... пу́нктов

risk 1. риск, m.; 2. страхово́й риск;
3. рискова́ть (+ inst.), v.

risk aversion   боя́знь ри́ска

risk capital
капита́л, вкла́дываемый в
риско́ванное предприя́тие

risk has passed to the buyer
риск перешёл на покупа́теля

risk of accidental loss of goods
риск случа́йной утра́ты това́ра

risk of default on payment
for received goods   риск
неопла́ты полу́ченного това́ра

risk of freezing export receipts
ри́ски замора́живания э́кспортной
вы́ручки

risk of improper delivery
риск ненадлежа́щей поста́вки

risks   ри́ски (финансовые
или страховые), pl.

risky   риско́ванный, adj.

risky business   1. риско́ванный
би́знес; 2. опа́сное де́ло

risky investment
риско́ванное вложе́ние де́нег

road construction
доро́жное строи́тельство

roadside advertisement
придоро́жная рекла́ма

robot   ро́бот, m.

robotics   робототе́хника, f.

rock-bottom price
са́мая ни́зкая цена́

rocket fuel   раке́тное то́пливо

roil prices   наруша́ть / нару́шить
стаби́льность цен

roll-over credit   креди́т с
периоди́чески пересма́триваемой
проце́нтной ста́вкой

roll plotter   руло́нный пло́ттер

root out
устраня́ть / устрани́ть в ко́рне

rough draft   1. прики́дка, f.;
2. черново́й вариа́нт

round lot   лот (партия ценных
бумаг, принятая за единицу
измерения при купле-продаже на
бирже, например, 100 акций), m.

royalties   1. лицензио́нные
платежи́; 2. ро́ялти, only pl.

rubber check   чек без
де́нежного обеспече́ния (slang)

ruble   рубль, m.

ruble equalization fund
фонд стабилиза́ции рубля́

ruble exchange rate   курс рубля́

ruble is covered by goods
1. рубль име́ет твёрдое обеспе-
че́ние; 2. рубль име́ет това́рное
обеспече́ние

ruble purchasing power
покупа́тельная спосо́бность рубля́

ruble stabilization fund
фонд стабилиза́ции ку́рса рубля́
(необходим для превращения
рубля в твердую валюту)

ruined reputation
поте́рянная репута́ция

run   1. пробе́г, m.; 2. ход, m.;
3. набе́г, m.; 4. бе́гать /
бежа́ть (в + асс.), v.

run a business   1. вести́ де́ло;
2. руководи́ть компа́нией

run full tilt
рабо́тать на по́лную мо́щность

run on a bank   пани́ческое
изъя́тие вкла́дов из ба́нка

run on an insurer
пани́ческое изъя́тие клие́нтами
средств из страхово́й компа́нии

rush order   сро́чный зака́з

Russianized
русифици́рованный, adj.

Russianized computer software
русифици́рованный програ́мный
проду́кт

Russianized printer
русифици́рованный при́нтер

S

safe   1. сейф, m.; 2. надёжный, adj.;
3. ве́рный, adj.; 4. безопа́сный, adj.

safety-deposit box
небольшо́й сейф в ба́нке
для хране́ния це́нностей

safety regulations
пра́вила те́хники безопа́сности

sagging prices   па́дающие це́ны

salaried employees

сотру́дники на окла́де (в отличие
от почасовиков)

salary 1. окла́д, m.; 2. зарпла́та, f.;
3. жа́лованье, n.

salary adjustment регули́рование
разме́ра зарпла́ты (например, в
связи с ростом стоимости жизни)

salary brackets 1. диапазо́н
зарпла́т; 2. ви́лка зарпла́т

salary deductions
1. отчисле́ния из зарпла́ты;
2. вы́четы из зарпла́ты

sale 1. прода́жа, f.; 2. сбыт, m.;
3. распрода́жа, f.

sale in large quantities
ма́ссовая прода́жа

sale market рыно́к сбы́та

sale of a seat on the Exchange
прода́жа бро́керского ме́ста

sale of assets 1. прода́жа иму́щест-
ва; 2. реализа́ция иму́щества

sale of contracts
прода́жа контра́ктов

sale of property 1. прода́жа иму́-
щества; 2. реализа́ция иму́щества

sale of securities
прода́жа це́нных бума́г

sale of shares прода́жа а́кций

sale price прода́жная цена́

sales account счет реализа́ции

sales branch торго́вое отделе́ние
промы́шленной фи́рмы

sales curve крива́я сбы́та

sales department отде́л сбы́та

sales manager 1. заве́дующий
сбы́том; 2. ме́неджер по прода́жам

sales proceeds вы́ручка от прода́ж

sales tax нало́г с прода́жи

salesman продаве́ц, m.

sample образе́ц, m.

sample of goods това́рный образе́ц

sample of handwriting
образе́ц по́черка

sample stipulated in a contract
образе́ц ука́занный в контра́кте

sampling inspection
вы́борочная прове́рка

sampling procedure
те́хника взя́тия образца́

sanction
1. са́нкция, f.; 2. штраф, m.

sanction clause
огово́рка о са́нкциях

sanction for damages
са́нкция за нанесе́ние ущерба́

**sanction for the violation
of a contract** са́нкция
за наруше́ние контра́кта

**sanctions against something
or somebody** са́нкции про́тив
чего́-либо и́ли кого́-либо

sanctions for violation
са́нкции за наруше́ние

satellite dish 1. спу́тниковая
анте́нна; 2. таре́лка (colloquial), f.

satisfy 1. выполня́ть /
вы́полнить (+ acc.), v.; 2. отвеча́ть
/ отве́тить тре́бованиям;
3. соотве́тствовать (+ dat.), v.;
4. удовлетворя́ть /
удовлетвори́ть (+ acc.; + dat.), v.

satisfy an agreement
выполня́ть / вы́полнить догово́р

satisfy demand удовлетворя́ть /
удовлетвори́ть спрос

satisfy the demands
отвеча́ть / отве́тить тре́бованиям

saturation of the market
насыще́ние ры́нка

save 1. де́лать / сде́лать
сбереже́ния; 2. сберега́ть /
сбере́чь (+ acc.), v.; 3. эконо́мить
/ сэконо́мить (+ acc.), v.

savings 1. вклад, m.; 2. сбере-
же́ния, pl.; 3. накопле́ния, pl.

savings account
сберега́тельный счет

savings account deposit
вклад на сберега́тельный счет

savings and loan bank
ссу́до-сберега́тельный банк

savings bank
сберега́тельная ка́сса

savings bonds
сберега́тельные облига́ции

savings book 1. сберега́тельная
кни́жка; 2. сберкни́жка, f.

savings deposit
сберега́тельный вклад

savings rate но́рма сбереже́ния

scarce goods дефици́тные това́ры

schedule 1. расписа́ние, n.;

2. гра́фик, m.; 3. намеча́ть / наме́тить (+ асс.), v.; 4. плани́ро-
вать / заплани́ровать (+ асс.), v.;
5. устана́вливать / установи́ть (+ асс.), v.

schedule a meeting
назнача́ть / назна́чить встре́чу

schedule overtime   устана́вливать / установи́ть гра́фик сверхуро́чных рабо́т

schedule a visit   устана́вливать / установи́ть сро́ки визи́та

scheduled airline
регуля́рная авиали́ния

scheduled completion date
заплани́рованная да́та оконча́ния рабо́т

scheduled inspection
заплани́рованная прове́рка

scheduled shipment
заплани́рованная отгру́зка

scientific   нау́чный, adj.

scientific community
нау́чная обще́ственность

scientific discovery
нау́чное откры́тие

scientific marketing   нау́чно обосно́ванные ме́тоды сбы́та

scope of duties   круг обя́занностей

screening   1. отбо́р, m.; 2. тща́тель-
ная прове́рка; 3. отсе́ивание, n.

screening of job applicants
прове́рочный отбо́р соиска́телей на заполне́ние рабо́чих вака́нсий

screening procedures
прове́рочные форма́льности

seal   1. печа́ть, f.;
2. штамп, m.; 3. опеча́тывать / опеча́тать (+ асс.), v.; 4. закле́и-
вать / закле́ить (+ асс.), v.

seal of approval   знак ка́чества

sealed bid   1. закры́тые торги́;
2. та́йные торги́

search   1. по́иск, m.; 2. обы́скивать / обы́скать (+ асс.), v.

season   1. сезо́н, m.; 2. вре́мя го́да

season opening   откры́тие сезо́на

season ticket   1. абонеме́нт, m.;
2. многора́зовый биле́т

seasonal   1. сезо́нный, adj.;
2. вре́менный, adj.

seasonal demand   сезо́нный спрос

seasonal fluctuations
сезо́нные колеба́ния

seasonal trade   сезо́нная торго́вля

seasonal worker   1. сезо́нный рабо́чий; 2. сезо́нник, m.

seasonally adjusted data   да́нные с попра́вкой на сезо́нные колеба́ния

seat on the Exchange
бро́керское ме́сто

second   1. второ́й, adj.; 2. повто́р-
ный, adj.; 3. второсо́ртный, adj.

second appeal
повто́рное обжа́лование

second choice
ме́нее жела́тельный вы́бор

second mortgage   перезало́женная недви́жимая со́бственность

second-rate   1. второсо́ртный, adj.;
2. низкока́чественный, adj.

second reminder
повто́рное напомина́ние

secondary data sources
втори́чные исто́чники информа́ции

secondhand dealer   переку́пщик, m.

secretary   1. секрета́рь, m.;
2. мини́стр (США), m.

Secretary General
Генера́льный Секрета́рь

Secretary of Commerce
мини́стр торго́вли (США)

Secretary of Energy
мини́стр энерге́тики (США)

Secretary of the Treasury
мини́стр фина́нсов (США)

secure   1. безопа́сный, adj.;
2. надёжный, adj.; 3. гаранти́ро-
ванный, adj.; 4. обеспе́чивать / обеспе́чить (+ асс.), v.; 5. гаран-
ти́ровать (+ асс.), v.; 6. получа́ть / получи́ть (+ асс.), v.

secure a loan
получа́ть / получи́ть заём

secure an order
получа́ть / получи́ть зака́з

secure consent   заруча́ться / заручи́ться согла́сием

secure profits
получа́ть / получи́ть при́были

secured bonds   облига́ции со специа́льным обеспече́нием

secured loan
заём с обеспечéнием
securities   цéнные бумáги
(напримéр, акции, облигации)
securities analyst
специалúст в óбласти анáлиза
рúнка цéнных бумáг
securities broker   брóкер по опе-
рáциям с цéнными бумáгами
securities dealer
торгóвец цéнными бумáгами
securities exchange
фóндовая бúржа
securities holdings
портфéль цéнных бумáг
securities market
рúнок цéнных бумáг
securities movement
движéние цéнных бумáг
securities trade
торгóвля цéнными бумáгами
securities transactions
операции с цéнными бумáгами
securities yield   процéнтный
дохóд от цéнных бумáг
security broker
1. биржевóй брóкер;
2. торгóвец цéнными бумáгами
security by an advance
обеспечéние задáтком
security firm   фúрма по
кýпле-продáже цéнных бумáг
security guard
1. охрáнник, m.; 2. вахтёр, m.
security measures   мéры по
обеспечéнию безопáсности
security of a loan
обеспечéние ссýды
security of contractual
obligations   обеспечéние
договóрных обязáтельств
security system
систéма безопáсности
see a delegation off   провожáть /
проводúть делегáцию
seed capital   подготовúтельные
затрáты капитáла
seed money   дéньги на
первоначáльное обзаведéние
seek consent
добивáться / добúться соглáсия

segregation from foreign markets
полúтика ограничéния дóступа
к мировúм рúнкам
seizure of a debtor's property
to secure the demands of a
creditor   наложéние арéста на
имýщество должникá в цéлях
обеспечéния трéбований
кредитóра
select   1. выбирáть / вúбрать (в +
асс.; + асс.), v.; 2. отбирáть /
отобрáть (у + gen; + асс.), v.
select the currency of a
transaction   выбирáть / вúбрать
валюту сдéлки
select the method of payment
выбирáть / вúбрать фóрму
оплáты
selective advertising   реклáма,
расчúтанная на определéнные
группы потребúтелей
self-adjusting economy
саморегулúрующаяся эконóмика
self-cost   1. ценá, рáвная себестóимости; 2. себестóимость, f.
self-employed individual
человéк, рабóтающий на себя
self-financing   1. самофинансú-ро-
вание, n.; 2. хозрасчёт, m.
self-financing enterprise
хозрасчётное предприятие
self-financing of currency
expenditures   валютное
самофинансúрование
self-financing organizations
хозрасчётные организáции
self-management
самоуправлéние, n.
self-service   самообслýживание, n.
self-sufficiency   самоокупáемость
(получéние прибыли, по мéньшей
мéре равной устанóвленной
минимáмльной нóрме), n.
self-sufficiency in currency
earnings   валютная самоокупáемость
sell
1. продавáть / продáть (+ асс.), v.;
2. сбывáть / сбыть (+ асс.), v.
sell a bill of goods   1. обмáнывать /
обманýть (+ асс.), v.; 2. сбывáть /

сбыть негодный товар (colloquial)
sell a license   продавать / продать
лицензию
sell as is
продавать / продать так, как есть
sell at an auction   1. продавать /
продать с молотка; 2. продавать /
продать на аукционе
sell at reduced rates   продавать /
продать по пониженному курсу
(цене)
sell below cost
продавать / продать в убыток
sell goods at an auction   продавать
/ продать товары на аукционе
sell information
продавать / продать информацию
sell manufactured goods
wholesale and retail   продавать /
продать продукцию оптом
и в розницу
sell-off   полная распродажа
sell on commission
продавать / продать на
комиссионных началах
sell order   приказ о продаже
(например, ценных бумаг)
sell something at cost
продавать / продать что-либо
по себестоимости
sell something at premium
продавать / продать что-либо
с надбавкой к цене
sell wholesale
продавать / продать оптом
seller   продавец, m.
seller's expenses
расходы продавца
seller's fault   вина продавца
sellers' market   1. выгодное для
продаж время (спрос превышает
предложение); 2. рынок продавца
seller's price   цена продавца
(выгодная для продажи)
seller's refusal   отказ продавца
seller's risk   риск продавца
selling   1. продажа, f.; 2. сбыт, m.
selling aids   демонстрационный
и рекламный материал
selling commission
комиссионные за продажу

selling expenses
расходы на продажу
selling goods on consignment
консигнационная операция
selling license   лицензия
на право сбыта и продажи
selling price   продажная цена
semifinished goods
1. полуфабрикаты, pl.;
2. полуобработанные изделия
send   1. посылать / послать (по
+dat.; в + acc.; + acc.), v.;
2. высылать / выслать (по + dat.;
в + acc.; + acc.), v.; 3. отправлять
/ отправить (по + dat.; в + acc; +
acc.), v.
send a catalogue
высылать / выслать каталог
send an inquiry
посылать / послать запрос
send a price list to a customer
посылать / послать прейскурант
заказчику
send a sample
высылать / выслать образец
send a team of experts for the
supervision of something
посылать / послать группу
специалисто для осуществления
надзора над чем-либо
send confirmation   посылать /
послать подтверждение
sender   адресант, m.
sending a reminder to the
addressee   направление
напоминания адресату
senior broker on the Exchange
гоффброкер, m.
sensitive information
информация для узкого круга
separate paragraph   1. отдельный
параграф; 2. отдельный абзац
separation payment
выходное пособие
series of tests   серия испытаний
serious   1. серьёзный, adj.;
2. крупный, adj.
serious defect   крупный дефект
serious negligence
серьёзное упущение
seriousness of intentions

серьёзность намерений
serve as collateral
служить обеспечением
service   1. сервис, m.; 2. обслуживание, n.; 3. стаж, m.; 4. работа, f.;
5. услуга, f.
service appeal   привлечение
покупателей высоким
уровнем обслуживания
service bureau
бюро обслуживания
service charge   счет за услуги
service department
отдел обслуживания
service expenses
расходы на обслуживание
service fee
вознаграждение за услуги
service for currency
валютный сервис
service manual   инструкция по
обслуживанию (например,
оборудования)
service mark   знак обслуживания
(относится к сфере услуг,
а не к продаваемым товарам)
service oriented industries
предприятия сферы услуг
service station   бензоколонка, f.
services offered by an agency
услуги, предлагаемые агенством
session   1. сессия, f. 2. торговый
день на бирже
set   1. набор, m.; 2. комплект, m.;
3. ряд, m.; 4. устанавливать /
установить (+ acc.), v.; 5. распола-
гать / расположить (+ acc.), v.; 6.
назначать / назначить (+ acc.), v.
**set aside $ ... million of reserves
to cover loan losses**   откладывать /
отложить ... миллионов
долларов в резервный фонд
на покрытие кредитных потерь
set aside money
откладывать / отложить деньги
(на какие-либо цели)
set of documents
пакет документов
set price   установленная цена
set the cost
назначать / назначить стоимость

set up an account
открывать / открыть счет
setting-up prices on the Exchange
котировка цен на бирже
settle   урегулировать (+ acc.), v.
settle accounts with a bank
производить / произвести
расчеты с банком
settle a dispute   урегулировать
спор или конфликт
settle an account   расплачиваться
/ расплатиться по счету
settle a suit without a trial
договариваться / договориться
об урегулировании иска без
судебного разбирательства
settlement   урегулирование, n.
settlement of a claim
удовлетворение иска
**settlement of a dispute by
arbitration**   разрешение спора
в арбитраже
settlement payments   платежи
по урегулированию счетов
severance pay   выходное пособие
sex discrimination
дискриминация по признаку пола
shadow economy   теневая экономика (часть экономики незаконно
скрытая от утвержденных мер
контроля и налогообложения)
share   1. доля, f.; 2. пай, m.; 3. участие, n.; 4. акция, f.; 5. делить /
разделить (+ acc.), v.; 6. разде-
лять / разделить (+ acc.), v.;
7. участвовать (в + prep.), v.
**share of durables in the total
imports**   доля товаров длительного
потребления в общем импорте
share of exports   доля экспорта
**share of finished products
in the total exports**   доля
готовой продукции в
общем объеме экспорта
share of foreign trade
доля иностранной торговли
share of imports   доля импорта
share the expenses   принимать /
принять участие в расходах
shareholder
1. держатель акций; 2. пайщик, m.

shareholder suit against a
company   иск, возбуждённый владельцем акций против компании
shareholders' rights   права вла-
дельцев акций (в отношении
ведения дел в их компании)
shareholdings   пакет акций
shares rallied in London
акции пошли резко вверх
на лондонской бирже
sharp increase in unemployment
1. всплеск безработицы;
2. резкий рост безработицы
shelf lifetime
срок хранения продуктов
shelves in the store   прилавки, pl.
shipment   1. отгрузка, f.;
2. отправление груза; 3. партия
отправленного товара
shipment of cargo   отправка груза
shipment under a long-term
agreement   отгрузка по
долгосрочному соглашению
shipments by air
воздушные перевозки
shipments by rail
железнодорожные перевозки
shipped goods   отгруженный товар
shipped quantity
отгруженное количество
shipper   грузоотправитель, m.
shipping   1. отгрузка, f.;
2. погрузка, f.; 3. транспорти-
ровка, f.; 4. перевозка, f.
shipping charges
счет за перевозку
shipping company
транспортная компания
shipping costs
транспортные затраты
shipping day
день отгрузки товара
shipping documents
1. грузовые документы;
2. отгрузочные документы
shipping instructions
инструкции по отправке товара
shipping order   накладная в пути
shipping rates   фрахтовые ставки
shipping season
навигационный период

shock therapy   1. применение
крутых мер; 2. шоковая терапия
(например, в экономике)
shoe store   обувной магазин
shop   1. магазин, m.; 2. цех, m.;
3. ходить / пойти за покупками;
4. шоп, m.
shopper's membership card
1. визитная карточка покупателя
(удостоверение на право
пользования закрытым магазином);
2. визитка (colloquial), f.
shopping area   торговый район
shopping center   торговый центр
shopping mall   отдельно стоящий
торговый центр
shortage   1. недостаток, m.;
2. дефицит, m.; 3. нехватка, f.
shortage in the amount of ...
недостача в количестве ...
shortage in weight 1. весовая
недостача; 2. недовес, m.
shortage of capital
нехватка капитала
shortage of cash
нехватка наличных денег
shortage of fuel   нехватка топлива
shortage of goods   1. недостаток
товаров; 2. нехватка товаров
shortage of goods caused
by illegal activities
криминогенный дефицит товаров
shortage of orders
нехватка заказов
shortsighted policy
недальновидная политика
short-term   краткосрочный, adj.
short-term appointment
кратковременное назначение
на какую-либо должность
short-term assets   1. ликвидные
активы; 2. краткосрочные активы
short-term borrowing
краткосрочный заём
short-term credit
краткосрочный кредит
short-term debt
краткосрочная задолженность
short-term forecasting
краткосрочное прогнозирование
short-term funds

краткосро́чный капита́л

short-term insurance
краткосро́чное страхова́ние

short-term loan
краткосро́чный заём

short-term operation
краткосро́чная опера́ция

short-term project
краткосро́чный прое́кт

short-term rates но́рма проце́нта по краткосро́чным це́нным бума́гам

short-term test
краткосро́чное испыта́ние

short ton коро́ткая (ма́лая) то́нна

show a loss пока́зывать / показа́ть убы́ток (наприме́р, в фина́нсовом отче́те)

showroom 1. демонстрацио́нный зал; 2. вы́ставочный зал; 3. сало́н, m.

shrinkage of deficit
сокраще́ние дефици́та

sick pay посо́бие по боле́зни

sign 1. знак, m.; 2. вы́веска, f.; 3. при́знак, m.; 4. подпи́сывать / подписа́ть (+ acc.), v.

sign a contract with a company
подпи́сывать / подписа́ть контра́кт с компа́нией

sign an acceptance certificate
подпи́сывать / подписа́ть акт сда́чи-прие́мки

sign something by proxy
подпи́сывать / подписа́ть что-ли́бо по дове́ренности

signalization system
сигнализацио́нная систе́ма

signature on an examination report по́дпись на а́кте эксперти́зы

signed act подпи́санный акт

signed opinion подпи́санное заключе́ние (наприме́р, экспе́рта)

significant damage
значи́тельное поврежде́ние

signing подписа́ние, n.

signing of an order 1. подписа́ние о́рдера; 2. подписа́ние прика́за

signing of an examination report
подписа́ние а́кта эксперти́зы

signing procedure
процеду́ра подписа́ния

signs of economic cooling
при́знаки спа́да в эконо́мике

silver bullion серебро́ в сли́тках

similar price аналоги́чная цена́

similar trademarks
схо́дные това́рные зна́ки

sincere assurance
и́скренние заве́рения

sinecure 1. синеку́ра, f.; 2. "кормушка" (slang)

single 1. еди́нственный, adj.; 2. одино́чный, adj.; 3. рассчи́танный на одного́

single firm monopoly
1. индивидуа́л-монополи́ст, m; 2. монопо́лия одно́й компа́нии

single rate
еди́ная ста́вка (наприме́р, опла́ты)

single-use goods това́ры одноразо́вого по́льзования

sinking fund 1. фонд погаше́ния задо́лженности; 2. выкупно́й фонд

skyrocketing prices
1. чрезвыча́йный рост цен; 2. взлета́ющие це́ны

slash prices ре́зко уменьша́ть / уме́ньшить це́ны

slide of stock prices постепе́нное паде́ние цен на а́кции

slowdown
1. замедле́ние, n.; 2. спад, m.

slowdown of reforms
торможе́ние рефо́рм

slow-moving goods
неликви́ды, only pl.

small 1. ма́ленький, adj.; 2. ме́лкий, adj.; 3. незначи́тельный, adj.; 4. небольшо́й, adj.

small business
1. ме́лкий би́знес; 2. ма́лый би́знес

small concession
небольша́я усту́пка

small entrepreneur
ме́лкий предпринима́тель

small loan небольша́я ссу́да

small lot
небольша́я па́ртия изде́лий

small-time vendor
ме́лкий торго́вец

smart money   отступно́й зада́ток
social   1. социа́льный, adj.;
2. обще́ственный, adj.
social-cultural objective funds
фо́нды социа́льно-культу́рного
разви́тия (назначения)
social infrastructure
социа́льная инфраструкту́ра
social welfare
социа́льное обеспече́ние
socioeconomic status
социальноэкономи́ческий ста́тус
soft   1. мя́гкий, adj.;
2. льго́тный, adj.; 3. неконвер-
ти́руемый, adj.; 4. безалкого́ль-
ный, adj.; 5. упа́дочный, adj.
soft credit   льго́тный креди́т
soft currency
неконверти́руемая валю́та
soft drinks
безалкого́льные напи́тки
soft market   ры́нок в упа́дке
soft packaging   мя́гкая упако́вка
software   1. програ́ммный проду́кт;
2. математи́ческое обеспече́ние
компью́теров
software package
1. паке́т програ́м (computer);
2. компле́кт математи́ческого
обеспече́ния компью́теров
software specialist   специали́ст по
компью́терному математи́ческому
обеспече́нию
sold goods   про́данные това́ры
sole   1. еди́нственный, adj.;
2. единоли́чный, adj.;
3. исключи́тельный, adj.
sole licensee   единоли́чный
облада́тель лице́нзии
sole owner
еди́нственный владе́лец
sole right   1. исключи́тельное
пра́во; 2. монопо́льное пра́во
solid   1. тве́рдый, adj.; 2. наде́ж-
ный, adj.; 3. респекта́бельный, adj.
solid fuel   тве́рдое то́пливо
solid reputation   1. соли́дная репу-
та́ция; 2. усто́йчивая репута́ция
solvent   1. наде́жный, adj.;
2. ликви́дный, adj. 3. кредитоспо-
со́бный, adj.

solvent bank
кредитоспосо́бный банк
solvent company   компа́ния в хо-
ро́шем фина́нсовом положе́нии
sound   1. наде́жный, adj.;
2. кредитоспосо́бный, adj.
sound bank   наде́жный банк
sound finances
хоро́шее фина́нсовое состоя́ние
source   исто́чник, m.
source of information
исто́чник информа́ции
source of revenue
исто́чник дохо́да
sources of budget receipts
исто́чники поступле́ний в бюдже́т
sources of supply
исто́чники снабже́ния
soured investment
неоправда́вшая себя́ инвести́ция
speak up   выска́зываться /
вы́сказаться (о + prep.), v.
special   1. специа́льный, adj.;
2. осо́бый, adj.
special authority
осо́бые полномо́чия
special current account
специа́льный теку́щий счет
special delivery   сро́чная доста́вка
special instructions
1. специа́льные инстру́кции;
2. специа́льная маркиро́вка
special rights   осо́бые права́
specialization of trade
специализа́ция торго́вли
specialized
специализи́рованный, adj.
specialized bank
специализи́рованный банк
specialized exhibition
специализи́рованная вы́ставка
specialized fair
специализи́рованная я́рмарка
specialized firm
специализи́рованная фи́рма
specialty store
специализи́рованный магази́н
specification   1. специфика́ция, f.;
2. пе́речень, m.; 3. инстру́кция, f.
specification data
да́нные специфика́ции

specification table
табли́ца в специфика́ции
specification under a contract
специфика́ция по контра́кту
specific date   конкре́тный срок
specified   1. ука́занный, adj.;
2. устано́вленный, adj.;
3. затре́бованный, adj.
specified quantity
ука́занное коли́чество
specified sanctions
оговоре́нные са́нкции
specify the terms of a proposed
agreement   уточня́ть / уточни́ть
усло́вия предполага́емого
соглаше́ния
speculate   1. игра́ть (на би́рже);
2. спекули́ровать (на + prep.;
+ inst.), v.; 3. предполага́ть /
предположи́ть (+ acc.), v.
speculate on the Exchange
1. спекули́ровать на би́рже;
2. игра́ть на би́рже
speculative   1. спекуляти́вный, adj.;
2. риско́ванный, adj.;
3. умозри́тельный, adj.
speculative activity
спекуляцио́нная де́ятельность
speculative grade corporate bonds
облига́ции компа́ний, облада́ющие
ни́зкой сте́пенью наде́жности
(риск оправдывается более
высоким процентом прибыли)
speed up
ускоря́ть / уско́рить (+ acc.), v.
speed up a process
ускоря́ть / уско́рить проце́сс
speed up collection   ускоря́ть /
уско́рить сбор задо́лженностей
speed up delivery
ускоря́ть / уско́рить поста́вку
speedy conclusion of a contract
сро́чное заключе́ние контра́кта
spending   де́нежные затра́ты
spend money on defense
затра́чивать / затра́тить де́ньги
на оборо́ну
sphere of exchange   сфе́ра обме́на
spike in prices   ре́зкое
кратковре́менное повыше́ние цен
spiralling costs   ре́зко

увели́чивающиеся расхо́ды
split order   зака́з на поку́пку
а́кций па́ртиями по ра́зным
це́нам (finance)
spoiled goods   испо́рченные това́ры
sponsor   1. спо́нсор, m.; 2. покрови́-
тель, m.; 3. рекламода́тель, m.
spontaneous invitation
1. спонта́нное приглаше́ние;
2. вдруг да́нное приглаше́ние
spot   1. нали́чный, adj.; 2. немéд-
ленно опла́чиваемый; 3. спот
(сделка по наличному расчету
с немедленной доставкой)
(finance), m.
spot broker   бро́кер по ку́пле-
прода́же нали́чного това́ра
spot contract
догово́р на реа́льный това́р
spot market
ры́нок нали́чного това́ра
spot market price
цена́ на ры́нке нали́чного това́ра
spot price   нали́чная цена́ това́ра
(при немедленном расчёте)
spot rate   1. курс "спот";
2. нали́чный курс валю́т (расчеты
по курсу производятся не
позднее следующего дня)
spot transaction
сде́лка за нали́чный това́р
spring fair   весе́нняя я́рмарка
spur investments
стимули́ровать инве́стмент
stability of currency
усто́йчивость валю́ты
stabilization   стабилиза́ция, f.
stabilization fund   фонд стабили-
за́ции (например, экономики)
stable   1. усто́йчивый, adj.;
2. надёжный, adj.
stable ruble   усто́йчивый ру́бль
stagnation
1. стагна́ция, f.; 2. засто́й, m.
stake in a company
до́ля уча́стия в компа́нии
stamp   1. печа́ть, f.; 2. штамп, m.;
3. ма́рка, f.
stamp-duty   ге́рбовый сбор
stamp for certificates
печа́ть для спра́вок

stamp on an application
штамп на заявке
stamped document
документ с печатью
standard   1. стандарт, m.;
2. уровень, m.; 3. типовой, adj.;
4. установившийся, adj.
standard accounting practices
общепринятые бухгалтерские
методы
standard contract
типовой контракт
standard deductions
стандартный вычет из доходов
(не подлежащий обложению
налогом)
standard lot   партия изделий
стандартного размера
standard offer   1. обычное предложение; 2. стандартная оферта
standard of living   уровень жизни
standard practice
общепринятая практика
standard procedure
общепринятые методы
standard test   1. типовое
испытание; 2. стандартный тест
standardization of documents
стандартизация документов
staple diet
основные продукты питания
staple food   основные виды
продовольствия или питания
(например, рис, сахар и пр.)
start   1. начало, n.; 2. старт, m.;
3. начинать / начать (+ acc.), v.;
4. открывать / открыть (+ acc.), v.;
5. основывать /
основать (+ acc.), v.
start construction
начинать / начать строительство
start-up costs   издержки, связанные с освоением производства
starting rate   начальная ставка
state   1. государство, n.;
2. штат, m.; 3. состояние
(например, дел), n.; 4. констатировать (+ acc.), v.
state agency
государственное агенство
state arbitration

государственный арбитраж
state control
государственный контроль
state enterprise
государственное предприятие
state inspection certificate
сертификат государственной
инспекции
State Insurance Control Agency
Государственный Страховой
Надзор
state of affairs   состояние дел
state of the art   состояние
техники (patent)
state order
государственный заказ
state-owned bank
государственный банк
state-owned sector of the
economy   1. государственный
сектор; 2. госсектор, m.
state price   государственная цена
state property
государственная собственность
state protection
государственная защита
state register of insurance
companies   государственный
реестр страховых компаний
state regulated prices
государственные расценки
state regulations
государственные предписания
state subsidies
государственные субсидии
state tariff
государственный тариф
state the facts
констатировать факты
stated   1. объявленный, adj.;
2. указанный, adj.;
3. установленный, adj.
stated defect   заявленный дефект
stated dividends
объявленные дивиденды
statement   1. отчёт, m.;
2. ведомость, f.; 3. заявление, n.
statement of a current
account   выписка из текущего
счёта
statement of claim

исково́е заявле́ние
statement of defense
заявле́ние отве́тчика
statement of demand
заявле́ние тре́бования
statistical   статисти́ческий, adj.
statistical analysis
статисти́ческий ана́лиз
statistical bulletin
статисти́ческий бюллете́нь
statistical data
статисти́ческие вы́кладки
statistical information
статисти́ческая информа́ция
statistical test
статисти́ческая прове́рка
statistics   стати́стика, f.
statute   1. зако́н, m.;
2. положе́ние (law), n.
statute of limitation
исково́я да́вность
steady market   усто́йчивый ры́нок
steal information
укра́сть информа́цию
step up sales   увели́чивать /
увели́чить объём прода́ж
sticker price
прейскура́нтная цена́
stipulated   1. ука́занный, adj.;
2. предусмо́тренный, adj.
stipulated loan
обусло́вленная ссу́да
stipulated price   цена́
предусмо́тренная соглаше́нием
stock   1. запа́с, m.; 2. основно́й
капита́л; 3. а́кции, pl.;
4. акционе́рный капита́л
stock buyer   покупа́тель а́кций
stock company   акционе́рное
о́бщество и́ли компа́ния
stock exchange   фо́ндовая би́ржа
stock exchange bulletin
биржево́й бюллете́нь
stock exchange price
биржева́я цена́
stock exchange regulations
пра́вила фо́ндовой би́ржи
stock exchange transaction
биржева́я сде́лка
stock market   1. биржево́й ры́нок;
2. би́ржа, f.; 3. фо́ндовая би́ржа

stock market arbitration
биржево́й арбитра́ж
stock market boom   биржево́й бум
stock market crash   биржево́й крах
stock offer   прода́жа но́вых а́кций
stock option
опцио́н на поку́пку а́кций
stock price   цена́ а́кций
stock price average
и́ндекс ку́рсов а́кций
stock price on the stock exchange
курс а́кций на би́рже
stock purchase warrant   ва́ррант на
поку́пку це́нных бума́г (сертифи-
ка́т на покупку по фиксированной
цене определенного количества
ценных бумаг в тече́ние уста-
но́вленного пери́ода вре́мени)
stock quotation   котиро́вка а́кций
stock seller   продаве́ц а́кций
stock split   дробле́ние а́кций
(выпуск новых акций с меньшим
номиналом взамен старых)
stock subscription right   пра́во
акционе́ров на подпи́ску на а́кции
stock tender offer   предложе́ние
о ску́пке а́кций
stock volatility   непостоя́нство
в це́нах на а́кции
stocks with low risk
надёжные а́кции
stockbroker   1. биржево́й бро́кер;
2. ма́клер, m.
stockholder   1. держа́тель а́кций;
2. па́йщик, m.
stockholder's equity   до́ля акцио-
не́ра в со́бственных сре́дствах
компа́нии
stop contacts   прекраща́ть /
прекрати́ть конта́кты
stop-gap credit
креди́т для покры́тия дефици́та
storage   1. хране́ние, n.;
2. храни́лище, n.; 3. склад, m.
storage at the buyer's expense
хране́ние за счет покупа́теля
storage charges   счет за хране́ние
storage fee   пла́та за хране́ние
storage of data   хране́ние да́нных
storage of spare parts
хране́ние запасны́х часте́й

storage space   складска́я пло́щадь
store   1. магази́н, m.; 2. запа́с, m.;
3. храни́ть (+ асс.), v.
store sign   магази́нная вы́веска
store that sells goods for hard
currency   валю́тный магази́н
store window   витри́на магази́на
store goods at a warehouse
храни́ть това́ры на скла́де
store prices   магази́нные це́ны
stored cargo   груз на скла́де
storeroom   кладова́я, f.
stores for priveleged groups of
consumers   магази́ны для
льго́тных слое́в населе́ния
(например, для ветеранов
войны, молодоженов и пр.)
straight piece rate   пряма́я
сде́льная за́работная пла́та
strained finances   напряже́нное
фина́нсовое положе́ние
strengthen   1. укрепля́ть /
укрепи́ть (+ асс.), v.; 2. улучша́ть
/ улу́чшить (+ асс.), v.
strengthening economy
улучша́ющаяся эконо́мика
strengthening of contacts
укрепле́ние конта́ктов
strike   1. забасто́вка, f.; 2. ударя́ть /
уда́рить (+ асс.), v.; 3. заключа́ть /
заключи́ть (+ асс.), v.
strike a bargain
заключа́ть / заключи́ть сде́лку
strong   1. си́льный, adj.;
2. большо́й, adj.; 3. акти́вный, adj.
strong demand   си́льный спрос
strong demand for products
большо́й спрос на това́ры
strong dollar
высо́кий обме́нный курс до́ллара
structure of a commodities market
структу́ра това́рного ры́нка
structure of consumption
структу́ра потребле́ния
struggling firm   1. компа́ния,
находя́щаяся в тяже́лом фина́н-
совом положе́нии; 2. неконку-
рентоспосо́бная компа́ния
student visa   студе́нческая ви́за
subcontract   субподря́д, m.
subcontracting   1. заключе́ние

субподря́дов; 2. выполне́ние
рабо́т по субподря́ду
subject of a contract   предме́т
контра́кта
subject of assessment
предме́т оце́нки
subliminal advertising   рекла́ма,
проника́ющая в подсозна́ние
submit   1. сдава́ть /
сдать (+ асс.), v.; 2. отдава́ть /
отда́ть (+ асс.), v.; 3. представ-
ля́ть / предста́вить (+ асс.), v.
submit a bill of exchange
предъявля́ть / предъяви́ть
ве́ксель
submit a matter for arbitration
подава́ть / пода́ть заявле́ние
в арбитра́ж
submit a sample   представля́ть /
предста́вить образе́ц
submit data for a choice
предоставля́ть / предоста́вить
да́нные
submit documents for acceptance
сдава́ть / сдать докуме́нты
для сда́чи-прие́мки
submit documents for registration
1. подава́ть / пода́ть докуме́нты
на оформле́ние ; 2. подава́ть / по-
да́ть докуме́нты на регистра́цию
submitted draft of a contract
предста́вленный прое́кт контра́кта
subpoena   пове́стка (например,
в суд), f.
subscribed capital   первонача́льно
вы́пущенный акционе́рный капита́л
subscriber   абоне́нт, m.
subscription
1. подпи́ска, f.; 2. абонеме́нт, m.
subscription receipt   квита́нция
на подпи́ску (например, на газету)
subsidiary   дочерняя фи́рма
subsidized export
субсиди́руемый э́кспорт
subsidized housing   жилье́
с дота́циями на квартпла́ту
subsidy   1. дота́ция, f.;
2. посо́бие, n.
subsistence agriculture
натура́льное се́льское хозя́йство
succeed in business

преуспева́ть / преуспе́ть в дела́х
successful negotiations
успе́шные перегово́ры
suffer losses
терпе́ть / потерпе́ть убы́тки
sufficient security
доста́точное обеспече́ние
suggest a clause   предлага́ть /
предложи́ть огово́рку
suggested price
цена́, предлага́емая оптовико́м
для ро́зничной прода́жи
suitable packaging
подходя́щая та́ра
sum   1. су́мма, f.; 2. ито́г, m.
sum of an advance   су́мма ава́нса
sum of money   су́мма де́нег
summit   1. са́ммит, m.;
2. встре́ча на вы́сшем у́ровне
summit meeting
встре́ча на вы́сшем у́ровне
sundry creditors
ра́зные кредито́ры
sundry debtors   ра́зные должники́
supercomputer   суперкомпью́тер, m.
superior quality   вы́сшее ка́чество
supermarket   1. суперма́ркет, m.;
2. большо́й продово́льственный
магази́н самообслу́живания
supermarket chain
цепь магази́нов-суперма́ркетов
supplementary   1. доба́вочный, adj.;
2. дополни́тельный, adj.
supplementary appendix
дополни́тельное приложе́ние
supplementary appropriations
дополни́тельные ассигнова́ния
supplementary insurance
дополни́тельное страхова́ние
supplement to an act
приложе́ние к а́кту
supplier   поставщи́к, m.
supplier company
компа́ния по снабже́нию
supplier's oversight
упуще́ние поставщика́
supply
1. поста́вки, pl.; 2. снабже́ние, n.
supply agreement
соглаше́ние о поста́вках
supply curve   крива́я предложе́ния

supply depot   ба́за снабже́ния
supply policy   поли́тика снабже́ния
support   подде́рживать /
поддержа́ть (+ acc.), v.
supported by charity
содержа́щийся на
благотвори́тельные сре́дства
surcharge   наце́нка, f.
surge of bond prices   ре́зкое
повыше́ние цен на облига́ции
surplus   1. избы́ток, m.;
2. изли́шек, m.; 3. са́льдо бала́нса
surplus fund   доба́вочный фонд
survey procedure
мето́дика обсле́дования
suspect reputation
подозри́тельная репута́ция
suspend an account   вре́менно
закрыва́ть / закры́ть счет
suspend dividends   прекраща́ть /
прекрати́ть вы́плату дивиде́ндов
sustained damage
понесе́нный уще́рб
swarm into gold   ри́нуться на
поку́пку зо́лота (наприме́р,
в слу́чае напряженного
междунаро́дного положе́ния)
sweatshop   предприя́тие,
испо́льзующее потого́нную
систе́му труда́
sweetheart deal
полюбо́вная сде́лка
switch to a market economy
перехо́д на ры́ночные ре́льсы
system   систе́ма, f.
systematic participation
системати́ческое уча́стие
systems analyst   специали́ст
по компью́терным систе́мам

T

table of rates   тари́фная се́тка
take   брать / взять (+ acc.), v.
take a bribe   брать / взять взя́тку
take a course in the direction of...
брать / взять курс на что-ли́бо
take deliveries   получа́ть /
получи́ть доста́вленные зака́зы
take first place   выходи́ть / вы́йти

на пе́рвое ме́сто

take-home pay
зарпла́та по́сле вы́четов

take inventory производи́ть / произвести́ инвентариза́цию

take minutes вести́ протоко́л

take part in an auction принима́ть / приня́ть уча́стие в аукцио́не

take part in an exhibition принима́ть / приня́ть уча́стие в вы́ставке

take part in negotiations принима́ть / приня́ть уча́стие в перегово́рах

take place состоя́ться, v.

take responsibility брать / взять на себя́ отве́тственность

take samples for examination брать / взять образцы́ для эксперти́зы

take the place of somebody встава́ть / встать на чье-ли́бо ме́сто

takeover bid предложе́ние о поку́пке контро́льного паке́та а́кций

taking something into consideration с учётом чего́-ли́бо

talks перегово́ры, only pl.

tangible assets материа́льные акти́вы

tangible costs изде́ржки материа́льного хара́ктера

tap a company привлека́ть / привле́чь компа́нию для выполне́ния рабо́т

tap talent привлека́ть / привле́чь на рабо́ту наибо́лее спосо́бных люде́й

tape price ку́рсы це́нных бума́г, ука́занные на ле́нте котирова́льного аппара́та

tape-watcher ти́кер-анали́ст (специалист, делающий заключение о состоянии рынка на основании данных с ленты котировального аппарата) (finance), m.

target rates of growth заплани́рованные те́мпы ро́ста

tariff 1. тари́ф, m.; 2. по́шлина, f.; 3. расце́нка, f.

tariff agreement

тари́фное соглаше́ние

tariff index тари́фный и́ндекс

tariff price тари́фная цена́

tariff protection защи́та от конкуре́нции с по́мощью тари́фов

tariff rate тари́фная ста́вка

tax нало́г, m.

tax accountant бухга́лтер по налогообложе́нию

tax accrual накопле́ние нало́говых сумм к опла́те

tax assessment нало́говая оце́нка

tax audit реви́зия пра́вильности начисле́ния и вы́платы нало́гов

tax base ба́за налогоблаже́ния

tax benefits нало́говые льго́ты

tax burden нало́говое бре́мя

tax collection су́мма нало́говых поступле́ний

tax collector 1. сбо́рщик нало́гов; 2. нало́говый инспе́ктор

tax concessions нало́говые льго́ты

tax declaration нало́говая деклара́ция

tax deductible contributions взно́сы, спи́сываемые из су́ммы облага́емой нало́гом

tax deductions нало́говые списа́ния

tax evasion уклоне́ние от упла́ты нало́га

tax examiner нало́говый инспе́ктор

tax-exempt bonds облига́ции, со свобо́дным от налогообложе́ния дохо́дом

tax-exempt securities це́нные бума́ги, не облага́емые нало́гом

tax exemption освобожде́ние от упла́ты нало́га

tax expenses нало́говые расхо́ды

tax leniency нало́говое послабле́ние

tax levy нало́говый сбор

tax on consumption нало́г на потребле́ние

tax payment опла́та нало́га

tax penalty штраф за неупла́ту нало́га

tax planning плани́рование фина́нсовой страте́гии напра́в-

ленной на уменьшéние сýммы
дохóдов, облагáемой налóгом
tax policy   налóговая полúтика
tax proceeds   налóговые дохóды
tax rate   налóговая стáвка
tax receipts   налóговые сбóры
tax refund   возврáт рáнее
уплáченного налóга
tax revenues
поступлéние налóгов
tax withholding   удержáние налóга
taxation   налогообложéние, n.
taxpayer   налогоплатéльщик, m.
team contract   бригáдный подрáд
technical   технúческий, adj.
technical adviser
технúческий консультáнт
technical assistance
технúческая пóмощь
technical characteristics of an
innovation   технúческие
характерúстики новúнки
technical cooperation
технúческое сотрýдничество
technical documentation
технúческая документáция
technical examination
технúческая экспертúза
technical gold   технúческое зóлото
technical inspection report
акт технúческого осмóтра
technical instructions
технúческая инстрýкция
technical jobs   рабóты, свя́занные с
применéнием квалифицúрованного
физúческого трудá
technical justification
технúческое обоснвáние
(например, проекта)
technical know-how
запáс технúческих знáний
technical level of production
технúческий ýровень
производства
technical market analysis
анáлиз финáнсовых индикáторов
на бúрже
technical market analyst
специалúст в óбласти биржевóго
технúческого анáлиза
technical norms

технúческие нормати́вы
technical progress
технúческий прогрéсс
technical regulations
технúческие нóрмы и инстрýкции
technical services center   центр
технúческого обслýживания
technical services tariff   тарúф
на технúческое обслýживание
(например, на услуги по монтажу,
налáдк и пýску оборудования)
technical specifications of a sample
технúческие дáнные образцá
technical support staff   ремóнтно-
обслýживающий персонáл
technician   1. тéхник, m.; 2. специалúст в óбласти биржевóго
технúческого анáлиза (finance)
technological
технологúческий, adj.
technological backwardness
технологúческая отстáлость
technological justification
технологúческое обоснвáние
technological modernization
технологúческая модернизáция
technological relations with
foreign countries   технúческая
коoperáция с инострáнными
государствами
technology   технолóгия, f.
technology export
экспорт технолóгии
technology import
úмпорт технолóгии
technology issues
áкции промы́шленных компáний
technology package
комплéкт дáнных по технолóгии
technology transfer
передáча технолóгии
telecommunications
телекоммуникáция, f.
telecommunications equipment
телекоммуникацóнное
оборýдование
telegraph code
телеграфный úндекс
telemarketing   сбыт посрéдством
реклáмы по телефóну
telephone   телефóн, m.

telephone answering machine
автоотвéтчик, m.
telephone digital systems
телефóнные цифровы́е систéмы
telephone directory
телефóнная кни́га
telephone, fax, and telex numbers
1. информациóнный канáл
(указываемый, например, в
рекламе компании); 2. номерá
телефóна, фáкса и тéлекса
telephone information service
телефóнное спрáвочное бюрó
telephone message
телефоногрáмма, f.
**telephone message concerning
something**   телефоногрáмма
касáтельно чего-ли́бо
telephone message to a supplier
телефоногрáмма поставщику́
telephone penetration index
и́ндекс телефонизáции
(количество телефонных линий
на 100 человек населения)
television (TV)   телеви́дение, n.
television advertising
реклами́рование по телеви́дению
telex
1. тéлекс, m.; 2. телетáйп, m.
telex index и́ндекс тéлекса
telex of consent тéлекс о соглáсии
temporarily suspend deliveries
врéменно прекращáть /
прекрати́ть постáвки
temporary   врéменный, adj.
temporary appointment
врéменное назначéние на рабóту
temporary detention of cargo
врéменное задержáние грýза
temporary embargo
врéменное эмбáрго
temporary financial problems
врéменные финáнсовые
затруднéния и́ли трýдности
temporary manpower
врéменная рабóчая си́ла
temporary standard
врéменный стáндарт
temporary warehouse
врéменный склад
temporary worker

врéменный рабóчий
tenant   1. арендáтор, m.;
2. квартиросъёмщик, m.
tender   1. торги́, pl.; 2. кóнкурсная
заáвка; 3. деловóе предложéние;
4. тéндер (термин относится к
любому официальному
предложению поставить или
закупить товары, услуги, или
ценные бумаги) (finance), m.
tender agreement
тéндерное соглашéние
tender documentation
тéндерная документáция
tender offer   сдéланное
предложéние (например,
на покупку компании)
tender price
ценá, предлóженная на торгáх
tentative agreement
предвари́тельное соглашéние
term   1. срок, m.;
2. промежýток врéмени
term life insurance   страховáние
жи́зни на определённый срок
term of a bill срóк вéкселя
term of maturity
срок погашéния (ценных бумаг)
term of office срок полномóчий
и́збранного лицá
terminated statute of limitations
прéрванная исковáя дáвность
termination   1. истечéние срóка;
2. расторжéние, n.;
3. аннули́рование, n.
termination clause
пункт контрáкта, определяющий
услóвия егó отмéны
termination of detention
прекращéние задержáния
terms   услóвия, pl.
**terms and conditions of an
auction**   услóвия аукциóна
**terms and conditions of an
insurance policy**   услóвия
страховóго пóлиса
terms of a contract
услóвия договóра
terms of cancellation
услóвия отмéны
terms of compensation

условия компенсáции
terms of delivery
условия постáвки
terms of employment
условия нáйма
terms of exchange
условия обмéна
terms of financing
условия финансúрования
terms of payment
условия платежá
terms of settlement условия
урегулúрования (напримáр,
платежéй)
terms of the conclusion of a
contract условия заключéния
контрáкта
terms of the renewal of a contract
условия возобновлéния контрáкта
terms of trade условия внéшней
торгóвли (соотношéние между
импортными и экспортными
цéнами)
terms of transfer of something
условия передáчи чегó-лúбо
test 1. испытáние, n.; 2. тест, m.;
3. провéрка, f.; 4. анáлиз, m.
test a sample
испытывать / испытáть образéц
test certificate
свидéтельство об испытáнии
test conducted on a customer's
request тест, проводúмый
по трéбованию закáзчика
test data
эксперⵢентáльные дáнные
test equipment
испытáтельное оборудование
test of business capacity
критéрий кредитоспосóбности
деловóго предприятия
test sample прóбный образéц
test under extreme conditions
испытáния в экстремáльных
услóвиях
tester прибóр-тéстер, m.
testing проведéние испытáния
text of an agreement
текст соглашéния
text of an article текст статьй
theft insurance

страховáние от крáжи
theft of property
1. хищéние имущества;
2. расхищéние сóбственности
the topic is... речь идéт о...
Think Tank мозговóй центр
thin market рынок с мáлой
коммéрческой актúвностью
third party трéтье лицó
third party payer трéтья сторонá,
отвéтственная за плáтежи
(напримáр, страховáя компáния)
thrift institutions
сберегáтельные финáнсовые
учреждéния (напримáр, кáссы,
бáнки, ассоциáции)
thrift-bailout agency агéнство
по спасéнию от банкрóтства
сберегáтельных касс (США)
throw good money after bad
напрáсно трáтить дéньги
ticker 1. тúкер (аппарáт, печá-
тающий биржевые курсы), m.;
2. котировáльный аппарáт
ticker tape on the Exchange
бегущая строкá (текущая
информáция об изменéнии
цен на бирже)
tied-up assets 1. влóженные
срéдства; 2. неликвúдные актúвы
tight budget 1. напряжéнный
бюджéт; 2. бюджéт без излúшеств
tighten
затягивать / затянуть (+ асс.), v.
tighten the belt затягивать /
затянуть пóяс (colloquial)
time 1. врéмя, n.; 2. срок, m.;
3. перúод, m.
time deposit срóчный вклад
time of a meeting врéмя встрéчи
time of registration
1. врéмя регистрáции;
2. врéмя оформлéния
time of shipment врéмя отгрузки
time rate повременнáя оплáта
timely payment
своеврéменная оплáта
timely recovery
своеврéменное взыскáние
to date на сегóдняшний день
token 1. сúмвол, m.; 2. жетóн, m.;

3. номинáльный, adj.

token payment
символи́ческая упла́та

tolerable risk   допусти́мый риск

toner   то́нер (например, для копировальных машин), m.

top   1. верши́на, f.; 2. са́мый гла́вный; 3. максима́льный, adj.

top company official
высокопоста́вленное должностно́е лицо́ в компа́нии

top executives   вы́сший управле́нческий соста́в

top heavy company   компа́ния с больши́ми накладны́ми расхо́дами (с чрезмерно большим административным аппаратом)

top holdings   наибо́лее при́быльные це́нные бума́ги в портфе́ле це́нных бума́г

top price   вы́сшая цена́

total   1. о́бщая су́мма; 2. ито́г, m.; 3. всего́, adv.

total amount
1. итого́, adv.; 2. о́бщая су́мма

total assets   1. су́мма бала́нса; 2. о́бщая сто́имость иму́щества

total borrowing   о́бщая су́мма заи́мствованных сре́дств

total cost   о́бщая сто́имость

total cost of an operation
по́лная сто́имость опера́ции

total debt   о́бщая задо́лженность

total deductions
о́бщая су́мма вы́четов

total demand   совоку́пный спрос

total fees   о́бщая су́мма сбо́ров

total imports   о́бщий и́мпорт

total payment   су́мма опла́ты

total receipts
о́бщий разме́р вы́ручки

total risks   совоку́пный риск

total shipments
о́бщий объём отгру́зок

total stock holdings
о́бщее коли́чество а́кций в чьем-ли́бо владе́нии

total sum   о́бщая су́мма

tourist rate of exchange
тури́сткий курс обме́на валю́ты

trade   1. торго́вля, f.

2. торгова́ть (c + inst.; + inst.), v.

trade advertising   реклами́рование в комме́рческой пре́ссе

trade agency   торго́вое аге́нство

trade agreement   торго́вый догово́р

trade balance   торго́вый бала́нс

trade bank   комме́рческий банк

trade barriers
торго́вые препя́тствия

trade based on the use of rationing cards   купо́нная систе́ма торго́вли

trade bulletin
1. комме́рческий бюллете́нь; 2. торго́вый бюллете́нь

trade capital
торго́вый оборо́тный капита́л

trade center   комме́рческий центр

trade deficit
1. внешнеторго́вый дефици́т; 2. дефици́т торго́вого бала́нса

trade directory
спра́вочный указа́тель компа́ний

trade discount   ски́дка с ро́зничной цены́ для оптовико́в

trade dispute
торго́вые противоре́чия

trade estimates
внешнеторго́вые прогно́зы

trade fair   торго́вая я́рмарка

trade figures
да́нные по вне́шней торго́вле

trade frictions
торго́вые конфли́кты

trade gap
1. внешнеторго́вый дефици́т; 2. дефици́т торго́вого бала́нса

trade-in   сда́ча ста́рого това́ра в счет поку́пки но́вого

trade-in allowance
ски́дка с цены́ но́вого това́ра при сда́че в обме́н ста́рого

trade in options
торго́вля опцио́нами

trade in precious metals
вести́ / проводи́ть торго́влю це́нными мета́ллами

trade insurance
страхова́ние вне́шней торго́вли

trade margin
при́быль торго́вого предприя́тия

trade mission   1. торго́вое пред-
ставительство; 2. торгпре́дство, n.
trade name   това́рное назва́ние
trade-off   1. компроми́сс, m.;
2. альтернати́ва, f.
trade on margin
проводи́ть биржевы́е сде́лки
с ча́стью за́нятыми деньга́ми
trade on the exchange
торго́вля на би́рже
trade partners   торго́вые партнёры
trade restrictions
ограниче́ния на торго́влю
trade secret   промы́шленный
секре́т (неохраняемая промыш-
ленная собственность)
trade stocks   занима́ться /
заня́ться комме́рческой
ку́плей-прода́жей а́кций
trade union   профсою́з, m.
trademark   това́рный знак (сим-
вол, эмблема, или девиз, используемый изготовителем, чтобы
отличить свои изделия от чужих)
trademark application   зая́вка на
регистра́цию торго́вого зна́ка
trademark certificate
свиде́тельство на това́рный знак
trademark on an advertisement
това́рный знак на рекла́ме
trademark on packaging
това́рный знак на упако́вке
trademark protection
охра́на торго́вых зна́ков
trademark register
рее́стр това́рных зна́ков
trademark rights   права́ на това́р-
ные зна́ки (предоставляемые
законодательством)
trader   1. торго́вец (обычно, биржевой), m.; 2. биржево́й спекуля́нт
trader on the Exchange
биржево́й спекуля́нт
trading   1. торго́вая де́ятельность;
2. биржево́е собра́ние
trading activity
торго́вая де́ятельность
trading company   1. торго́вая
компа́ния; 2. торго́вый дом
trading costs   торго́вые изде́ржки
trading days on the Exchange
биржевы́е дни
trading house   1. торго́вый дом;
2. торго́вая фи́рма
trading on the Exchange
торги́ на би́рже
trading on the floor from ... to ...
биржевы́е собра́ния с... до ...
**trading on the floor of the
Exchange**   биржево́е собра́ние
trading range   диапазо́н и́ли ви́лка
цен в хо́де торго́вли
traffic capacity   пропускна́я спо-
со́бность (например, аэропорта)
traffic department
тра́нспортный отде́л
training costs   затра́ты на
профессиона́льное обуче́ние
training grant   посо́бие на
профессиона́льную подгото́вку
transaction
1. сде́лка, f.; 2. опера́ция, f.
**transaction for the rendering of
engineering services**   сде́лка
на предоставле́ние услу́г
ти́па инжини́ринг
**transaction for the transfer
of know-how**   сде́лка но́у-ха́у
transaction price   договóрная цена́
transactions in rubles
рублёвые сде́лки
transfer   1. перево́д (например, в
другой отдел), m.; 2. переда́ча
(собственности), f.; 3. тра́нсферт
(передача ценных бумаг, товаров
или документов от продавца по-
купателю, включая их регистрацию на имя покупателя), m.
**transfer currency into the
account of the seller**
переводи́ть / перевести́ валю́ту
на счет продавца́
**transfer of company funds
between countries**   перево́д
капита́лов компа́нии из одно́й
страны́ в другу́ю
transfer of funds
перечисле́ние средств
transfer of goods   това́рный
тра́нсферт (обмен товарами
на одинаковую сумму между
торговыми партнерами)

transfer of payments
перево́д платеже́й
transfer of profits abroad
вы́воз при́былей заграни́цу
transfer of securities to someone
переда́ча це́нных бума́г кому́-ли́бо
transfer property rights
to a third party   переводи́ть /
перевести́ права́ на иму́щество
на тре́тье лицо́
transfer ruble   переводно́й рубль
transferable account
переводно́й счет
transshipment   перева́лка (груза), f.
transshipment to another
transport   перева́лка
на друго́й тра́нспорт
transshipment warehouse
перева́лочная ба́за
transshipment with losses
перева́лка с поте́рями
transit   транзи́т, m.
transit advertising
реклами́рование на тра́нспорте
transit cargo   транзи́тный груз
transit costs   транзи́тные расхо́ды
transit delivery
доста́вка транзи́том
transit provided for by the
agreement   транзи́т,
предусмо́тренный соглаше́нием
transit through a third country
транзи́т че́рез промежу́точную
страну́
transit through several countries
транзи́т че́рез не́сколько стран
transition to something
перехо́д к чему́-ли́бо
transnational corporation
междунаро́дная корпора́ция
transport helicopter
1. грузово́й вертоле́т;
2. тра́нспортный вертоле́т
transport plane   1. грузово́й
самоле́т; 2. тра́нспортный самоле́т
transport refrigerator equipment
охлажда́ющее обору́дование
для тра́нспортных средств
transportation
1. тра́нспорт, m.; 2. перево́зка, f.;
3. транспортиро́вка, f.

transportation agency
тра́нспортное аге́нство
transportation by truck
перево́зка автотра́нспортом
transportation department
тра́нспортный отде́л
transportation expenses
тра́нспортные изде́ржки
transportation insurance
страхова́ние в пути́
transportation network
тра́нспортная сеть
transportation services
услу́ги по перево́зке
transportation system
тра́нспортная систе́ма
transportation with transshipment
перево́зка с перева́лкой
travel
1. пое́здка, f.; 2. путеше́ствие, n.
travel agency   бюро́ путеше́ствий
travel check   доро́жный чек
travel funds   фо́нды на покры́тие
путевы́х расхо́дов
travel grant   субси́дия на опла́ту
путевы́х расхо́дов
travel insurance
страхова́ние тури́стов
traveling expenses
1. командиро́вочные, only pl.;
2. проездны́е расхо́ды
treasury   казначе́йство, n.
treasury bonds   1. казначе́йские
обяза́тельства; 2. казначе́йские
облига́ции (США)
Treasury Department (USA)
Министе́рство фина́нсов (США)
trend   1. тренд, m.; 2. тенде́нция, f.
trend analysis
ана́лиз тенде́нций (трендов)
trial and error approach
подхо́д ме́тодом проб и оши́бок
trial run   про́бное испыта́ние
triple A credit rating   вы́сшая
сте́пень кредитоспосо́бности
и фина́нсовой надёжности (оценка
дается компаниями, специализи-
рщимися в этой области)
troubled loan   ненадёжная
и́ли просро́ченная ссу́да
truck delivery   доста́вка поку́пок

автотра́нспортом

trucking company компа́ния по автотра́нспортным перево́зкам

true intentions и́стинные наме́рения

trust 1. трест, m.; 2. конце́рн, m.; 3. иму́щество, управля́емое по дове́ренности; 4. дове́рие, n.

trust assurances ве́рить / пове́рить завере́ниям

trust fund 1. целево́й фонд; 2. капита́л, пере́данный в управле́ние дове́ренному лицу́ и́ли организа́ции; 3. траст-фонд, m.

trustee 1. дове́ренное ли́цо; 2. опеку́н, m.

turn 1. измене́ние, n.; 2. оборо́т, m.; 3. о́чередь, f.; 4. обраща́ться / обрати́ться (к + dat.; в + acc.), v.

turn down an invitation отклоня́ть / отклони́ть приглаше́ние

turn to an agent обраща́ться / обрати́ться к услу́гам аге́нта

turn to arbitration обраща́ться / обрати́ться в арбитра́ж

turnkey "под ключ" (те́рмин отно́сится к производственному объе́кту, сдава́емому подря́дчиком в по́лной гото́вности к неме́дленной эксплуата́ции)

turnkey contract 1. генподря́д, m.; 2. генера́льный подря́д

turnkey plant заво́д про́данный "под ключ" (т. е. по́лностью гото́вый к запу́ску в рабо́ту)

turnover 1. оборо́т, m.; 2. теку́честь рабо́чей си́лы

turnover tax нало́г с оборо́та

TV телеви́дение (abbr.), n.

TV advertising телевизио́нная рекла́ма

TV auction телеаукцио́н, m.

TV commercial рекла́мное объявле́ние по телеви́зору

TV time эфи́рное вре́мя

tycoon фина́нсовый магна́т

type 1. тип, m.; 2. вид, m.; 3. печа́тать / напеча́тать (в + prep.; на + prep.; + acc.), v.

type an address on an envelope печа́тать / напеча́тать а́дрес на конве́рте

type of account вид счёта

type of commercial bank тип комме́рческого ба́нка

type of examination вид эксперти́зы

type of financing вид финанси́рования

type of letter of credit вид аккредити́ва

type of securities вид це́нных бума́г

type of security вид обеспече́ния

types of risks 1. ви́ды ри́сков; 2. гру́ппы ри́сков

U

ultimate destination коне́чное назначе́ние (наприме́р, гру́за)

unacceptable terms неприе́млемые усло́вия

unadjusted data 1. да́нные без попра́вок на что-ли́бо; 2. нескорректи́рованные да́нные

unanimity единогла́сие, n.

unattractive investment непривлека́тельный объе́кт вложе́ния капита́ла

unavoidable expenses немину́емые расхо́ды

unbalanced budget несбаланси́рованный бюдже́т

uncertain demand неопределённый спрос

unclaimed goods невостре́бованные това́ры

uncollectable bills безнадёжные до́лги

uncollected funds несо́бранные с должнико́в сре́дства

unconditional guarantee безусло́вная гара́нтия

uncopyrighted material незарегистри́рованный материа́л (patent)

under a company's supervision под надзо́ром компа́нии

under the circumstances при сложи́вшихся обстоя́тельствах

underlying data   да́нные, лежа́щие
в осно́ве чего́-ли́бо (например,
выводов)
underperforming property
иму́щество, принося́щее дохо́д
ме́ньше ожида́емого
underpricing   заниже́ние цены́
undertake an attempt
предпринима́ть / предприня́ть
попы́тку
underutilization of equipment
непо́лное испо́льзование
обору́дования
undervalued currency
валю́та с зани́женным ку́рсом
undervalued stock market
фина́нсовый ры́нок с зани́женной
сто́имостью а́кций
underwriter   1. гара́нт размеще́ния
це́нных бума́г (на определенную
сумму); 2. андерра́йтер (тот, кто
принимает на себя страховой
риск), m.
underwriting costs   сто́имость
подпи́ски (например, на ценные
бумаги или на страхование)
underwriting rates
страхово́й тари́ф
undesirable risk
нежела́тельный риск
unearned income
нетрудовы́е дохо́ды
unearth evidence of something
обнару́живать / обнару́жить
доказа́тельство чего́-ли́бо (например, финансовых махинаций)
unemployment   безрабо́тица, f.
unemployment benefits
посо́бие по безрабо́тице
unemployment insurance
страхова́ние по безрабо́тице
unemployment rate
у́ровень безрабо́тицы
unfair   1. нече́стный, adj.;
2. несправедли́вый, adj.;
3. недобросо́вестный, adj.
unfair advantage   преиму́щество,
полу́ченное нече́стным путём
unfair competition
недобросо́вестная конкуре́нция
unfair trade practices   несправед-

ли́вые ме́тоды веде́ния торго́вли
unfinished construction projects
1. незавершённое строи́тельство;
2. незавершёнка (colloquial), f.
unforseen circumstances
непредви́денные обстоя́тельства
unfounded rejection
безоснова́тельное отклоне́ние
unfounded replacement
необосно́ванная заме́на
unified tariff
унифици́рованный тари́ф
uniform   1. еди́ный, adj.; 2. одно-
ро́дный, adj.; 3. одина́ковый, adj.
uniform price   еди́ная цена́
uniform quality
однор́одное ка́чество
unilateral character
односторо́нний хара́ктер
unilateral clearing
односторо́нний кли́ринг
uninsurable risk
нестраху́емый риск
unintentional infringement
неумы́шленное наруше́ние
uninterrupted supply
бесперебо́йное снабже́ние
union workers
профсою́зные рабо́чие
unit   едини́ца (например, товара), f.
unjustified claim
необосно́ванный иск
unlimited credit
неограни́ченный креди́т
unloading   1. разгру́зка, f.;
2. вы́грузка, f.; 3. сро́чная
прода́жа из запа́сов
unnecessary import
нерациона́льный и́мпорт
unofficial meeting
неофициа́льная встре́ча
unofficial relations
неофициа́льные отноше́ния
unorganized workers   рабо́чие,
не принадлежа́щие к профсою́зу
unpaid leave   1. о́тпуск без содер-
жа́ния; 2. о́тпуск за свой счет
unprofitable business
убы́точный би́знес
unprofitable enterprise
убы́точное предприя́тие

unregistered exchange
неофициа́льная би́ржа
unscheduled audit
1. незапланированная реви́зия;
2. внеза́пная реви́зия
unsecured loan
креди́т без поручи́тельства
unwarranted imports
несуще́ственный и́мпорт
up-front fee   взнос нали́чными
up to this date
до настоя́щего вре́мени
update an insurance policy
вноси́ть / внести́ измене́ния
в страхо́вой контра́кт
upgrade a credit rating
повыша́ть / повы́сить оце́нку
кредитоспосо́бности
upward adjustment
попра́вка в сто́рону увеличе́ния
upward trend
тенде́нция к повыше́нию
urgent   1. сро́чный, adj.;
2. э́кстренный, adj.
urgent cable   сро́чная телегра́мма
urgent conclusion of an agreement
сро́чное заключе́ние соглаше́ния
urgent negotiations
сро́чные перегово́ры
urgent notification
сро́чное уведомле́ние
use   1. испо́льзование, n.;
2. употребле́ние, n.; 3. по́льза, f.
use funds   испо́льзовать сре́дства
use information
испо́льзовать информа́цию
use of clearing
испо́льзование кли́ринга
use of dollars in Russian domestic
trade   долларза́ция росси́йской
эконо́мики
use of marketing
испо́льзование ма́ркетинга
use something as collateral
испо́льзовать что-ли́бо в
ка́честве обеспече́ния
use the services of an agent
обраща́ться / обрати́ться к
услу́гам аге́нта
used   бы́вший в употребле́нии
used car dealer   торго́вец

подержанными автомоби́лями
used car salesman
продаве́ц поде́ржанных маши́н
user   1. клие́нт, m.;
2. по́льзователь, m.
user-friendly
1. удо́бный для испо́льзования;
2. лёгкий в обраще́нии
user-friendly computer
лёгкий в обраще́нии компью́тер
users of computer networks
по́льзователи компью́терных
сете́й
usual terms   обы́чные усло́вия
utilities   1. коммуна́льные услу́ги
(наприме́р, свет, газ, вода́);
2. коммуна́льные компа́нии
utility rates   тари́ф на
коммуна́льные услу́ги
utility stocks   а́кции коммуна́ль-
ных компа́ний (обычно платят
высокий дивиденд)
utilize a letter of credit
по́льзоваться де́нежными
сре́дствами с аккредити́ва

V

vacancy
1. вака́нсия, f.; 2. неза́нятые
помеще́ния (номера, комнаты)
vacancy rate   1. проце́нт несда́н-
ных кварти́р; 2. проце́нт пусту́ю-
щих гости́ничных номеро́в
vacancy rate in commercial
real estate   проце́нт несда́нных
в аре́нду нежилы́х помеще́ний
vaccination certificate
сертифика́т о приви́вках
valid   1. действи́тельный, adj.;
2. зако́нный, adj.; 3. име́ющий
си́лу; 4. го́дный, adj.
valid acceptance of an offer
1. действи́тельный акце́пт офе́рты;
2. правомо́чное приня́тие
предложе́ния
valid bill of lading
1. действи́тельная накладна́я;
2. действи́тельный коносаме́нт
valid contract   зако́нный контра́кт

valid insurance policy
действующий страховой полис
valid order
действительный ордер
validity   1. справедливость, f.;
2. обоснованность, f.
validity of a claim
обоснованность иска
validity of sanctions
обоснованность санкций
validity of statements
обоснованность утверждений
valuable assets   1. ценное
имущество; 2. ценные средства
value   1. стоимость, f.; 2. оценка, f.;
3. ценность, f.; 4. величина, f.
value added component
элемент добавочной стоимости
value of a transaction
стоимость сделки
value of exports
стоимость экспорта
value of imports   импорт
в стоимостном выражении
value of securities
стоимость ценных бумаг
variable   1. переменный, adj.;
2. непостоянный, adj.;
3. переменная величина
variable costs
переменные издержки
variable expenses
переменные расходы
variable interest loan
заём под переменный процент
variety of exchange rates set for a
certain currency   разнокурсица
(например, клиринговый и тури-
стический курсы обмена рубля), f.
variety of forms of property
ownership   плюрализм форм
собственности
vehicle insurance   страхование
транспортных средств
vending machine
торговый автомат
vendor company
компания-поставщик, f.
vendor test   испытания,
производимые поставщиком
venture   1. предприятие, n.;

2. фирма, f.; 3. венчур, m.;
4. рискованное капиталовложение
venture bank   инновационный банк
venture capital   венчурный
капитал (капитал, вкладываемый
в рискованное предприятие)
venture company
венчурная компания
verbal confirmation
устное подтверждение
vertically integrated company
компания с полным циклом производства (начиная с сырья и кон-
чая выпуском готовой продукции)
vested right   законное право
vice-president   вице-президент, m.
video cassette player
видеоплейер, m.
video-piracy   видеопиратство (ви-
деозапись с целью ее нелегальной
продажи или использования) , n.
videotaped movies market
видеорынок, m.
violation   нарушение, n.
violation of a law
нарушение закона
violation of an agreement
нарушение соглашения
violation of financial discipline
нарушение финансовой
дисциплины
violation of regulations
нарушение предписаний
violation of sanctions
нарушение санкций
violation of terms   нарушение
условий (например, контракта)
visit   1. визит, m.; 2. посещение, n.;
3. посещать / посетить (+ асc.), v.
visit an auction
посещать / посетить аукцион
visit had the purpose of...
целью визита было...
visit itinerary   программа визита
visit to a ministry
визит в министерство
visit to establish business
contacts   визит с целью
установить деловые контакты
visit to establish business
relations   визит с целью

установить деловые отношения
visual appeal of goods внешняя
привлекательность товара
visual inspection
визуальная инспекция
volume
1. объём, m.; 2. величина, f.
volume of actual sales
объём фактических продаж
volume of an operation
объём операции
volume of credit 1. объём
кредита; 2. сумма займов
volume of exports объём экспорта
volume of imports объём импорта
volume of information
объём информации
volume of replacement
объём замены
volume of shipments
объём перевозок
volume of trade
физический объём торговли
volume of traffic
интенсивность движения
volume of transaction
объём сделки
volume of work объём работ
volume slowed ... % to ... shares
объём продаж упал на ... %
до ... акций
voluntary export constraint
добровольное ограничение
экспорта
vote by proxy голосование через
доверенное лицо
voting stocks акции, дающие
владельцу право голоса на
акционерном собрании

W

wage заработная плата рабочих
(в отличие от окладов служащих)
wage arbitration улаживание
споров по заработной плате
wage ceiling установленный
предел размера зарплаты
wage control контроль
над заработной платой

wage freeze
замораживание заработной платы
wage increase against a rise in
prices компенсация за повышение
цен
wage increase to combat inflation
компенсация на инфляцию
wage-leveling
уравниловка (colloquial), f.
waive formalities
убирать / убрать формальности
waive registration
отменять / отменить регистрацию
waiver clause
избавительная оговорка
wall advertisement
настенная реклама
warehouse 1. склад, m.; 2. база, f.;
3. товарный склад;
4. хранилище, n.
warehouse inspection
инспектирование склада
warehouse lease аренда склада
warehouse location
месторасположение склада
warehouse manager
заведующий складом
warehouse receipt квитанция
на груз, принятый складом на
хранение
warehouse store магазин-склад, m.
war insurance
страхование от военных рисков
warn about rejection
предупреждать / предупредить
об отклонении
warning instructions
предупредительная маркировка
warrant 1. гарантия, f.; 2. руча-
тельство, n.; 3. варрант (документ, позволяющий его владельцу
купить акции компании через
какое-то определенное время по
заранее установленной цене), m.
warranty гарантия, f.
warranty clause
пункт контракта о гарантиях
warranty deductible charges
часть расходов на гарантийное
обслуживание, выплачиваемое
покупателем

warranty payment   плата за
ремонт по гарантийному
обязательству
warranty service
гарантийное обслуживание
waste   1. отбросы, pl.; 2. ущерб, m.;
3. расточительство, n.; 4. отхо-
ды, pl.; 5. непроизводительно
тратить / потратить что-либо
waste disposal companies
компании по уборке и
переработке мусора и отходов
waste disposal costs   затраты
на избавление от отходов
waste of money
разбазаривание денег
waste resources   непроизводительно тратить / потратить ресурсы
wasteful consumption
расточительное потребление
waterproof packaging
водонепроницаемая упаковка
waybill   1. накладная, f.;
2. сертификат для отправления;
3. транспортная накладная
weak dollar
низкий обменный курс доллара
weak recovery   медленное оздо-
ровление (например, экономики)
weapons trade   торговля оружием
weather damage   ущерб,
нанесенный неблагоприятными
погодными условиями
52 week high and low
наибольшая и наименьшая цена
акции компании за год
weigh a bid   оценивать / оценить
заявку или предложение
welcoming of a delegation   госте-
преимство оказываемое делегации
welfare funds
фонды социального обеспечения
welfare system   система
социального обеспечения
well-established business
1. компания существующая
длительное время; 2. солидная
компания
well-founded objection
аргументированное возражение
western businessman

западный предприниматель
which cost ...   стоимостью ...
white-collar jobs
работы, связанные с
применением умственного труда
white-collar workers
1. работники умственного труда;
2. служащие, pl.
whole life insurance   пожизненное
страхование на случай смерти
wholesale   1. оптовая торговля;
2. оптом, adv.
wholesale business
оптовая торговля
wholesale buyer
оптовый покупатель
wholesale cost   оптовая стоимость
wholesale dealer
оптовый торговец
wholesale price   оптовая цена
wholesaler   1. оптовик, m.;
2. оптовый торговец
wholly owned unit
отделение компании, полностью
ей принадлежащее
wide interpretation
широкое толкование
**wide-scale introduction of
computers into the economy**
компьютеризация экономики
widening of a deficit
увеличение дефицита
willful   1. намеренный, adj.;
2. преднамеренный, adj.;
3. нарочитый, adj.
willful negligence
нарочитая небрежность
willful safety violations
умышленное нарушение правил
техники безопасности
window dressing   "приукрашивание
баланса" (представление счетов
в более выгодном свете, чем они
есть в действительности)
window of opportunity
предоставляющаяся возможность
win tenders
выигрывать / выиграть торги
withdraw   1. изымать /
изъять (+ acc.), v.; 2. брать / взять
назад; 3. отзывать /

отозва́ть (из + gen.; + acc.), v.
withdraw a deposit
изыма́ть / изъя́ть вклад
withdraw an order
отменя́ть / отмени́ть зака́з
withdraw money from an account
снима́ть / снять де́ньги со счёта
**withdraw something from
circulation**   изыма́ть / изъя́ть
что-ли́бо из обраще́ния
**withdrawal of hard currency
deposits**   изыма́ть / изъя́ть
депози́ты в твёрдой валю́те
withholding tax   подохо́дный нало́г
с зарпла́ты и́ли с дивиде́ндов
witnessed signature   по́дпись,
заве́ренная свиде́телями
word a clause   формули́ровать /
сформули́ровать огово́рку
word processor   реда́ктор те́кстов
work   1. рабо́та, f; 2. произво́д-
ство, n.; 3. рабо́тать (на + prep.; в
+ prep.; + inst.), v.; 4. труди́ться
(на + prep.; в + prep.), v.
work after office hours   сверх-
уро́чная рабо́та (в учреждении)
work assessment
оце́нка хара́ктера и объёма рабо́т
work by fits and starts
рабо́тать с перебо́ями
work force attrition rate
коэффицие́нт сокраще́ния
чи́сленности рабо́чей си́лы
work force turnover
теку́честь рабо́чей си́лы
work in progress
1. незавершённое произво́дство;
2. незавершёнка (colloquial), f.
work instructions   инстру́кции
по выполне́нию рабо́ты
work load   загру́женность рабо́той
work on a commission basis
рабо́тать на комиссио́нных
нача́лах
work out of one's home
рабо́тать на дому́
work permit   1. разреше́ние на
трудоустро́йство; 2. разреше́ние
на проведе́ние рабо́т
**work schedule with an equal
number of working days and**

days off   равнодне́вка (достига-
ется за счет увеличения продол-
жительности рабочего дня), f.
working   1. рабо́тающий, adj.;
2. находя́щийся в обраще́нии;
3. эксплуатацио́нный, adj.
working agreement
соглаше́ние о сотру́дничестве
working capital
оборо́тный капита́л
working capital credit line
преде́л кредитова́ния для
оборо́тного капита́ла
working conditions   усло́вия труда́
working people   трудя́щиеся, pl.
workmen's compensation insurance
страхова́ние на вы́дачу посо́бия
по боле́зни полу́ченной на
произво́дстве
workplace   рабо́чее ме́сто
workstation   рабо́чее ме́сто
world   1. мир, m.; 2. всеми́р-
ный, adj.; 3. междунаро́дный, adj.
World Bank   Всеми́рный Банк
**world market prices in foreign
trade**   внешнеторго́вые це́ны
world prices   1. мировы́е це́ны;
2. це́ны мирово́го ры́нка
world's fair   всеми́рная я́рмарка
worst-case scenario
1. наиху́дший возмо́жный вариа́нт;
2. ху́дший вариа́нт
write a check to someone   писа́ть /
вы́писать чек како́му-ли́бо лицу́
written   1. напи́санный, adj.;
2. в пи́сьменном ви́де
written assurances
пи́сьменные завере́ния
written confirmation
пи́сьменное подтвержде́ние
written consent
пи́сьменное согла́сие
written disclosure
пи́сьменное раскры́тие существа́
изобрете́ния (patent)
written inquiry
пи́сьменный запро́с
written off indebtness
спи́санная задо́лженность
written off shortage
спи́саннная недоста́ча

written statement
   пи́сьменное заключе́ние
wrong address
   непра́вильный а́дрес

Z

zero-coupon bonds   облига́ции с
   нулевы́м проце́нтом (с первона-
   чальной стоимостью значительно
   ниже номинальной и растущей до
   номинала по мере приближения
   к сроку погашения облигаций)
zero defects program   програ́мма
   бездефе́ктных поста́вок
ZIP code   почто́вый и́ндекс (США)
zoning regulations   пра́вила,
   регули́рующие застро́йку и
   испо́льзование террито́рии
   в городски́х райо́нах

A

абзац, *m.*   paragraph
абонемент, *m.*
  1. season ticket; 2. subscription
абонементнный ящик   P. O. Box
абонент, *m.*   subscriber
абстракт, *m.*   abstract
аванс, *m.*   1. advance; 2. advance
  money; 3. cash in advance
аванс в виде поставки
  advance as a delivery
аванс на сумму ...
  advance in the amount of ...
авансированный, *adj.*   advanced
авансированный капитал
  advanced capital
авансовый отчёт   advance account
авансовый платёж   advance payment
аварийная служба
  emergency service
авария, *f.*   1. breakdown; 2. emergency; 3. failure; 4. accident
авиаписьмо, *n.*   airmail letter
авиафрахт, *m.*   air freight
авиационно-космическая
промышленность
  aerospace industry
авизо, *n.*   letter of advice (a letter
  notifying dispatch of goods,
  drawing of a bill of exchange,
  etc.)
автаркия, *f.*
  economic self-sufficiency
автомат для размена бумажных
денег   bill changer
автомат для размена монет
  coin changer
автоматизация конторских работ
  office automation
автоматически возобновляемый
кредит   revolving credit
автомобильная страховка
  car insurance
автомобильный магазин
  automotive supply store
автомобиль с индивидуальной
компановкой   custom-made car
автономный, *adj.*   independent

автоответчик, *m.*
  telephone answering machine
авторитет, *m.*   authority
авторское право   copyright
авторское право сохраняется
  copyright reserved
авторское свидетельство о изобретении   1. author's certificate;
  2. inventor's certificate
автосервис, *m.*   car service
авуары *(finance), pl.*   assets
агенство, *n.*   agency
агенство авиакомпании
  airline agency
агенство общественных связей
  public relations agency
агенство по сбору просроченных
платежей   debt collection agency
агенство по спасению от
банкротства сберегательных касс
  thrift-bailout agency (USA)
агенство по трудоустройству
  employment agency
агент, *m.*   agent
агент-комиссионер, *m.*
  commission agent
агент-консигнатор, *m.*
  consignment agent
агент по купле-продаже
недвижимости   real estate agent
агент по погрузочно-разгрузочным
работам   handling agent
агент-представитель, *m.*
  representative agent
агент, с монопольным правом
продажи в определённом районе
  exclusive agent
агробизнес, *m.*   agro-business
агропромышленный комплекс в
экономике   agro-business
адаптация, *f.*   adoptation
адаптер, *m.*   adapter
адвалорная пошлина   ad valorem
  tax (tax applied as a percentage
  of the value of a product rather
  than as a flat rate)
адвокат, *m.*   attorney
административная ответственность
  management responsibility
административное помещение
  business office

административно-правовóе
регулúрование   administrative
and legal regulation

административные обязанности
executive duties

административные расхóды
administrative costs

административный, *adj.*
administrative

административный акт
administrative act

административный персонáл
administrative staff

администрáция, *f.*
1. administration; 2. management

адресáнт, *m.*   sender

адресáт, *m.*   addressee

áдрес предприятия   1. business
address; 2. office address

ажиотáжный спрос   panic buying

аккредитáция, *f.*   accreditation

аккредитúв, *m.*   letter of credit (a
letter authorizing use of credit)

аккредитúв на определённых
услóвиях   letter of credit on
certain conditions

аккредитúв на пóлную стóимость
контрáкта   letter of credit for the
full value of the contract

аккредитúвная фóрма расчётов
payments by a letter of credit

аккумулúровать срéдства
accumulate funds

аккурáтный, *adj.*   prompt

акт, *m.*   act

акт-извещéние. *m.*
notification report

акт кýпли   act of purchase

акт об испытáнии
certificate of proof

акт о некомплéтности постáвленного товáра
certificate of missing items

акт продáжи   act of sale

акт сдáчи-приéмки
acceptance certificate

акт технúческого осмóтра
technical inspection report

акт экспертúзы
examination report

актúвное сáльдо   active balance

актúвное сáльдо по клúрингу
favorable clearing balance

актúвность, *f.*   activity

актúвные счетá   favorable accounts

актúвный, *adj.*
1. favorable; 2. strong

актúвный балáнс   1. active balance;
2. favorable balance

актúвный торгóвый балáнс
active balance of trade

актúвы, *pl.*   assets

актúвы, приносящие прúбыль
earning assets

актúвы страховóй компáнии
life insurance assets

акцéпт *(finance), m.*   acceptance
(the signing of a bill of exchange
as a pledge by the drawee to
honor the bill)

акцéпт вéкселя
acceptance of a bill of exchange

акцéпт проведён в срок
acceptance is made on time

акцептúрованный вéксель
bill of acceptance

акцéптная оперáция   acceptance

акцéптный кредúт
acceptance credit

акцúзный налóг
1. consumption tax; 2. excise tax

áкции, *pl.*   stocks

áкции, впервыé предлагáемые на
рынке   new issue

áкции, дающие владéльцу прáво
гóлоса на акционéрном собрáнии
voting stocks

áкции коммунáльных компáний
utility stocks

áкции компáнии   company's shares

áкции компáний высóкой технолóгии
high-tech stocks

áкции на предъявúтеля
bearer stocks

áкции промышленных компáний
1. industrial equities;
2. technology issues

áкции, не дающие владéльцу прáво
гóлоса на акционéрном собрáнии
nonvoting stocks

áкции рéзко пошлú вверх на
лóндонской бúрже

shares rallied in London
áкции, с потенциáлом бы́строго и долговре́менного ро́ста
growth stocks
акционе́рная компáния закры́того ти́па close stock company
(a company with a fixed number of shares outstanding. New shares may not be issued)
акционе́р, не владе́ющий контро́льным паке́том áкций
minority shareholder
акционе́рное о́бщество corporation
акционе́рное о́бщество и́ли компáния stock company
акционе́рный банк 1. incorporated bank; 2. joint-stock bank
акционе́рный капитáл 1. equity capital; 2. equity; 3. stock; 4. shareholder's equity
акциони́рование госудáрственных предприя́тий conversion of state enterprises into stock companies
áкция, f. 1. equity; 2. share
алмáзный фонд diamond reserves
альтернати́ва, f. 1. alternative; 2. trade-off
Америкáнская фо́ндовая би́ржа American Stock Exchange
Áмерикэн экспре́сс (кредитная карточка)
American Express card
амортизацио́нное регули́рование adjustment for depreciation
амортизацио́нные расхо́ды amortization costs
амортизацио́нный фонд depreciation fund
амортизáция, f. depreciation
анáлиз, m. 1. analysis; 2. test
анáлиз де́нежного обраще́ния analysis of money circulation
анáлиз затрáт и эффекти́вности cost-benefit analysis
анáлиз изде́ржек cost analysis
анáлиз инфляцио́нных проце́ссов analysis of inflationary processes
анáлиз конкурентоспосо́бности компáнии analysis of the competitiveness of a company
анáлиз кредитоспосо́бности

analysis of creditworthiness
анáлиз состоя́ния балáнса analysis of the balance
анáлиз тенде́нций ры́нка market trend analysis
анáлиз тенде́нций trend analysis
анáлиз тре́ндов trend analysis
анáлиз финáнсовых индикáторов на би́рже technical market analysis
анáлиз экономи́ческой и́ли техни́ческой целесообрáзности прое́кта feasibility study
анализи́ровать образе́ц analyze a sample
анали́ст, m. analyst
аналоги́чная ценá similar price
андеррáйтер, m. underwriter
(1. an entity which accepts an insurance risk; 2. an entity which guarantees the sale of an issue of securities)
анке́та, f. application form
аннотáция, f. abstract
аннуите́т (finance), m. annuity
(a sum of money paid on a regular basis during the lifetime of a person)
аннули́рование, n. 1. cancellation; 2. dissolution; 3. revocation; 4. termination
аннули́ровáние всле́дствие невыполне́ния обязáтельств cancellation caused by nonfulfillment of obligations
аннули́рование лице́нзии revocation of a license
аннули́рованный страхово́й по́лис lapsed insurance policy
аннули́ровать (+ acc.), v. 1. annul; 2. cancel; 3. revoke
аннули́ровать долг cancel debt
аннули́ровать закáз cancel an order
аннули́ровать пате́нт 1. annul a patent; 2. revoke a patent
аннули́ровать реше́ние арби́тра cancel an arbitration award
аннули́ровать сде́лку cancel a transaction
аннули́ровать страхово́й по́лис cancel an insurance policy

антиде́мпинговый нало́г
anti-dumping levy
антикри́зисная экономи́ческая
поли́тика anti-recession policy
антикри́зисная экономи́ческая про-
гра́мма crash economic program
антимонополисти́ческое законо-
да́тельство anti-trust law
антимонопо́льная програ́мма
monopoly break up program
антирабо́чий, *adj.* anti-labor
апелля́ция, *f.* appeal
апелля́ция грузоотправи́теля
consigner's appeal
апелля́ция должника́
debtor's appeal
арби́тр, *m.* arbitrator
арбитра́ж, *m.* arbitration
арбитра́ж во вне́шней торго́вле
arbitration in foreign trade
арбитра́ж тре́тьей страны́
arbitration of a third country
арбитра́жная документа́ция
arbitration documentation
арбитра́жная коми́ссия
arbitration commission
арбитра́жная огово́рка
arbitration clause
арбитра́жное соглаше́ние
arbitration agreement
аргументи́рованное возраже́ние
well-founded objection
аргументи́ровать отклоне́ние
give reasons for rejection
аре́нда, *f.* leasing
аре́нда бро́керских мест на би́рже
lease of seats on the Exchange
аре́нда скла́да warehouse lease
аренда́тор, *m.* 1. lessee; 2. tenant
аре́ндная пла́та
1. rent; 2. rent payment
аре́ндный догово́р
lease agreement
арендова́ть *(+ асс.)*, *v.* rent
арендода́тель, *m.* lessor
аре́ст, *m.* detention
аре́ст на иму́щество
impounding of property
аресто́ванный счет frozen account
аспира́нт, *m.* graduate student
аспиранту́ра по програ́мме "Ма́-

стер междунаро́дного ме́неджмен-
та" graduate program "Master of
International Management" (MIM)
аспиранту́ра по програ́мме "Ма́стер
оф би́знес администрэ́йшн"
graduate program "Master of
Business Administration" (MBA)
ассигнова́ние де́нежных сре́дств
appropriation of funds
ассигнова́ние, *n.*
1. allocation; 2. appropriation
ассигнова́ния на капиталовложе́ния
capital appropriations
ассигнова́ния на расхо́ды
expenditure appropriation
ассигнова́ния на рекла́му
advertising allowance
ассигнова́ть, *v.* see: *асигно́вывать*
ассигно́вывать / ассигнова́ть
(на + асс.; + асс.), *v.*
1. allocate; 2. appropriate
ассигно́вывать / ассигнова́ть де́ньги
на что-ли́бо
appropriate money for something
ассисте́нт, *m.* assistant
ассо́ртимент, *m.* list of goods
ассоциа́ция, *f.* association
ассоциа́ция делово́го сотру́дни-
чества
business association
ассоциа́ция производи́телей
producers' association
ассоции́рованный член
associated member
астрономи́ческие це́ны
astronomical prices
а́томная электроста́нция
nuclear power plant
аудито́р, *m.* auditor
аудито́рская фи́рма
accounting firm
аудито́рский контро́ль
1. audit; 2. auditing
аукцио́н, *m.* auction
аукцио́н для прода́жи облига́ций
bond auction
аукционе́р, *m.* auctioneer
аукцио́нная цена́ auction price
аффиде́вит *(law)*, *m.* affidavit
(a written declaration under oath)
аэрокосми́ческая фи́рма

aerospace firm

Б

багáжная квитáнция
luggage receipt
бáза, *f.*   1. base; 2. warehouse
бáза дáнных   data base
бáза налогооблажéния   tax base
бáза снабжéния   supply depot
бáзис, *m.*   basis
бáзовая ценá   base price
бáзовый перúод   base period
бакалéйный магазúн   grocery store
балáнс, *m.*   balance
балáнс дохóдов и расхóдов
   1. balance of income and expenditures; 2. financial statement
балáнс на начáло и конéц гóда
   beginning and end of year balance
балáнс платежéй по клúринговым
   расчéтам   clearing balance
балáнс по текýщим операциям
   current account balance
балáнс торгóвли товáрами
   balance of merchandise trade
балáнс трéбований и обязáтельств
   balance of claims and liabilities
балансúровать / сбалансúровать
   (+ *асс.*), *v.*   balance
балансúровать / сбалансúровать
   счет   balance an account
балáнсовая стóимость актúвов
   book value (the value of assets as
   recorded in a company's accounts)
балáнсовый отчéт   balance sheet
банк, *m.*   bank
банк дáнных   information bank
бáнк-корреспондéнт   correspondence bank (a bank which acts on
   behalf of another bank in a place
   to which the other does not have
   direct access)
банк-кредитóр, *m.*   creditor bank
банк с застрахóванными вклáдами
   insured bank
бáнковская гарáнтия
   bank guarantee
бáнковская документáция
   bank documentation

бáнковская кредúтная систéма
   bank credit system
бáнковская операция   1. bank
   operation; 2. bank transaction
бáнковская óтрасль
   banking industry
бáнковская ревúзия   bank auditing
бáнковская систéма
   banking system
бáнковская ссýда   bank loan
бáнковские áкции
   1. bank issues; 2. bank stocks
бáнковские ревизóры
   bank regulators
бáнковские услýги   bank services
бáнковские учреждéния
   financial institutions
бáнковские фóнды   bank assets
бáнковский акцéпт
   bank acceptance
бáнковский вклáд
   bank deposit
бáнковский капитáл   bank capital
бáнковский лимúт кредитовáния
   bank credit line
бáнковский отчéт   bank statement
банковский перевод   bank transfer
бáнковский ревизóр
   bank examiner
бáнковский риск   banking risk
бáнковский скандáл   bank scandal
бáнковский сотрýдник, занимáю-
   щийся вопрóсами о зáймах
   bank loan officer
бáнковское дéло
   1. banking; 2. banking business
бáнковское обслýживание клиéнта
   без выхода из автомобúля
   drive-in bank
бáнковское поручéние
   bank guarantee
банкрóтство, *n.*
   1. business failure; 2. bankruptcy
банкрóтство компáнии
   1. collapse of a company;
   2. company bankruptcy
барахóлка, *f.*   fleamarket
бáртер, *m.*   barter
бáртерная торгóвля
   1. barter; 2. barter trade
бéгать / бежáть (*в + асс.; от + gen.;*

на + асс.), v.   run
бе́гство   flight
бе́гство от рубля́   1. capital flight
    from rubles; 2. flight from ruble
бегу́щая строка́   ticker tape
    (e.g., on the Exchange)
бе́дность, f.   1. need; 2. poverty
бежа́ть, v.   see: бе́гать
безалкого́льные напи́тки
    soft drinks
безалкого́льный, adj.   soft
безвозмéздное финанси́рование
    каки́х-ли́бо прое́ктов   grant
безде́йствующий, adj.   idle
безжа́лостная конкуре́нция
    cutthroat competition
безнаде́жная задо́лженность
    nonperforming loan
безнаде́жный долг
    1. bad debt; 2. uncollectable bills
безопа́сный, adj.   1. safe; 2. secure
безоснова́тельная отсро́чка
    groundless delay
безоснова́тельное отклоне́ние
    unfounded rejection
безрабо́тица, f.   unemployment
безрезульта́тные перегово́ры
    failed negotiations
безупре́чная репута́ция
    impeccable reputation
безусло́вная гара́нтия
    unconditional guarantee
без учёта сто́имости перево́зки
    cost of transportation is not
    included
бензоколо́нка, f.   service station
бережли́вость, f.
    1. economy; 2. thrift
бесконтро́льный вы́пуск де́нег
    overmonetization
беспереба́йное снабже́ние
    uninterrupted supply
беспла́тная перево́зка
    free transportation
беспла́тная поста́вка   free delivery
беспла́тно, adv.   1. free;
    2. no charge; 3. on the house
беспла́тное ба́нковское обслу́жи-
    вание   no-fee bank service
беспла́тный, adj.   free
беспла́тный ба́нковский че́ковый

счет   free bank checking account
беспла́тный образе́ц   free sample
беспоко́йство, n.   concern
беспоря́дки в мирово́й эконо́мике
    international economic distur-
    bances
беспо́шлинный, adj.   duty-free
беспроце́нтный, adj.   1. bearing no
    interest; 2. flat; 3. interest free
беспроце́нтный заём
    1. interest free loan;
    2. no interest loan
беспроце́нтный счет
    interest free account
бессро́чная ссу́да
    loan for an indefinite term
би́знес, m.   business
би́знес в о́бласти бытово́й элек-
    тро́нной аппарату́ры и бытовы́х
    эле́ктроприбо́ров   consumer elec-
    tronics and appliance business
би́знес в о́бласти пересы́лки де́нег
    по телегра́фу
    money-wiring business
би́знес посре́дством почто́вых
    посы́лок в отве́т на зака́зы
    mail-order business
бизнесме́н, m.   businessman
бизнесме́н де́йствует от своего́
    и́мени   businessman acts on his
    own behalf
бизнесме́н-междунаро́дник, m.
    international businessman
биллионе́р, m.   billionaire
би́ржа, f.   1. board; 2. exchange;
    3. financial market; 4. market;
    5. stock market
би́ржа труда́   1. employment office;
    2. placement agency
биржева́я котиро́вка
    market quotation
биржева́я сде́лка
    stock exchange transaction
би́ржевая торго́вля по сро́чным
    сде́лкам
    futures trading on the Exchange
биржева́я цена́
    stock exchange price
биржево́е собра́ние   1. trading;
    2. trading on the floor of the
    Exchange

биржевой арбитраж
stock market arbitration
биржевой брокер   1. broker on the
Exchange; 2. securities broker;
3. stockbroker
биржевой бум   stock market boom
биржевой бюллетень
stock exchange bulletin
биржевой крах   stock market crash
биржевой маклер
broker on the Exchange
биржевой рынок   stock market
биржевой спекулянт
trader on the Exchange
биржевые дни
trading days on the Exchange
биржевые собрания с... до ...
trading on the floor from ... to ...
благоприятная деловая коньюктура
favorable trade outlook
благоприятные обстоятельства
favorable circumstances
благоприятный, *adj.*
1. fair; 2. favorable
благоприятный курс обмена
fair rate of exchange
**благотворительный фонд на спе-
циальные цели**   endowment fund
благоустройство, *n.*   improvement
бланк, *m.*   1. blank; 2. blank form
**бланк для требований на выплату
страхового возмещения**
insurance claim form
бланк заказа   order blank form
бланк заказа на поставку
purchase order form
бланк заявки   application form
бланк почтового заказа
mail order-form
близкий, *adj.*   close
блокировать / заблокировать
(+ асс.), *v.*   freeze
**бойкотируемая или запрещённая
компания**   blacklisted company
больничное страхование
hospitalization insurance
большая семёрка   Group of 7
(Group of 7 leading industrial
countries involved in global
financial arrangements)
большое разнообразие продуктов

large variety of products
большой, *adj.*   1. large; 2. strong
**большой продовольственный магазин
самообслуживания**   supermarket
большой спрос на товары
strong demand for products
бонус, *m.*   bonus
босс, *m.*   boss
боязнь риска   risk aversion
брак, *m.*   1. faulty goods; 2. rejects
бракованная партия изделий
1. out-of-spec. lot;
2. rejected batch
браковать / забраковать (+ асс.), *v.*
discard
брать / взять (+ асс.), *v.*
1. assume; 2. draw; 3. take
брать / взять взятку   take a bribe
брать / взять деньги со счёта
draw on an account
брать / взять курс на что-либо
take a course in the direction of...
брать / взять назад   withdraw
брать / взять на себя обязательство
make a commitment
**брать / взять на себя ответствен-
ность**   take responsibility
брать / взять на себя риск
assume risk
**брать / взять образцы для экспер-
тизы**
take samples for examination
бригадный подряд   team contract
брифинг, *m.*   briefing
брокер, *m.*   broker
**брокер по инвестиционным ценным
бумагам**   investment broker
**брокер по купле-продаже наличного
товара**   spot broker
**брокер по операциям с ценными
бумагами**   securities broker
брокер по сделкам с недвижимостью
real estate broker
**брокер, работающий на сниженных
комиссионных**   discount broker
брокерская база
broker's warehouse
брокерская контора   1. brokerage
firm; 2. brokerage house
брокерская ссуда   broker's loan
брокерская фирма   1. brokerage

agency; 2. brokerage firm
бро́керский дом   brokerage house
бро́керский жест
brokers' hand signal
бро́керский язы́к   brokers' hand
signal (hand signals used by
brokers while conducting a trade)
бро́керское ме́сто
seat on the Exchange
брони́рованная ко́мната
armored vault
брони́ровать / заброни́ровать
(+ асс.), v.   book
бро́совые облига́ции   junk bonds
(tradable securities with below
the normal investment grade)
бру́тто, adj.   gross
бру́тто-вес, m.   gross weight
бу́дущие поста́вки
future deliveries
бу́дущий, adj.
1. forward; 2. future; 3. pending
букле́т, m.   booklet
букле́т в це́лях рекла́мы
booklet for publicity purposes
букле́т с эмбле́мой фи́рмы   booklet
with the trademark of the firm
бума́жные де́ньги   paper money
бухга́лтер, m.
1. accountant; 2. bookkeeper
бухгалте́рия, f.
1. accounting; 2. bookkeeping
бухга́лтер-калькуля́тор, m.
cost accountant
бухга́лтер по налогообложе́нию
tax accountant
бухга́лтер-ревизо́р, m.   auditor
бухга́лтерская за́пись
accounting entry
бухга́лтерская кни́га   ledger
бухга́лтерская прово́дка
journal entry
бухга́лтерская фи́рма
accounting firm
бухга́лтерские счета́
business accounts
бухга́лтерский учёт
business accounting
бухга́лтерский учёт поте́рь
loss accounting
бухга́лтер-экспе́рт, m.

certified public accountant (CPA)
бы́вший в употребле́нии
1. second-hand; 2. used
бык (finance), m.   bull (an investor
expecting the price of securities,
commodities, or currencies to go
up)
быстроде́йствующее печа́тающее
устро́йство   high-speed printer
быстрорасту́щая компа́ния
growth company
бытова́я электро́ника
consumer electronics
бытово́е обслу́живание   everyday
repairs and other services
бытовы́е электроприбо́ры
household appliances
быть в долга́х   be in debt
быть в закла́де   be in pawn
быть в неиспра́вном состоя́нии
be out of order
быть в ограни́ченном коли́честве
be in short supply
быть в руково́дстве компа́нией
be at the helm of the company
быть в спи́сочном соста́ве рабо́чих
и слу́жащих предприя́тия
be on the payroll
быть во главе́ компа́нии
be the head of a company
быть зарегистри́рованным
be on file
быть на хозрасчёте
be on a self-sustained budget
быть откомандиро́ванным для
рабо́ты в друго́й компа́нии
be on loan to another company
быть по́лностью загру́женным
зака́зами   be fully booked
быть при́быльным   be in the black
быть принуждённым закры́ть
би́знес   be forced out of business
быть убы́точным   be in the red
бюдже́т, m.   budget
бюдже́т без изли́шеств
tight budget
бюдже́т дома́шнего хозя́йства
household budget
бюдже́т на заку́пки
purchasing budget
бюдже́т на рекла́му

advertising budget

бюджётная полйтика
budgetary policy

бюджётная смёта 1. budget
estimates; 2. draft budget

бюджётные ограничёния
budgetary constraints

бюджётный, *adj.*
1. budgetary; 2. fiscal

бюджётный дефицйт
budgetary shortfall

бюджётный избыток
budget surplus

бюллетёнь, *m.*   bulletin

бюллетёнь с йндексами цен
bulletin with price indexes

бюро, *n.*   1. agency; 2. bureau

бюро кредйтной информáции
credit bureau

бюро обслýживания
service bureau

бюро по трудоустрóйству
1. employment agency;
2. placement agency

бюро прокáта   rental company

бюро путешёствий   travel agency

бюро торгóвой палáты   office of
the Chamber of Commerce

В

в арбитрáжном порядке
in arbitration

в ближáйшее врёмя
at the earliest possible date

в большóм колйчестве   in quantity

в вйде задáтка   in earnest

в дёнежном выражёнии
1. in monetary terms; 2. nominal

в итóге голосовáния
as a result of a ballot

в колйчественном выражёнии
in quantitative terms

в лýчшем слýчае   at best

в неизмённых цёнах   1. in constant prices; 2. in real prices

**в пересчёте на америкáнские
дóллары**   dollar equivalent

в пйсьменном вйде   written

в предёлах страны   national

в рабóчем состоянии
in working order

в соответствии с образцóм
as per sample

в соответствии с чем-лйбо
in accordance with something

в срёднем   on average

в цёлях внесёния корректйвов
for the purpose of adjustments

вáжные обстоятельства
important circumstances

вáжный, *adj.*
1. key; 2. material; 3. principal

вакáнсия, *f.*   1. opening; 2. vacancy

вáловая сýмма продáж   gross sales

вáловой, *adj.*   gross

вáловой дохóд
1. gross earnings; 2. gross revenue

вáловой дохóд бюджёта
gross revenue

валовóй национáльный продýкт
(ВНП)   gross national product
(GNP) (the total output of the
economy which includes the
domestic product of the nation
and income from abroad)

вáловые поступлёния
gross receipts

валюта, *f.*   1. currency; 2. exchange

валюта в обращёнии
currency in circulation

валюта импортёра
importer's currency

**валюта, курс котóрой "привязан" к
валюте другóй страны**
pegged currency

валюта на рукáх у населёния   currency in the hands of the public

валюта, определённая контрáктом
currency specified by a contract

валюта перечйслена по кýрсу дня
currency is transferred at the rate
of the day

валюта платежá
currency of payment

валюта с завышенным кýрсом
overvalued currency

валюта с занйженным кýрсом
1. cheap currency;
2. undervalued currency

валюта цены   currency of price

валю́та экспорте́ра
exporter's currency
валю́тная би́ржа   1. Currency
Exchange; 2. currency market
валю́тная вы́ручка
earnings in convertible currency
валю́тная интерве́нция
currency intervention
валю́тная компенса́ция
currency compensation
валю́тная самоокупа́емость   self-
sufficiency in currency earnings
валю́тная спекуля́ция
currency speculation
валю́тная цена́
price in convertible currency
валю́тная эконо́мия
currency savings
валю́тная эффекти́вность поку́пок
rate of profitability of purchases
for hard currency
валю́тное самофинанси́рование
self-financing of currency
expenditures
валю́тно-рубле́вое предприя́тие
enterprise selling its products for
both hard currency and rubles
валю́тно-фина́нсовая поли́тика
monetary-fiscal policy
валю́тно-фина́нсовый, adj.
monetary
валю́тные ри́ски   exchange risks
валю́тные капиталовложе́ния
currency outlays
валю́тные колеба́ния
currency movements
валю́тные махина́ции
exchange fraud
валю́тные опера́ции
1. exchange operations;
2. exchange transactions
валю́тные поступле́ния
currency earnings
валю́тные предписа́ния
currency regulations
валю́тные сре́дства
1. available currency;
2. currency reserve
валю́тные усло́вия
currency conditions
валю́тный аукцио́н

currency auction
валю́тный бар   currency bar (a bar
which serves customers for hard
currency only)
валю́тный дефици́т
exchange shortage
валю́тный кли́ринг
exchange clearing
валю́тный коэффицие́нт   differentiated currency coefficient
валю́тный креди́т   currency credit
валю́тный курс   rate of exchange
валю́тный лими́т госуда́рственных
предприя́тий   amount of convertible currency provided by
the state to its enterprises
валю́тный магази́н   store that sells
goods for hard currency only
валю́тный о́фис   office space
rented for hard currency only
валю́тный резе́рв   1. available
currency; 2. currency reserve
валю́тный ры́нок   currency market
валю́тный се́рвис
service for currency
валю́тный сертифика́т
exchange certificate
валю́тный спекуля́нт
profiteer in currencies
валю́тный счет   currency account
валю́тный тра́нсферт
currency transfer
валю́тный фонд   currency fund
вариа́нт, m.   alternative
вариа́нт прое́кта
alternative design
ва́ррант (finance), m.   warrant (a
certificate which allows its owner
to buy a security at a fixed price
for a specified period of time)
ва́ррант на поку́пку це́нных бума́г
stock purchase warrant
вахте́р, m.   security guard
введе́ние нало́гов
introduction of taxes
ввезти́, v.   see: ввози́ть
ввести́, v.   see: вводи́ть
ввод, m.   introduction
вводи́ть / ввести́ (+ acc.), v.
introduce
вводи́ть / ввести́ но́вый пара́граф

introduce a new paragraph
вводить / ввести стандарт
introduce a standard
ввоз, *m.*   importation
ввозить / ввезти *(+ acc.), v.*
import
вдруг данное приглашение
spontaneous invitation
**ведение дел на комиссионных
началах**
business on a commission basis
ведение дел незаконным образом
illegal business activities
**ведение переговоров для заклю-
чения коллективных договоров**
collective bargaining (between
management and trade unions)
ведение переговоров о цене
bargaining
ведомость, *f.*
1. list; 2. statement; 3. register
ведомость наличности   cash list
ведомость прибылей и убытков
profit and loss statement
ведущая в своей области компания
dominant company
ведущие деловые круги
business leaders
ведущие компании
blue-chip companies
ведущие страны   leading countries
ведущие экономические показатели
leading economic indicators
ведущий, *adj.*   1. key; 2. leading
вексель, *m.*   1. bill; 2. bill of
exchange; 3. draft; 4. promissory
note
вексель на предъявителя
draft at sight
вексельная операция
bill discounting
величина, *f.*   1. value; 2. volume
венчур, *m.*   venture (a risky commercial enterprise or financial
operation)
венчурная компания
venture company
венчурный капитал   venture capital (a risk capital which has
both a chance of failure and
a higher than average profit)

верить / поверить заверениям
trust assurances
вернуть, *v.*   see: *возвращать*
верный, *adj.*   1. right; 2. safe
вероятность выплаты денег   probability of repayment of a debt
вероятность участия
likelihood of participation
вершина, *f.*   top
весенняя ярмарка   spring fair
весовая недостача
shortage in weight
вести дело   run a business
вести протокол   take minutes
вести счета   maintain the accounts
вести / провести *(+ acc.), v.*
1. conduct; 2. deal; 3. handle;
4. lead; 5. negotiate
вести / провести дела с кем-либо
deal with somebody
вести / провести дело *(law)*
handle the case
вести / провести переговоры
1. conduct negotiations; 2. hold
talks; 3. negotiate
**вести / провести переговоры об
обмене**   negotiate an exchange
**вести / провести переговоры о
займе**   negotiate a loan
**вести / провести переговоры о
запродаже**
hold talks on a conditional sale
**вести / провести переписку с
кем-либо**
correspond with somebody
**вести / провести торговлю ценными
металлами**
trade in precious metals
вести / провести что-либо
handle something
вещи, *pl.*   goods
вещи личного пользования
goods for personal use
взаимная лицензия
reciprocal license
взаимная торговля
mutual trade
взаимное согласие   mutual consent
взаимное соглашение
reciprocal agreement
взаимное сотрудничество

mutual cooperation
взаимное страхование
mutual insurance
взаимные кредиты
reciprocal credit
взаимные обязательства
mutual obligations
взаимные поставки
reciprocal deliveries
взаимные уступки
reciprocal concessions
взаимный, *adj.*
1. mutual; 2. reciprocal
взаимный импорт   mutual imports
взаимный обмен
reciprocal exchange
взаимный фонд *(finance)*   mutual
fund (an investment company
buying securities for the benefit
of shareholders)
взаимный фонд закрытого типа
closed-end mutual fund (an investment company with a fixed
number of shares outstanding)
взаимный фонд открытого типа
open-end mutual fund (an investment company with no fixed
number of shares outstanding)
взаимовыгодная сделка   mutually
advantageous transaction
**взаимовыгодное заключение
соглашения**   mutually beneficial
conclusion of an agreement
взаимовыгодное сотрудничество
1. mutually advantageous
cooperation; 2. mutually
benefitial interaction
взаимовыгодный обмен
mutually beneficial exchange
взаимодополняющие товары
complementary goods
взаимозаменяемые товары и услуги
alternative goods and services
взаимообмен лицензиями
cross-licensing
взаимопомощь, *f.*
mutual assistance
**взаимопонимание в сотрудниче-
стве**   mutual understanding in
cooperation
взвинтить, *v.*   see: *взвинчивать*

взвинчивать / взвинтить (+ *acc.*), *v.*
1. inflate; 2. sharply increase
взвинчивать / взвинтить цены
inflate prices
взимаемый процент на заём
loan interest rate
взимать (+ *acc.*), *v.*   charge
взимать комиссионные
charge commissions
взимать сборы   charge fees
взимать штраф   charge a penalty
взлет цен на бирже   market rally
взлетающие цены
skyrocketing prices
взнос, *m.*   1. contribution; 2. pledge
взнос наличными   up-front fee
**взносы, списываемые из суммы
облагаемой налогом**
tax deductible contributions
взыскание в пользу покупателя
recovery in the buyer's favor
взыскание в размере ...
recovery in the amount of ...
взыскание долгов
collection of debts
взыскание недостачи
recovery of a shortage
взыскание по арбитражу
recovery through arbitration
взыскание по суду
recovery in court
взыскание с транспортной компании
recovery from a shipping
company
взыскание страховой суммы
recovery of an insurance sum
взысканная сумма
recovered amount
взыскать, *v.*   see: *взыскивать*
взыскивать / взыскать (+ *acc.*), *v.*
recover
взыскивать / взыскать долги
recover debts
**взыскивать / взыскать судебные
расходы**   recover legal fees
взыскивать / взыскать убытки
recover damages
взять, *v.*   see: *брать*
взятка, *f.*   bribe
взяточничество, *n.*   bribery
вид, *m.*   type

вид аккредити́ва
type of letter of credit
видеопира́тство, n.   video-piracy
видеоплейер, m.
video cassette player
видеоры́нок, m.
videotaped movies market
вид изде́лия   1. article; 2. item
вид обеспече́ния   type of security
вид сче́та   type of account
вид финанси́рования
type of financing
вид це́нных бума́г
type of securities
вид эксперти́зы
type of examination
ви́ды ри́сков
types of risks
ви́за на ввоз това́ра   import permit
ви́за на вы́воз това́ра
export permit
визи́т, m.   visit
визи́т ве́жливости   courtesy visit
визи́т в министе́рство
visit to a ministry
визи́тка (colloquial), f.   1. shopper's
membership card; 2. business card
визи́тная ка́рточка   business card
визи́тная карто́чка покупа́теля
shopper's membership card
визи́т с це́лью установи́ть деловы́е
отноше́ния   visit to establish
business relations
визуа́льная инспе́кция
visual inspection
ви́лка зарпла́т
salary brackets
ви́лка цен
1. price bracket; 2. price range
ви́лка цен в хо́де торго́вли
trading range
вина́, f.   1. blame; 2. fault
вина́ за поте́рю гру́за
blame for loss of cargo
вина́ за просро́чку доста́вки
blame for overdue delivery
вина́ покупа́теля   buyer's fault
вина́ продавца́   seller's fault
вина́ фрахтовщика́
fault of a freighter
ви́нный магази́н

1. liquor store; 2. package store
вино́вная сторона́   party at fault
вино́вник убы́тков
party responsible for losses
вино́вный, adj.   delinquent
витри́на магази́на   store window
ви́це-президе́нт, m.   vice-president
вклад, m.   1. contribution; 2. deposit; 3. investment; 4. savings
вклад де́нег в це́нные бума́ги
financial investment
вклад на сберега́тельный счет
savings account deposit
вкла́дывать / вложи́ть (+ acc.), v.
1. put; 2. invest; 3. deposit
вкла́дывать / вложи́ть де́ньги в
зо́лото   invest in gold
вкла́дывать / вложи́ть де́ньги в це́н-
ные бума́ги   invest in securities
включа́ть / включи́ть (в + acc;
+ acc.), v.   include
включа́ть / включи́ть в пове́стку дня
include in the agenda
включа́ть / включи́ть огово́рку
include a clause
включа́ть / включи́ть прейскура́нт
в катало́г
include a price list in a catalogue
включа́ться / включи́ться в мирову́ю
эконо́мику
enter the world economy
включённое обуче́ние   internship
включи́ть, v.   see: включа́ть
включи́ться, v.   see: включа́ться
вкус потреби́теля   consumer taste
владе́лец, m.   holder
владе́лец а́вторского пра́ва
copyright owner
владе́лец ба́нковского сче́та
bank account holder
владе́лец вкла́да   depositor
владе́лец компа́нии
company owner
владе́лец контро́льного паке́та а́кций
major shareholder
владе́лец креди́тной ка́рточки
credit card holder
владе́лец лице́нзии
1. licensee; 2. license holder
владе́лец облига́ций   bondholder
владе́лец сертифика́та

certificate holder
владе́лец това́рного зна́ка
grantee of the trademark
вла́сти, *pl.*   authorities
власть, *f.*   1. authority; 2. power
влеза́ть / влезть в долги́
incur debts
влезть, *v.*   see: *влеза́ть*
влива́ние капита́ла   capital infusion
влива́ть / влить де́ньги во что-ли́бо
pour cash into something
влить, *v.*   see: *влива́ть*
влия́ть / повлия́ть на ры́нок
affect the market
вло́женные сре́дства   1. invested
funds; 2. tied-up assets
вложи́ть, *v.*   see: *вкла́дывать*
вмести́мость, *f.*   holding capacity
вмести́ть, *v.*   see: *вмеща́ть*
вмеща́ть / вмести́ть (+ *acc.*), *v.*
hold
внебиржево́й ры́нок це́нных бума́г
over-the-counter market (OTC)
внебюдже́тные сре́дства
out-of-budget funds
внедре́ние на ры́нок но́вых това́ров
introduction of new goods into
the market
внеза́пная реви́зия
unscheduled audit
внести́ , *v.*   see: *вноси́ть*
вне часо́в пик   off-peak hours
вне́шнее финанси́рование   1. foreign
financing; 2. outside financing
внешнеторго́вая делега́ция
foreign trade delegation
внешнеторго́вая инспе́кция
foreign trade inspection
внешнеторго́вая информа́ция
foreign trade information
внешнеторго́вая компа́ния
export / import company
внешнеторго́вая корреспонде́нция
foreign trade correspondence
внешнеторго́вая монопо́лия
monopoly on foreign trade
внешнеторго́вая опера́ция
foreign trade operation
внешнеторго́вая организа́ция
export / import agency
внешнеторго́вая рекла́ма

foreign trade advertising
внешнеторго́вая сде́лка
foreign trade transaction
внешнеторго́вая стати́стика
foreign trade statistics
внешнеторго́вая фи́рма
export / import firm
внешнеторго́вые отноше́ния
foreign trade relations
внешнеторго́вые перево́зки
foreign trade shipments
внешнеторго́вые перегово́ры
foreign trade negotiations
внешнеторго́вые прогно́зы
trade estimates
вне́шнеторго́вые свя́зи
export / import relations
внешнеторго́вые це́ны   world
market prices in foreign trade
внешнеторго́вый банк
foreign trade bank
внешнеторго́вый дефици́т
1. trade deficit; 2. trade gap
внешнеторго́вый докуме́нт
foreign trade document
внешнеторго́вый катало́г
foreign trade catalogue
внешнеторго́вый креди́т
foreign trade credit
внешнеторго́вый прейскура́нт
foreign trade price list
внешнеэкономи́ческая де́ятельность
external economic activity
внешнеэкономи́ческие торго́вые
свя́зи   business connections
in foreign trade
внешнеэкономи́ческий долг
foreign debt
внешнеэкономи́ческий ко́мплекс
export oriented part of the
economy
внешнеэкономи́ческое объедине́ние
export / import enterprise
вне́шние обяза́тельства
external liabilities
вне́шние ри́ски   external risks
вне́шний, *adj.*
1. foreign; 2. external
вне́шний ауди́т   1. external audit;
2. independent audit
вне́шний вид проду́кта

product appearance
вне́шний долг
1. external debt; 2. foreign debt
вне́шний ры́нок   external market
вне́шняя привлека́тельность това́ра
visual appeal of goods
вне́шняя прове́рка
inspection of the exterior
вновь обрете́нная со́бственность
recovered property
вновь стать рента́бельным
return to profitability
вноси́ть / внести́ (в + acc.; + acc.), v.
1. deposit; 2. insert; 3. put
вноси́ть / внести́ ава́нсовый платёж
make an advance payment
вноси́ть / внести́ де́ньги
make a deposit
вноси́ть / внести́ де́ньги в банк
deposit money in a bank
вноси́ть / внести́ за́пись   register
вноси́ть / внести́ измене́ния в
пара́граф   amend a paragraph
вноси́ть / внести́ измене́ния
в страхово́й контра́кт
1. modify an insurance policy;
2. update an insurance policy
вноси́ть / внести́ ...% нали́чными
за что-ли́бо
put ...% down for something
вноси́ть / внести́ огово́рку
insert a clause
вноси́ть / внести́ огово́рку
в соглаше́ние
make a provision in an agreement
вну́треннее финанси́рование
internal financing
вну́тренние опто́вые це́ны
domestic wholesale prices
вну́тренний, adj.
1. internal; 2. domestic
вну́тренний ауди́т   internal audit
вну́тренний валю́тный тра́нсферт
domestic currency transfer
вну́тренний ры́нок   1. domestic
market; 2. internal market
вну́тренняя конверти́руемость
internal convertibility
вну́тренняя реви́зия   internal audit
вну́тренняя рекла́ма
domestic advertising

вну́тренняя сеть материа́льно-
техни́ческого снабже́ния
domestic network of material
and technical supply
во главе́ с кем-ли́бо
led by someone
водонепроница́емая упако́вка
waterproof packaging
вое́нная промы́шленность
defense industry
вое́нно-промы́шленный ко́мплекс
military-industrial complex
вое́нные расхо́ды
defense expenditures
вое́нный зака́з   defense order
вое́нный контра́кт
defense contract
вое́нный подря́дчик
defense contractor
возвра́т, m.
1. refund; 2. reimbursement
возврат де́нег нали́чными
cash refund
возвра́т по́шлины   refund of dues
возвра́т ра́нее упла́ченного нало́га
tax refund
возврати́ться, v. see: возвраща́ться
возвра́тность де́нег
probability of repayment of a debt
возвраща́ть / верну́ть (+ acc.;
+ dat.), v.   1. return; 2. refund
возвраща́ть / верну́ть вклад и́ли
зало́г   return a deposit
возвраща́ть / верну́ть де́ньги
pay back
возвраща́ться / возврати́ться
в строй   make a comeback
возвращённая па́ртия изде́лий
1. returned lot; 2. returned batch
возвращённая су́мма
refunded amount
возвращённый това́р
returned goods
возгла́вить, v. see: возглавля́ть
возглавля́ть / возгла́вить (+ acc.), v.
1. be the head of ...; 2. lead
возглавля́ть / возгла́вить компа́нию
be the head of a company
возде́йствие рекла́мы
impact of an advertisement
возде́йствова́ть на ры́нок

influence the market
воздержа́ться, *v.*
see: *возде́рживаться*
возде́рживаться / воздержа́ться
(от+ gen), *v.*   abstain
возде́рживаться / воздержа́ться от
заключе́ния догово́ров   abstain
from entering into contracts
возду́шные перево́зки
shipments by air
возду́шный груз   air freight
возду́шный тари́ф   air fare
возлага́ть / возложи́ть отве́тствен-
ность за что-ли́бо на кого́-ли́бо
place responsibility for something
on somebody
возлага́ть / возложи́ть отве́тствен-
ность на поставщика́
place responsibility on a supplier
возложи́ть, *v.* see: *возлага́ть*
возмести́ть, *v.* see: *возмеща́ть*
возмеща́ть / возмести́ть (+ асс.), *v.*
1. compensate; 2. refund;
3. reimburse
возмеща́ть / возмести́ть изде́ржки
meet costs
возмеще́ние, *п.*
1. refund; 2. reimbursement
возмеще́ние взно́сов
reimbursement of fees
возмеще́ние, обусло́вленное дого-
во́ром   compensation
specified by an agreement
возмеще́ние по и́ску
compensation on claim
возмеще́ние расхо́дов
reimbursement of expenses
возмещённые убы́тки
damages paid
возмещённый уще́рб
compensated damage
возмо́жности сбы́та   1. market
opportunities; 2. market potential
возмо́жность возобновле́ния стра-
хово́го контра́кта   possibility of
renewal of an insurance policy
возмо́жность для ро́ста
growth potential
возмо́жность отклоне́ния
possibility of cancellation
вознагради́ть, *v.* see: *вознагражда́ть*

вознагражда́ть / вознагради́ть
(за + асс.; + асс.), *v.*
1. compensate; 2. reward
вознагражда́ть / вознагради́ть
коммерса́нта за услу́ги
compensate a businessman for
his services
вознагражде́ние, *п.* 1. bonus; 2. fee
вознагражде́ние за услу́ги
service fee
вознагражде́ние руководя́щего
сове́та   executive compensation
возникнове́ние спо́ра
origin of a dispute
возобнови́ть, *v.* see: *возобновля́ть*
возобновле́ние, *п.*
1. renewal; 2. resumption
возобновле́ние вне́шней торго́вли
resumption of foreign trade
возобновле́ние доста́вки по́чты
resumption of mail delivery
возобновле́ние контра́кта
renewal of a contract
возобновле́ние платеже́й
resumption of payments
возобновле́ние поста́вок
resumption of deliveries
возобновле́ние услу́г
resumption of services
возобновля́ть / возобнови́ть
(+ асс.), *v.*   1. renew; 2. resume
возобновля́ть / возобнови́ть креди́т
renew credit
возобновля́ть / возобнови́ть
страхово́й догово́р на но́вый срок
renew an insurance policy
возраже́ние, *п.*   objection
возраже́ние во встре́чном и́ске
objection in a counterclaim
возраже́ние истца́
objection of a claimant
возраже́ние стороны́
objection of a party
возрожде́ние, *п.*   renewal
война́ цен   price war
войти́, *v.* see: *входи́ть*
волне́ния среди́ рабо́чих
labor unrest
восстана́вливать / восстанови́ть
отноше́ния   re-establish relations
восстанови́тельная сто́имость

replacement cost
восстанови́ть, *v.*
  see: *восстана́вливать*
восстановле́ние, *п.*
  1. resumption; 2. restoration
востре́бовать зада́ток
  demand earnest money
впервы́е появи́вшийся
  1. new; 2. brand new
вре́дность произво́дства
  occupational hazard
вре́дные для здоро́вья усло́вия
  health hazards
вре́менная рабо́чая си́ла
  temporary manpower
вре́менное задержа́ние гру́за
  temporary detention of cargo
вре́менное назначе́ние на рабо́ту
  temporary appointment
вре́менное эмба́рго
  temporary embargo
вре́менно закрыва́ть / закры́ть счет
  suspend an account
вре́менно прекраща́ть / прекрати́ть
  поста́вки   temporarily suspend
  deliveries
вре́менно прожива́ющий в да́нной
  стране́ иностра́нный по́дданый
  nonresident alien
вре́менный, *adj.*   1. provisional;
  2. seasonal; 3. temporary
вре́менный рабо́чий
  temporary worker
вре́менный склад
  temporary warehouse
вре́менный ста́ндарт
  temporary standard
вре́мя, *п.*   1. time; 2. life
вре́мя встре́чи   time of a meeting
вре́мя го́да   season
вре́мя заверше́ния   complete time
вре́мя отгру́зки   time of shipment
вре́мя оформле́ния
  time of registration
вре́мя регистра́ции
  time of registration
вре́мя слу́жбы   life
все а́вторские права́ сохраня́ются
  all copyrights reserved
всего́, *adv.*   total
всё за́нято   no vacancies

всеми́рная я́рмарка   world's fair
всеми́рный, *adj.*   1. global; 2. world
Всеми́рный Банк   World Bank (its
  purpose is to assist the development of member nations by
  making loans in the absence
  of private capital)
всео́бщая забасто́вка
  general strike
всеобъе́млющее паде́ние произ-
  во́дства   large scale downturn
  in production
всеобъе́млющий экономи́ческий
  план
  comprehensive economic plan
все права́ сохраня́ются
  all rights reserved
все, что име́ет це́нность
  anything of value
всплеск безрабо́тицы
  sharp increase in unemployment
вспомога́тельная рекла́ма
  auxiliary advertising
вспомога́тельный, *adj.*   indirect
вспомоше́ствование, *п.*   grant-in-aid
встава́ть / встать на о́чередь в
  магази́не   getting on a long-term
  waiting list at the store
встава́ть / встать на чье-ли́бо ме́сто
  take the place of somebody
встать, *v.* see: *встава́ть*
встре́тить, *v.* see: *встреча́ть*
встре́ча, *f.*   1. appointment;
  2. meeting; 3. summit
встре́ча в верха́х по экономи́ческим
  вопро́сам   economic summit
встре́ча для заключе́ния сде́лки
  meeting to conclude a deal
встре́ча для перегово́ров
  meeting for business talks
встре́ча для сбо́ра информа́ции
  meeting to gather information
встре́ча для установле́ния деловы́х
  отноше́ний   meeting to establish
  business relations
встре́ча на вы́сшем у́ровне
  1. summit; 2. summit meeting
встре́ча представи́телей
  meeting of representatives
встре́ча прошла́ в обстано́вке
  дове́рия и взаимопонима́ния

meeting was held in an atmosphere of trust and mutual understanding

встре́ча состоя́лась
meeting has been held

встреча́ть / встре́тить (+ acc.), v.
meet

встреча́ть / встре́тить делега́цию
meet a delegation

встре́чная отгру́зка
countershipment

встре́чное предложе́ние
counteroffer

встре́чное тре́бование
1. counterdemand; 2. counterclaim

встре́чный иск   counterclaim

вступа́ть / вступи́ть в строй
become operational

вступа́ть / вступи́ть в чле́нство
become a member

вступи́тельный взнос
1. admission fee; 2. initiation fee

вступи́ть, v.   see: *вступа́ть*

вступле́ние, n.   introduction

**вторга́ться / вто́ргнуться
(в + acc.), v.**   infringe

вто́ргнуться, v.   see: *вторга́ться*

вторичные исто́чники информа́ции
secondary data sources

второ́й, adj.   second

второсо́ртный, adj.
1. second; 2. second-rate

второстепе́нные расхо́ды
incidental costs

входи́ть / войти́ в си́лу
come into effect ·

входи́ть / войти́ в употребле́ние
go into use

входно́й контро́ль
incoming test

входны́е да́нные input data

входя́щий в каку́ю-ли́бо организа́цию organized

**выбира́ть / вы́брать (в + acc.;
+ acc.), v.**   1. choose; 2. select

выбира́ть / вы́брать валю́ту сде́лки
select the currency of a
transaction

выбира́ть / вы́брать та́ру
choose packaging

выбира́ть / вы́брать фо́рму опла́ты

select the method of payment

вы́бор, m.
1. choice; 2. option; 3. selection

вы́бор валю́ты   choice of currency

вы́бор валю́ты сде́лки   choice
of the currency of transaction

**вы́бор на осно́ве ры́ночной
информа́ции** choice based
on market information

**вы́бор осно́ванный на изуче́нии
ры́нка** choice based on a study
of the market

вы́бор по катало́гам
choice based on catalogues

вы́бор покупа́теля
choice of a buyer

вы́бор поставщика́
choice of a supplier

вы́бор потреби́телей
consumer choice

вы́бор продавца́   choice of a seller

вы́бор согласо́ван
choice has been agreed upon

вы́бор страхово́го аге́нта
choice of an insurance agent

вы́бор това́ров
merchandise selection

вы́бор тра́нспорта
choice of transportation

вы́бор усло́вий платежа́
choice of manner of payment

вы́бор фрахто́вщика
choice of a freighter

вы́борочная прове́рка
sampling inspection

вы́борочный тест   random test

выбра́сывать / вы́бросить (+ acc.), v.
1. discard; 2. reject

вы́брать, v.   see: *выбира́ть*

вы́бросить, v.   see: *выбра́сывать*

вы́весить, v.   see: *выве́шивать*

вы́веска, f.   sign

**выве́шивать / вы́весить (на + acc.;
в+ acc.; + acc.), v.**   post

вы́воды конфере́нции
conclusions drawn at a conference

вы́воды эксперти́зы
findings of an examination

вывозно́й докуме́нт
right to export document

вы́воз при́былей заграни́цу

transfer of profits abroad
вы́гнать, v.   see: *выгоня́ть*
вы́года, f.   1. benefit; 2. profit
вы́годная поку́пка   bargain
вы́годное де́ло   good business
вы́годное для поку́пок вре́мя
  buyers' market
вы́годное для прода́ж вре́мя
  sellers' market
вы́годные усло́вия   favorable terms
вы́годный, adj.   profitable
выгоня́ть / вы́гнать кого́-ли́бо
  с рабо́ты   fire somebody
вы́грузка, f.   unloading
выдава́ть / вы́дать (+ acc.), v.
  1. release; 2. issue
выдава́ть / вы́дать ви́зу
  issue a visa
выдава́ть / вы́дать документа́цию
  issue documents
выдава́ть / вы́дать дублика́т
  issue a duplicate
выдава́ть / вы́дать заключе́ние
  issue a decision
выдава́ть / вы́дать заключе́ние
  эксперти́зы
  issue an examination certificate
выдава́ть / вы́дать кому́-ли́бо
  дове́ренность
  give someone power of attorney
выдава́ть / вы́дать пате́нт
  grant a patent
выдава́ть / вы́дать сертифика́т
  issue a certificate
выдава́ть / вы́дать ссу́ду
  grant a loan
выдава́ть / вы́дать страхово́й
  по́лис   issue an insurance policy
выдава́ть / вы́дать лице́нзию
  кому́-ли́бо
  issue a license to somebody
вы́данный ве́ксель   drawn bill
вы́дать, v.   see: *выдава́ть*
вы́дача, f.   1. award; 2. release
вы́дача зака́зов компа́нии
  award of orders to a company
вы́дача контра́кта компа́нии
  award of a contract to a company
выдвига́ть / вы́двинуть (+ acc.), v.
  raise
выдвига́ть / вы́двинуть возраже́ние

raise an objection
вы́двинуть, v.   see: *выдвига́ть*
выделе́ние, n.
  1. allocation; 2. appropriation
выделе́ние средств   appropriation
выделе́ние средств в резе́рв
  reserve allocations
вы́деленные сре́дства
  allocated funds
вы́деленный абза́ц
  indented paragraph
вы́деленный пара́граф
  indented paragraph
вы́делить, v.   see: *выделя́ть*
выделя́ть / вы́делить сре́дства на
  теку́щие расхо́ды   allocate funds
  for current expenses
выездно́е рестора́нное обслу́жи-
  вание   catering services
выезжа́ющие на ме́сто консуль-
  та́нты   field consultants
вызыва́ть/вы́звать спор
  provoke a dispute
вы́играть, v.   see: *выи́грывать*
выи́грывать / вы́играть (от + gen.;
  + acc.)   1. profit; 2. recover;
  3. win
выи́грывать / вы́играть от уча́стия
  profit from participation
выи́грывать / вы́играть торги́
  win tenders
вы́игрыш, m.   1. payoff; 2. recovery
вы́игрыш де́ла по суду́   recovery
вы́йти, v.   see: *выходи́ть*
вы́куп, m.   1. bailout; 2. buy back;
  3. redemption; 4. retirement
вы́куп иму́щества
  redemption of property
вы́куп компа́нии   company buyback
вы́куп фо́ндов   repurchase of funds
выкупа́ть / вы́купить (+ acc.), v.
  1. buy out; 2. buy back
выкупа́ть / вы́купить а́кции
  компа́нии   buy back shares of
  company stock
вы́купить, v.   see: *выкупа́ть*
выкупно́й фонд   sinking fund
вы́мышленное и́мя   assumed name
вы́нужденная заме́на
  forced replacement
вы́нужденная заме́на това́ра

forced replacement of goods
вы́нужденная ликвида́ция
forced liquidation
вы́нужденная отме́на
forced cancellation
вы́нужденная перева́лка
forced transshipment
вы́нужденная прода́жа
forced sale
вы́нужденная усту́пка
forced concession
вы́нужденное уча́стие
forced participation
вы́нужденный труд   forced labor
вы́писать, *v.* see: *1. выпи́сывать;*
2. писа́ть
вы́писка из протоко́ла
excerpts from the minutes
вы́писка из счёта
abstract of account
вы́писка из теку́щего счёта
statement of a current account
вы́писка о состоя́нии счёта
bank statement
выпи́сывание счёта   billing
выпи́сывание тра́нспортной
накладно́й   billing
выпи́сывать / вы́писать квита́нцию
make out a receipt
выпи́сывать / вы́писать счет по
прейскура́нту   make out an invoice according to a price list
вы́плата, *f.*
1. pay; 2. payment; 3. repayment
вы́плата ава́нса
payment of an advance
вы́плата до́лга   1. debt service;
2. repayment of debt
вы́плата компенса́ции
compensation payment
вы́плата креди́та
repayment of credit
вы́плата проце́нтов
interest payment
вы́плата проце́нтов по теку́щему
счёту   payment of interest on a
current account
вы́платить, *v.* see: *выпла́чивать*
вы́плаченный, *adj.*   paid
вы́плаченный долг   paid debt
выпла́чивать / вы́платить зарпла́ту

meet the payroll
выпла́чивать / вы́платить ссу́дные
проце́нты и ссу́дный капита́л
meet interest and principal
payments
выполне́ние, *n.*
1. execution; 2. performance
выполне́ние ра́бот по субподря́ду
subcontracting
выполне́ние соглаше́ния
execution of an agreement
вы́полнено с учётом пожела́ний
зака́зчика
1. customized; 2. custom-made
вы́полнить, *v.* see: *выполня́ть*
выполня́ть / вы́полнить *(+ асс.), v.*
1. complete; 2. conduct; 3. execute; 4. fulfill; 5. honor; 6. make;
4. satisfy
выполня́ть / вы́полнить догово́р
satisfy an agreement
выполня́ть / вы́полнить зака́з
complete an order
выполня́ть / вы́полнить контра́ктные
обяза́тельства
honor contractual commitments
выполня́ть / вы́полнить обяза́тель-
ства в соотве́тствии с завере́ниями
fulfill obligations in accordance
with someone's assurances
выполня́ть / вы́полнить обяза́тель-
ства в срок
fulfill obligations in time
выполня́ть / вы́полнить опера́цию
conduct an operation
выполня́ть / вы́полнить план
fulfill a plan
выполня́ть / вы́полни́ть форма́льно-
сти   comply with formalities
вы́пуск, *m.*   1. issue; 2. place
вы́пуск де́нег   emission of money
вы́пуск и размеще́ние це́нных бума́г
emission and investment of
securities
вы́пуск рекла́мы
advertisement release
вы́пуск це́нных бума́г
issue of securities
вы́работка, *f.*   production
выра́внивание ку́рса валю́т
currency realignment

выра́внивание торго́вого бала́нса
leveling of the trade balance
вы́раженное согла́сие
expressed consent
вы́рученная су́мма
1. earnings; 2. proceeds
вы́ручка, f.
1. money earned; 2. receipts
вы́ручка в до́лларах
dollar volume of receipts
вы́ручка от прода́ж   sales proceeds
вы́свободить, v. see: высвобожда́ть
высвобожда́ть / вы́свободить
сре́дства   release funds
вы́сказаться, v. see: выска́зываться
выска́зываться / вы́сказаться
(о + prep.), v.   speak up
вы́слать, v.   see: высыла́ть
высо́кая капиталоёмкость
high capital cost
высо́кая нало́говая ста́вка
high tax rate
высо́кая рента́бельность
high profitability
высо́кая сто́имость
high cost
высо́кая техноло́гия   high-tech
высо́кие по́шлины   high fees
высо́кие тари́фы
1. high fees; 2. high tarifs
высо́кий, adj.   high
высо́кий курс   high rate
высо́кий обме́нный курс до́ллара
strong dollar
высо́кий проце́нт по креди́там
high cost of money
высокока́чественные това́ры
quality goods
высоконача́льственная пози́ция
high-level job
высокопоста́вленная делега́ция
high-level delegation
высокопоста́вленная коми́ссия
blue-ribbon commission
высокопоста́вленное должностно́е
лицо́ в компа́нии
top company official
высокопоста́вленный чино́вник
high-level official
вы́ставить, v. see: выставля́ть
вы́ставка, f.   exhibition

вы́ставка но́вого стано́чного
обору́дования   exhibition of new
makes of machine-tools
вы́ставленный ве́ксель   drawn bill
выставля́ть / вы́ставить (+ acc.), v.
1. draw; 2. exhibit; 3. issue;
4. offer
выставля́ть / вы́ставить ве́ксель
issue a draft
выставля́ть / вы́ставить тра́тту
issue a draft
выставля́ть / вы́ставить что-ли́бо
на прода́жу   offer something for
sale
вы́ставочная площа́дка
exhibition floor
вы́ставочная рекла́ма
exhibition advertisement
вы́ставочное оформле́ние
exhibition design
вы́ставочный букле́т
exhibition booklet
вы́ставочный зал   showroom
вы́ставочный катало́г
exhibition catalogue
вы́ставочный стенд
exhibition booth
вы́ставочный экспона́т   exhibit
выступа́ть / вы́ступить с докла́дом
на конфере́нции   make a
presentation at a conference
вы́ступить, v. see: выступа́ть
вы́сшая катего́рия ка́чества
highest category of quality
вы́сшая сте́пень кредитоспосо́бности
и фина́нсовой надёжности
triple A credit rating
вы́сшая цена́   top price
вы́сшее ка́чество   1. premium
quality; 2. superior quality
вы́сший (по ка́честву), adj.
premium
вы́сший управле́нческий соста́в
top executives
высыла́ть / вы́слать катало́г
send a catalogue
высыла́ть / вы́слать образе́ц
send a sample
высыла́ть / вы́слать (по + dat.;
в + acc.; + acc.), v.   send
вы́ход в отста́вку

1. resignation; 2. retirement
вы́ход на пе́нсию   retirement
выходи́ть / вы́йти из употребле́ния
become obsolete
выходи́ть / вы́йти на ну́жного
челове́ка *(colloquial)*   find an
important business contact
выходи́ть / вы́йти на пе́рвое ме́сто
1. come in first; 2. take first place
выходи́ть / вы́йти на ры́нок кратко-
сро́чного капита́ла за креди́тами
go to the money market for funds
выходно́е посо́бие   1. separation
payment; 2. severance pay
выходно́й день   day off
выходны́е да́нные   output data
вы́чет из ли́чного дохо́да, не
подлежа́щий обложе́нию нало́гом
personal tax deductions
вы́четы, *pl.*   deductions
вы́четы из зарпла́ты   1. deductions
from wages; 2. salary deductions
вы́шедший из употребле́ния
obsolete
вышеука́занный докуме́нт
above document
вышеука́занный пе́речень
above list
вя́лый, *adj.*   flat
вя́лый ры́нок   1. flat market;
2. market is in the doldrums

Г

газе́тная статья́   newspaper article
гара́нт, *m.*   guarantor
гаранти́йное обслу́живание
warranty service
гаранти́йный срок
guarantee period
гаранти́йный фонд   guarantee fund
гаранти́рованная доста́вка
guaranteed delivery
гаранти́рованная ста́вка зарабо́т-
ной пла́ты   guaranteed wage rate
гаранти́рованная цена́
guaranteed price
гаранти́рованное обеспече́ние
guaranteed security
гаранти́рованный, *adj.*   secure

гаранти́рованный возвра́т де́нег
при возвраще́нии това́ра
money-back guarantee
гаранти́ровать *(+ acc.), v.*
1. insure; 2. secure
гаранти́ровать заём   back a loan
гаранти́ровать креди́т
guarantee credit
гаранти́ровать перево́зку
guarantee transportation
гара́нтия, *f.*   1. guarantee;
2. warrant; 3. warranty
гара́нтия ка́чества   1. quality
assurance; 2. quality guarantee
гара́нтия от скры́тых дефе́ктов
guarantee against hidden defects
гара́нтия от убы́тка   indemnity
гара́нтия сохране́ния рабо́чего
ме́ста   job security
гейм-порт *(computer), m.*
game-port
генера́льная лице́нзия
general license
генера́льный, *adj.*   general
генера́льный аге́нт   general agent
генера́льный дире́ктор
1. Chief Executive Officer (CEO);
2. general director
генера́льный подря́д
turnkey contract
Генера́льный Секрета́рь
Secretary General
генподря́д, *m.*   turnkey contract
ге́рбовый сбор   stamp-duty
гиперинфля́ция, *f.*   hyperinflation
глава́, *m.*   1. head; 2. principal
глава́ делега́ции
head of a delegation
глава́, *f.*   chapter
гла́вная кни́га *(finance)*
general ledger
гла́вная зада́ча   main objective
гла́вная конто́ра   1. headquarters;
2. main office; 3. principle place
of business
гла́вная конто́ра компа́нии
company headquarters
гла́вный, *adj.*   1. general; 2. head;
3. high; 4. major; 5. primary
гла́вный подря́дчик
prime contractor

гла́вный представи́тель
head representative
гла́вный управля́ющий
general manager
гла́вный экспе́рт *(patent)*
chief examiner
гла́сность, *f.*   glasnost'
гла́сность в отноше́нии фина́нсовой
отчётности   financial disclosure
глоба́льная экономи́ческая инте-
гра́ция
global economic integration
глоба́льный, *adj.*   global
го́дный, *adj.*   valid
годова́я эконо́мия   annual savings
годово́е потребле́ние
annual consumption
годово́й, *adj.*   annual
годово́й дохо́д   annual receipts
годово́й дохо́д на вло́женный
капита́л   annual return
годово́й оборо́т   annual turnover
годово́й отчёт   annual report
голосова́ние че́рез дове́ренное
лицо́   vote by proxy
гонора́р, *m.*   fee
городско́й, *adj.*   municipal
городско́й ры́нок сельскохозя́йст-
венной проду́кции   farmers' market
"горя́чие а́кции"   hot stocks (fast
growing stocks which are in high
demand)
госсе́ктор, *m.*   state-owned sector
of the economy
гостева́я ви́за   guest visa
гостепреи́мство ока́зываемое деле-
га́ции   welcoming of a delegation
гости́ничный би́знес   hotel business
госуда́рственная внешнеторго́вая
поли́тика
government trade policy
госуда́рственная гражда́нская
слу́жба   civil service
госуда́рственная защи́та
state protection
госуда́рственная инспе́кция
government inspection
госуда́рственная казна́
government coffers
госуда́рственная организа́ция
government enterprise

госуда́рственная со́бственность
1. government property;
2. state property
госуда́рственная тамо́жня
government customs
госуда́рственная цена́   state price
госуда́рственно-администрати́вная
де́ятельность
public administration
госуда́рственное аге́нство
1. government agency;
2. state agency
госуда́рственное предприя́тие
1. government enterprise;
2. state enterprise
госуда́рственное страхова́ние
ба́нковских вкла́дов   Federal
bank deposits insurance (USA)
госуда́рственное финанси́рование
1. government financing;
2. public financing
госуда́рственные дохо́ды
government receipts
госуда́рственные инвести́ции
capital invested by the state
госуда́рственные капиталовложе́ния
capital invested by the state
госуда́рственные предписа́ния
1. government regulations;
2. state regulations
госуда́рственные расхо́ды
1. federal expenditures (USA);
2. government expenditures
госуда́рственные расце́нки
state regulated prices
госуда́рственные слу́жащие
federal employees (USA)
госуда́рственные субси́дии
state subsidies
госуда́рственные це́нные бума́ги
government securities
госуда́рственный, *adj.*
1. national; 2. public; 3. state
госуда́рственный арбитра́ж
state arbitration
госуда́рственный банк
state-owned bank
госуда́рственный долг   1. government debt; 2. national debt
госуда́рственный зака́з   state order
госуда́рственный и́ли муници-

пальный жилой фонд
public housing

государственный контроль
state control

Государственный реестр страховых компаний   state register of
insurance companies

государственный сектор   state-
owned sector of the economy

Государственный Страховой
Надзор   State Insurance Control
Agency

государственный тариф   1. government tariff; 2. state tariff

государство, n.   1. nation; 2. state

готовая продукция   1. finished
products; 2. finished goods

готовиться / подготовиться к
чему-либо   prepare for something

готовность товара к проверке
readiness of goods for inspection

готовые изделия   finished products

гофброкер, m.
senior broker on the Exchange

гражданская ответственность
1. civil liability;
2. civil responsibility

гражданское право   civil justice

график, m.   schedule

графопостроитель, m.   plotter

грубая оценка (colloquial)
ball-park estimate

грубое допущение
oversimplified assumption

груз, m.   cargo

груз на складе   stored cargo

грузить / погрузить (+ асс.;
в + prep.; на + prep.), v.   load

грузовая авиакомпания
cargo airline

грузовая накладная воздушного
сообщения   airway bill

грузовик для доставки заказа
delivery truck

грузовик с холодильной установкой
refrigerated truck

грузовое судно   cargo ship

грузовое транспортное средство
cargo carrier

грузовой вертолёт
transport helicopter

грузовой самолёт   1. cargo plane;
2. transport plane

грузовые документы
shipping documents

грузооборот, m.   1. goods
turnover; 2. freight turnover

грузоотправитель, m.
1. consigner; 2. shipper

грузоперевозки, pl.   freight

грузополучатель, m.   consignee

группа инвесторов
investment group

группа экспертов
1. brain trust; 2. group of experts

групповой страховой полис
group insurance policy

группы рисков   types of risks

грядущий, adj.   pending

Д

давать / дать (+ асс.), v.
1. award; 2. give; 3. provide

давать / дать взаймы
1. lend; 2. loan

давать / дать деньги взаймы
1. lend money; 2. loan money

давать / дать инструкцию
provide instructions

давать / дать информацию
give information

давать / дать контракт
award a contract

давать / дать отчёт
give an account

давать / дать оценку
give an assessment

давать / дать подряд
award a contract

давать / дать полномочия доверен-
ному лицу   give a person proxy

давать / дать прибыль   be in the
black (f.i., about a company)

давать / дать согласие на заём
give consent to a loan

давать / дать ясно понять
make clear

давать / дать объявление
о чем-либо
advertise for something

давле́ние на кого́-ли́бо
pressure on somebody
да́вние конта́кты
long-standing contacts
да́вность для предъявле́ния пре-
те́нзий
limitation on making a claim
далекоиду́щая програ́мма эконо-
ми́ческих рефо́рм   far-reaching
economic reform program
далекоиду́щий, adj.   far-reaching
да́нные, only pl.
1. information; 2. data; 3. figures
да́нные без попра́вок на что-ли́бо
unadjusted data
да́нные бухга́лтерского учёта
accounting records
да́нные, лежа́щие в осно́ве
чего́-ли́бо   underlying data
да́нные о приорите́те (patent)
priority data
да́нные о ры́ночных це́нах
market quotation
да́нные по вне́шней торго́вле
trade figures
да́нные специфика́ции
specification data
да́нные с попра́вкой на сезо́нные
колеба́ния
seasonally adjusted data
да́нные эксперти́зы
examination data
дари́ть / подари́ть (+ acc.; + dat.), v.
1. grant; 2. present
дари́ть / подари́ть пода́рок
give a gift
да́та, f.   date
да́та вступле́ния страхово́го по́лиса
в си́лу   effective date of an
insurance policy
да́та вы́пуска   release date
да́та заключе́ния контра́кта
date of concluding a contract
да́та закры́тия сде́лки   closing date
да́та и вре́мя подписа́ния
date and time of signing
да́та истече́ния сро́ка де́йствия
expiration date
да́та истече́ния сро́ка де́йствия
пате́нта   expiration of a patent
да́та квита́нции   date of receipt

да́та отгру́зки   date of shipment
да́та отме́ны   cancellation date
да́та погаше́ния це́нных бума́г
redemption date
да́та подтвержде́ния
date of confirmation
да́та получе́ния телефоногра́ммы
receipt date of a telephone
message
да́та приорите́та (patent)
priority date
да́та регистра́ции   filing date
да́та соверше́ния переда́точной
на́дписи   endorsement date
да́та ште́мпеля на письме́
postmark on a letter
дать, v.   see: дава́ть
движе́ние, n.
1. movement; 2. process
движе́ние за охра́ну окружа́ющей
среды́   green movement
движе́ние ку́рса валю́т
movement in the exchange rate
движе́ние цен   movement in price
движе́ние це́нных бума́г
securities movement
двойна́я бухгалте́рия
double entry bookkeeping
двойно́е налогоблаже́ние
double taxation
двойно́й спад   double dip recession
двусторо́ннее заключе́ние контра́кта
bilateral conclusion of a contract
двусторо́ннее сотру́дничество
bilateral cooperation
двусторо́нние свя́зи
bilateral relations
двусторо́нний, adj.   bilateral
двусторо́нний акт   bilateral act
двусторо́нняя торго́вля
bilateral trade
де́бет, m.   debit
де́бетовое са́льдо
1. debit balance; 2. debit
де́бетовый оста́ток   debit balance
девальва́ция валю́ты
currency depreciation
девальва́ция национа́льной валю́ты
devaluation of the national
currency
дезинвести́рование, n.

disinvestment
де́йственная защи́та потреби́теля
  effective consumer protection
де́йствие, *n.*   action
действи́тельная накладна́я
  valid bill of lading
действи́тельная сто́имость
  actual value
действи́тельное положе́ние дел
  actual situation
действи́тельный, *adj.*
  1. actual; 2. real; 3. valid
действи́тельный акце́пт офе́рты
  valid acceptance of an offer
действи́тельный изобрета́тель
  actual inventor
действи́тельный коносаме́нт
  valid bill of lading
действи́тельный о́рдер   valid order
действи́тельный патентовладе́лец
  actual patent holder
действи́тельный член   full member
де́йствия в соотве́тствии с вы́дан-
ными полномо́чиями
  authorized actions
де́йствовать, *v.*
  1. act; 2. operate
де́йствующая компа́ния
  operating company
де́йствующая но́рма изде́ржек
  current standard costs
де́йствующая ста́вка нало́га
  effective tax rate
де́йствующая ста́вка проце́нта
  effective interest rate
де́йствующий, *adj.*   1. current;
  2. effective; 3. operating
де́йствующий прейскура́нт
  current price list
де́йствующий страхово́й догово́р
  insurance policy in force
де́йствующий страхово́й по́лис
  valid insurance policy
деклара́ция, *f.*
  1. declaration; 2. statement
деклара́ция о дохо́дах
  income statement
деклара́ция о прово́зе и́ли нали́чии
це́нностей
  declaration of valuables
деклара́ция о происхожде́нии

това́ра   declaration of origin
декриминализа́ция спекуля́ции
  legalization of profiteering
дела́ по комме́рческим и́скам
  commercial proceedings
де́лать / сде́лать (+ *acc.*)*, v.*
  1. do; 2. make; 3. render
де́лать / сде́лать вы́бор
  make a choice
де́лать / сде́лать ко́пию
  make a copy
де́лать / сде́лать ксероко́пию
  make a xerox copy
де́лать / сде́лать определённые
ти́пы рабо́т и́ли профе́ссии уста-
ре́вшими   render jobs obsolete
де́лать / сде́лать предложе́ние на
аукцио́не и́ли би́рже   make a bid
де́лать / сде́лать приготовле́ния
  make arrangements
де́лать / сде́лать сбереже́ния   save
де́лать / сде́лать ски́дку
  give a discount
де́лать / сде́лать ста́вку
  make a bid
де́лать / сде́лать ста́вку на
что—ли́бо   count on something
де́лать / сде́лать усту́пки
  make concessions
де́лать / сде́лать что-ли́бо за
вознагражде́ние
  do something for a fee
де́лать / сде́лать что-ли́бо, не име́я
вре́мени на подгото́вку
  do something on short notice
делега́ция, *f.*   delegation
делега́ция иностра́нной компа́нии
  delegation of a foreign company
делега́ция промы́шленного
предприя́тия   delegation of an
  industrial enterprise
деле́ц, *m.*
  1. profiteer; 2. speculator
дели́ть / раздели́ть (+ *acc.*)*, v.*
  1. divide; 2. share
дели́ть / раздели́ть текст на
не́сколько абза́цев   divide the text
  into several paragraphs
делова́я акти́вность
  business activity
делова́я библиоте́ка

business library
делова́я информа́ция
business information
делова́я коопера́ция
business alliance
делова́я неуда́ча business failure
делова́я перепи́ска
business correspondence
делова́я пое́здка business trip
делова́я поли́тика business policy
делова́я пра́ктика
business practice
делова́я сде́лка business deal
делови́тость, f. 1. businesslike
behavior; 2. enterpreneurship
делово́е объедине́ние enterprise
делово́е предложе́ние
1. business offer; 2. tender
делово́е совеща́ние
business meeting
делово́е сотру́дничество
business cooperation
делово́й визи́т business visit
делово́й кли́мат
business environment
делово́й партне́р business partner
делово́й протоко́л
business protocol
деловы́е конта́кты
business contacts
деловы́е круги́ 1. business circles;
2. business community;
3. business groups
деловы́е лю́ди enterprising people
деловы́е опера́ции
business transactions
деловы́е расхо́ды
business expenses
деловы́е свя́зи business ties
демилитариза́ция эконо́мики
cuts in the defense sector
of the economy
демонополиза́ция, f.
monopoly breakup
демонстрацио́нный зал showroom
демонстрацио́нный и рекла́мный
материа́л selling aids
демонстра́ция но́вых моде́лей на
вы́ставке demonstration of new
models at an exhibition
де́мпинг, m. dumping

денационализа́ция, f.
denationalization
де́нежная вы́ручка
proceeds in cash
де́нежная едини́ца monetary unit
де́нежная компенса́ция
monetary compensation
де́нежная оце́нка
monetary valuation
де́нежная по́мощь financial aid
де́нежная пре́мия cash bonus
де́нежное обраще́ние
monetary circulation
де́нежное обяза́тельство в
разме́ре...
liability in the amount of ...
де́нежное поруче́ние money order
де́нежное посо́бие cash benefit
де́нежно-креди́тная и бюдже́тная
поли́тика
monetary and fiscal policies
де́нежно-креди́тное обраще́ние
money and credit in circulation
де́нежные затра́ты spending
де́нежные обяза́тельства liabilities
де́нежные поступле́ния 1. income;
2. cash receipts; 3. money receipts; 4. proceeds; 5. receipts
де́нежные притяза́ния
monetary claim
де́нежные нали́чные сре́дства
money in cash
де́нежные сре́дства
1. financial means; 2. money
де́нежный, adj. monetary
де́нежный ава́нс cash advance
де́нежный докуме́нт bill
де́нежный иск monetary claim
де́нежный капита́л money capital
де́нежный креди́т 1. financial
credit; 2. monetary credit
де́нежный лими́т на получе́ние
за́йма borrowing ceiling
де́нежный оборо́т money turnover
де́нежный перево́д
1. money order; 2. money transfer
де́нежный штраф fine
день вы́дачи зарпла́ты payday
де́ньги, only pl. money
де́ньги да́нные в дар
1. endowment; 2. gift money

де́ньги на охра́ну окружа́ющей среды́ money for environmental protection

де́ньги на первонача́льное обзаведе́ние 1. initial money; 2. seed money

де́ньги, находя́щиеся в обраще́нии money in circulation

день отгру́зки това́ра shipping day

депози́т, m. deposit

депози́тная распи́ска deposit receipt

депози́тный сертифика́т certificate of deposit

депози́ты в свобо́дно конверти́руемой валю́те hard currency deposits

депони́рование, n. deposit

депони́ровать в ка́честве обеспече́ния deposit as a security

депре́ссия, f. depression

деревя́нный рубль (slang) nonconvertible ruble

держа́тель, m. holder

держа́тель а́кций 1. shareholder; 2. stockholder

держа́тель лице́нзии holder of a license

держа́тель облига́ций bondholder

держа́ть (+ acc.), v. hold

держа́ть це́ны на ни́зком у́ровне keep prices down

дестабилиза́ция потреби́тельского ры́нка destabilization of the consumer market

деструкти́вные элеме́нты destructive elements

дета́ль, f. 1. component part; 2. detail

дефе́кт, m. 1. defect; 2. fault

дефе́кт ка́чества quality defect

дефе́ктная ве́домость defects list

дефе́ктные изде́лия defective products

дефе́ктные това́ры 1. damaged goods; 2. faulty goods

дефини́ция, f. definition

дефици́т, m. 1. deficit; 2. shortage

дефици́т бюдже́та budget deficit

дефици́т внешнеторго́вого бала́нса foreign trade deficit

дефици́т госуда́рственного бюдже́та government deficit

дефици́тное расхо́дование deficit spending

дефици́тное финанси́рование deficit financing

дефици́тные това́ры 1. goods in short supply; 2. scarce goods

дефици́т по кли́ринговым счета́м clearing deficit

дефици́т по теку́щим опера́циям current account deficit

дефици́т торго́вого бала́нса trade deficit

дефля́тор, m. deflator (an index used to convert current prices into constant prices)

дефляцио́нная поли́тика deflationary policy

дефляцио́нный шок economic shock caused by deflation

дефля́ция, f. deflation

де́ятельность, f. activity

джентльме́нское соглаше́ние gentlemen's agreement

джо́йстик (computer), m. joystick

диагра́мма, f. chart

диапазо́н зарпла́т salary brackets

диапазо́н цен в хо́де торго́вли trading range

диапазо́н цен 1. price bracket; 2. price range

диверсифика́ция, f. diversification

диверсифика́ция портфе́ля инвести́ций diversification of an investment portfolio

диверсифика́ция эконо́мики diversification of the economy

дивиде́нд, m. dividend

дивиде́нды нали́чными cash dividend

дигита́йзер (computer), m. digitizer

диза́йнер, m. designer

диза́йнер мо́дной оде́жды fashion designer

ди́зельное то́пливо diesel fuel

ди́лер, m. dealer

ди́лер по ку́пле-прода́же облига́ций bond dealer

дина́мика, f. movement

дина́мика креди́тных ста́вок

movement in rates of interest
динамика развития
dynamics of the development
динамика цен   price behavior
диплом, *m.*   1. certificate;
2. diploma; 3. license
директивные органы
policymaking authorities
директор агенства
head of an agency
директор-исполнитель, *m.*
executive director
дисбаланс, *m.*   imbalance
дисковод *(computer)*, *m.*
disk drive
дисконт *(finance)*, *m.*   discount
(purchase of a security for less
than its face value)
дисконтёр, *m.*   discounter
дисконтировать *(+ acc.)*, *v.*
discount
**дискриминация по признаку
возраста**   age discrimination
дискриминация по признаку пола
sex discrimination
дисплеи на жидких кристалах
liquid crystal display
дисплей *(computer)*, *m.*   display
диспропорции в уровне цен
misalignment in price levels
дистрибутор, *m.*   distributor
дистрибуторская сеть
distribution network
дистрибуторский центр
distribution center
дистрибуторское соглашение
distribution agreement
дифференциальная оплата труда
differential pay
дифференциальный тариф
differential rates
длительное испытание
long-term test
дневная выручка   1. daily proceeds; 2. daily receipts
дневная смена   day shift
дневной, *adj.*   daily
добавка, *f.*
1. addition; 2. supplement
добавочный, *adj.*   supplementary
добавочный фонд   surplus fund

добиваться / добиться согласия
seek consent
добровольное ограничение экспорта
voluntary export constraint
доверенное лицо
1. proxy; 2. trustee
доверенность, *f.*
1. authority; 2. proxy; 3. right
доверенность на право подписи
right to sign by proxy
доверие, *n.*   trust
доверие инвесторов
investors' trust
доводочные испытания
development tests
договариваться / договориться *(о +
prep.; c + inst.)*, *v.*   agree
**договариваться / договориться об
обмене**   agree upon an exchange
**договариваться / договориться об
оплате**   agree upon payment
**договариваться / договориться об
урегулировании иска без судебного разбирательства**
settle a suit without a trial
**договариваться / договориться о
цене**   agree on price
**договариваться / договориться о
чем-либо с представителем**
arrange something with a
representative
договор, *m.*
1. agreement; 2. contract; 3. deed
договор консигнации
contract of consignment
договор купли-продажи
contract of purchase
договор на реальный товар *(finance)*
spot contract
договор на эксплуатацию
operating agreement
**договор об учреждении акционер-
ного общества или компании**
contract of association
договор о гарантии от убытков
contract of indemnity
договор о партнёрстве
partnership agreement
договор о перевозке   charter party
договор о передаче ноу-хау
contract for transfer of know-how

договóр о прямы́х свя́зях
agreement on direct business ties
договорённость, f.
1. agreement; 2. arrangement
договорённость на оснóве
перепи́ски
arrangement by correspondence
договорённость об оплáте
payment arrangements
договорённость о визи́те
arrangements for a visit
договорённость о финанси́ровании
financing arrangements
договорённость, подтверждённая
докумéнтом arrangement
confirmed by a document
договорённость представи́телей
фирм arrangement between
representatives of firms
договорённость сторóн
arrangement between parties
договорённость торгóвых пред-
стави́телей arrangement between
trade representatives
договорённый, adj. agreed upon
договори́ться, v.
see: договáриваться
договорнáя лицéнзия
contractual license
договóрная стóимость agreed cost
договóрная ценá 1. contractual
price; 2. market price; 3. negotiated price; 4. transaction price
договóрное страховáние
contract insurance
договóрные вопрóсы
contractual matters
договóрные отношéния
contractual relations
договóрные постáвки
contractual deliveries
договóрный образéц
contractual sample
дозвóлить, v. see: дозволя́ть
дозволя́ть / дозвóлить (+ асс.), v.
1. authorize; 2. permit
докáзанная винá proven fault
доказáтельства по и́ску
evidence for a claim
доказáтельство, n.
1. evidence; 2. proof

доказáтельство вины́ 1. evidence
of fault; 2. proof of fault
доказáтельство поврежд́ения
proof of damage
доказáть, v. see: докáзывать
докáзывать / доказáть (+ асс.), v.
prove
докáзывать / доказáть обоснóван-
ность prove the validity
докумéнт, m. 1. bill; 2. deed;
3. document; 4. letter
докумéнт в ... экземпля́рах
document in ... copies
докумéнт на владéние сóбствен-
ностью property deed
докумéнт о продáже bill of sale
докумéнт с печáтью
stamped document
документáция, f. documentation
документáция эксперти́зы
examination documentation
документи́рованная апелля́ция
documented appeal
докумéнты для оформлéния
documents for registration
докумéнты для регистрáции
documents for registration
докумéнты по технолóгии
производ́ства documents on
production technology
долг, m. 1. credit; 2. liability;
3. debt; 4. obligation
долговóе брéмя debt burden
долговóе обязáтельство
promissory note
долгосрóчная задóлженность
long-term debt
долгосрóчная операция
long-term operation
долгосрóчное прогнози́рование
long-term forecasting
долгосрóчное сотруд́ничество
long-term cooperation
долгосрóчное страховáние
long-term insurance
долгосрóчные обязáтельства
fixed liabilities
долгосрóчный, adj. long-term
долгосрóчный заём 1. long-term
borrowing; 2. long-term loan
долгосрóчный креди́т

long-term credit
долгосро́чный прое́кт
long-term project
долево́е уча́стие в при́былях
profit sharing
должни́к, *m.* debtor
должностно́е лицо́ 1. functionary;
2. officer; 3. official
должностно́е лицо́ в ба́нке
bank officer
должностно́е лицо́ в компа́нии
company officer
должностно́й окла́д
official rate of pay
до́лжность, *f.* 1. post; 2. position
**до́лжным о́бразом уполномо́чен-
ный аге́нт** duly authorized agent
до́ллар, *m.* dollar
**доллариза́ция росси́йской эко-
но́мики** use of dollars in Russian
domestic trade
**до́ллар коти́ровался в ... япо́нских
йен** dollar was quoted at ... Japanese yen
до́лларовые акти́вы dollar balances
до́лларовый счет
account in dollars
до́ля, *f.* 1. equity; 2. interest;
3. participation; 4. share
**до́ля акционе́ра в со́бственных
сре́дствах компа́нии**
stockholder's equity
**до́ля гото́вой проду́кции в о́бщем
объёме э́кспорта** share of finished
products in the total exports
до́ля и́мпорта share of imports
**до́ля иностра́нного капита́ла в
акционе́рном капита́ле** foreign
share in the authorized capital
stock
до́ля иностра́нной торго́вли
share of foreign trade
до́ля ры́нка market share
**до́ля това́ров дли́тельного потреб-
ле́ния в о́бщем и́мпорте** share
of the durables in total imports
до́ля уча́стия в компа́нии
stake in a company
до́ля уча́стия в чем—ли́бо interest
до́ля э́кспорта share of exports
дом, *m.* house (f.i., trading house)

дома́шнее хозя́йство household
до настоя́щего вре́мени
up to this date
дополни́тельная зая́вка
additional application
дополни́тельная наце́нка
additional markup
дополни́тельная опла́та extra pay
дополни́тельная отгру́зка
additional shipment
дополни́тельное обвине́ние *(law)*
additional charge
дополни́тельное обору́дование
optional equipment
дополни́тельное приложе́ние
supplementary appendix
дополни́тельное страхова́ние
supplementary insurance
дополни́тельные ассигнова́ния
supplementary appropriations
**дополни́тельные вы́платы к зар-
пла́те** fringe benefits
**дополни́тельные исто́чники финан-
си́рования**
external sources of financing
дополни́тельные объясне́ния
additional clarifications
дополни́тельные сти́мулы
additional incentives
дополни́тельные усло́вия
additional terms
дополни́тельный, *adj.*
1. supplementary; 2. additional
дополни́тельный нало́г
additional tax
дополни́тельный расхо́д 1. additional cost; 2. additional expense
дополни́тельный сбор де́нег
additional charge
допуска́ть / допусти́ть *(+ acc.), v.*
assume
допусти́мый риск tolerable risk
допусти́ть, *v.* see: *допуска́ть*
допуще́ние, *n.* assumption
дораба́тывать / дорабо́тать
(+ acc.), v. bring to completion
дорабо́тать, *v.* see: *дораба́тывать*
дорогови́зна жи́зни
high cost of living
дорогосто́ящие изде́лия
big ticket items

доро́жное строи́тельство
road construction
доро́жный чек   traveler's check
доска́ объявле́ний   bulletin board
досро́чная поста́вка   early delivery
достава́ть / доста́ть (+ acc.), v.
   1. get; 2. obtain
доста́вить, v. see: доставля́ть
доста́вка, f.   delivery
доста́вка автотра́нспортом
   1. delivery by truck;
   2. truck delivery
доста́вка в креди́т
   advance delivery
доста́вка в 24 часа́
   overnight delivery
доста́вка гру́за   cargo delivery
доста́вка до ука́занного ме́ста
   delivery to a specified place
доста́вка займёт ... дней
   allow ... days for delivery
доста́вка мо́рем   delivery by sea
доста́вка на дом   home delivery
доста́вка отде́льными па́ртиями
   delivery in separate lots
доста́вка по частя́м
   delivery by installments
доста́вка предусмо́трена кон-
   тра́ктом   delivery is provided
   for by the contract
доста́вка самолётом
   delivery by air
доста́вка това́ра на ба́зу
   delivery of goods to a warehouse
доста́вка транзи́том
   transit delivery
доставля́ть / доста́вить ... тонн
   deliver ... tons
доста́точное коли́чество 1. fair
   amount; 2. sufficient quantity
доста́точное обеспече́ние
   1. sufficient security;
   2. ample security
доста́точные да́нные
   adequate data
доста́точный, adj.   1. adequate;
   2. ample; 3. fair; 4. sufficient
доста́ть, v. see: достава́ть
достиже́ние, n.
   1. achievement; 2. advance
досто́инство, n.   merit

до́ступ, m.   access
до́ступ к междунаро́дным ры́нкам
   access to foreign markets
до́ступ к ры́нкам
   access to markets
до́ступ к техноло́гии
   access to technology
досту́пность услу́г
   affordability of services
досту́пный, adj.
   1. affordable; 2. available; 3. open
досье́, n.   file
досье́ клие́нта   customer's file
досье́ на кого́-ли́бо
   file on someone
дота́ция, f.
   1. subsidy; 2. supplement
дохо́д, m.   1. income; 2. proceeds;
   3. profit; 4. return
дохо́д от а́кций   return on equities
дохо́д от фе́рмы   farm income
дохо́д потреби́теля
   consumer income
дохо́д потреби́теля по́сле вы́чета
   нало́гов   disposable income
дохо́дная облига́ция   income bond
дохо́дное предприя́тие
   profit-making enterprise
доче́рнее предприя́тие
   1. affiliate; 2. subsidiary
доче́рняя компа́ния
   associated company
доче́рняя фи́рма   subsidiary
драгоце́нные мета́ллы
   precious metals
драгоце́нные мета́ллы в сли́тках
   станда́ртного ве́са и про́бы
   bullion bars
дробле́ние а́кций   stock split
дру́жеские отноше́ния
   friendly relations
дублика́т, m.   1. copy; 2. duplicate
дублика́т коносаме́нта
   bill of lading duplicate
дух предпринима́тельства
   enterpreneurial spirit

Е

евровалю́та, f.   Eurocurrecy

евродо́ллар, *m.*   Eurodollar
Европе́йское Экономи́ческое
  Соо́бщество   European Economic
  Community (EEC)
еди́ная нало́говая ста́вка
  flat tax rate
еди́ная ста́вка
  single rate
еди́ная цена́   uniform price
едини́ца, *f.*   unit
едини́ца валю́ты   monetary unit
единовре́менная по́шлина   final fee
единогла́сие, *n.*   unanimity
единоли́чный, *adj.*   sole
единоли́чный облада́тель лицен́-
  зии   sole licensee
еди́нственный, *adj.*
  1. single; 2. sole
еди́нственный владе́лец
  sole owner
еди́ный, *adj.*   uniform
ежего́дная по́шлина   annual fee
ежего́дная ре́нта   annuity
ежего́дная я́рмарка   annual fair
ежего́дный аукцио́н
  annual auction
ежедне́вная отчётность
  daily records
ежедне́вный, *adj.*   daily
ёмкий ры́нок
  high capacity market
ёмкость, *f.*   holding capacity
ёмкость ры́нка   market capacity
есте́ственная у́быль   natural loss

Ж

жа́лованье, *n.*   salary
желе́зная доро́га   1. rail; 2. railroad
желе́зная доро́га отвеча́ет за со-
  хра́нность гру́за   railroad is responsible for the safety of goods
железнодоро́жная компа́ния
  railroad company
железнодоро́жная накладна́я
  1. rail consignment note; 2. railroad bill of lading; 3. railroad
  consignment note
железнодоро́жная ста́нция
  railroad station

железнодоро́жная тамо́жня
  railroad customs house
железнодоро́жные перево́зки
  shipments by rail
железнодоро́жный склад
  railroad warehouse
железнодоро́жный тра́нспорт
  rail transport
же́ртвовать / поже́ртвовать сре́дства
  donate funds
жёсткий, *adj.*   1. hard; 2. rigid
жёсткий дисково́д *(computer)*
  hard disk drive
жёсткое регули́рование
  rigid management
жето́н, *m.*   token
жи́дкий, *adj.*   liquid
жи́дкое то́пливо   liquid fuel
жизнь, *f.*   life
жили́щное строи́тельство
  housing construction
жило́е строи́тельство
  residential construction
жило́й, *adj.*   residential
жило́й кварта́л из госуда́рственных
  и́ли муниципа́льных домо́в
  public housing project
жилы́е дома́ и земля́ в зо́нах жилы́х
  домо́в   residential real estate
жилье́ для малообеспе́ченных слоёв
  населе́ния   low-income housing
жилье́ с дота́циями на квартпла́ту
  subsidized housing
жить на свои́ со́бственные сре́дства
  pay one's own way
журна́льная рекла́ма
  advertisement in a magazine

З

заакти́рованная недоста́ча
  documented shortage
заакти́рованное поврежде́ние
  certified damage
забасто́вка, *f.*   strike
заблоки́ровать, *v.*
  see: *блоки́ровать*
забрако́ванная па́ртия изде́лий
  rejected lot
забрако́ванные това́ры   1. dis-

carded goods; 2. rejected goods

забракова́ть, *v.* see: *бракова́ть*

заве́дующий отде́лом
department head

заве́дующий сбы́том   sales manager

заве́дующий скла́дом
warehouse manager

заве́рение, *n.*   assurance

заве́рения в неме́дленной опла́те
assurances of immediate payment

заве́рения в хоро́шей репута́ции
assurances of the good reputation

**заве́рения, подтверждённые доку-
ме́нтами**   formal assurances

заве́ренная ко́пия   certified copy

заве́ренная телегра́мма
certified cable

заверша́ть / заверши́ть (+ асс.), *v.*
1. bring to completion;
2. complete

заверши́ть, *v.*   see: *заверша́ть*

зави́симая зая́вка (patent)
additional application

завлека́ть / завле́чь клие́нтов
lure customers

завле́чь, *v.*   see: *завлека́ть*

заво́д про́данный "под ключ"
turnkey plant

заводска́я гара́нтия
factory warranty

заводско́е обслу́живание
factory service

заводско́й склад
plant storage facilities

завоева́ние госпо́дства на ры́нке
acquisition of market power

завоева́ние ры́нков
capturing of markets

завыше́ние цены́   overpricing

**за́говор с це́лью обма́ном вы́манить
де́ньги у компа́нии**
conspiracy to defraud a company

загото́вка, *f.*
1. procurement; 2. purchasing

заграни́чные акти́вы
international assets

загру́женная желе́зная доро́га
congested railroad

загру́женность, *f.*   load

загру́женность рабо́той   work load

зада́ние, *n.*   job

зада́ток, *m.*   earnest money

**зада́ток с це́лью обеспече́ния
исполне́ния обяза́тельств**
earnest money to ensure the
fulfillment of obligations

задержа́ние, *n.*   1. detention;
2. delay; 3. quarantine

**задержа́ние в обеспече́ние тре́бо-
ваний по расче́там за перево́зку**
detention to cover transportation
payments

задержа́ние гру́за перево́зчиком
detention of cargo by a carrier

заде́ржанная доста́вка
delayed delivery

заде́ржанная зарпла́та   back pay

задержа́ть, *v.*   see: *заде́рживать*

заде́рживать / задержа́ть (+ асс.), *v.*
1. delay; 2. detain

**заде́рживать / задержа́ть груз на
тамо́жне**   detain cargo at customs

заде́рживать / задержа́ть погру́зку
delay loading

**заде́ржка отгру́зки по вине́ зака́з-
чика**   delay in shipment because
of the customer's fault

задо́лженность, *f.*   1. arrears;
2. indebtedness; 3. liabilities

задо́лженность ба́нку   1. indebtedness to a bank; 2. overdraft

задо́лженность в разме́ре ...
indebtedness in the amount of ...

задо́лженность должника́
debtor's liability

задо́лженность по аре́ндной пла́те
arrears of rent

задо́лженность по кли́рингу
clearing indebtedness

задо́лженный платёж
payment in arrears

заём, *m.*   loan

заём компа́нии   loan to a company

заём, погаша́емый по тре́бованию
loan repayable on demand

заём под зало́г   loan on pawn

заём под переме́нный проце́нт
variable interest loan

заём под твёрдый проце́нт
fixed interest loan

заём покупа́телю   loan to a buyer

заём с обеспече́нием   secured loan

заём с погашением в рассрочку
installment loan
заёмщик, *m.*   borrower
заинтересованные лица
interested parties
заказ, *m.*   1. custom; 2. order
заказ в кредит   order on credit
заказ на обучение персонала
order for personnel training
заказ на покупку акций партиями
по разным ценам   split order
заказ на покупку менее 100 акций
odd lot order
заказ на поставку   1. delivery
order; 2. purchase order
заказ на ремонт   repair order
заказ-наряд, *m.*   order
заказ на строительство
construction order
заказ по долгосрочному соглашению   order under a long-term
agreement
заказ покупателя   customer's order
заказ предприятию на изготовле-
ние   manufacturing order
заказанное количество
ordered quantity
заказать, *v.*   see: *заказывать*
заказная бандероль
registered parcel
заказная посылка
registered parcel
заказное письмо   1. certified
letter; 2. registered letter
заказчик, *m.*
1. customer; 2. prospect
заказывать / заказать (+ *acc.*), *v.*
order
заказывать / заказать каталог
order a catalogue
заказывать / заказать рекламу
order an advertisement
заклад, *m.*   pawn
закладывать / заложить (+ *acc.*), *v.*
1. lay; 2. pawn
закладывать / заложить товары
pawn goods
закладывать / заложить основу
lay a foundation
заклеивать / заклеить (+ *acc.*), *v.*
seal

заклеить, *v.*   see: *заклеивать*
заключать / заключить (+ *acc.*), *v.*
1. close; 2. conclude; 3. strike
заключать / заключить сделку
1. close a deal; 2. make a deal;
3. strike a bargain
заключать / заключить сделку
на бирже   conclude a transaction
on the exchange
заключение контракта
conclusion of a contract
заключение контракта на взаимо-
выгодных условиях
conclusion of a contract on
mutually beneficial terms
заключение контракта на предоставление услуг
contracting of services
заключение контракта на срок ...
conclusion of a contract for the
period of ...
заключение контракта сторонами
conclusion of a contract by
parties
заключение ревизии
auditors' findings
заключение сделки
conclusion of a transaction
заключение сделки на сумму ...
conclusion of a deal worth ...
заключение соглашения между
странами   conclusion of an
agreement between countries
заключение субподрядов
subcontracting
заключённый договор о фрахто-
вании   concluded charter
заключительный курс   closing rate
заключительный раздел контракта
concluding clause of a contract
заключить, *v.*   see: *заключать*
закон, *m.*   1. act; 2. law;
3. principle; 4. statute
закон об авторском праве
1. copyright act; 2. copyright law
закон спроса и предложения
law of supply and demand
законное взыскание   legal recovery
законное возмещение
legal compensation
законное задержание

legal detention
зако́нное плате́жное сре́дство
legal tender
зако́нное пра́во vested right
зако́нное уча́стие
legal participation
зако́нное эмба́рго legal embargo
зако́нные права́ legal rights
зако́нный, *adj.* 1. legal; 2. valid
зако́нный контра́кт valid contract
зако́нный отка́з legal refusal
законода́тельная власть
legislative power
законода́тельный, *adj.* legislative
законопрое́кт, *m.* draft of a bill
зако́нченное строи́тельство
completed construction
зако́нченный, *adj.* complete
закрепи́ть, *v.* see: *закрепля́ть*
закрепля́ть / закрепи́ть (*+ асс.*), *v.*
1. consolidate; 2. formalize
закрепля́ть / закрепи́ть
документа́льно договорённость
formalize an arrangement
закрепля́ть / закрепи́ть конта́кты
consolidate contacts
закрыва́ть / закры́ть (*+ асс.*), *v.*
1. cancel; 2. close; 3. liquidate
закрыва́ть / закры́ть аукцио́н
close an auction
закрыва́ть / закры́ть бюро́
close a bureau
закрыва́ть / закры́ть де́ло
go out of business
закрыва́ть / закры́ть счет
cancel an account
закры́тие делово́го предприя́тия
liquidation of a business
закры́тые торги́
1. closed tenders; 2. sealed bid
закры́тый арбитра́ж
closed arbitration
закры́тый магази́н
membership store
закры́тый райо́н restricted area
закры́тый тип closed-end
(the term refers to an investment
company with a fixed number of
shares outstanding. New shares
may not be issued)
закры́ть, *v.* see: *закрыва́ть*

закупа́ть / закупи́ть (*+ асс.; на +*
prep. на + асс.; в + prep.), *v.*
1. buy; 2. procure; 3. purchase
закупи́ть, *v.* see: *закупа́ть*
заку́пка, *f.* 1. procurement;
2. purchase; 3. purchasing
заку́пка валю́ты
purchase of convertible currency
заку́пка ме́нее 100 а́кций
odd lot purchase
заку́пка о́птом buying in bulk
заку́пка това́ров purchase of goods
заку́почные инстру́кции
procurement instructions
заку́почные це́ны 1. procurement
prices; 2. purchase prices
заку́почный коoperати́в
purchasing cooperative
залеза́ть / зале́зть в долги́
pile on debts
зале́зть, *v.* see: *залеза́ть*
зало́г, *m.* 1. collateral; 2. deposit;
3. down payment; 3. lien; 4. mortgage; 5. pawn; 6. pledge
за́лог недви́жимости mortgage
зало́говое обеспече́ние
pledged security
зало́женная недви́жимость свобо́д-
ная от вся́ких долго́в
first mortgage
зало́женные под строи́тельство
объе́кты construction starts
зало́женные це́нные бума́ги
pledged securities
заложи́ть, *v.* see: *закла́дывать*
замедле́ние, *n.* slowdown
замедле́ние те́мпов разви́тия эко-
но́мики economic slowdown
заме́на, *f.* replacement
заме́на низкока́чественных изде́лий
replacement of substandard items
заме́на, осно́ванная на и́ске
replacement based on a claim
заме́на па́ртии това́ра replacement
of a consignment of goods
заме́на, предпи́санная контра́ктом
replacement specified by a
contract
заме́на часте́й
replacement of parts
замести́тель, *m.*

1. deputy; 2. assistant
замеще́ние, *n.*   replacement
замора́живание за́работной пла́ты
   1. freeze on salaries;
   2. wage freeze
замора́живание расхо́дов
   freeze on expenditures
замора́живать / заморо́зить
   (+ acc.), *v.*   1. freeze; 2. block
заморо́женные креди́ты
   frozen credits
заморо́женные сре́дства
   frozen assets
заморо́женный счет   frozen account
заморо́зить, *v.*   see: *замора́живать*
заниже́ние цены́   underpricing
занима́ть / заня́ть (+ acc.), *v.*
   borrow
занима́ться / заня́ться би́знесом
   be engaged in business
занима́ться / заня́ться чем-ли́бо
   deal with something
занима́ться / заня́ться комме́рчес-
   кой ку́плей-прода́жей а́кций
   trade stocks
заня́ть, *v.*   see: *занима́ть*
заня́ться, *v.*   see: *занима́ться*
заокеа́нские партнёры
   partners from across the ocean
зао́чное образова́ние
   correspondence education
за́падный предпринима́тель
   Western businessman
запако́ванное обору́дование
   crafted equipment
запа́с, *m.*
   1. reserve; 2. stock; 3. store
запа́с техни́ческих зна́ний
   technical know-how
запа́сы нали́чности   cash holdings
запа́сы това́ров   inventory
запатенто́ванное изде́лие
   patented article
запи́ска истца́ подава́емая в апел-
   ляцио́нную инста́нцию
   Appelant's Brief
за́пись в бала́нсе
   balance sheet entries
за́пись в де́бет   debit entry
за́пись в магази́не   getting on a
   long-term waiting list at the store

за́пись да́нных   data recording
заплани́рованная да́та оконча́ния
   рабо́т   scheduled completion date
заплани́рованная отгру́зка
   scheduled shipment
заплани́рованная прове́рка
   scheduled inspection
заплани́рованная целева́я но́рма
   при́были
   projected target rate of return
заплани́рованное уча́стие
   planned participation
заплани́рованные затра́ты
   planned costs
заплани́рованные те́мпы ро́ста
   target rates of growth
заплани́ровать, *v.*   see: *плани́ровать*
заплати́ть, *v.*   see: *плати́ть*
запла́ченная су́мма   paid amount
запозда́лый, *adj.*   late
запо́лнить, *v.*   see: *заполня́ть*
заполня́ть / запо́лнить деклара́цию
   complete a declaration
запра́шиваемая цена́   offered price
запра́шивать / запроси́ть (+ acc.), *v.*
   1. ask; 2. request
запра́шивать / запроси́ть катало́г
   ask for a catalogue
запра́шивать / запроси́ть образе́ц
   request a sample
запрети́тельная цена́
   prohibitive price
запрети́ть, *v.*   see: *запрети́ть*
запреща́ть / запрети́ть (+ acc.), *v.*
   1. ban; 2. prohibit
запреще́ние на транзи́т
   ban on transit
запрода́жа, *f.*   1. conditional sale;
   2. forward contract; 3. provisional
   sale (a contract for the purchase
   or sale of goods or currency
   which are to be delivered at a
   future date)
запрода́жа бу́дущего урожа́я
   кукуру́зы   forward contract on
   the sale of corn
запрода́жа была́ проведена́ ино-
   стра́нной компа́нией
   conditional sale has been made
   by a foreign firm
запрода́жа в счет взаи́мных по-

ста́вок provisional sale of goods on account of mutual deliveries

запрода́жа на вы́годных усло́виях provisional sale on favorable terms

запро́данные э́кспортные това́ры export goods sold in advance

запро́с, *m.*
1. demand; 2. inquiry; 3. request

запро́с по фа́ксу inquiry by fax

запроси́ть, *v.* see: *запра́шивать*

зараба́тывать / зарабо́тать мно́го де́нег earn a good deal of money

зарабо́танные де́ньги money earned

зарабо́танные сре́дства в валю́те foreign exchange earnings

зарабо́танные сре́дства вы́раженные в до́лларах earnings translated into dollars

зарабо́танные сре́дства до вы́платы нало́гов earnings before taxes

зарабо́тать, *v.* see: *зараба́тывать*

за́работная пла́та
1. pay; 2. salary; 3. wage

за́работная пла́та рабо́чих wage

за́работная пла́та слу́жащих salary

за́работок, *m.*
1. earnings; 2. income

зара́нее, *adv.* in advance

зара́нее изве́стное поврежде́ние known damage

зара́нее опла́ченные расхо́ды prepaid expenses

зарегистри́рованная би́ржа recognized exchange

зарегистри́рованная биржева́я и́ли ры́ночная цена́ quoted price

зарегистри́рованная облига́ция registered bond

зарегистри́рованная сда́ча-прие́мка registered acceptance

зарегистри́рованная сда́ча-прие́мка гру́за acceptance of cargo

зарегистри́рованный, adj.
1. certified; 2. registered

зарегистри́рованный те́лекс registered telex

зарегистри́рованный това́рный знак registered trademark

зарегистри́ровать, *v.*

see: *регистри́ровать*

зарпла́та, *f.*
1. pay; 2. salary; 3. wage

зарпла́та по́сле вы́четов take-home pay

зарубе́жное патентова́ние foreign patenting

зарубе́жные фина́нсовые ры́нки overseas financial markets

зарубе́жный, *adj.*
1. foreign; 2. overseas

заруча́ться / заручи́ться согла́сием secure consent

заручи́ться, *v.* see: *заруча́ться*

заседа́ние правле́ния
1. management meeting;
2. board meeting

заседа́ния арбитра́жа arbitration proceedings

засекре́ченная информа́ция classified information

засекре́ченный, *adj.* classified

засекре́ченный контра́кт classified contract

заста́вить, *v.* see: *заставля́ть*

заставля́ть / заста́вить (+ gen.), *v.* force

засто́й, *m.* stagnation

засто́й в эконо́мике economic stagnation

застрахо́ванная по́чта insured mail

застрахо́ванное лицо́ и́ли организа́ция insured

застрахо́ванное хране́ние insured storage

застрахо́ванный груз insured cargo

застрахо́ванный счет insured account

застро́йщик, *m.* developer

за счет хозя́ина 1. at owner's expense; 2. on the house

затова́ренность, *f.* excess inventory

затова́ривание ры́нка market glut

затра́ты, *pl.* 1. costs; 2. expenditures; 3. expenses; 4. spending

затра́ты на избавле́ние от отхо́дов waste disposal costs

затра́ты на профессиона́льное обуче́ние training costs

затра́ты на сверхуро́чную рабо́ту

overtime costs
затра́ты основно́го капита́ла
capital costs
затра́ты, свя́занные с увольне́нием рабо́чей си́лы   layoff costs
затра́чивать / затра́тить де́ньги на оборо́ну   spend money on defense
затре́бованный, *adj.*   specified
затя́гивание спа́да
prolongation of recession
затя́гивать / затяну́ть (+ асс.), *v.*
tighten
затя́гивать / затяну́ть по́яс
(colloquial)   tighten the belt
затяну́ть, *v.* see: *затя́гивать*
зафрахто́ванный самолёт
charted aircraft
захвати́ть, *v.* see: *захва́тывать*
захва́тывать / захвати́ть значи́тельную до́лю ры́нка   capture a large share of the market
защи́та, *f.*   1. defense; 2. protection
защи́та арбитра́жем
protection by arbitration
защи́та в междунаро́дном суде́
defense in an international court
защи́та от конкуре́нции с по́мощью тари́фов   tariff protection
защи́та от кредито́ров
protection from creditors
защи́та потреби́теля
consumer protection
защи́та прав   protection of rights
защи́та при́нципов
defense of principles
заяви́тель *(patent),* *m.*   claimant
заяви́тель на пате́нт *(patent)*
applicant
заяви́ть, *v.* see: *заявля́ть*
зая́вка, *f.*   application
зая́вка на пате́нт   patent application
зая́вка на получе́ние за́йма
loan application
зая́вка на получе́ние разреше́ния на каку́ю-ли́бо де́ятельность
license application
зая́вка на регистра́цию торго́вого зна́ка   trademark application
зая́вка на торго́вый знак
application for a trademark
зая́вка на уча́стие в аукцио́не

application for participation
in an auction
зая́вка на фрахтова́ние
chartering application
зая́вка, находя́щаяся на рассмотре́нии *(patent)*   pending application
зая́вка, по кото́рой при́нято реше́ние о вы́даче пате́нта   pending patent
заявле́ние, *n.*   1. application;
2. claim; 3. declaration;
4. statement
заявле́ние в арбитра́ж
application to arbitration
заявле́ние истца́
plaintiff's statement
заявле́ние о заме́не
replacement declaration
заявле́ние о поврежде́нии
declaration of damage
заявле́ние о согла́сии
consent decree
заявле́ние отве́тчика
statement of defense
заявле́ние прав   claim
заявле́ние тре́бования
statement of demand
зая́вленная неусто́йка
penalty claimed
зая́вленное покупа́телем поврежде́ние
damage claimed by a buyer
зая́вленный, *adj.*
1. claimed; 2. stated
зая́вленный дефе́кт   stated defect
заявля́ть / заяви́ть права́ на что-ли́бо   lay a claim to something
зая́вочная по́шлина *(patent)*
official filing fee
звездный би́знес *(colloquial)*
aerospace industry
зда́ние, *n.*   house
здоро́вье, *n.*   health
здравоохране́ние, *n.*   public health
здра́вый подхо́д
common sense approach
Зелёная Па́ртия   Green Party (a political party pursuing environmental issues)
зелёный *(slang), adj.*
1. dollar; 2. greenback
земе́льное благоустро́йство

land improvement
земе́льное владе́ние
1. estate; 2. land holdings
землеустрои́тельная компа́ния
land developer
злоупотребле́ние, *n.*   abuse
злоупотребле́ние вла́стью
abuse of power
злоупотребле́ние дове́рием
abuse of trust
злоупотребле́ние креди́том
abuse of credit
злоупотребле́ние права́ми
abuse of rights
злоупотребле́ния в торго́вле
abuses in trade
знак, *m.*   1. mark; 2. seal; 3. sign
знак ка́чества   seal of approval
знак обслу́живания   service mark
знак, предупрежда́ющий об
а́вторском пра́ве   copyright notice
знако́мство на прие́ме
meeting people at a reception
зна́ние и уме́ние   know-how (confidential information regarding the
technology of manufacturing of a
product or carrying out a process)
**зна́ние осно́в рабо́ты на компью́-
тере**   computer literacy
**значи́тельная су́мма в негаранти́-
рованных креди́тах**   large
exposure in unguaranteed credits
значи́тельное поврежде́ние
1. considerable damage;
2. significant damage
значи́тельные поте́ри   heavy losses
значи́тельный, *adj.*   1. considerable;
2. heavy; 3. high; 4. large;
5. significant
значи́тельный рост цен на ры́нке
market rally
значи́тельный уще́рб
heavy damage
"золота́я" креди́тная ка́рточка
gold (credit) card (a credit card
issued by credit card companies
to their best clients to provide
them with a higher line of credit
and additional benefits)
золота́я моне́та   gold coin
зо́лото в моне́тах   gold in coins

зо́лото в сли́тках   gold bullion
зо́лото в ювели́рных изде́лиях
gold in jewelry
зо́лото по ... до́лларов за у́нцию
$...-an-ounce gold
золотодобыва́ющие компа́нии
gold producing companies
золото́е содержа́ние рубля́
gold content of the ruble
золото́й запа́с   gold reserves
"золото́й парашю́т"   golden parachute (compensation paid by
a company to a highly-placed
executive for loss of office)
золото́й станда́рт   gold standard
золоты́е облига́ции   gold bonds
**зо́на свобо́дного предпринима́-
тельства**   free enterprise zone
зо́на свобо́дной торго́вли
free trade zone

И

иго́рный би́знес   gambling business
иго́рный дом   casino
иго́рный долг   gambling debt
игра́ть на би́рже
speculate on the Exchange
иде́я изобрете́ния
idea of the invention
иде́я, поло́женная в осно́ву
рекла́мы   advertising approach
идти́ по высо́кой цене́
command high price
идти́ / пойти́ на по́льзу
be beneficial
избави́тельная огово́рка   1. escape
clause; 2. waiver clause
изба́виться, *v.*   see: *избавля́ться*
**избавля́ться / изба́виться от чего́-
ли́бо**   get rid of something
избега́ть / избежа́ть расхо́дов
avoid expenses
**избега́ть / избежа́ть ри́ска колеба́-
ния ку́рса**   avoid the risk of fluctuation in the exchange rate
избега́ть / избежа́ть чего́-ли́бо
avoid something
избежа́ть, *v.*   see: *избега́ть*
избы́ток, *m.*   1. excess; 2. surplus

избы́точные производ́ственные
мо́щности   excess capacity
избы́точный спрос   excess demand
извести́ть, *v.* see: *извеща́ть*
изве́стность ма́рки това́ра среди́
покупа́телей
    brand name recognition
изве́стность при́знаков изобрете́-
ния   prior knowledge
извеща́ть / извести́ть *(+ acc.; о +*
prep.), v.   1. inform; 2. notify
извеще́ние, *n.*   notification
извеще́ние об аннули́ровании
    notification of cancellation
извеще́ние об аукцио́не
    notice about an auction
извеще́ние о погру́зке
    loading notification
извеще́ние о просро́ченном пла-
теже́   delinquent notice
изготови́тель, *m.*
    1. manufacturer; 2. producer
изгото́вить, *v.* see: *изготовля́ть*
изготовле́ние, *n.*
    1. manufacturing; 2. production
изготовля́ть / изгото́вить *(+ acc.), v.*
    manufacture
издава́ть / изда́ть бюллете́нь
    publish a bulletin
изда́тельство, *n.*   publishing house
изда́ть, *v.* see: *издава́ть*
изде́лие, *n.*
    1. article; 2. item; 3. product
изде́лие, защищённое лицензио́н-
ным соглаше́нием   product protected under licensing agreement
изде́лие ма́ссового производ́ства
    mass-produced article
изде́лие повы́шенного спро́са
    hot item
изде́ржки, *only pl.*
    1. direct costs; 2. expenses
изде́ржки в иностра́нной валю́те
    foreign exchange costs
изде́ржки в промы́шленности
    industrial costs
изде́ржки, кото́рые мо́гут быть
отло́жены   postponable costs
изде́ржки материа́льного хара́ктера
    tangible costs
изде́ржки на рабо́чую си́лу

direct labor costs
изде́ржки на разрабо́тку
    development costs
изде́ржки на содержа́ние и теку́щий
ремо́нт   maintenance expenses
изде́ржки на сохране́ние рабо́чей
си́лы   personnel retention costs
изде́ржки на упла́ту проце́нтов
    interest costs
изде́ржки на челове́ческие фа́кторы
    human costs
изде́ржки обрабо́тки
    processing costs
изде́ржки обраще́ния
    distribution costs
изде́ржки подгото́вки производ́ства
    preproduction costs
изде́ржки по доста́вке и вы́возу со
скла́да   in and out costs
изде́ржки по реализа́ции това́ра
    cost of sales
изде́ржки по сбы́ту
    marketing costs
изде́ржки предусмо́трены
    expenses are provided for
изде́ржки, при́нятые на свой счет
    absorbed costs
изде́ржки производи́теля на сбыт
свое́й проду́кции
    producer's marketing costs
изде́ржки производ́ства
    manufacturing costs
изде́ржки производ́ства това́ров и
услу́г   costs incurred in producing
goods and services
изде́ржки сбы́та
    merchandising costs
изде́ржки, свя́занные с вступле́нием
компа́нии в но́вую о́трасль
    entry costs
изде́ржки, свя́занные с освое́нием
производ́ства   start-up costs
изли́шек, *m.*   1. excess; 2. surplus
изли́шние расхо́ды
    excessive expenses
измене́ние сро́ков вы́платы задо́л-
женности   debt rescheduling
измене́ния, *pl.*   1. amendments;
2. changes; 3. fluctuations; 4. turns
измене́ния в прое́кте контра́кта
    amendments in the draft of a

contract
изменéния кáчества
change in quality
измéнчивый, *adj.*   floating
изнáшивание, *n.*   depreciation
изображéние, *n.*   figure
изобрази́тельный товáрный знак
figure trademark
изобретáтель, *m.*   inventor
изобретáтель-слýжащий, *m.*
employed inventor
изобретéние, *n.*
1. innovation; 2. invention
из пéрвых рук   firsthand
изучáть / изучи́ть все тóнкости
би́знеса   learn the ins and outs
of business
изучéние коньюктýры
market analysis
изъя́тие, *n.*   1. exemption;
2. removal; 3. retirement;
4. withdrawal
изъя́тие капитáла   disinvestment
изъя́тие цéнных бумáг из обращé-
ния   retirement of securities
изъя́ть, *v.*   see: *изымáть*
изымáть / изъя́ть *(из + gen;*
+ acc.), *v.*   1. exempt; 2. remove;
3. withdraw
изымáть / изъя́ть вклад
withdraw a deposit
изымáть / изъя́ть депози́ты в
твéрдой валю́те   withdrawal
of hard currency deposits
изымáть / изъя́ть что-ли́бо из
обращéния   1. remove something
from circulation; 2. withdraw
something from circulation
иллюстри́рованный каталóг
illustrated catalogue
иллюстри́рованный прейскурáнт
illustrated price list
именнáя облигáция
registered bond
именнóй вклад   deposit payable
to a particular person
именнóй чек   personal check
именны́е áкции   registered stocks
именны́е цéнные бумáги
registered securities
имéть деловы́е отношéния с

компáнией
do business with a company
имéть дефици́т
1. be in the red; 2. show a deficit
имéть положи́тельное сáльдо
1. be in the black;
2. show a surplus
имéть прáво на апелля́цию
have the right of appeal
имéть принося́щую дохóд рабóту
be gainfully employed
имéть свéдения в картотéке
be on file
имéющаяся в распоряжéнии сýмма
available amount of money
имéющееся в нали́чии коли́чество
чегó-ли́бо
available quantity of something
имéющиеся в нали́чии товáры
1. immediately available goods;
2. goods in stock
имéющиеся дáнные   available data
имéющиеся запáсы
available supplies
имéющий отношéние к корпорáциям
corporate
имéющий си́лу   valid
имéющий тендéнцию к понижéнию
bearish
и́мидж, *m.*   1. image; 2. reputation
иммиграциóнные предписáния
immigration regulations
императи́в, *m.*   demand
имплóймент-информáция, *f.*
employment information
и́мпорт, *m.*   1. import;
2. importation; 3. imports
и́мпорт в стóимостном выражéнии
value of imports
и́мпорт готóвой продýкции
importation of finished goods
и́мпорт маши́н и оборýдования
importation of machinery and
equipment
и́мпорт на компенсациóнной оснóве
imports on a compensatory basis
и́мпорт сырья́
importation of raw materials
и́мпорт технолóгии
technology import
и́мпорт товáров   import of goods

и́мпорт това́ров широ́кого
потребле́ния
importation of consumer goods

импорти́ровать *(+ асс.), v.*   import

и́мпортная зая́вка
import application

и́мпортная сде́лка
import transaction

и́мпортная сто́имость   import cost

и́мпортная цена́   import price

и́мпортные ограниче́ния
import curbs

и́мпортные това́ры   1. import;
2. imported goods; 3. imports

и́мпортный потенциа́л
import capacity

и́мпортный склад
import warehouse

иму́щественное обеспече́ние
collateral

иму́щественное страхова́ние
property insurance

иму́щественно-това́рная компен-
са́ция   compensation in kind

иму́щественный иск
claim of ownership

иму́щественный спор
property dispute

иму́щество, *n.*   1. assets; 2. property

иму́щество в це́нных бума́гах
paper assets

иму́щество компа́нии
company property

иму́щество, не принося́щее дохо́да
nonperforming property

иму́щество, принося́щее дохо́д
ме́ньше ожида́емого
underperforming property

иму́щество тре́тьего лица́
property of a third party

иму́щество, управля́емое по
дове́ренности   trust

и́мя, *n.*   name

инвалю́тный рубль
convertible ruble

инвентариза́ция, *f.*   inventory

инвента́рная кни́га   inventory book

инвента́рная о́пись   inventory

инвента́рный спи́сок   bill

инвести́рование в а́кции
investment in equities

инвести́ровать де́ньги во что-ли́бо
1. invest money in something;
2. pour cash into something

инвести́тор, *m.*   investor

инвести́ции, *pl.*   capital investment

инвести́ции ба́нка
bank investments

инвестицио́нная гру́ппа
investment group

инвестицио́нная компа́ния
investment company

инвестицио́нная компа́ния закры́того
ти́па   closed-end investment
company (an investment company
with a fixed number of shares
outstanding. New shares may not
be issued)

инвестицио́нная компа́ния откры́того
ти́па   open-end investment company (an investment company
that has no fixed number of
shares outstanding)

инвестицио́нная програ́мма
investment program

инвестицио́нная фи́рма
1. investment enterprise;
2. investment firm

инвестицио́нные фо́нды, вкла́дываю-
щие де́ньги в це́нные бума́ги,
принося́щие высо́кий проце́нт
high-yield funds

инвестицио́нный банк
investment bank

инвестицио́нный бум
investment boom

инвестицио́нный кли́мат
investment climate

инвестицио́нный креди́т
investment credit

инвестицио́нный ры́нок
investment market

инвестицио́нный фонд по опера́циям
с просты́ми а́кциями
common stock fund

инвести́ция, *f.*   investment

инве́стор, *m.*   investor

и́ндекс, *m.*   index

и́ндекс веду́щих экономи́ческих
показа́телей   index of leading
economic indicators

и́ндекс До́у-Джо́нса а́кций про-

мы́шленных компа́ний вы́рос на
... пу́нктов Dow-Jones industrial
average gained ... points
и́ндекс До́у-Джо́нса для а́кций
коммуна́льных компа́ний
Dow-Jones utilities index (US
stock market index for 15
leading utilities)
и́ндекс До́у-Джо́нса а́кций про-
мы́шленных компа́ний
Dow-Jones industrial average
(US stock market index for 30
leading industrial stocks)
и́ндекс До́у-Джо́нса для а́кций
тра́нспортных компа́ний
Dow-Jones transportation index
(US stock market index for 20
leading transportation stocks)
и́ндекс До́у-Джо́нса для фью́чер-
ских сде́лок
Dow-Jones futures index
и́ндекс закла́дки но́вых домо́в
housing starts index
и́ндекс ку́рсов а́кций
stock price average
и́ндекс Ле́ман Бра́зерс для казна-
че́йских облига́ций   Lehman
Brothers Treasury index (USA)
и́ндекс опто́вых цен на това́ры
commodity price index
и́ндекс ро́зничных цен
consumer price index
и́ндекс те́лекса telex index
и́ндекс телефониза́ции
telephone penetration index
(number of telephone lines per
100 people. E.g., in a country)
и́ндекс фа́кса fax index
и́ндекс цен deflator (a statistical
index used to convert current
prices into constant prices)
индекса́ция дохо́дов indexation
of income against inflation
индивидуа́л-монополи́ст, m.
1. monopoly holding individual or
company; 2. single firm monopoly
индивидуа́льный, adj.
1. individual; 2. personal
индивидуа́льный заём
personal credit
индивидуа́льный страхово́й по́лис

individual insurance policy
индика́тор, m.   indicator
индосса́мент (finance), m.
endorsement (writing on the back
of a document in order, e.g., to
transfer its value from one person
to another)
индустриа́льный, adj.   industrial
инжене́рно-консультати́вная фи́рма
consulting engineering firm
инжини́ринг, m.   engineering
инициати́вный комите́т
organizing committee
инкасси́рование долго́в
collection of debts
инкасси́ровать (+ acc.), v.
1. collect arrears; 2. collect debts
инка́ссо (finance), n.
collection of payments
инка́ссовая опера́ция
payment for collection
инка́ссо ве́кселя
collection of a bill
инка́ссо че́ка collection of a check
инноваци́онные гру́ппа
innovation group
инноваци́онный банк   venture bank
инноваци́онный прое́кт
project based on a novel idea
иннова́ция, f.
1. innovation; 2. novel idea
инопартне́р, m.   foreign partner
иностра́нная по́мощь   foreign aid
иностра́нная фи́рма   foreign firm
иностра́нное отделе́ние
foreign branch
иностра́нное уча́стие
foreign participation
иностра́нные инвести́ции
foreign investment
иностра́нные капиталовложе́ния
foreign investment
иностра́нные кредито́ры
foreign creditors
иностра́нный, adj.
1. foreign; 2. external
иностра́нный банк   foreign bank
иностра́нный банк-корреспонде́нт
foreign correspondent bank
иностра́нный заём 1. foreign loan;
2. international loan

иностра́нный капита́л
foreign participation
иностра́нный партнёр
1. foreign business partner;
2. foreign partner
иностра́нный по́дданный, постоя́нно
прожива́ющий в да́нной стране́
permanent resident
иностра́нный рабо́чий
guest worker
инофи́рма, f.   foreign firm
инспекти́рование скла́да
warehouse inspection
инспе́ктор, m.   inspector
инспе́кция, f.
1. examination; 2. inspection
инспе́кция гру́за на грани́це
inspection of cargo at the border
инструкта́ж, m.   briefing
инстру́кции на языке́ страны́
продавца́ / покупа́теля
instructions in the language of
the seller's / buyer's country
инстру́кции по выполне́нию рабо́ты
work instructions
инстру́кции по отпра́вке това́ра
shipping instructions
инстру́кции по техни́ческому
обслу́живанию
maintenance instructions
инстру́кции по упако́вке
packing instructions
инстру́кция, f.   1. instructions;
2. manual; 3. specification
инстру́кция по обслу́живанию
service manual
инстру́кция по ремо́нту
repair manual
инстру́кция по эксплуата́ции
operating manual
интеллектуа́льная со́бственность
intellectual property (e.g., patents,
computer software, etc.)
интеллектуа́льный потенциа́л
intellectual potential
интенси́вное разви́тие
intensive development
интенси́вное се́льское хозя́йство
intensive agriculture
интенси́вность движе́ния
volume of traffic

интенси́вность ку́пли-прода́жи на
ры́нке   market activity
интенси́вность расхо́дования
чего́-ли́бо   rate of depletion
of something
интенси́вный, adj.
1. high; 2. intensive
интенси́вный рост эконо́мики
intensive growth of the economy
интенсифика́ция, f.   intensification
интервью́, дава́емое то́лько да́нному
лицу́   exclusive interview
интере́с, m.   1. concern; 2. interest
интернациона́льный, adj.
international
интерпрети́ровать да́нные
interpret data
интерфе́йс (computer), m.
interface
инфляцио́нная обстано́вка
inflationary environment
инфля́ция, f.   inflation
информа́тика, f.   computer science
информацио́нная сеть
information network
информацио́нное аге́нство
information agency
информацио́нное бюро́
information bureau
информацио́нный бюллете́нь
information bulletin
информацио́нный взрыв
information explosion
информацио́нный кана́л   telephone,
fax, and telex numbers (of a
company, e.g.)
информа́ция, f.   information
информа́ция в о́бласти рекла́мы
information in the field
of advertising
информа́ция для у́зкого кру́га
1. confidential information;
2. sensitive information
информа́ция о валю́тных ры́нках
information on currency markets
информа́ция о вы́ставках и я́рмарках
information on exhibitions and
fairs
информа́ция о конъюкту́ре ры́нка
отде́льных това́ров   information
on the market condition of

certain goods
информа́ция о нали́чии рабо́чих
мест   employment information
информа́ция о торго́вых согла-
ше́ниях
    information on trade agreements
информи́ровать те́лексом
    inform by telex
информи́ровать фа́ксом
    inform by fax
инфраструкту́ра, *f.*   infrastructure
инфраструкту́ра ры́нка
    market infrastructure
ины́е приго́дные ви́ды то́плива
    alternative fuels
ины́е приго́дные исто́чники эне́ргии
    alternative sources of energy
ипоте́ка, *f.*   mortgage
ипоте́чная задо́лженность
    mortgage debt
ипоте́чная компа́ния
    mortgage company
ипоте́чный банк   mortgage company
иск, *m.*   1. claim; 2. legal action;
    3. suit; 4. property claim
иск, возбужде́нный владе́льцем
    а́кций про́тив компа́нии
    shareholder suit against
    a company
иск за убы́тки   claim for damages
иск к желе́зной доро́ге
    claim against a railroad
иск к тра́нспортной компа́нии
    claim against a carrier
иск на взыска́ние
    legal action for recovery
иск на компенса́цию
    compensation claim
иск об опла́те   claim for payment
иск о возмеще́нии убы́тков
    legal action for damages
иск о возмеще́нии недоста́чи
    legal action for nondelivery
иск о наруше́нии пате́нтных прав
    patent infringement suit
иск о него́дном исполне́нии
    default claim
исключа́ть / исключи́ть из
    чего́-ли́бо
    exclude from something
исключа́ющий контра́кт

exclusive contract
исключи́тельная лице́нзия
    exclusive license
исключи́тельное пра́во
    1. exclusive right; 2. sole right;
    3. monopoly
исключи́тельное пра́во на произ-
во́дство   production monopoly
исключи́тельный, *adj.*
    1. exclusive; 2. sole
исково́я да́вность
    statute of limitation
исково́е возраже́ние   legal objection
исково́е заявле́ние
    statement of claim
и́скренние завере́ния
    sincere assurance
иску́сственно изменя́ть це́ны на
    ры́нке   manipulate the market
иску́сственно повыша́ть и́ли пони-
жа́ть це́ны   manipulate prices
иску́сственно подде́рживаемый
    обме́нный курс   pegged rate
иску́сственный, *adj.*
    1. artificial; 2. manipulated
исполне́ние, *n.*
    1. fulfillment; 2. performance
исполне́ние обя́занностей
    fulfillment of obligations
исполни́тельная власть
    executive power
исполни́тельный, *adj.*
    1. executive; 2. operating
исполни́тельный комите́т
    1. executive board;
    2. executive committee
исполни́тельный секрета́рь
    executive secretary
исполни́тель рабо́т   contractor
испо́лнить, *v.*   see: *исполня́ть*
исполня́ть / испо́лнить (+ *acc.*), *v.*
    1. act; 2. execute; 3. perform
исполня́ющий обя́занности дире́к-
    тора   acting director
испо́льзование, *n.*
    1. application; 2. use
испо́льзование кли́ринга
    use of clearing
испо́льзование ма́ркетинга
    use of marketing
испо́льзование но́у-хо́у в пра́ктике

know-how put into practice
испо́льзовать *(+ acc.), v.*
   1. exercise; 2. operate; 3. use
испо́льзовать информа́цию
   use information
испо́льзовать преиму́щественное
   пра́во на поку́пку а́кций
   exercise the stock option
испо́льзовать свои́ права́
   exercise one's rights
испо́льзовать сре́дства   use funds
испо́рченные това́ры   spoiled goods
испра́вить, *v.*   see: *исправля́ть*
испра́вленный пункт
   amended item
испра́вленный текст   revised text
исправля́ть / испра́вить *(+ acc.), v.*
   1. adjust; 2. amend; 3. correct;
   4. revise
исправля́ть / испра́вить зая́вку на
   пате́нт   amend a patent application
исправля́ть / испра́вить оши́бку
   correct an error
испра́вный плате́льщик
   prompt payer
испыта́ние, *n.*   test
испыта́ния в хо́де разрабо́тки
   development tests
испыта́ния в экстрема́льных
   усло́виях
   test under extreme conditions
испыта́ния, проводи́мые зака́зчи-
   ком   customer test
испыта́ния, производи́мые постав-
   щико́м   vendor test
испыта́тельное обору́дование
   test equipment
испыта́ть, *v.*   see: *испы́тывать*
испы́тывать / испыта́ть образе́ц
   test a sample
иссле́дование в о́бласти рекла́мы
   advertising research
иссле́дователь, *m.*
   1. analyst; 2. researcher
исте́блишмент, *m.*   establishment
исте́ц, *m.*   1. claimant; 2. plaintiff
истече́ние сро́ка
   1. expiration; 2. termination
истече́ние сро́ка страхова́ния
   expiration of insurance
и́стинные наме́рения

true intentions
исто́чник, *m.*
   1. origin; 2. resource; 3. source
исто́чник дохо́да
   source of revenue
исто́чник информа́ции   1. data
   source; 2. source of information
исто́чники креди́та
   credit resources
исто́чники поступле́ний в бюдже́т
   sources of budget receipts
исто́чники снабже́ния
   sources of supply
исхо́дная сто́имость   basic cost
исхо́дная цена́   initial price
исхо́дные да́нные
   1. basic data; 2. input data
исхо́дный, *adj.*   1. basic; 2. initial
исче́рпанный креди́т
   exhausted credit
исчерпа́ть, *v.*   see: *исче́рпывать*
исче́рпывать / исчерпа́ть креди́тный
   лими́т   reach the borrowing ceiling
исчисле́ние изде́ржек произво́дства
   costing
исчисле́ние и́ндекса цен   pricing
исчи́слить, *v.*   see: *исчисля́ть*
исчисля́ть / исчи́слить бала́нс
   calculate the balance
ита́к, *adv.*   bottom line
ито́г, *m.*   1. result; 2. sum; 3. total
итого́, *adv.*   total amount
ито́говая калькуля́ция
   final calculation
ито́говый, *adj.*   1. overall; 2. total
ито́говый бала́нс   overall balance

К

казённый, *adj.*   public
казначе́йские облига́ции
   treasury bonds (USA)
казначе́йские обяза́тельства
   treasury bonds
казначе́йство, *n.*   treasury
как бы́ло обе́щано в рекла́ме
   as advertised
как мо́жно скоре́е
   at the earliest possible date
калькуля́тор, *m.*   calculator

калькуляцио́нная ве́домость
cost sheet
калькуля́ция, *f.*
1. costing; 2. estimate
калькуля́ция себесто́имости
costing
кана́лы распределе́ния
channels of distribution
кана́лы свя́зи
channels of communication
канцеля́рия, *f.*   business office
канцеля́рская рабо́та   clerical job
капита́л, *m.*   1. assets; 2. principal
капита́л, вкла́дываемый в риско́-
ванное предприя́тие
1. risk capital; 2. venture capital
капита́л компа́нии   equity
капиталовложе́ния, *pl.*   1. capital
investment; 2. investment
капита́л, пе́реданный в управле́ние
дове́ренному лицу́ и́ли организа́-
ции   trust fund
капита́льная со́бственность
capital holdings
капита́льные акти́вы
capital holdings
капита́льные затра́ты   capital costs
капита́льный ремо́нт
complete overhaul
капита́льный фонд   capital fund
каранти́йный надзо́р
quarantine inspection
каранти́йный тамо́женный надзо́р
quarantine inspection at customs
каранти́н, *m.*   quarantine
ка́рго, *n.*   cargo
картоте́ка, *f.*   file
ка́рточка, *f.*   ration card
ка́рточка резиде́нта
green card (USA)
ка́рточка с купо́нами   ration card
with detachable coupons
ка́ртридж, *m.*   cartridge
каса́ющийся всех   across the board
касса́ция *(law), f.*   appeal
касси́р, *m.*   cashier
касси́р в ба́нке   bank teller
ка́ссовая ве́домость   cash list
ка́ссовая нали́чность   cash on hand
ка́ссовые оста́тки   cash balance
ка́ссовый аппара́т   cash register

катало́г, *m.*   catalogue
катало́г выпуска́емой проду́кции
catalogue of produced goods
катало́г на 19... год
catalogue for 19...
катало́г обору́дования
equipment catalogue
катало́г с образца́ми това́ров
catalogue with samples of goods
катало́г соде́ржит информа́цию о ...
catalogue has information on ...
катало́г с указа́нием цены́
catalogue with prices
категори́ческий отка́з   flat refusal
ка́чественная оце́нка
qualitative assessment
ка́чество, *n.*   1. brand; 2. quality
ка́чество изде́лия
quality of an item
ка́чество констру́кции
quality of design
ка́чество нахо́дится в допусти́мых
преде́лах
quality is within specifications
ка́чество обслу́живания
quality of service
ка́чество рабо́ты   quality of work
ка́чество труда́   quality of labor
кварта́л, *m.*   quarter
кварта́льные дохо́ды
quarterly earnings
кварта́льный отче́т держа́телям
а́кций
quarterly report to stockholders
кварти́рная пла́та
1. rent; 2. rent payment
квартиросъе́мщик, *m.*
1. lessee; 2. tenant
квартпла́та, *f.*
1. rent; 2. rent payment
квитанцио́нная кни́жка
receipt book
квита́нция, *f.*   1. invoice; 2. receipt
квита́нция на груз, при́нятый скла́-
дом на хране́ние
warehouse receipt
квита́нция на подпи́ску
subscription receipt
квита́нция на предъяви́теля
receipt to the bearer
кво́рум, *m.*   quorum

квота на экспорт   1. export quota;
2. quantitative restrictions on
export

квотирование, *n.*   1. application
of quotas; 2. limitation

квотирование валюты
currency allocations

квотирование экспорта и импорта
quotas on export and import

кислотный дождь   acid rain

клавиатура, *f.*   keyboard

клавиша, *f.*   key

кладовая, *f.*   storeroom

классификация рисков
classification of risks

классификация товаров
commodity classification

классифицированный, *adj.*
classified

класть / положить (*в + асс.;
на + асс.; + асс.*), *v.*
1. deposit; 2. put

клиент, *m.*
1. client; 2. customer; 3. user

клиентура, *f.*   clientele

клиенты банка   bank customers

клиринг, *m.*   clearing (1. among
bankers, the act of exchanging
drafts on each other's houses and
settling the differences; 2. monetary transactions on paper or
through electronic means)

клиринг-банк, *m.*   clearing bank

клиринговая валюта   clearing
currency (currency used in non-
cash transactions)

клиринговые операции
clearing transactions

клиринговый рубль   clearing ruble
(a Russian monetary unit used in
non-cash transactions)

клиринговый счет   clearing account

"клиринг-хауз", *m.*   clearing house
(an institution through which the
claims of banks against one another are settled)

ключ, *m.*   key

ключевая валюта   key currency

ключевое решение   key decision

ключевой, *adj.*   key

ключевые сотрудники

key employees

книга, *f.*   book

книжная реклама
book advertisement

книжная ярмарка   book fair

коверно́т (*finance*), *m.*   covering
note (a document issued by an
insurance company indemnifying
the insured person against any
loss suffered in the period between the acceptance of the
proposal and the issue of the
insurance policy)

код товара в каталоге
index of goods in a catalogue

колебание, *n.*
1. fluctuation; 2. movement

колебания валютного курса
fluctuation in the exchange rate

колебания цен   price fluctuation

количественная недостача
quantitative shortage

количественные ограничения на
экспорт
quantitative restrictions on export

количественный, *adj.*   quantitative

количественный анализ
quantitative analysis

количество, *n.*
1. amount; 2. number; 3. quantity

количество выросших компаний
превысило количество упавших
в отношении ... к ...
advances topped declines ... to ...

количество единиц   number of units

количество, имеющихся в наличии
товаров
quantity of goods on hand

количество по весу
quantity by weight

количество штук   number of pieces

количество экземпляров
number of copies

коллективная заявка (*patent*)
joint application

коллективная реклама
group advertising

коллективное поведение
collective behavior

коллективное страхование
group insurance

коллекти́вный, *adj.*
1. collective; 2. group; 3. joint
коллекти́вный догово́р
bargaining agreement
колхо́з, *m.* collective farm
колхо́зник, *m.* collective farmer
командиро́вка, *f.* business trip
командиро́вочные, *only pl.*
travelling expenses
комбини́рованное страхова́ние
comprehensive insurance
комиссио́нное вознагражде́ние
commission
комиссио́нное вознагражде́ние за
бро́керские услу́ги
broker's commission
комиссио́нное поруче́ние
commission note
комиссио́нные, *pl.* 1. commission;
2. commission charges; 3. fee
комиссио́нные взима́емые ба́нком
commission charged by bank
комиссио́нные за заку́пку
buying commission
комиссио́нные за прода́жу
selling commission
комиссио́нный сбор
commission fee
коми́ссия, *f.* 1. commission; 2. fee
коми́ссия за услу́ги
commission for services
коми́ссия, исчисля́емая с о́бщей
су́ммы commission calculated
on the total sum
коми́ссия на проце́нтной осно́ве
commission on a percentage basis
коми́ссия устано́влена в раз-
ме́ре ... commission is fixed
in the amount of ...
коммерса́нт, *m.*
1. businessman; 2. merchant
коммерса́нт по консигнацио́нным
сде́лкам businessman on
consignment transactions
коммерса́нт по прода́же обору́-
дования businessman specializing in sales of equipment
коммерса́нт-посре́дник, *m.*
negotiating agent
комме́рция, *f.*
1. business; 2. commerce

комме́рческая де́ятельность
commercial activity
комме́рческая информа́ция
commercial information
комме́рческая консульта́ция
business advice
комме́рческая недви́жимость
commercial real estate
комме́рческая перепи́ска
commercial correspondence
комме́рческая рекла́ма
commercial advertising
комме́рческая рекла́ма по ра́дио
и́ли телеви́дению commercial
комме́рческая сде́лка
business deal
комме́рческая цена́ market price
комме́рческие креди́ты
commercial credits
комме́рческие опера́ции
commercial transactions
комме́рческие усло́вия
commercial terms
комме́рческий, *adj.* 1. commercial;
2. merchant; 3. trade
комме́рческий аге́нт
commercial agent
комме́рческий акт commercial act
комме́рческий банк 1. commercial
bank; 2. merchant bank; 3. trade
bank
комме́рческий бюллете́нь 1. commercial bulletin; 2. trade bulletin
комме́рческий курс обме́на рубля́
commercial ruble exchange rate
комме́рческий центр trade center
коммуна́льные услу́ги
1. municipal services; 2. utilities
коммуника́ция, *f.* communication
компа́кт-диск, *m.* compact disk
компа́нии, занима́ющиеся грузовы́ми
перево́зками movers
компа́нии, име́ющие пра́во на
что-ли́бо eligible companies
компа́нии по убо́рке и перерабо́тке
му́сора и отхо́дов
waste disposal companies
компа́ния, владе́ющая контро́льным
паке́том а́кций други́х компа́ний
holding company
компа́ния в хоро́шем фина́нсовом

положе́нии solvent company
компа́ния, выпуска́ющая для
прода́жи свои облига́ции
corporate bond issuer
компа́ния, даю́щая за́ймы под
закла́д mortgage company
компа́ния, дикту́ющая це́ны на
ры́нке price leader
компа́ния, находя́щаяся в тяже́лом
фина́нсовом положе́нии
struggling firm
компа́ния, опери́рующая с ми́ни-
мумом рабо́чей си́лы и наклад-
ны́х расхо́дов lean company
компа́ния, переведённая под
управле́ние контроли́рующей
организа́ции
company seized by regulators
компа́ния по автотра́нспортным
перево́зкам trucking company
компа́ния по аре́нде
leasing company
компа́ния под управле́нием ча́ст-
ных лиц company under private
management
компа́ния по заку́пкам
purchasing company
компа́ния по ку́пле-прода́же недви-
жи́мости real estate company
компа́ния по перево́зке гру́зов
cargo carrier
компа́ния по произво́дству
электроэне́ргии power company
компа́ния по прока́ту автомоби́лей
car rental company
компа́ния по прока́ту обору́дова-
ния equipment rental company
компа́ния по снабже́нию
supplier company
компа́ния-поставщи́к, f.
vendor company
компа́ния по страхова́нию жи́зни
life insurance company
компа́ния, предоставля́ющая
лице́нзию licensing company
компа́ния предста́вила разоча-
ро́вывающие да́нные о свои́х
при́былях и́ли достиже́ниях
company posted disappointing
results
компа́ния с больши́ми накладны́ми

расхо́дами top heavy company
компа́ния согласи́лась прода́ть
одно́ из свои́х отделе́ний
company agreed to sell a unit
компа́ния с ограни́ченной отве́т-
ственностью
limited liability company
компа́ния с ограни́ченным кру́гом
акционе́ров closely held company
компа́ния, специализи́рующаяся на
прода́жах това́ров из катало́га
catalogue sales company
компа́ния с по́лным ци́клом произ-
во́дства
vertically integrated company
компа́ния с си́льными свя́зями в
прави́тельственных круга́х
company with strong government
links
компа́ния страхова́ния жи́зни на
взаи́мных нача́лах
mutual life insurance company
компа́ния существу́ющая дли́тельное
вре́мя well-established business
компа́ния с широ́ким кру́гом акцио-
не́ров publicly held company
компа́ния фина́нсового креди́та
finance company
компа́ния, чья де́ятельность
контроли́руется госуда́рством
regulated company
компенса́ция, f. compensation
компенса́ция в разме́ре ...
compensation in the amount of ...
компенса́ция деньга́ми и́ли нату́рой
compensation in cash or in kind
компенса́ция за недоста́чу
compensation for shortage
компенса́ция за повыше́ние цен
wage increase against a rise
in prices
компенса́ция на инфля́цию
wage increase to combat inflation
компенса́ция затра́т
cost-offsetting
компенса́ция за уще́рб
compensation for damages
компенса́ция на осно́ве реше́ния
суда́
compensation ordered by court
компенса́ция убы́тков

compensation for losses

компенсáция ущéрба   indemnity

компенсúровать издéржки
recoup costs

компенсúровать когó-лúбо за
что-лúбо   compensate someone
for something

компетéнция, f.
1. competence; 2. right

компетéнция дирéкции
rights of administration

компетéнция правлéния
rights of management

компетéнция представúтеля
competence of the representative

кóмплекс, m.   1. complex; 2. package

кóмплекс услýг
complex of services

кóмплексная сдéлка   package deal

кóмплексные испытáния
overall test

кóмплексные расхóды
compound cost

кóмплексный, adj.   compound

комплéкт, m.   1. package; 2. set

комплéкт дáнных по технолóгии
technology package

комплéкт математúческого обеспечéния компью́теров
software package

компромúсс, m.   trade-off

компью́тер, m.   computer

компьютеризáция эконóмики
wide-scale introduction of
computers into the economy

компью́терная бухгалтéрия
accounting software

компью́терная игрá
computer game

компью́терная связь
communication via computers

компью́терные сéти
computer network

компью́терный дискéт
micro floppydisk

компью́терный язы́к
computer language

конвéйерное произвóдство
assembly line production

конвéрсия, f.   conversion

конвéрсия воéнного произвóдства   conversion from military
production

конвéрсия госудáрственной сóбственности   denationalization

конвертúровать переводны́е рублú
в национáльную валю́ту
convert transfer rubles into
national currency

конвертúруемость, f.
convertibility

конвертúруемые áкции
convertible stocks

конвертúруемые цéнные бумáги
convertible securities (securities
with the right to transfer from
one form of holding to another)

конвéрт с товáрным знáком
envelope with a trademark

конгломерáт, m.   conglomerate

кондиционéр, m.   air-conditioner

конéчная стóимость   final costs

конéчное назначéние
ultimate destination

конéчные расхóды
final expenditures

конкрéтный срок   specific date

конкурéнт, m.   competitor

конкурéнтная ценá
competitive price

конкурéнтное превосхóдство
competitive edge

конкурентоспосóбное предложéние
competitive bid

конкурентоспосóбность, f.   1. ability
to compete; 2. competitiveness

конкурентоспосóбность товáров и
услýг   competitiveness of goods
and services

конкурéнция, f.   competition

конкурéнция в торгóвле
competition in trade

конкурúровать (с + inst.;
в + prep.), v.   compete

конкурúрующие товáры
competing products

конкурúрующий патéнт
competing patent

кóнкурс красоты́   beauty contest

кóнкурсная зая́вка   1. bid; 2. tender

коносамéнт, m.   1. bill of lading; 2.
consignment; 3. consignment note

коносамéнт "прикáзу отправúтеля"
bill of lading made out to a
consigner's order
коносамéнт "прикáзу получáтеля"
bill of lading made out to a
consignee's order
консáлтинг, *m.*   consulting
консéнсус, *m.*   consensus
консигнацио́нная опера́ция
selling goods on consignment
консигнацио́нная отпра́вка това́ров
consignment
консигнацио́нная сде́лка
consignment transaction
консигнацио́нный склад
consignment warehouse
консигна́ция, *f.*   consignment
консолида́ция долго́в
consolidation of debts
консолиди́ровать (+ *acc.*), *v.*
consolidate
консо́рциум, *m.*   consortium
констати́ровать фа́кты
state the facts
констру́ктор, *m.*   designer
констру́кция, *f.*   design
консула́т, *m.*
1. consular office; 2. consulate
ко́нсульское учрежде́ние
1. consular office; 2. consulate
консульта́нт, *m.*
1. adviser; 2. consultant
консульта́нт по инвести́циям
investment adviser
консультати́вная гру́ппа
advisory group
консультати́вное реше́ние экспе́рта
(*patent*) Advisory Letter
консультати́вный, *adj.*
1. advisory; 2. consulting
консультати́вный сове́т
advisory board
консультацио́нная фи́рма   1. consulting agency; 2. consulting firm
консульти́рование, *n.*   consulting
конта́кт, *m.*   contact
конта́ктный но́мер телефо́на
inquiries telephone number
конта́кты с зарубе́жными партнёрами
contacts with foreign partners
конте́йнерное су́дно container ship

конте́йнерные перево́зки
container shipments
конто́ра, *f.*   office
контраба́нда, *f.*
1. contraband; 2. illicit trade
контраба́нда нарко́тиков
drug trafficking
контра́кт, *m.*
1. agreement; 2. contract
контра́кт без огово́рок
contract without reservations
контра́кт, заключённый в результа́те
перегово́ров negotiated contract
контра́кт ме́жду ди́лером и фи́рмой,
выдаю́щей ему́ торго́вые привеле́гии
dealer franchise
контра́кт на вы́дачу креди́та
loan agreement
контра́кт на запрода́жу
forward contract
контра́кт на обслу́живание
agreement of service
контра́кт на по́лный ко́мплекс рабо́т
package contract
контра́кт на прода́жу но́у-ха́у
contract for sale of know-how
контра́кт на разрабо́тку
developmental contract
контра́кт на техни́ческое
обслу́живание
contract for technical services
контра́ктная сто́имость
contract cost
контра́кт с аге́нством
contract with an agency
контра́кт с огово́рками
contract with reservations
контра́кт с устано́вленной цено́й
fixed price contract
контроли́рующая компа́ния
controlling company
контро́ль, *m.*   1. control;
2. regulation; 3. inspection
контро́ль за вы́возом
export control
контро́ль ка́чества   quality control
контро́ль над валю́тными опера́-
циями   exchange control
контро́ль над де́нежным оборо́том
regulation of money in circulation
контро́ль над за́работной пла́той

wage control
контро́ль над тари́фами
rate regulation
контро́ль над торго́влей
regulation of trade
контро́ль над це́нами
1. cost control; 2. price control
**контро́ль над э́кспортно-и́мпорт-
ными опера́циями** regulation
of export-import operations
контро́ль над э́кспортом
export control
контро́льная про́ба check sample
контро́льные ре́йды police raids
designed to stop black market
activities
**контро́льный паке́т а́кций в акцио-
не́рной компа́нии** controlling
interest in a stock company
контро́льный сертифика́т
inspection certificate
контрофе́рта, *f.* counteroffer
конфере́нция, *f.* conference
конфере́нция по а́вторскому пра́ву
conference on the problems of
copyright
**конфере́нция по вопро́сам ма́рке-
тинга** conference on marketing
конфиденциа́льная перепи́ска
confidential correspondence
конфиденциа́льность информа́ции
confidentiality of information
конфиденциа́льность результа́тов
confidentiality of data
конфиска́ция иму́щества
1. confiscation of assets;
2. confiscation of property;
3. expropriation of assets
конфиска́ция со́бственности
confiscation of property
конфли́кт, *m.* dispute
конфли́кт, подлежа́щий арбитра́жу
dispute subject to arbitration
конфли́кт по по́воду усло́вий труда́
dispute over working conditions
конфликту́ющие това́рные зна́ки
conflicting trademarks
конце́рн, *m.* 1. concern; 2. trust
конце́ссия, *f.* concession
коньюкту́ра, *f.* 1. business activity;
2. relationship between supply

and demand
коньюкту́ра ры́нка
market business conditions
кооперати́вная кварти́ра
condominium
коперати́вная со́бственность
cooperative property
кооперати́вный банк
cooperative bank
кооперати́вный дом condominium
кооперати́вный магази́н
cooperative store
копирова́льная аппарату́ра
copying equipment
копирова́льная маши́на
copying machine
ко́пия, *f.* 1. copy; 2. duplicate
ко́пия а́кта copy of an act
ко́пия докуме́нта
1. copy of a document; 2. draft
ко́пия, заве́ренная ната́риусом
notarized copy
ко́пия зая́вки copy of an order
копроце́ссор *(computer),* *m.*
coprocessor
коренны́е рефо́рмы
fundamental reforms
"корзи́на" валю́т basket of currencies (a standard group of currencies used to provide a consistent
reference value against varying
exchange rates)
"корзи́на" това́ров basket of goods
(a standard group of goods used
in statistical calculations to mea-
sure, e.g., the rate of inflation)
"корму́шка" *(slang)* sinecure
коро́ткая то́нна short ton
коро́ткая пресс-конфере́нция
briefing
корпора́ция, *f.* corporation
корректи́ровать / скорректи́ровать
(+ *acc.*), *v.* 1. adjust; 2. correct
корректиро́вка, *f.* adjustment
корректиро́вка цен 1. price adjustment; 2. price correction
корреспонде́нция, *f.*
1. correspondence; 2. mail
ко́свенная ссы́лка
implicit reference
ко́свенное налогообложе́ние1. in-

direct taxation; 2. hidden taxation
ко́свенное уча́стие
indirect participation
ко́свенные изде́ржки   1. indirect
costs; 2. indirect expenses
ко́свенные фина́нсовые субси́дии
indirect financial subsidies
ко́свенный, *adj.*
1. hidden; 2. implicit; 3. indirect
ко́свенный нало́г
1. indirect tax; 2. hidden tax
ко́свенный спрос   indirect demand
космети́ческие сре́дства
beauty aids
космети́ческий магази́н
beauty supply store
котирова́льный аппара́т   ticker
коти́рованная цена́   quoted price
коти́роваться *(в + prep.; на +
prep.),* *v.*   quote
котиро́вка а́кций   stock quotation
котиро́вка валю́тного ку́рса
quotation of rate of exchange
котиро́вка цен на би́рже
setting up prices on the Exchange
кошеле́к госуда́рства
government coffers
коэффицие́нт, *m.*   1. index; 2. rate
коэффицие́нт за́нятости
occupancy rate
коэффицие́нт мигра́ции
migration rate
коэффицие́нт надба́вки
premium rate
коэффицие́нт невы́хода на рабо́ту
rate of absenteeism
**коэффицие́нт произво́дственного
травмати́зма**   accident rate
**коэффицие́нт произво́дственной
сме́ртности**
occupational mortality rate
коэффицие́нт сме́ртности
mortality rate
**коэффицие́нт сокраще́ния чи́слен-
ности рабо́чей си́лы**
work force attrition rate
кра́йний, *adj.*   marginal
кра́йняя необходи́мость
emergency
кра́ткое изложе́ние содержа́ния
abstract

краткосро́чная задо́лженность
short-term debt
краткосро́чная опера́ция
short-term operation
краткосро́чное испыта́ние
short-term test
**краткосро́чное назначе́ние на
каку́ю-ли́бо до́лжность**
short-term appointment
краткосро́чное прогнози́рование
short-term forecasting
краткосро́чное страхова́ние
short-term insurance
краткосро́чные акти́вы
short-term assets
краткосро́чные обяза́тельства
current liabilities
краткосро́чный, *adj.*
1. current; 2. short-term
краткосро́чный заём   1. short-term
borrowing; 2. short-term loan
краткосро́чный капита́л
short-term funds
краткосро́чный креди́т
short-term credit
крах цен на недви́жимость
real estate bust
креди́т, *m.*   1. credit; 2. loan
креди́т без поручи́тельства
unsecured loan
креди́т в разме́ре ...
credit in the amount of ...
креди́т в рубля́х   credit in rubles
**креди́т в свобо́дно конверти́руемой
валю́те**   credit in hard currency
креди́т для покры́тия дефици́та
stop-gap credit
креди́т для разви́тия ....
credit for the development of ...
**креди́т на восполне́ние оборо́тных
средств**
credit to replenish current assets
креди́т нали́чными деньга́ми
cash credit
креди́т на срок от ... до ...
credit for a period from ... to ...
креди́т на чи́сто делово́й осно́ве
credit on straight business terms
креди́т под ни́зкий проце́нт
low-interest credit
креди́т под це́нные бума́ги

credit against securities
кредит по открытому счёту
open account credit
**кредит с периодически пересма-
триваемой процентной ставкой**
roll-over credit
кредитная карточка　credit card
кредитная политика　lending policy
кредитная сделка
credit transaction
кредитное поручительство
credit guarantee
кредитное соглашение
credit agreement
кредитное финансирование
credit financing
**кредитные гарантии совместным
предприятиям**　loan commitments for joint ventures
кредитные документы
credit instruments
кредитные ограничения　1. credit
curbs; 2. credit restrictions
кредитные потери　loan losses
кредитные ресурсы　1. credit funds;
2. money available for loans
кредитные ставки　credit rate
кредитные учреждения
credit agencies
кредитные фонды　credit resources
кредитный кооператив
credit union
кредитный рубль　credit ruble
кредитный рынок　credit market
кредитование, *n.*
1. crediting; 2. lending; 3. loaning
кредитование в сфере производства
production crediting
кредитование импорта
crediting imports
кредитование импортёра
crediting of an importer
**кредитование по импортным
операциям**
crediting of import transactions
кредитование по клирингу
clearing crediting
**кредитование по экспортным
операциям**
crediting of export transactions
кредитование экспортёра

crediting of an exporter
кредитовать *(+ acc.), v.*
1. credit; 2. lend
кредитор, *m.*
1. creditor; 2. money lender
кредитоспособность, *f.*　1. borrowing power; 2. credit worthiness
кредитоспособный, *adj.*
1. solvent; 2. sound
кредитоспособный банк
solvent bank
кредитуемое предприятие
loan receiving company
крестьянский рынок
farmers' market
крестьянское хозяйство
private farm
кривая, *f.*　curve
кривая предложения　supply curve
кривая сбыта　sales curve
кривая спроса　demand curve
кризис, *m.*
1. crisis; 2. crunch; 3. depression
кризис задолженности　debt crunch
**криминальное нарушение правил
торговли**　criminal violation of
the rules of trade
**криминальное расследование
деятельности по закупкам**
procurement investigation
криминальные элементы
criminal elements
криминальный, *adj.*　criminal
криминогенная обстановка
crime-ridden environment
криминогенный, *adj.*　criminal
криминогенный дефицит товаров
shortage of goods caused by
illegal activities
**критерий кредитоспособности
делового предприятия**
test of business capacity
круг обязанностей　scope of duties
круговая диаграмма　circular chart
крупнейшие торговые партнёры
major trading partners
крупногабаритный груз
oversized load
**крупное достижение в науке или
технике**　breakthrough
крупномасштабная приватизация

large scale privatization
крупный, *adj.*   1. big; 2. considerable; 3. gross; 4. heavy; 5. large; 6. major; 7. serious
крупный дефект   serious defect
крупный заказ   big order
крупный капитал
1. big business; 2. large capital
крупный кредит
considerable credit
крупный недосмотр
gross negligence
ксерокс, *m.*   1. copying machine; 2. xerox machine
купить, *v.* see: *покупать*
купля, *f.*   purchase
купля-продажа валюты на срок
forward exchange
купон-заказ, *m.*
detachable order form
купонная система торговли
trade based on the use of rationing cards
купчая, *f.*   1. bill of sale; 2. deed
купчая на дом   deed to the house
курс, *m.*   1. price; 2. rate
курс акций на бирже   stock price on the stock exchange
курс валютного рынка
market exchange rate
курс в данный момент   current rate
курс доллара в рублях
dollar rate in rubles
курс на день платежа
rate on the day of payment
курс облигаций   bond rate
курс обмена   exchange rate
курс пересчета   rate of conversion
курс покупателя   buying rate
курс при закрытии биржи
closing rate (on the Exchange)
курс рубля   ruble exchange rate
курс "спот" *(finance)*   spot rate
(the rate of exchange quoted for transactions which are to be settled in two working days' time)
курс ценных бумаг на момент открытия биржи   opening price
курсы ценных бумаг, указанные на ленте котировального аппарата

tape price
куртаж, *m.*   brokerage

Л

лазер, *m.*   laser
лазерный диск   laser disk
лазерный принтер   laser printer
лайсенс, *m.*   1. diploma; 2. license
"левый товар" *(slang)*
illegally sold goods
легальный, *adj.*   legal
легкая промышленность
light industry
легкий в обращении компьютер
user-friendly computer
легко превращаемый в наличные деньги   1. liquid; 2. marketable
легко реализуемые активы
liquid assets
легко реализуемые ценные бумаги
marketable securities
легко реализуемый
1. liquid; 2. marketable
лекарства под общим названием
generic drugs
лекарство, находящееся в стадии проверки   experimental drug
лживая реклама   false advertising
либерализация цен
relaxation of price control
либерализация ценообразования
decontrol of price formation
лидировать, *v.*   lead
лизинг, *m.*   leasing (renting or hiring an asset for a specific period of time or for the duration of its economic life)
лизинговая компания
leasing company (a company which provides specific assets for hire while retaining their ownership)
ликвидация, *f.*
1. dissolution; 2. liquidation
ликвидация долгов
debt liquidation
ликвидация имущества
liquidation of property
ликвидация компании

dissolution of a company
ликвида́ция отде́ла
dissolution of a department
ликвида́ция совме́стного пред-
прия́тия
liquidation of a joint venture
ликвида́ция фо́ндов
liquidation of funds
ликвиди́ровать *(+ acc.), v.*   liquidate
ликви́дность, *f.*   liquidity
ликви́дные авуа́ры   liquid assets
ликви́дные акти́вы   1. liquid
assets; 2. short-term assets
ликви́дный, *adj.*
1. available; 2. liquid; 3. solvent
ликви́дный капита́л
available capital
лимити́рованные расхо́ды
limited expenses
лимити́рующий, *adj.*   restrictive
лими́т кредитова́ния
1. credit limit; 2. debt limit
лими́т цены́   price limit
ли́ния прямо́й свя́зи   hotline
литерату́рный аге́нт
literature agent
лицево́й, *adj.*   personal
лицево́й счет   personal account
лицензиа́р, *m.*   licensor
лицензиа́т, *m.*   licensee
лицензио́нная сде́лка
licensing transaction
лицензио́нное соглаше́ние
1. license agreement;
2. licensing agreement
лицензио́нные платежи́   royalties
лицензио́нный догово́р
license agreement
лицензио́нный контра́кт
license contract
лицензио́нный сбор   license fee
лицензи́рование това́рных зна́ков
licensing of trademarks
лицензи́рованная компа́ния
franchise
лице́нзия, *f.*   1. license; 2. permit
лице́нзия дае́т пра́во на ...
license gives the right to ...
лице́нзия на и́мпорт   import license
лице́нзия на использование фи́р-
менного име́ни, това́ра и́ли

техноло́гии   franchise
лице́нзия на пра́во произво́дства
manufacturing license
лице́нзия на пра́во сбы́та и прода́жи
selling license
лице́нзия на проведе́ние валю́тных
опера́ций
license to deal in currencies
лице́нзия на проведе́ние страховы́х
опера́ций   insurance license
лице́нзия на эксплуата́цию
operating license
лице́нзия на э́кспорт   export license
лицо́, *n.*   person
лицо́, даю́щее аффиде́вит   affiant
лицо́, де́йствующее по дове́ренности
attorney-in-fact
лицо́ и́ли компа́ния, предлага́ющие
минима́льную це́ну   lowest bidder
ли́цо и́ли организа́ция, располага́ю-
щие конфиденциа́льной информа́-
цией   insider
лицо́, переуступи́вшее права́
assignor
лицо́, предоставля́ющее пра́во и́ли
субси́дию   grantor
ли́цо, уде́рживающее до вы́купа
зало́женное обеспече́ние
lien holder
лицо́, учи́тывающее ве́ксель
discounter
ли́чная заинтересо́ванность в
уча́стии
personal interest in participation
ли́чная отве́тственность
private responsibility
ли́чное иму́щество   1. personal
assets; 2. personal property
ли́чное потребле́ние
personal consumption
ли́чное страхова́ние
personal insurance
ли́чные сбереже́ния
personal savings
ли́чный, *adj.*   1. personal; 2. private
ли́чный креди́т без обеспече́ния
personal loan
ли́чный спрос   private demand
лиша́ть / лиши́ть чего́-либо
deprive of something
лиши́ть, *v.*   see: *лиша́ть*

лóбби (unchanged), n.
1. interest group; 2. lobby
ло́жная деклара́ция
false declaration
ло́жная информа́ция
false information
ло́жное притяза́ние   false claim
ломба́рд, m.   pawnshop
Ло́ндонская би́ржа
London Stock Exchange
лот, m.   1. lot; 2. round lot
льго́тная ста́вка   preferential rate
льго́тная цена́   concessionary price
льго́тное финанси́рование
concessional financing
льго́тные усло́вия
1. easy terms; 2. inducements
льго́тный, adj.   1. concessional;
2. preferential; 3. soft
льго́тный креди́т   1. reduced rate
loan; 2. soft credit
льго́тный пери́од   grace period
льго́тный тари́ф   reduced rate
льго́ты, pl.   1. benefits;
2. exemption; 3. fringe benefits;
4. preferential treatment
льго́ты для инвести́рования
investment concessions
льго́ты по подохо́дному нало́гу
income tax relief
людски́е ресу́рсы
people's resources

М

магази́н, m.   1. shop; 2. store
магази́н, входя́щий в цепь магази́нов   chain store
магази́н гастрономи́ческих това́ров
delicatessen store
магази́н канцеля́рских това́ров
office supply store
магази́нная вы́веска   store sign
магази́нные це́ны   store prices
магази́н, поку́пки в кото́ром не
облага́ются тамо́женной по́шлиной
duty-free shop
магази́н, принадлежа́щий компа́нии
производи́телю
factory outlet store

магази́н, принадлежа́щий фи́рме-
изготови́телю
manufacturer's outlet store
магази́н санита́рно-техни́ческого
обору́дования
plumbing supplies store
магази́н-склад, m.   warehouse store
магази́н сни́женных цен
discount store
магази́н строи́тельных материа́лов
building materials store
магазин, торгу́ющий то́лько за
нали́чный расчёт   cash store
магази́н хозя́йственных това́ров
hardware store
магази́ны для льго́тных слоёв
населе́ния   stores for priveleged
groups of consumers (war veterans, newlyweds...)
магази́ны, располо́женные в це́нтре
го́рода   downtown stores
магази́н электротова́ров
electrical supply store
ма́клер, m.
1. broker; 2. stockbroker
ма́клерская при́быль
broker's commission
ма́клерство, n   brokerage
максима́льная нагру́зка   peak load
максима́льная отда́ча
maximum result
максима́льно большо́й штраф
maximum penalty
максима́льно высо́кая допусти́мая
цена́   ceiling price
максима́льное испо́льзование
ресу́рсов   comprehensive
utilization of resources
максима́льное коли́чество
maximum amount
максима́льный, adj.
1. maximum; 2. top
максима́льный результа́т
maximum result
ма́лая приватиза́ция
privatization of small businesses
ма́лая то́нна   short ton
ма́лый, adj.
1. low; 2. short; 3. small
ма́лый би́знес   small business
манипуля́ция це́нами   price fixing

маржа́, *(finance)*, f.
1. equity; 2. margin
маржина́льный, *adj.*   marginal
ма́рка, f.
1. make; 2. stamp; 3. brand
ма́рка това́ра   brand name
ма́ркетинг, *m.*   marketing
ма́ркетинговая информа́ция
marketing information
ма́ркетинговая терминоло́гия
marketing terminology
ма́ркетинговое иссле́дование
marketing research
ма́ркетинговый ана́лиз
marketing analysis
маркиро́вка, f.
1. instructions; 2. labeling
маркиро́вка та́ры   instructions
on a packing container
маршру́т доста́вки   delivery route
ма́ссовая почто́вая рекла́ма, расчи́-
танная на случа́йного покупа́теля
junk mail advertising
ма́ссовая прода́жа
sale in large quantities
ма́ссовое произво́дство
mass production
ма́ссой *(inst.)*, f.   in bulk
математи́ческое обеспече́ние
компью́теров
1. computer software; 2. software
материа́л, *m.*
1. document; 2. material
материа́л, охраня́емый а́вторским
пра́вом   copyright material
материа́лы зая́вки
application documents
материа́лы эксперти́зы
examination materials
материа́льная недоста́ча
material shortage
материа́льная отве́тственность
material responsibility
материа́льная утра́та   property loss
материа́льная часть   hardware
материа́льная часть компью́тера
computer hardware
материа́льное обеспече́ние
material security
материа́льное пра́во   material right
материа́льно-техни́ческое

снабже́ние
material and technical supply
материа́льно-фина́нсовая отве́т-
ственность   material and financial
responsibility
материа́льные акти́вы
tangible assets
материа́льные ресу́рсы
material resources
материа́льные це́нности
material values
материа́льный, *adj.*   material
материа́льный уще́рб
property damage
матери́нская компа́ния
1. controlling company;
2. parent company
матери́нская фи́рма
1. mother firm; 2. parent firm
ма́фия, f.   mafia
маши́на для подсче́та моне́т
coin counter
маши́на для сче́та   1. calculating
machine; 2. calculator
маши́на для упако́вки де́нег
money wrapping machine
маши́на для упако́вки моне́т
coin wrapping machine
машинострои́тельный се́ктор
machine building sector
ме́бельный магази́н
furniture store
медве́дь *(finance)*, *m.*
bear (a person who expects the
price of something to fall)
медици́нская страхо́вка   1. health
insurance; 2. medical insurance
медици́нские оши́бки
medical malpractice
медици́нский, *adj.*
1. health; 2. medical
медици́нский сертифика́т
medical certificate
медици́нское обору́дование
medical equipment
медици́нское обслу́живание
1. health services;
2. medical service
ме́дленное оздоровле́ние
weak recovery
междунаро́дная встре́ча

international meeting
междунаро́дная вы́ставка
international exhibition
междунаро́дная задо́лженность
international indebtedness
междунаро́дная конве́нция
international convention
междунаро́дная корпора́ция
transnational corporation
междунаро́дная я́рмарка
international fair
междунаро́дное пра́во
international law
междунаро́дное разделе́ние труда́
international division of labor
междунаро́дное сотру́дничество
international cooperation
междунаро́дные отноше́ния
international relations
междунаро́дные расчёты
international accounts
междунаро́дные станда́рты
international standards
междунаро́дные счета́
international accounts
междунаро́дные това́рные ры́нки
international commodity markets
междунаро́дный, *adj.*   1. international; 2. world; 3. transnational
междунаро́дный арбитра́ж
international arbitration
междунаро́дный аукцио́н
international auction
междунаро́дный банк
international bank
Междунаро́дный валю́тный фонд (МВФ)   International Monetary Fund (IMF)
междунаро́дный тари́ф
international tariff
междунаро́дный экономи́ческий кри́зис
international economic crisis
межотраслево́й ко́мплекс
interbranch complex
межправи́тельственное соглаше́ние
intergovernmental agreement
межрегиона́льные сопоставле́ния
interregional comparisons
межрегиона́льная торго́вля
interregional trade

межрегиона́льные фина́нсовые соглаше́ния   interregional financial agreements
ме́лкие су́ммы   petty cash
ме́лкий, *adj.*   1. petty; 2. small
ме́лкий би́знес   small business
ме́лкий предпринима́тель
small entrepreneur
ме́лкий торго́вец
small-time vendor
ме́лочь, *f*   1. change; 2. coin
ме́неджер по ма́ркетингу
marketing manager
ме́неджер по прода́жам
sales manager
ме́неджмент, *m.*   management
ме́нее жела́тельный вы́бор
second choice
меня́льная конто́ра
exchange bureau
ме́ра вины́   extent of guilt
мёртвый сезо́н   dead season
ме́ры жёсткой эконо́мии
austerity measures
ме́ры по борьбе́ с чем-ли́бо
measures against something
ме́ры по обеспе́чению безопа́сности
security measures
ме́стная валю́та   local currency
ме́стная конто́ра
1. branch office; 2. local office
ме́стная рекла́ма   local advertising
ме́стная фи́рма   local firm
ме́стное отделе́ние компа́нии
field office
ме́стное отделе́ние профсою́за
local union
ме́стное потребле́ние
local consumption
ме́стные вла́сти   local authorities
ме́стные ресу́рсы   local resources
ме́стные това́ры   local goods
ме́стный ры́нок   local market
ме́стный склад   local warehouse
ме́сто, *n.*   place
ме́сто встре́чи   place of a meeting
ме́сто вы́дачи страхово́го по́лиса
place of issuance of an insurance policy
ме́сто для печа́ти
place for stamping

мéсто заключéния контрáкта
place of concluding a contract
мéсто назначéния
place of destination
мéсто отправлéния
place of departure
мéсто перевáлки грýза
place of transshipment of goods
мéсто проведéния арбитрáжа
place of arbitration
мéсто рабóты   place of work
мéсто слéдования
place of destination
месторасположéние склáда
warehouse location
мéсячные платежú за покýпку в рассрóчку
monthly installment payments
мéсячный взнос   monthly payment
металлúческие дéньги
metallic currency
мéтод, *m.*   1. approach;
2. method; 3. procedure
мéтод бухгáлтерского учéта
accounting procedure
мéтод кредитовáния
method of crediting
метóдика обслéдования
survey procedure
мéтоды бухгáлтерского учéта
accounting methods
механизúрованная погрýзка
mechanized loading
механúческое повреждéние
mechanical damage
мигрáция рабóчих мест
job migration
миллионéр, *m.*   millionaire
мúни-компьютер, *m.*
microcomputer
минимáльная зарплáта
minimum wage
минимáльная стáвка   minimum rate
минимáльное колúчество
minimum amount
минимáльный риск   minimum risk
минимáльный тарúф
minimum charge
минимáльный штраф
minimum penalty
Министéрство финáнсов

1. Ministry of Finance;
2. Treasury Department (USA)
минúстр, *m.*
1. Minister; 2. Secretary (USA)
минúстр торгóвли
1. Minister of Trade;
2. Secretary of Commerce (USA)
минúстр финáнсов   1. Minister
of Finance; 2. Secretary of the
Treasury (USA)
минúстр энергéтики   1. Minister
of Energy; 2. Secretary of Energy
мир, *m.*   world
мúрный дивидéнд   peace dividend
мировáя эконóмика
global economy
мировóй, *adj.*   1. global;
2. international; 3. world
мировóй наýчно-технúческий прогрéсс   global progress
in science and technology
мировы́е цéны   world prices
мнúмый вклад   deposit in escrow
многоквартúрный дом
apartment complex
многокрáтные испытáния
repeated tests
многокрáтный, *adj.*   repeated
многоотраслевóе сéльское хозя́йство   diversified agriculture
многорáзовый билéт   season ticket
многосторóннее заключéние договóра   conclusion of a multilateral
contract
многосторóннее сотрýдничество
multilateral cooperation
многосторóнний клúринг
multilateral clearing
многоцелевáя компáния
diversified company
многоцелевóе совмéстное предприя́тие   diversified joint venture
мнóжественные валю́тные кýрсы
multiple exchange rates
модельéр, *m.*
1. designer; 2. fashion designer
модернизáция произвóдственных мóщностéй   modernization
of production capacity
мóдные товáры   fashionable goods
мозговóй трест   brain trust

мозгово́й центр   Think Tank
моме́нт, по́сле кото́рого нельзя́
переме́ни́ть при́нятого реше́ния
  point of no return
моме́нт равнове́сия ме́жду при́бы-
лями и убы́тками
  break-even point
моне́та, f.   coin
моне́тный двор   Mint
моне́тный счётчик   coin counter
моне́ты из драгоце́нных мета́ллов
станда́ртного ве́са и про́бы
  bullion coins
мо́ни-о́рдер, m.   money order
монополиза́ция ры́нка
  market monopolization
монопо́лия, f.   monopoly
монопо́лия одно́й компа́нии
  single firm monopoly
монопо́льное пра́во   sole right
морато́рий на забасто́вки
  moratorium on strikes
морска́я тамо́жня
  maritime custom house
морско́е аге́нство   maritime agency
мотива́ция, f.   incentive
мотива́ция к хоро́шему труду́   incentives for good job performance
мотива́ция труда́   labor incentives
мо́щность, f.   power
муниципа́льная поли́ция
  municipal police
муниципа́льное иму́щество
  municipal property
муниципа́льное предприя́тие
  municipal enterprise
муниципа́льные облига́ции
  municipal bonds
муниципа́льный, adj.   municipal
"му́сорные облига́ции" 1. high-risk
bonds; 2. junk bonds (bonds with
low credit rating)
мышь (computer), f.   mouse
мя́гкая упако́вка   soft packaging
мя́гкий, adj.   soft

Н

набе́г, m.   run
на безвалю́тной осно́ве

on a noncurrency basis
набира́ть / набра́ть (+ acc.), v.
  1. raise; 2. recruit
набира́ть / набра́ть ну́жную су́мму
  raise capital
набо́р привле́гий для руководя́щего
соста́ва компа́нии   executive perks
набра́ть, v.   see: набира́ть
нава́лом, adv.   in bulk
наведе́ние спра́вок   inquiry
навигацио́нный пери́од
  shipping season
навя́зчивая попы́тка доби́ться це́ли
  high-pressure tactics
нагру́зка, f.   load
надба́вка, f. 1. allowance; 2. bonus;
  3. increase; 4. premium
надба́вка к валю́тному ку́рсу
  exchange premium
надба́вка к зарпла́те за хоро́шую
рабо́ту   merit pay increase
надба́вка к цене́   mark up
надба́вка нали́чными   cash bonus
надба́вка на непредви́денные
расхо́ды
  allowance for contingencies
надба́вка на рост сто́имости жи́зни
  cost-of-living allowance (e.g.,
  wage increases to maintain
  a stable standard of living)
надба́вки на дорогови́зну
  cost-of living adjustments (e.g.,
  indexation of wages against
  inflation)
надёжная информа́ция
  reliable information
надёжная компа́ния 1. reliable
company; 2. sound company
надёжные а́кции
  stocks with low risk
надёжные да́нные   reliable figures
надёжный, adj. 1. prompt;
  2. reliable; 3. solvent; 4. secure;
  5. solid; 6. sound; 7. safe; 8. stable
надёжный банк
  1. solvent bank; 2. sound bank
надёжный бизнесме́н
  reliable businessman
наде́лать долго́в   get into debt
надлежа́щая упако́вка
  proper packaging

надпись банка на чеке
bank endorsement on a cheque
наёмные рабочие hired labor
нажива, f. profit
название, n. name
название компании company name
название фирмы firm name
наземный транзит overland transit
назначать / назначить (+ асс.), v.
1. appoint; 2. charge; 3. fix; 4. set
назначать / назначить время и
место подписания контракта
fix the time and place for
signing a contract
назначать / назначить встречу
1. make an appointment;
2. schedule a meeting
назначать / назначить кого-либо
на пост в ...
name someone to the post at ...
назначать / назначить стоимость
set the cost
назначать / назначить цену
1. charge a price; 2. quote
назначение, n. appointment
назначение вклада endowment
назначение на пост
appointment to a position
назначение, n. appointment
назначение цены pricing
назначить, v. see: назначать
наиболее предпочтительный
вариант first choice
наиболее прибыльные ценные
бумаги в портфеле ценных бумаг
top holdings
наибольшая и наименьшая цена
акции компании за год
52 week high and low
наивысшая предложенная цена
highest bid
наивысшая цена
1. highest price; 2. best price
наилучшая цена best price
наилучший оставшийся выход
next best alternative
наименее желательный выбор
last choice
наименование, n. name
наименование получателя груза
name of a consignee of goods

наименование товаров в прейску-
ранте
names of goods in a price list
наименьшие издержки least cost
наименьший, adj.
1. least; 2. minimum
на инкассо for payment
наихудший возможный вариант
worst-case scenario
найти, v. see: находить
накапливать / накопить (+ асс.), v.
accumulate
накладная, f. 1. bill of lading;
2. consignment; 3. invoice;
4. order; 5. waybill
накладная в пути shipping order
накладные расходы
1. overhead; 2. overhead expenses
накладывать / наложить сборы
impose fees
на конкурентной основе
on a competitive basis
накопившиеся запасы
1. accumulated inventory;
2. accumulated stocks
накопившиеся сбережения
accumulated savings
накопившийся спрос
deferred demand
накопить, v. see: накапливать
накопление, m. 1. accumulation;
2. accruel; 3. acquisition;
4. buildup; 4. formation
накопление капитала 1. accumulation of capital; 2. assets formation
накопление налоговых сумм к
оплате tax accrual
накопление основных фондов
assets formation
накопление товарно-материальных
запасов 1. inventory accumulation; 2. inventory buildup
накопления, pl. savings
накопленная ошибка
accumulated error
накопленные данные
accumulated data
накопленный дефицит
accumulated deficit
накопленный долг
accumulated debt

налага́ть / наложи́ть (+ acc.), v.
1. apply; 2. levy; 3. impose
налага́ть / наложи́ть нало́ги
levy taxes
налага́ть / наложи́ть са́нкции
apply sanctions
налага́ть / наложи́ть сбор
impose a levy
налага́ть / наложи́ть штраф
1. impose a fine;
2. impose a penalty
наливно́й груз   bulk cargo
нали́чие ссу́дного капита́ла
credit availability
нали́чная мо́щность
available power
нали́чность, f.   1. cash; 2. liquidity
нали́чность в ба́нке
cash in the bank
нали́чная цена́ това́ра
spot price
нали́чные де́ньги   cash
нали́чные ресу́рсы
available supplies
нали́чные това́рные запа́сы
inventory on hand
нали́чные това́ры   goods on hand
нали́чный, adj.   1. available;
2. cash; 3. current; 4. spot
нали́чный вклад   cash deposit
нали́чный курс   current rate
нали́чный курс валю́ты
spot (exchange) rate
нало́г, m.   1. levy; 2. tax
нало́г на дополни́тельную сто́и-
мость   ad valorem tax (a tax
imposed as a percentage of
the value of a product)
нало́г на дохо́ды корпора́ции
corporate income tax
нало́г на корпора́ции   corporate tax
нало́г на насле́дство   estate tax
нало́г на потребле́ние
tax on consumption
нало́г на привиле́гию   franchise tax
(a state tax on a corporation
registered in this state for the
right to conduct business) (USA)
нало́г на франши́зу   franchise tax
(a state tax on a corporation
registered in this state for the

right to conduct business) (USA)
нало́г на приро́ст капита́льной
сто́имости   capital gains tax
нало́г на прода́жу предме́тов
ро́скоши   luxury tax
нало́г на фонд за́работной пла́ты
payroll tax
нало́г с оборо́та   turnover tax
нало́г с прода́жи   sales tax
нало́говая деклара́ция
tax declaration
нало́говая инспе́кция
Internal Revenue Service (USA)
нало́говая оце́нка   tax assessment
нало́говая поли́тика   tax policy
нало́говая ста́вка   tax rate
нало́говая фо́рма   income tax form
нало́говое бре́мя   tax burden
нало́говое послабле́ние
tax leniency
нало́говые дохо́ды   tax proceeds
нало́говые льго́ты
1. tax benefits; 2. tax concessions
нало́говые ме́ры   fiscal measures
нало́говые начисле́ния
accrued taxes
нало́говые расхо́ды   tax expenses
нало́говые сбо́ры   tax receipts
нало́говые списа́ния
tax deductions
нало́говый, adj.   1. fiscal; 2. tax
нало́говый инспе́ктор
1. tax examiner; 2. tax collector
нало́говый сбор   tax levy
налогообложе́ние, n.   taxation
налогоплате́льщик, m.   taxpayer
наложе́ние аре́ста на иму́щество
должника́ в це́лях обеспече́ния
тре́бований кредито́ра   seizure
of a debtor's property to secure
the demands of a creditor
наложи́ть, v. see: 1. накла́дывать;
2. налага́ть
наме́рение, n.   1. intent; 2. purpose
наме́ренный, adj.   willful
намерива́ться что-ли́бо купи́ть
be in the market for something
наме́тить, v. see: намеча́ть
намеча́ть / наме́тить (+ acc.), v.
schedule
нанести́, v. see: наноси́ть

нанима́ть / наня́ть (+ acc.; на + acc.; в + acc.), v.   hire
нанима́ть / наня́ть аге́нство
  hire an agency
наноси́ть / нанести́ визи́т
  pay a visit
наноси́ть / нанести́ уще́рб
  inflict damage
наня́ть, v.   see: нанима́ть
на опла́ту   for payment
напеча́тать, v.   see: печа́тать
напи́санный, adj.   written
напомина́ние, n.   reminder
напомина́ние о задо́лженности
  reminder about indebtedness
направле́ние, n.
  1. direction; 2. sending
направле́ние напомина́ния адреса́ту   sending a reminder to
  the addressee
напра́сно тра́тить де́ньги
  1. throw good money after bad;
  2. waste money
напряжённое фина́нсовое положе́ние   strained finances
напряжённый бюдже́т
  tight budget
на равнопра́вной осно́ве
  on the foundation of parity
нараста́ющий долг   accruing debt
нарасти́ть, v.   see: нара́щивать
нара́щивание масшта́бов би́знеса
  increase in business activity
нара́щивать / нарасти́ть (+ acc.), v.
  accrue
нарица́тельная сто́имость
  nominal cost
нарица́тельная цена́   nominal price
наркодо́ллары, pl.
  drug money (USA)
наро́дное хозя́йство
  people's economy
наро́сшие проце́нты
  accrued interest
наро́сшие сбо́ры   accrued charges
нарочи́тая небре́жность
  willful negligence
нарочи́тый, adj.   willful
наруша́ть / нару́шить (+ acc.), v.
  1. break; 2. disregard; 3. infringe;
  4. violate

наруша́ть / нару́шить догово́р
  break a contract
наруша́ть / нару́шить пате́нтные
  права́   infringe on a patent
наруша́ть / нару́шить права́ на
  това́рный знак
  infringe on a trademark
наруша́ть / нару́шить стаби́льность
  цен   roil prices
наруша́ть / нару́шить форма́льности
  disregard fomalities
наруше́ние, n.   1. breach; 2. breakdown; 3. failure; 4. violation
наруше́ние зако́на
  violation of a law
наруше́ние контра́кта
  breach of contract
наруше́ние обяза́тельств по платежа́м   default on payments
наруше́ние предписа́ний
  violation of regulations
наруше́ние ры́ночного равнове́сия
  market disruption
наруше́ние са́нкций
  violation of sanctions
наруше́ние свя́зи
  breakdown in communications
наруше́ние соглаше́ния
  violation of an agreement
наруше́ние сро́ков поста́вок
  failure to meet delivery dates
наруше́ние усло́вий
  violation of terms
наруше́ние фина́нсовой дисципли́ны
  violation of financial discipline
нару́шить, v.   see: наруша́ть
на сего́дняшний день   to date
насле́дство, n.
  1. estate; 2. inheritance
наста́ивать / настоя́ть на чем- ли́бо
  insist-on something
насте́нная рекла́ма
  wall advertisement
насто́льное изда́тельство на ба́зе
  персона́льного компью́тера
  desk-top publishing
насто́льный компью́тер
  desk-top computer
настоя́тельная потре́бность
  long-felt need
настоя́ть, v.   see: наста́ивать

настоя́щая статья́   present article
настоя́щий, *adj.*   present
настоя́щий страхово́й по́лис
present insurance policy
наступа́ющий, *adj.*   pending
насыпно́й груз   bulk cargo
насыще́ние ры́нка
saturation of the market
нату́ра́льное се́льское хозя́йство
subsistence agriculture
нату́ра́льный обме́н
1. barter; 2. barter trade
натурообме́н, *m.*
1. barter; 2. barter trade
нау́ка об управле́нии
business management
нау́ка о ры́нках и сбы́те
marketing
нау́чная обще́ственность
scientific community
нау́чное откры́тие
scientific discovery
нау́чно обосно́ванные ме́тоды
сбы́та   scientific marketing
нау́чно-техни́ческая разрабо́тка
development project
нау́чные иссле́дования   research
нау́чный, *adj.*   scientific
нау́чный прогре́сс
advance in science
находи́ть / найти́ *(+ acc.), v.*   find
находи́ть / найти́ причи́ну
повреждения
find the cause of damage
находи́ть / найти́ сбыт
find a market
находя́щиеся в обраще́нии це́нные
бума́ги   outstanding securities
находя́щийся в обраще́нии
1. current; 2. outstanding;
3. working (e.g., capital)
находя́щийся в ста́дии рассмот-
ре́ния   pending
наце́нка, *f.*   1. markup; 2. surcharge
национализи́рованный банк
nationalized bank
национа́льная валю́та
national currency
национа́льный, *adj.*
1. local; 2. national
национа́льный банк   national bank

национа́льный дохо́д
national income
нача́ло, *n.*   1. origin; 2. start
нача́льная ста́вка   starting rate
нача́льник, *m.*
1. boss; 2. head; 3. manager
нача́льник отде́ла рекла́мы
advertisement manager
нача́льный, *adj.*
1. initial; 2. opening; 3. original
нача́льный капита́л   original capital
нача́льный курс   opening rate
нача́ть, *v.* see: *начина́ть*
начина́ть / нача́ть *(+ acc.), v.*
1. open; 2. start
начина́ть / нача́ть перегово́ры о
запрода́же   open negotiations
on a conditional sale
начина́ть / нача́ть регистра́цию
begin registration
начина́ть / нача́ть строи́тельство
start construction
начисле́ния, *pl.*   accrued items
на чи́сто делову́х усло́виях
on straight business terms
неакти́вный счет   inactive account
небольша́я па́ртия изде́лий
1. small batch; 2. small lot
небольша́я ссу́да   small loan
небольша́я усту́пка
small concession
небольши́е това́рные запа́сы
lean inventories
небольшо́й, *adj.*   1. lean; 2. small
небольшо́й магази́н, принадлежа́щий
одно́й семье́   family store
небольшо́й сейф в ба́нке для хране́-
ния це́нностей   safety-deposit box
небре́жность, *f.*   negligence
небы́вший в употребле́нии
1. brand new; 2. firsthand
неви́димый и́мпорт   invisible
import (import of services as
distinct from merchandise)
невозмести́мый уще́рб
irreparable damage
невоспроизводи́мые ресу́рсы
non-renewable resources
невостре́бованные това́ры
unclaimed goods
невпечатля́ющие показа́тели

lackluster performance

невы́плаченный долг
outstanding debt

**невы́плаченный оста́ток задо́л-
женности** balance of debt

невыполне́ние, n.
1. breach; 2. default

невыполне́ние обяза́тельств
default

невы́полненные зака́зы
1. backlog; 2. back orders

**негати́вная информа́ция о ком-ли́бо
и́ли о чем-ли́бо** 1. negative information about somebody or something; 2. derogatory information
about somebody or something

недальнови́дная поли́тика
shortsighted policy

недвижи́мость, f.
1. fixed assets; 2. real estate

недвижи́мый, adj. real

недействи́тельная по́дпись
invalid signature

недействи́тельная сде́лка
invalid transaction

недобросо́вестная конкуре́нция
unfair competition

недобросо́вестный, adj. unfair

недове́с, m. shortage in weight

**недогру́зка произво́дственных
мощносте́й** below capacity

недои́мка, f. arrears

недопоста́вка, f. 1. failure to
deliver an agreed quantity of
goods; 2. incomplete delivery

недорого́е жилье́
affordable housing

недосмо́тр, m. negligence

недоста́ток, m.
1. fault; 2. flaw; 3. shortage

недоста́ток в хара́ктере
character flaw

недоста́ток средств
insufficient funds

недоста́ток това́ров
shortage of goods

недоста́ток чего́-ли́бо
absence of something

недоста́точный, adj.
1. insufficient; 2. low;

недоста́ча, f. 1. lack of money;

2. missing money; 3. shortage
of money; 4. insufficient funds

недоста́ча в коли́честве ...
shortage in the amount of ...

недостаю́щая информа́ция
missing information

недостаю́щее коли́чество
missing quantity

недостаю́щий, adj. missing

недостаю́щий докуме́нт
missing document

недосту́пный чему́-ли́бо
inaccessible

нежела́тельный риск
undesirable risk

незавершёнка (colloquial), f.
1. unfinished construction
projects; 2. work in progress

незавершённое произво́дство
1. unfinished projects;
2. work in progress

незавершённое строи́тельство
unfinished construction projects

**незави́симые производи́тели това́ров
и услу́г** independent producers
of goods and services

незави́симый, adj. independent

незави́симый подря́дчик
independent contractor

незави́симый профсою́з
independent trade union

незако́нная торго́вля illicit trade

**незако́нное возде́йствие на проце́сс
вы́дачи контра́ктов** illegal
influencing of contract awards

незако́нное задержа́ние
1. illegal detention; 2. improper
detention; 3. unlawful arrest

**незако́нное испо́льзование служе́б-
ного положе́ния**
improper use of one's office

незако́нное эмба́рго
illegal embargo

**незако́нные опера́ции с це́нными
бума́гами на осно́ве конфиден-
циа́льной информа́ции**
insider trading

незако́нный, adj. illegal

незако́нченное суде́бное де́ло
pending lawsuit

неза́нятые помеще́ния vacancy

неза́нятый, *adj.*   idle
незаплани́рованная реви́зия
   unscheduled audit
незапо́лненный, *adj.*   blank
незапо́лненный чек   blank check
незарегистри́рованный материа́л
   (patent)   uncopyrighted material
незначи́тельное улучше́ние эко-
   номи́ческого положе́ния
   mild economic recovery
незначи́тельный, *adj.*
   1. petty; 2. small
неизме́нные це́ны   constant prices
неизме́нный, *adj.*   fixed
неисключи́тельная лице́нзия
   nonexclusive license
неиспо́льзуемые произво́дственные
   мо́щности   idle capacity
неисправи́мый должни́к   deadbeat
неиспра́вное обору́дование
   faulty equipment
нейтра́льный арбитра́ж
   neutral arbitration
некоме́рческая организа́ция
   nonprofit organization
неконверти́руемая валю́та
   1. non-convertible currency;
   2. soft currency
неконверти́руемый, *adj.*
   1. soft; 2. non-convertible
неконверти́руемый рубль
   non-convertible ruble
некондицио́нный това́р   rejects
неконкурентоспосо́бные това́ры
   inferior goods
неконкуретоспосо́бная компа́ния
   struggling company
нелега́льный, *adj.*
   1. illegal; 2. unlawful
неликви́дные акти́вы
   tied-up assets
неликви́дные сре́дства
   frozen assets
неликви́ды, *only pl.*
   slow-moving goods
нематериа́льные акти́вы
   intangible assets
неме́дленное удовлетворе́ние
   жела́ний   instant gratification
неме́дленно опла́чиваемый   spot
немину́емые расхо́ды

unavoidable expenses
ненавя́зчивая рекла́ма
   low-pressure advertising
ненаде́жная и́ли просро́ченная ссу́да
   troubled loan
ненаде́жные облига́ции
   1. high risk bonds; 2. junk bonds
необосно́ванная заме́на
   unfounded replacement
необосно́ванный иск   1. frivolous
   claim; 2. unjustified claim
необрабо́танные да́нные   crude data
необходи́мая заме́на
   necessary replacement
необходи́мое коли́чество
   required quantity
необходи́мость вы́бора
   necessity of choice
необходи́мость заме́ны
   need for replacement
необяза́тельный, *adj.*   free
неограни́ченный креди́т
   unlimited credit
неоправда́вшая себя́ инвести́ция
   soured investment
неопределе́нный спрос
   uncertain demand
неороша́емое се́льское хозя́йство
   nonirrigated farming
"неося́аемые" акти́вы
   intangible assets
неотло́жная зада́ча
   high priority task
неотло́жные вопро́сы
   high priority issues
неофициа́льная би́ржа
   unregistered exchange
неофициа́льная встре́ча
   unofficial meeting
неофициа́льные отноше́ния
   unofficial relations
неперерабо́танная нефть   crude oil
неперио́дические изде́ржки
   nonrecurring costs
непога́шенная в срок облига́ция
   defaulted bond
непога́шенный долг   active debt
неподдаю́щаяся устране́нию безра-
   бо́тица   hard-core unemployment
непо́лное испо́льзование обору́до-
   вания

underutilization of equipment
неполный, adj.   partial
непостоянный, adj.
  1. volatile; 2. variable
непостоянство в ценах на акции
  stock volatility
неправильный адрес   wrong address
непредвиденная ситуация
  1. emergency; 2. emergency
  situation
непредвиденные затраты
  incidental expenses
непредвиденные обстоятельства
  1. contingency; 2. unforseen
  circumstances
непредвиденный, adj.   1. extraordinary; 2. incidental; 3. unforseen
непреодолимая сила
  force majeure (a term which
  refers to the violation of an
  agreement due to events beyond
  the control of the contracting
  party)
непривлекательный объект
  вложения капитала
  unattractive investment
неприемлемые условия
  unacceptable terms
непродовольственное сельско-
  хозяйственное сырьё
  agricultural non-food products
непроизводительная деятельность
  nonproductive activity
непроизводительно тратить /
  потратить ресурсы
  waste resources
непроизводительный капитал
  nonproductive assets
непроизводственная сфера экономики   nonproductive sphere
  of the economy
непротиворечивые данные
  consistent data
неработающий, adj.   idle
нераспределённые дивиденды
  accumulated dividend
нерациональный импорт
  unnecessary import
нерегулируемый рынок
  1. free market; 2. open market
нерегулируемый, adj.

1. free; 2. open
нерегулярные платежи
  irregular payments
несбалансированность, f.
  imbalance
несбалансированный бюджет
  unbalanced budget
несвойственный, adj.   foreign
несгораемый сейф   fireproof safe
нескорректированные данные
  unadjusted data
несмотря на неоднократные требования   in spite of repeated
  demands
несоблюдение плана поставок
  disruption of a delivery schedule
несоблюдение формальностей
  nonobservance of formalities
несобранные с должников средства
  uncollected funds
несогласие с проектом договора
  disagreement with the draft
  of a contract
неспособность, f.
  1. default; 2. failure
неспособность выплатить заём
  default on a loan
несправедливые методы ведения
  торговли   unfair trade practices
несправедливый, adj.   unfair
нести / понести (+ acc.), v.   bear
нести / понести ответственность
  за халатность
  bear responsibility for negligence
нести / понести ответственность
  за что-либо   bear responsibility
  for something
нестрахуемый риск
  uninsurable risk
несущественный импорт
  unwarranted imports
несчастный случай   accident
несчастный случай со смертельным
  исходом   fatal accident
неторговые расчёты   invisible
  payments (payments for services
  as distinct from merchandise)
нетрадиционные виды топлива
  alternative fuels
нетрадиционные источники энергии
  alternative sources of energy

нетрудовы́е дохо́ды
unearned income
не́тто, *n.*   net
неувели́чивающийся дохо́д
flat earnings
неуда́ча, *f.*   failure
неумы́шленное наруше́ние
unintentional infringement
неупла́та по́шлины
failure to pay a fee
неупла́та проце́нтов
default on interest
неупла́ченный, *adj.*   delinquent
неустано́вленное обору́дование
crafted equipment
неусто́йка, *f.*   penalty
неусто́йка в фо́рме штра́фа
penalty as a fine
неусто́йка за просро́чку поста́вки
penalty for late delivery
неусто́йка из-за нето́чного соблю-
де́ния догово́рных обяза́тельств
penalty due to improper execution of contractual obligations
неусто́йчивость ры́нков
fluctuation of markets
неусто́йчивось валю́тных ку́рсов
currency instability
нефтедо́ллар, *m.*   petrodollar
нехва́тка, *f.*   1. constraint; 2. deficit;
3. failure; 4. lack; 5. shortage
нехва́тка зака́зов
shortage of orders
нехва́тка иностра́нной валю́ты
foreign exchange constraint
нехва́тка капита́ла
shortage of capital
нехва́тка нали́чных де́нег
shortage of cash
нехва́тка продово́льствия
food shortage
нехва́тка рабо́чей си́лы
labor shortage
нехва́тка това́ров   shortage of goods
нехва́тка то́плива   shortage of fuel
нехва́тка часте́й   parts shortage
нецелево́й фонд   general fund
нече́стный, *adj.*   unfair
неэквивале́нтный обме́н   lack of
parity in the exchange process
нея́сный пункт фо́рмулы

изобрете́ния   ambiguous claim
ни́зкая рента́бельность
low profitability
ни́зкий, *adj.*   1. low; 2. weak
ни́зкий обме́нный курс до́ллара
weak dollar
низкока́чественные това́ры
inferior goods
низкока́чественный, *adj.*
1. inferior; 2. second-rate
нова́ция, *f.*
1. fresh idea; 2. innovation
но́вая о́бласть те́хники (*patent*)
new art
нове́йший образе́ц   latest sample
нови́нка, *f.*   innovation
но́вое мышле́ние   new thinking
но́вое назва́ние   new name
но́вый, *adj.*   1. late; 2. new
но́вый междунаро́дный экономи́-
ческий поря́док
new internatonal economic order
но́вый мирово́й полити́ческий
поря́док   new world order
но́вый прейскура́нт   new price list
но́вый ра́унд перегово́ров
new round of negotiations
но́вый соста́в   new composition
номенклату́ра гру́за
cargo nomenclature
номенклату́ра и́мпорта
range of imports
номенклату́ра образцо́в
list of samples
но́мер, *m.*   number
но́мер пате́нта   patent number
но́мер сче́та   account number
номина́льная ста́вка проце́нта
nominal rate of interest
номина́льная цена́
1. asking price; 2. nominal price
номина́льный, *adj.*
1. nominal; 2. token
но́рма, *f.*   1. allowance; 2. rate;
3 standard; 4. yield
но́рма амортиза́ции
rate of depreciation
но́рма вы́работки   performance rate
но́рма дивиде́нда   dividend yield
но́рма загру́зки произво́дственных
мо́щностей   capacity utilization

rate

норма заме́ны   rate of replacement

норма инвести́ций
rate of investment

норма надба́вки   premium rate

норма накопле́ния
rate of accumulation

норма погру́зки   rate of loading

норма потребле́ния
rate of consumption

норма при́были   1. margin; 2. rate
of profit; 3. rate of return

норма проце́нта по долгосро́чным
це́нным бума́гам   long-term rates

норма проце́нта по краткосро́чным
це́нным бума́гам   short-term rates

норма рента́бельности
rate of return

норма сбереже́ния   savings rate

норма́льная процеду́ра
normal procedure

нормати́вные затра́ты
cost standards

нормати́вный акт   act of standards

нормати́вы оборо́тных средств
normatives of assets

но́рмы амортиза́ции
depreciation rates

но́рмы амортизацио́нных списа́ний
depreciation allowance

но́рмы вы́броса в атмосфе́ру
вре́дных веще́ств
air-emissions standards

но́рмы по охра́не окружа́ющей
среды́   environmental standards

носи́ть / нести́ делово́й хара́ктер
be businesslike

нота́риус, m.   notary public

но́у-ха́у, n.   know-how (confidential information regarding the
technology of manufacturing of a
product or carrying out a process)

нужда́, f.   need

нужда́ в ликви́дных сре́дствах
liquidity needs

нужда́ться в подде́ржке
need support

нумеро́ванный пара́граф
numbered paragraph

Нью-Йо́ркская фо́ндовая би́ржа
1. New York Stock Exchange;

2. Big Board

О

обанкро́тившийся банк
1. bankrupt bank; 2. failed bank

обвине́ния в кримина́льной де́я-
тельности   criminal charges

обвиня́емый, m.   defendant

обеспече́ние, n.   1. collateral; 2. deposit; 3. guarantee; 4. security

обеспече́ние догово́рных обяза́-
тельств
security of contractual obligations

обеспече́ние зада́тком
security by an advance

обеспече́ние за́йма   collateral

обеспече́ние ссу́ды
security of a loan

обеспе́чивать / обеспе́чить
(+ асс.), v.
1. ensure; 2. provide; 3. secure

обеспе́чивать / обеспе́чить обме́н
ensure an exchange

обеспе́чивать / обеспе́чить пере-
во́зку   ensure transportation

обеспе́чивать / обеспе́чить стра-
хо́вкой   provide insurance

обеспе́чить, v.   see: обеспе́чивать

обесце́ненные це́нные бума́ги
defaulted securities

обжа́лование, n.   appeal

обжа́лование пе́ред вышестоя́щим
судо́м   appeal before a higher
court

обжа́лование реше́ния
appeal of a decision

обзо́р коньюкту́ры ры́нка
market report

обзо́р состоя́ния ры́нка
market survey

о́бласти экономи́ческого сотру́д-
ничества
areas of economic cooperation

о́бласть, f.   1. area; 2. field; 3. niche

о́бласть ры́нка, свобо́дная от кон-
куре́нции   niche in the market

о́бласть специализа́ции
area of specialization

облегче́ние усло́вий вы́платы
задо́лженности   debt relief

облига́ции без пра́ва о́тзыва
irredeemable bonds

облига́ции вы́игрышного за́йма
premium bonds

облига́ции госуда́рственного за́йма
government bonds

облига́ции, даю́щие высо́кий про-
це́нт дохо́да   high-yield bonds

облига́ции застрахо́ванные от
банкро́тства   insured bonds

облига́ции компа́ний, облада́ющие
ни́зкой сте́пенью надёжности
1. junk bonds; 2. speculative
grade corporate bonds

облига́ции, конверти́руемые в
а́кции   convertible bonds

облига́ции на предъяви́теля
bearer bonds

облига́ции, не обеспе́ченные зало́-
гом   debentures

облига́ции, обеспе́ченные закла́д-
но́й под недви́жимость
mortgage bonds

облига́ции промы́шленных компа́-
ний   corporate bonds

облига́ции с бли́зким сро́ком пога-
ше́ния
bonds with short-term maturity

облига́ции с да́льним сро́ком пога-
ше́ния
bonds with long-term maturity

облига́ции с нулевы́м проце́нтом
zero-coupon bonds (a bond sold
at a discount with a no interest
coupon. Full price is paid at
maturity)

облига́ции, со свобо́дным от нало-
гооблаже́ния дохо́дом
tax-exempt bonds

облига́ции со специа́льным обес-
пече́нием   secured bonds

облига́ции со сре́дним сро́ком
погаше́ния   bonds with
intermediate-term maturity

облига́ции с пра́вом отзы́ва
callable bonds

облига́ции с тра́стовым обеспе-
че́нием   collateral trust bonds
(bonds secured by securities

which are placed with a trustee
by the issuing corporation)

облига́ция, f.   bond

облига́ция на предъяви́теля
1. bearer bond; 2. coupon bond

облига́ция, обеспе́чиваемая дохо́да-
ми от определённого объе́кта
revenue bonds

обману́ть, v.   see: обма́нывать

обма́нывать / обману́ть (+ acc.), v.
sell a bill of goods

обме́н, m.   exchange

обме́н информа́цией
information exchange

обме́н лице́нзиями
reciprocal license

обме́н на ба́зе взаи́мных расчётов
exchange on the basis of clearing
accounts

обме́н специали́стами и о́пытом
exchange of specialists
and expertise

обме́н това́рами
exchange of goods

обме́н услу́гами
exchange of services

обнару́женная недоста́ча
discovered shortage

обнару́женное повреж́де́ние
discovered damage

обнару́женный дефе́кт
discovered defect

обнару́живать / обнару́жить дока-
за́тельство чего́-ли́бо
unearth evidence of something

обнару́жить, v.   see: обнару́живать

обновле́ние ме́тодов приня́тия
реше́ний
decision making policy update

обновле́ние поли́тики
policy update

обобщённые показа́тели
aggregate data

обобщённый, adj.   aggregate

обозна́ченная цена́   marked price

оборони́тельный хара́ктер
defensive character

оборо́нщики (colloquia), pl.
defense industry

оборо́т, m. 1. circulation; 2. turn;
3. turnover

оборо́т сро́чной торго́вли
futures turnover
оборо́т фью́черсной торго́вли
futures turnover
оборо́тные сре́дства
circulating assets
оборо́тные фо́нды   circulating funds
оборо́тный, *adj.*
   1. floating; 2. negotiable
оборо́тный капита́л   1. current
   capital; 2. operating capital;
   3. working capital
обору́дование, *n.*
   1. equipment; 2. hardware
обору́дование для оснаще́ния
   ба́нков   bank equipment
обору́дование для оснаще́ния
   о́фисов   office equipment
обору́дование и услу́ги по охра́не
   окружа́ющей среды́   environmental equipment and services
обору́дование по очи́стке вы́бросов
   pollution control equipment
обору́дование предназна́ченное
   для рабо́ты с больши́ми нагру́зками
   heavy-duty equipment
обоснова́ние, *n.*   1. documentation;
   2. justification; 3. basis
обоснова́ние аннули́рования
   justification for cancellation
обоснова́ние для компенса́ции
   basis for compensation
обоснова́ние прете́нзий
   justification of claims
обоснова́ние тре́бований
   justification of requirements
обосно́ванность, *f.*
   1. feasibility; 2. validity
обосно́ванность и́ска
   validity of a claim
обосно́ванность са́нкций
   validity of sanctions
обосно́ванность утвержде́ний
   validity of statements
обосно́ванный отка́з
   reasonable refusal
обоснова́ть, *v.* see: *обоснова́ть*
обосно́вывать / обоснова́ть вы́бор
   на чем-ли́бо
   base a choice on something
обосно́вывать / обоснова́ть отка́з

justify refusal
обосно́вывать / обоснова́ть
   прете́нзию   establish a claim
обою́дный, *adj.*   reciprocal
обраба́тывать / обрабо́тать (+ *асс.;*
   на + ргер.; в + ргер.), *v.*   1. handle;
   2. manufacture; 3. process
обраба́тывать / обрабо́тать
   что-ли́бо   handle something
обрабо́танные продово́льственные
   проду́кты   processed food
обрабо́тать, *v.* see: *обраба́тывать*
обрабо́тка, *f.*
   1. manufacture; 2. processing
обрабо́тка ба́нковской информа́ции
   processing of bank information
обрабо́тка да́нных   data processing
обрабо́тка че́ков   check processing
образе́ц, *m.*   sample
образе́ц по́черка
   sample of handwriting
образе́ц ука́занный в контра́кте
   sample stipulated in a contract
образова́ние акционе́рной компа́нии
   company going public
обрати́мость, *f.*   exchangeability
обрати́мость валю́ты
   currency convertibility
обрати́ться, *v.* see: *обраща́ться*
обра́тная свя́зь   feedback
обра́тный гру́з   return cargo
обраща́ться / обрати́ться (*к + dat.;*
   в + асс.), *v.*   turn
обраща́ться / обрати́ться в
   арбитра́ж   turn to arbitration
обраща́ться / обрати́ться к услу́гам
   аге́нта   1. turn to an agent;
   2. use the services of an agent
обраще́ние, *n.*
   1. circulation; 2. turnover
обремене́нная долга́ми компа́ния
   debt-laden company
обремени́тельные долги́
   heavy debts
обсле́дование на ме́сте
   field inquiry
обслу́живание, *n.*
   1. maintenance; 2. service
обслу́живание пассажи́ров
   passenger service
обслу́живание покупа́теля

customer service
обслу́живание по́сле прода́жи
after sales service
обстано́вка, f.   environment
обстано́вка, спосо́бствующая
дефля́ции
deflationary environment
обстоя́тельства препя́тствуют
выполне́нию обяза́тельств
circumstances hamper the
fulfillment of obligations
обсуди́ть, v.   see: обсужда́ть
обсужда́ть / обсуди́ть вопро́сы
на конфере́нции
discuss issues at a conference
обсужда́ть / обсуди́ть что-ли́бо
в о́бщих черта́х   discuss
something in general terms
обсужде́ние офе́рты (finance)
offer discussion
обсужде́ние предложе́ния
offer discussion
обувно́й магази́н   shoe store
обусло́вленная ссу́да
stipulated loan
обуче́ние рабо́те на компью́тере
computer training
обши́рная перепи́ска
extensive correspondence
о́бщая валю́та   common currency
о́бщая делова́я акти́вность
overall business activity
о́бщая задо́лженность   total debt
о́бщая прове́рка   general inspection
о́бщая сто́имость   total cost
о́бщая сто́имость иму́щества
total assets
о́бщая су́мма   1. total; 2. total sum;
3. total amount
о́бщая су́мма ассигнова́ний
overall appropriation
о́бщая су́мма вы́четов
total deductions
о́бщая су́мма заи́мствованных
сре́дств   total borrowing
о́бщая су́мма сбо́ров   total fees
о́бщее ка́чество това́ра
overall quality of goods
о́бщее коли́чество а́кций в
чьем-ли́бо владе́нии
total stock holdings

о́бщее назва́ние   generic name
о́бщее повыше́ние зарабо́тной пла́ты
across the board wage increase
о́бщее регули́рование
blanket regulation
О́бщее соглаше́ние о торго́вле и
тари́фах (ГАТТ)
General Agreement on Tariffs
and Trade (GATT)
о́бщее экономи́ческое положе́ние
general business situation
общеизве́стная информа́ция
common knowledge
общеизве́стные све́дения
general knowledge
обще́ние, n.   communication
общепри́нятая пра́ктика
standard practice
общепри́нятые бухга́лтерские
ме́тоды
standard accounting practices
общепри́нятые ме́тоды
standard procedure
обще́ственные свя́зи
public relations
обще́ственный, adj.
1. public; 2. social
о́бщество, де́лающее упо́р на
потреби́тельский спрос
consumer-oriented society
о́бщие администрати́вные расхо́ды
general administrative expenses
о́бщие изде́ржки   combined costs
о́бщие накладны́е расхо́ды
general expenses
о́бщие усло́вия   general terms
о́бщий, adj. 1. across the board;
2. general; 3. generic; 4. gross;
5. joint; 6. mutual; 7. overall
о́бщий и́мпорт   total imports
о́бщий объе́м отгру́зок
total shipments
о́бщий прейскура́нт
general price list
о́бщий разме́р вы́ручки
total receipts
О́бщий ры́нок (ЕЭС)
Common Market (EEC)
о́бщий у́ровень потребле́ния
overall consumption
о́бщий у́ровень цен

general price level
объединённая комиссия
joint commission
объединённая компания
incorporated company
объединённый, *adj.* 1. associated;
2. consolidated; 3. incorporated;
4. joint
объединить, *v.* see: *объединять*
объединиться, *v.*
see: *объединяться*
объединять / объединить *(+ асс.), v.*
consolidate
объединяться / объединиться с
кем-либо pair with someone
объёкт, *m.* object
объективные обстоятельства
objective factor
объективный фактор
objective factor
объект рекламы
object of an advertisement
объект эмбарго
object of an embargo
объём, *m.* volume
объём замены
volume of replacement
объём импорта volume of imports
объём информации
volume of information
объём кредита volume of credit
объём операции
volume of an operation
объём перевозок
volume of shipments
объём платежей по клирингу
amount of clearing payments
объём продаж упал на ... % до ...
акций
volume slowed ... % to ... shares
объём работ volume of work
объём сделки
volume of transaction
объём страховой ответственности
insurance protection
объём фактических продаж
volume of actual sales
объём экспорта volume of exports
объявить, *v.* see: *объявлять*
объявление, *n.* 1. advertisement;
2. announcement; 3. declaration

объявление о выплате дивидендов
declaration of dividends
объявления под одной рубрикой
classified advertising
объявленные дивиденды
stated dividends
объявленный, *adj.* stated
объявлять / объявить *(+ асс.), v.*
1. invite; 2. post
объявлять / объявить о подписке
на акции invite tenders for shares
объявлять / объявить торги
invite bids
объяснения по иску
pleadings under claim
обыкновенная акция
1. common stock; 2. equity
обыскать, *v.* see: *обыскивать*
обыскивать / обыскать *(+ асс.), v.*
search
обычай, *m.* custom
обычная ставка зарплаты для
данной профессии
occupational rate
обычное предложение
standard offer
обычные нарушения налогового
законодательства
general tax crimes
обычные условия usual terms
обязаловка *(colloquial), f.*
mandatory sales to the state
обязанности официального
представителя duties of an
official representative
обязанность, *f.*
1. duty; 2. obligation
обязательная продажа валюты
государству mandatory sale
of currencies to the state
обязательное страхование
mandatory insurance
обязательные поставки
obligatory deliveries
обязательные поставки государству
mandatory sales to the state
обязательный, *adj.*
1. mandatory; 2. obligatory
обязательный карантийный надзор
mandatory quarantine inspection
обязательства по арбитражу

arbitration obligations
обязáтельства по иностранным
операциям   external liabilities
обязáтельства по контрáкту или
договóру   contractual obligations
обязáтельства по страховáнию
insurance liability
обязáтельство, *n.*   1. bond; 2. commitment; 3. liability; 4. obligation;
5. pledge; 6. responsibility
обязáтельство выполнить срок
постáвки
obligation to meet a delivery date
обязáтельство по закáзу
order commitment
обязывающий контрáкт
binding contract
овердрáфт *(finance), m.*   overdraft
(borrowing from a bank on the
current account, up to a maximum agreed with the bank,
interest being calculated on a
daily basis)
овладéть контрóлем над чем-либо
bring something under control
овладéть ситуáцией
bring situation under control
оговорённая в контрáкте процéнтная стáвка
contractual rate of interest
оговорённая устáвом ликвидáция
liquidation stipulated by
regulations
оговорённые сáнкции
specified sanctions
оговóрка, *f.*   1. reserve; 2. clause
оговóрка в договóре   clause
оговóрка об обрáтной силе *(law)*
retroactive clause
оговóрка об отмéне
cancellation clause
оговóрка об отсýтствии прáва
возражéния   nonobjection clause
оговóрка о замéне
replacement clause
оговóрка о ликвидáции
liquidation clause
оговóрка о пересмóтре цены
price revision clause
оговóрка о плáте штрáфа за
неустóйку   penalty clause

оговóрка о повышéнии цены
escalator clause
оговóрка о расширенном страховáнии   extended cover clause
оговóрка о сáнкциях
sanction clause
ограничéние, *n.*   1. constraint;
2. curb; 3. curtailment;
4. limitation
ограничéния на спрос
demand constraints
ограничéния на торгóвлю
trade restrictions
ограниченная сýмма дéнег
limited amount of money
ограниченное колúчество
limited availability
ограниченное потреблéние
limited consumption
ограниченные полномóчия
limited authority
ограниченный, *adj.*   1. limited;
2. restricted; 3. curtailed
ограниченный дóступ
limited access
ограничивать / ограничить
(+ *acc.), v.*   1. curb; 2. curtail;
3. limit; 4. restrict
ограничивать / ограничить импорт
curtail import
ограничивающие оговóрки
limiting clauses
ограничительные торгóвые соглашéния   restrictive marketing
arrangements
ограничительный, *adj.*   restrictive
ограничить, *v.*   see: *ограничивать*
огрóмный ущéрб   great damage
одинáковое обращéние
equal treatment
одинáковый, *adj.*
1. equal; 2. uniform
одинóчный, *adj.*   single
одновремéнная рабóта в нéскольких
местáх *(colloquial)*   moonlighting
одногодичная гарáнтия
one year guarantee
однорáзовая выплата всей сýммы
lump sum payment
однорáзовый спрос
onetime demand

одноро́дное ка́чество 1. consistent quality; 2. uniform quality

одноро́дный, *adj.*   uniform

односторо́нний кли́ринг unilateral clearing

односторо́нний хара́ктер unilateral character

одо́бренная договорённость approved arrangement

одо́брить, *v.*   see: *одобря́ть*

одобря́ть / одо́брить *(+ acc.), v.* approve

оживле́ние би́знеса pickup in business activity

оживле́ние эконо́мики за счет преиму́щественного разви́тия делово́го се́ктора business-led recovery

оживле́ние эконо́мики за счет уси́ленного ро́ста заку́пок потреби́тельских това́ров consumer-led recovery

оживлённая торго́вля   brisk trade

оживлённый спрос   brisk demand

ожида́емые убы́тки anticipated losses

ожида́емый, *adj.* 1. expected; 2. potential

ожида́емый за́работок earnings potential

ожида́емый спрос expected demand

ожида́ть *(в+ prep.; на + prep.; + acc.; + gen.), v.*   expect

ожида́ть получе́ния зака́за be on order

оздорови́ть, *v.*   see: *оздоровля́ть*

оздоровле́ние эконо́мики economic recovery

оздоровлённый ры́нок improved market

оздоровля́ть / оздорови́ть *(+ acc.), v.* 1. bring recovery; 2. improve

ознака́мливать / ознако́мить кого́-ли́бо с ассортиме́нтом това́ров familiarize somebody with an assortment of goods

ознака́мливать / ознако́мить делега́цию с ... familiarize a delegation with ...

ознако́мить, *v.*   see: *ознака́мливать*

ознакомле́ние, *n.*   familiarizing

оказа́ние услу́г ти́па инжини́ринг rendering of engineering services

оказа́ть, *v.*   see: *ока́зывать*

ока́зывать / оказа́ть *(+ acc.), v.* 1. put; 2. render

ока́зывать / оказа́ть влия́ние на кого́-ли́бо   influence somebody

ока́зывать / оказа́ть по́мощь render assistance

ока́зывать / оказа́ть давле́ние на кого́-ли́бо put pressure on someone

ока́зывать / оказа́ть пре́ссинг на кого́-ли́бо put pressure on someone

ока́нчиваться / око́нчиться *(+ inst.), v.* 1. finish; 2. result

окла́д, *m.*   salary

оконча́тельная договорённость final arrangement

оконча́тельная реда́кция прое́кта контра́кта   final wording of the draft of a contract

оконча́тельное заключе́ние контра́кта final conclusion of a contract

оконча́тельное реше́ние final decision

оконча́тельные перегово́ры final negotiations

оконча́тельный, *adj.*   final

оконча́тельный вы́бор   final choice

оконча́тельный ито́г   adjusted total

оконча́тельный отка́з final rejection

оконча́тельный расчёт final settlement

оконча́тельный срок   deadline

око́нчиться, *v.*   see: *ока́нчиваться*

окружа́ющая среда́   environment

окружно́й банк   regional bank

опа́сное де́ло   risky business

опа́сный груз   dangerous cargo

опеку́н, *m.*   trustee

операти́вная документа́ция operative documentation

опера́ции аге́нта dealings of an agent

опера́ции с це́нными бума́гами securities transactions

опера́ция, *f.* 1. deal; 2. operation;
  3. transaction
опеча́тать, *v.* see: *опеча́тывать*
опеча́тывать / опеча́тать (*+ асс.), v.*
  seal
описа́ние това́ра в катало́ге description of goods in a catalogue
о́пись това́ров inventory
опла́та, *f.*
  1. payment; 2. reimbursement
опла́та в разме́ре ...
  payment in the amount of ...
опла́та догово́рных рабо́т
  contract payment
опла́та за нали́чный расчёт
  cash payment
опла́та зо́лотом payment in gold
опла́та изде́ржек payment of costs
опла́та командиро́вки
  reimbursement for a business trip
опла́та нали́чными cash payment
опла́та нало́га tax payment
опла́та нало́женным платежо́м
  cash on delivery (c.o.d.)
опла́та неусто́йки
  payment of a penalty
опла́та по договорённости
  negotiated fee
опла́та по доста́вке
  cash on delivery (c.o.d.)
опла́та по прейскура́нту
  payments according to a price list
опла́та при успе́шном оконча́нии
де́ла
  payment on a contingency basis
опла́та счёта по пе́рвому требо-
ванию payment of an invoice
  on demand
опла́та счето́в в рубля́х
  account settlements in rubles
опла́та транзи́та
  payment for transit
опла́та фра́хта payment of freight
опла́та че́ком
  payment with a check
оплати́ть, *v.* see: *опла́чивать*
опла́ченная телегра́мма paid cable
опла́ченное хране́ние paid storage
опла́ченные пра́здники
  paid holidays
опла́ченный о́тпуск paid vacations

опла́ченный почто́вый отве́т
  return postage
опла́ченный чек cancelled check
опла́чивать / оплати́ть (*+ асс.), v.*
  1. clear; 2. meet; 3. pay
опла́чивать / оплати́ть командиро́вку
  pay for a business trip
опла́чивать / оплати́ть счет
  clear an account
оправда́ние, *n.* justification
определе́ние, *n.* 1. assessment;
  2. decision; 3. definition;
  4. determination; 5. rating
определе́ние по и́ску
  decision on a claim
определе́ние разме́ра компенса́ции
за что-либо assessment of
  compensation for something
определе́ние сте́пени популя́рности
ма́рок това́ра у покупа́телей
  brand rating
определи́ть, *v.* see: *определя́ть*
определя́ть / определи́ть (*+ асс.), v.*
  1. assess; 2. determine
определя́ть / определи́ть причину
повреждения
  determine the cause of damage
определя́ть / определи́ть разме́р
недоста́чи
  assess the amount of shortage
определя́ть / определи́ть разме́р
тамо́женной по́шлины
  assess customs duty
определя́ть / определи́ть са́льдо
бала́нса assess the surplus
определя́ть / определи́ть спрос
  determine demand
определя́ть / определи́ть сто́имость
  determine the cost
определя́ть / определи́ть убы́тки
  assess damage
определя́ющая статья́ main article
опро́с обще́ственного мне́ния
  public opinion poll
опро́с о тенде́нциях измене́ния
популя́рности ма́рок това́ра
  brand trend survey
опротесто́ванный ве́ксель
  1. dishonored bill; 2. protested bill
опротесто́ванный чек bad check
оптикоэлектро́нный, *adj.*

fiber-optic
оптикоэлектро́нный ка́бель
fiber-optic cable
опто́вая ба́за   distribution center
опто́вая ски́дка   1. quantity
discount; 2. wholesale discount
опто́вая сто́имость   wholesale cost
опто́вая торго́вля   1. wholesale;
2. wholesale business
опто́вая цена́   wholesale price
оптови́к, *m.*   wholesaler
опто́вый покупа́тель
wholesale buyer
опто́вый торго́вец
1. wholesale dealer; 2. wholesaler
о́птом, *adv.*   wholesale
опублико́ванная информа́ция
published information
опубликова́ть, *v.*
see: *опублико́вывать*
опублико́вывать / опубликова́ть (+
acc.), v.   1. post; 2. publish
опцио́н, *(finance), m.*   option (on
the Stock Exchange, the purchase
of the right to deal in a commodity or shares at a certain price
before a certain date)
опцио́н "колл"   call option (this
option is taken on shares which
are thought to be likely to rise)
опцио́н на заку́пки
purchase option
опцио́н на поку́пку а́кций
stock option
опцио́н "пут"   put option (this
option is taken on shares which
are thought to be likely to fall)
опцио́нное соглаше́ние   option deal
опцио́нный ди́лер   option dealer
о́пытно-иссле́довательская
програ́мма   R & D project
о́пытно-промы́шленная устано́вка
pilot plant
организа́ция, *f.*
1. agency; 2. organization
организа́ция и́ли компа́ния, выпу-
ска́ющая це́нные бума́ги
emitter
организа́ция, име́ющая пра́во на
вы́дачу лице́нзий   licensing board
организа́ция, не ста́вящая це́лью

получе́ние при́были
nonprofit organization
организа́ция по сбо́ру, классифи-
ка́ции и распростране́нию услу́г
clearing house
организо́ванная престу́пность
organized crime
организо́ванный, *adj.*   organized
о́рганы вла́сти
1. authorities; 2. government
о́рганы ме́стного самоуправле́ния
local government
оргте́хника, *f.*   office equipment
о́рдер, *m.*   order
о́рдер на получе́ние това́ра
order to receive goods
оригина́л, *m.*   original
оригина́л а́кта
original copy of an act
оригина́л докуме́нта
original of a document
оригина́льное предложе́ние
fresh idea
ориентиро́вочная оце́нка
estimated rate
ориентиро́вочная ры́ночная цена́
estimated market price
ориентиро́вочная цена́
price estimate
ороша́емое се́льское хозя́йство
irrigated farming
освободи́ть, *v.*   see: *освобожда́ть*
освобожда́ть / освободи́ть (из + gen.;
от + gen.; + acc.), v.
1. exempt; 2. release
освобожда́ть / освободи́ть от отве́т-
ственности за упуще́ние   release
from responsibility for negligence
освобожде́ние, *n.*
1. exemption; 2. release
освобожде́ние на зако́нном осно-
ва́нии   legal exemption
освобожде́ние от обяза́тельств
1. exemption from liabilities;
2. exemption
освобожде́ние от отве́тственности
release from responsibility
освобожде́ние от по́шлины
exemption from duties
освобожде́ние от упла́ты нало́га
tax exemption

освое́ние, n.   development
осмо́тр, m.
  1. examination; 2. inspection
осмо́тр това́ров inspection of goods
осно́ва, f.
  1. base; 2. principle; 3. basis
осно́ва для исчисле́ния
  basis of assessment
осно́ва для сотру́дничества
  basis for cooperation
осно́ва для сравне́ния
  comparison basis
основа́ние, n.
  1. establishment; 2. reason
основа́ние для вы́бора
  reason for a choice
основа́ния для освобожде́ния
  reasons for exemption
  (e.g., from taxes)
основа́ния для отка́за
  grounds for rejection
основа́ть, v. see: осно́вывать
основна́я за́работная пла́та
  base pay
основна́я отве́тственность
  prime responsibility
основна́я по́шлина   basic fee
основна́я ста́вка   basic rate
основно́е предположе́ние
  key assumption
основно́й, adj. 1. basic; 2. key;
  3. major; 4. principal
основно́й иск (patent)   prior claim
основно́й капита́л 1. capital assets;
  2. fixed capital; 3. stock
основны́е ви́ды продово́льствия
и́ли пита́ния   staple food
основны́е поня́тия
  1. basic concepts; 2. general terms
основны́е проду́кты пита́ния
  staple diet
основны́е фо́нды   fixed assets
основны́е энергоноси́тели
  basic fuels
осно́вы а́удита   basics of auditing
осно́вы ма́ркетинга
  principles of marketing
осно́вывать / основа́ть (+ acc.), v.
  start
осо́бые полномо́чия
  special authority

осо́бые права́   special rights
осо́бый, adj.   special
осо́знанный риск   calculated risk
оспа́ривать / оспо́рить (+ acc.), v.
  1. attack; 2. dispute
оспа́ривать / оспо́рить пате́нт
  attack a patent
оспа́ривать / оспо́рить прете́нзию
  dispute a claim
оспо́рить, v. see: оспа́ривать
остава́ться / оста́ться на одно́м
у́ровне
  1. be flat; 2. remain unchanged
оста́вить, v. see: оставля́ть
оставля́ть / оста́вить за собо́й
пра́во сде́лать что-ли́бо
  reserve the right to do something
остана́вливать / останови́ть заво́д
  idle a plant
остана́вливать / останови́ть рост
цен   cap price rise
останови́ть, v. see: остана́вливать
оста́ться, v. see: остава́ться
оста́ток, m.   balance
оста́ток де́нег на счету́
  balance on account
оста́ток креди́та   credit balance
оста́ток на вкла́де
  balance on deposit
оста́ток нали́чных средств
  cash balance
оста́ток счёта в ба́нке bank balance
оста́точная сто́имость
  depreciated cost
оста́точный спрос
  residual demand
осторо́жный покупа́тель   cautious
  consumer (a consumer wary of
  making expensive purchases)
осторо́жный подхо́д
  go slow approach
о́страя нехва́тка ликви́дных средств
  liquidity crisis
остродефици́тные това́ры
  goods in very short supply
о́стро нужда́ться в нали́чных деньга́х
  be strapped for cash
о́стрый дефици́т   acute shortage
осуществи́мость, f.   feasibility
осуществи́ть, v. see: осуществля́ть
осуществля́емый зака́зчиком надзо́р

customer's supervision
осуществля́ть / осуществи́ть заме́ну чего́-ли́бо   replace something
осуществля́ть / осуществи́ть реше́ния   implement decisions
осуществля́ть / осуществи́ть страхова́ние   insure
отбира́ть / отобра́ть (у + gen.; + acc.), v.
   1. revoke; 2. screen; 3. select
отбира́ть / отобра́ть дове́ренность revoke the power of attorney
отбо́р, m.   screening
отбро́сы, pl.   1. rejects; 2. waste
отверга́ть / отве́ргнуть (+ acc.), v. reject
отве́ргнутое заявле́ние rejected statement
отве́ргнуть, v. see: отверга́ть
отвести́, v. see: отводи́ть
отве́т, m.   1. answer; 2. feedback
отве́тить, v. see: отвеча́ть
отве́тная реа́кция   feedback
отве́тственное лицо́ responsible person
отве́тственность, f.
   1. liability; 2. responsibility
отве́тственность внешнеторго́вого объедине́ния   responsibility of a foreign trade enterprise
отве́тственность за ликвида́цию responsibility for liquidation
отве́тственность за непредви́ден-ную утра́ту liability for accidental loss
отве́тственность за опера́цию responsibility for an operation
отве́тственность за отгру́зку това́ра   responsibility for ship-ment of goods
отве́тственность за перево́зку responsibility for transportation
отве́тственность за платежи́ по аккредити́ву   responsibility for payments under a letter of credit
отве́тственность за ри́ски responsibility for risks
отве́тственность за уще́рб
   1. liability for damages;
   2. responsibility for damage
отве́тственность за хране́ние

responsibility for storage
отве́тственность лежи́т на компа́нии responsibility rests with the company
отве́тственность по хране́нию това́ра responsibility for safekeeping of goods
отве́тственность страховщика́ insurer's responsibility
отве́тственный де́ятель high-standing official
отве́тственный за прие́м торго́вых представи́телей   person respon-sible for the reception of trade representatives
отве́тчик (law), m.   defendant
отвеча́ть / отве́тить тре́бованиям satisfy the demands
отвеча́ть / отве́тить тре́бованиям для чего́-ли́бо   meet qualifying standards for something
отводи́ть / отвести́ ва́жное ме́сто чему́-ли́бо   give an important place to something
отгру́женная проду́кция с пред-прия́тия   factory shipments
отгру́женное коли́чество shipped quantity
отгру́женный това́р   shipped goods
отгру́зка, f.
   1. shipment; 2. shipping
отгру́зка по долгосро́чному согла-ше́нию   shipment under a long-term agreement
отгру́зочные докуме́нты shipping documents
отгу́л, m.   leave of absence
отдава́ть / отда́ть (+ acc.), v.
   1. return; 2. submit
отда́ть, v. see: отдава́ть
отда́ча на вло́женные де́ньги и́ли уси́лия   payoff
отда́ча на долговре́менное вложе́ние капита́ла payoff for long-term investments
отде́л бытовы́х электроприбо́ров appliances department
отде́л возвра́та поку́пок return department
отде́л заку́пок purchasing department

отде́л обслу́живания
service department
отде́л обще́ственных свя́зей
public relations department
отде́л, помога́ющий в трудоуст-
ро́йстве подлежа́щих увольне́нию
лиц outplacement office
отде́л по рассмо́тру заявле́ний и́ли
и́сков claims processing office
отде́л сбы́та sales department
отде́л снабже́ния
purchasing department
отделе́ние, n.
1. branch; 2. branch office; 3. unit
отделе́ние компа́нии, по́лностью
ей принадлежа́щее
wholly owned unit
отделе́ния ба́нков bank branches
отде́льно стоя́щий торго́вый центр
shopping mall
отде́льный абза́ц
separate paragraph
отде́льный пара́граф
separate paragraph
оте́чественный, adj. domestic
оте́чественный пате́нт
domestic patent
о́тзыв, m. reference
отзыва́ть / отозва́ть (из + gen.;
+ acc.), v. withdraw
от и́мени... in the name of...
отка́з, m. 1. refusal; 2. rejection
отка́з ба́нка rejection of a bank
отка́з бро́кера broker's refusal
отка́з был рассмо́трен компа́нией
rejection has been considered
by the company
отка́з зая́вки (patent)
rejection of an application
отка́з компенси́ровать уще́рб
refusal to compensate for losses
отка́з опла́ты страхово́го тре́бова-
ния
refusal to pay an insurance claim
отка́з от встре́чи
refusal to have a meeting
отка́з от выполне́ния обяза́тельств
refusal to fulfill obligations
отка́з от приня́тия това́ра
refusal to accept goods
отка́з, подтвержде́нный докуме́н-

тами documented rejection
отка́з покупа́теля buyer's refusal
отка́з продавца́ seller's refusal
отка́з, рассмо́тренный арбитра́жной
коми́ссией refusal considered
by an arbitration commission
отказа́ть, v. see: отка́зывать
отказа́ться, v. see: отка́зываться
отка́зывать / отказа́ть в чем-ли́бо
deny something
отка́зываться / отказа́ться (от +
gen.), v. 1. abandon; 2. disclaim;
3. dismiss; 4. refuse
отка́зываться / отказа́ться от
акце́пта refuse to accept
отка́зываться / отказа́ться от
акцепти́рования ве́кселя
refuse a bill
отка́зываться / отказа́ться от зака́за
refuse an order
отка́зываться / отказа́ться от и́ска
abandon a claim
отка́зываться / отказа́ться от
пате́нта abandon a patent
отка́зываться / отказа́ться от
подписа́ния refuse to sign
отка́зываться / отказа́ться от
притяза́ний abandon a claim
отка́зываться / отказа́ться разбира́ть
де́ло в суде́ dismiss a case
отка́зываться / отказа́ться
урегули́ровать спо́рный вопро́с
refuse to settle
откла́дывать / отложи́ть (+ acc.), v.
1. postpone; 2. set aside
откла́дывать / отложи́ть встре́чу
postpone a meeting
откла́дывать / отложи́ть де́ньги
set aside money
откла́дывать / отложи́ть ... милли-
о́нов до́лларов в резе́рвный фонд
на покры́тие креди́тных поте́рь
set aside $ ... million of reserves
to cover loan losses
откла́дывать / отложи́ть срок
postpone a date
отклоне́ние, n.
1. refusal; 2. rejection
отклоне́ние зая́вки
rejection of an application
отклоне́ние офе́рты (finance)

rejection of an offer
отклоне́ние предложе́ния
rejection of an offer
отклоне́ние прете́нзии
rejection of a claim
отклоне́ние това́ра из-за плохо́го
ка́чества rejection of goods
because of inferior quality
отклонённый иск rejected claim
отклони́ть, *v.* see: *отклоня́ть*
отклоня́ть / отклони́ть (+ *acc.*), *v.*
1. refuse; 2. reject; 3. turn down
отклоня́ть / отклони́ть иск
dismiss a case
отклоня́ть / отклони́ть предложе́-
ние reject a bid
отклоня́ть / отклони́ть приглаше́-
ние turn down an invitation
открыва́ть / откры́ть (+ *acc.*;
+ *dat.*), *v.*
1. open; 2. set up; 3. start
открыва́ть / откры́ть аукцио́н
open an auction
открыва́ть / откры́ть бюро́
open a bureau
открыва́ть / откры́ть счет
1. open an account;
2. set up an account
открыва́ть / откры́ть счет в ба́нке
open an account at the bank
откры́тая прода́жа public sale
откры́тие, *n.*
1. discovery; 2. opening
откры́тие вы́ставки
opening of an exhibition
откры́тие назна́чено на ...
opening planned for ...
откры́тие сезо́на season opening
откры́тие чего́-ли́бо
1. opening of something;
2. discovery of something
откры́то для пу́блики
open to the public
откры́тый, *adj.* open
откры́тый арбитра́ж
open arbitration
откры́тый аукцио́н open auction
откры́тый до́ступ
open to the public
откры́тый креди́т
1. charge account; 2. open credit

откры́тый счет open account
откры́тый тип open-end (refers
to an investment company that
has no fixed number of shares
outstanding)
откры́ть, *v.* see: *открыва́ть*
отли́чная репута́ция
excellent reputation
отли́чный, *adj.*
1. exclusive; 2. prime
отло́женная вы́плата deferred pay
отло́женный спрос
deferred demand
отложи́ть, *v.* see: *откла́дывать*
отме́на, *f.*
1. cancellation; 2. revocation
отме́на дискриминацио́нных усло́вий
и обстоя́тельств
cancellation of discriminatory
terms and conditions
отме́на на осно́ве арбитра́жного
реше́ния cancellation based
on an arbitration decision
отме́на по тре́бованию кредито́ра
cancellation based on a creditor's
demand
отме́на штра́фа
cancellation of penalty
отмени́ть, *v.* see: *отменя́ть*
отменя́ть / отмени́ть (+ *acc.*), *v.*
1. abandon; 2. cancel; 3. lift;
4. revoke; 5. withdraw
отменя́ть / отмени́ть зака́з
withdraw an order
отменя́ть / отмени́ть контро́ль над
це́нами abandon price control
отменя́ть / отмени́ть регистра́цию
waive registration
отменя́ть / отмени́ть са́нкции
cancel sanctions
отменя́ть / отмени́ть эмба́рго на
экономи́ческое сотру́дничество
lift the freeze on economic
cooperation
"отмыва́ние" де́нег
money laundering
относи́тельный, *adj.* comparative
относя́щийся к городско́му
управле́нию municipal
отноше́ние, *n.*
1. attitude; 2. morale; 3. ratio

отношение к делу трудового коллектива   employee morale
отношение цены акции к доходу на эту акцию   price-earnings ratio
отношения, *pl.*   relations
отношения между нанимателем и служащим
employer-employee relations
отношения основанные на взаимном доверии
relations based on mutual trust
отношения с компанией
relations with a company
отобрать, *v.*   see: *отбирать*
отодвигать / отодвинуть что-либо на задний план (*colloquial*)
put something on the back burner
отозвать, *v.*   see: *отзывать*
отправить, *v.*   see: *отправлять*
отправка грузов   1. consignment; 2. shipment of cargo
отправление груза   shipment
отправленная корреспонденция
forwarded correspondence
отправленное письмо
forwarded letter
отправлять / отправить (+ *acc.*), *v.*
1. forward; 2. send
отпускать / отпустить (+ *acc.*), *v.*
release
отпуск без содержания
unpaid leave
отпуск за свой счет   unpaid leave
отпуск товаров "налево" (*slang*)
preferential system of distribution of goods
отпустить, *v.*   see: *отпускать*
отражать / отразить (+ *acc.*), *v.*
reflect
отразить, *v.*   see: *отражать*
отраслевая выставка
exhibition of a branch of industry
отрасли промышленности открытые для вложения иностранного капитала   branches of industry open for foreign investment
отрасль, *f.*   branch
отрасль промышленности
branch of industry
отремонтировать, *v.*
see: *ремонтировать*

отрицать что-либо
deny something
отрывной талон к карточке
ration card coupon
отсеивание, *n.*   screening
отсроченные на будущее бюджетные расходы   deferred charges
отсроченные облигации
deferred bonds
отсроченные обязательства
deferred liabilities
отсроченный долг   deferred debt
отсроченный платеж
deferred payment
отсрочка, *f.*   postponement
отсрочка платежей по кредитам
deferment of payments under credit
отставание, *n.*   backlog
отставать / отстать от кого-либо
lag behind somebody
отсталость, *f.*   backwardness
отстать, *v.*   see: *отставать*
отступной задаток   smart money
отсутствие, *n.*   1. absence; 2. lack
отсутствие выбора
absence of choice
отсутствие оснований для чего-либо
lack of a basis for something
отсутствующий, *adj.*
1. absentee; 2. missing
отсутствующий владелец
absentee owner
отходы, *pl.*   1. waste; 2. rejects
отчёт, *m.*   1. account; 2. disclosure; 3. statement
отчёт по финансовому положению компании
disclosure of company accounts
отчётная информация
accounting information
отчётная калькуляция
final calculation
отчётность, *f.*   accountability
отчётный год   reference year
отчётный период
accounting period
отчисления, *pl.*   1. allocations; 2. deductions; 3. charges
отчисления из зарплаты
salary deductions

отчисле́ния со счёта
allocations from an account
отчи́слить, *v.* see: *отчисля́ть*
отчисля́ть / отчи́слить *(+ асс.), v.*
1. allocate; 2. deduct
отчита́ться, *v.* see: *отчи́тываться*
отчи́тываться / отчита́ться *(в +ргер.;*
о + ргер.), v. give an account
отчи́тываться / отчита́ться в
расхо́дах
give an account of expenses
офе́рта *(finance), f.* offer (1. the
price at which a dealer will sell
a currency or a security; 2. the
rate at which a bank will lend
money)
о́фис, *m.* office
официа́льное подписа́ние
official signing
официа́льная би́ржа
recognized exchange
официа́льная встре́ча
official meeting
официа́льная делега́ция
official delegation
официа́льная договорённость
official arrangement
официа́льное подписа́ние
official signing
официа́льное приглаше́ние
official invitation
официа́льно объя́вленная цена́
posted price
официа́льные да́нные　official data
официа́льные завере́ния
official assurances
официа́льные отноше́ния
official relations
официа́льный, *adj.*
1. official; 2. posted; 3. principle
официа́льный а́дрес
principle place of business
официа́льный акт о регистра́ции
компа́нии　articles of incorporation
официа́льный визи́т　official visit
официа́льный запро́с
official inquiry
официа́льный курс　official rate
официа́льный курс обме́на рубля́
official ruble exchange rate
официа́льный представи́тель

official representative
офо́рмить, *v.* see: *оформля́ть*
оформле́ние, *n.* 1. design;
2. documentation; 3. drawing up;
4. registration
оформле́ние вы́ставки
design of an exhibition
оформле́ние докуме́нта
drawing up a document
оформле́ние за́йма
completion of a loan
оформле́ние корреспонде́нции
correspondence registration
оформле́ние о́рдера
making out an order
оформле́ние прейскура́нта
design of a price list
оформле́ние специфика́ции
drawing up a specification
офо́рмленный зака́з-наря́д
executed order
оформля́ть / офо́рмить договорённость　draw up an arrangement
оформля́ть / офо́рмить зака́з с
компа́нией
place an order with a company
оформля́ть / офо́рмить перева́лку
complete transshipment
documents
охлажда́ющее обору́дование для
тра́нспортных средств
transport refregirator equipment
охра́на, *f.* protection
охра́на торго́вых зна́ков
trademark protection
охра́нная по́шлина　protective duty
охра́нник, *m.* security guard
охраня́емое а́вторским пра́вом про-
изведе́ние　copyrighted work
оцене́нная сто́имость
appraised value
оце́нивать / оцени́ть *(+ асс.), v.*
1. appraise; 2. assess
оце́нивать / оцени́ть зая́вку и́ли
предложе́ние　weigh a bid
оце́нивать / оцени́ть опера́цию
assess an operation
оцени́ть, *v.* see: *оце́нивать*
оце́нка, *f.* 1. appraisal;
2. assesment; 3. estimate;
4. pricing; 5. rating; 6. value

оце́нка гру́за assessment of cargo
оце́нка информа́ции
  assessment of information
оце́нка исполне́ния
  performance assessment
оце́нка ка́чества
  quality assessment
оце́нка ка́чества това́ров
  assessment of quality of goods
оце́нка кредитоспосо́бности
  credit rating
оце́нка обстано́вки
  assessment of situation
оце́нка поврежде́ний
  damage assessment
оце́нка производи́тельности
  performance rating
оце́нка рабо́ты
  performance assessment
оце́нка рента́бельности
  assessment of profitability
оце́нка совоку́пных затра́т
  estimated total costs
оце́нка сто́имости estimated value
оце́нка сто́имости иму́щества
  property appraisal
оце́нка това́ров в рубля́х
  pricing of goods in rubles
оце́нка уще́рба 1. damage
  assessment; 2. damage estimate
оце́нка фина́нсового положе́ния
  financial strength rating;
оце́нка фина́нсового состоя́ния
  компа́нии company (financial)
  rating
оце́нка фина́нсовой наде́жности
  облига́ций bond rating
оце́нка хара́ктера и объе́ма рабо́т
  work assessment
оце́ночная при́быль paper gain
оце́ночные испыта́ния сери́йной
  проду́кции
  production assessment test
оце́нщик, m. appraiser
очеви́дная вина́ evident fault
о́чень вы́годный зака́з
  lucrative order
о́чень вы́годный ры́нок
  lucrative market
очередно́й взнос
  installment

о́чередь. f. 1. line; 2. queue; 3. turn
оши́бочное допуще́ние
  erroneous assumption

П

"па́блик риле́йшнз"
  public relations
па́дающая кредитоспосо́бность
  declining creditworthiness
па́дающая производи́тельность труда́
  diminishing productivity
па́дающие це́ны
  1. falling prices; 2. sagging prices
паде́ние валю́тного ку́рса
  fall in the exchange rate
паде́ние на ... пу́нктов
  fall of ... points
паде́ние цен на а́кции и облига́ции
  dip in stock and bond prices
паде́ние эконо́мики страны́
  economic slump
пай, m. share
па́йщик, m.
  1. shareholder; 2. stockholder
паке́т, m.
  1. block; 2. package; 3. set
паке́т а́кций 1. block of shares;
  2. shareholdings
паке́т докуме́нтов 1. folder of
  documents; 2. set of documents
паке́т да́нных data package
паке́тное лицензи́рование
  package licensing
паке́т предложе́ний package offer
паке́т програ́м (computer)
  software package
паке́т це́нных бума́г
  block (of securities)
пани́ческая распрода́жа
  panic selling
пани́ческое изъя́тие вкла́дов из
  ба́нка run on a bank
пани́ческое изъя́тие клие́нтами
  средств из страхово́й компа́нии
  run on an insurer
панто́граф, m. pantograph
па́пка с докуме́нтами
  file of documents
па́пка с корреспонде́нцией

correspondence file
парáграф, *m.*
　1. article; 2. item; 3. paragraph
парафи́рование контрáкта
　initialling of a contract
парите́т, *m.*　parity rate
парите́т валю́ты
　parity of exchange
пáртия, *f.*　1. party; 2. lot; 3. batch;
　4. block; 5. shipment
пáртия áкций и́ли облигáций
　block (of shares or bonds)
пáртия высококáчественных
　изде́лий　1. high quality lot;
　2. high quality batch
пáртия изде́лий стандáртного
　разме́ра　standard lot
пáртия отпрáвленного товáра
　shipment
пассажи́рские тари́фы
　passenger rates
пасси́вный балáнс　negative balance
пате́нт, *m.*　patent
пате́нт на промы́шленный образе́ц
　design patent
пате́нт, рассмо́тренный в суде́
　adjudicated patent
пате́нтная документáция
　patent documentation
пате́нтная защи́та　patent protection
пате́нтная по́шлина　patent fee
пате́нтное прáво　patent law
пате́нтное соглаше́ние
　patent agreement
пате́нтные правá　patent rights
пате́нтный бюллете́нь
　patent gazette
патентны́й пове́ренный
　patent attorney
пате́нтный по́иск　patent search
пате́нтный экспе́рт　examiner
патентовладе́лец, *m.*　patent holder
патентоспосо́бность, *f.* patentability
пенсио́нный фонд　pension fund
пе́ня, *f.*　fine
перви́чное рассмотре́ние
　initial proceedings
перви́чные исто́чники информáции
　primary data sources
перви́чный, *adj.*　1. initial;
　2. original; 3. prime

первоначáльная оце́нка
　original estimate
первоначáльная сто́имость
　cost value
первоначáльная ценá
　original purchase price
первоначáльно вы́пущенный
　акционе́рный капитáл
　subscribed capital
первоначáльное коли́чество,
　име́вшихся в нали́чии запáсов
　initial inventory
первоначáльный, *adj.*
　1. initial; 2. original; 3. prior
первоначáльный де́нежный взнос
　down payment
первоначáльный плате́ж
　initial payment
пе́рвый абзáц　first paragraph
пе́рвый парáграф　first paragraph
пе́рвый экземпля́р　first copy
перебо́и со снабже́нием
　gaps in supply
перебо́и с постáвками
　gaps in supply
перевáлка, *f.*　transshipment
перевáлка на друго́й трáнспорт
　transshipment to another
　transport
перевáлка с поте́рями
　transshipment with losses
перевáлочная бáза
　transshipment warehouse
перевести́, *v.*　see: *переводи́ть*
перево́д, *m.*　transfer
перево́д де́нег　money transfer
перево́д капитáлов компáнии из од-
　но́й странь́ в другу́ю　transfer of
　company funds between countries
переводи́ть / перевести́ валю́ту на
　счет продавцá　transfer currency
　into the account of the seller
переводи́ть / перевести́ правá на
　иму́щество на тре́тье лицо́　trans-
　fer property rights to a third party
переводно́й ве́ксель
　bill of exchange
переводно́й рубль　transfer ruble
переводно́й счет
　transferable account
перево́д платеже́й

transfer of payments
перево́зка, *f.*
1. shipping; 2. transportation
перево́зка автотра́нспортом
transportation by truck
перево́зка с перева́лкой
transportation with transshipment
перево́зчик, *m.*   carrier
переговó́ры, *only pl.*
1. negotiations; 2. talks
переговó́ры о спóсобе платежá
negotiations on the terms of
payment
переговó́ры по контрáкту
contract negotiations
переговó́ры с делегáцией
negotiations with a delegation
переговó́ры с закáзчиком
negotiations with a customer
передавáть / передáть в чáстную
сóбственность   privatize
передавáть / передáть информáцию
hand over information
передáточная нáдпись   endorsement
передáточная нáдпись в пóльзу
бáнка   endorsement to the bank
передáточная нáдпись на вéкселе
bill endorsement
передáточная нáдпись на и́мя ...
endorsement to ...
передáть, *v.*   see: *передавáть*
передáча, *f.*   transfer
передáча технолóгии
technology transfer
передáча цéнных бумáг комý-ли́бо
transfer of securities to someone
переде́лка, *f.*   restructuring
передовáя технолóгия
advanced technology
передовóй, *adj.*
1. advanced; 2. forward
передовóй спóсоб
advanced method
передýмать, *v.*   see: *передýмывать*
передýмывать / передýмать
(+ *acc.*), *v.*   reconsider
перезалóженная недвижи́мая
сóбственность   second mortgage
перекýпщик, *m.*   secondhand dealer
переме́нная величинá   variable
переме́нные изде́ржки

variable costs
переме́нные расхóды
variable expenses
переме́нный, *adj.*   variable
перенести́, *v.*   see: *переноси́ть*
переноси́ть / перенести́ переговó́ры
reschedule negotiations
перенóсный компью́тер
portable computer
переориентáция хозя́йства на нýжды
потреби́теля   restructuring toward
a consumer oriented economy
переоцéнка фóндов
revaluation of assets
перепи́ска, *f.*   correspondence
перепи́ска о заключéнии соглашéния
correspondence about the
conclusion of an agreement
перепи́ска по пóчте
correspondence by mail
перепи́ска по телефáксу
correspondence by fax
перепи́ска с компáнией
correspondence with a company
переплáта, *f.*   overpayment
перепродáжа, *f.*   resale
перепроизвóдство нéфти   oil glut
перерабáтывать / переработáть
(+ *acc.*), *v.*   1. process; 2. revise
перерабóтанные пищевы́е продýкты
processed food
перерабóтанный проéкт контрáкта
revised draft of a contract
переработáть, *v.*
see: *перерабáтывать*
переработка, *f.*   processing
пересекáть / пересéчь грани́цу
cross the border
пересéчь, *v.*   see: *пересекáть*
пересмáтривать / пересмотре́ть
(+ *acc.*), *v.*   1. reconsider; 2. revise
пересмáтривать / пересмотре́ть план
reconsider a plan
пересмáтривать / пересмотре́ть
страховóй пóлис
reconsider an insurance policy
пересмóтренные цéны
revised prices
пересмóтр услóвий вы́платы дóлга
renegotiation of debt
пересмотре́ть, *v.*

see: *пересматривать*
перестройка, *f.*   1. perestroika
(Russian term for a policy of
economic and political restructuring); 2. restructuring
перестройка структуры компании
company restructuring
перестройка международных
экономических отношений
restructuring of international
economic relations
пересчёт валют
currency conversion
переуступать / переуступить
(+ *асс.*), *v.*   assign
переуступать / переуступить
патентные права
assign patent rights
переуступить, *v.* see: *переуступать*
переучёт векселя
rediscount of a bill
переферийные устройства
peripheral equipment
перефинансировать долг
refinance debt
переход, *m.*   1. conversion;
2. switch; 3. transition
переход к чему-либо
transition to something
переход на рынки, связанные с
выпуском продукции мирного
назначения
conversion to civilian markets
переход на рыночные рельсы
switch to a market economy
переход, совершаемый покупателем
от одной марки товара к другой
brand switching
перечень, *m.*   1. list; 2; specification
перечень документов
list of documents
перечисление средств
transfer of funds
перечислить, *v.* see: *перечислять*
перечислять / перечислить
(+ *асс.*), *v.*   1. list; 2. transfer
период, *m.*   1. period; 2. time
период окупаемости   payoff period
период пребывания
duration of stay
периодическая проверка

periodical inspection
периодические расходы
recurring costs
перманентный, *adj.*   permanent
перманентный арбитраж
permanent arbitration
персонал агенства
agency personnel
персональное приглашение
personal invitation
персональный, *adj.*
1. individual; 2. personal
персональный компьютер
personal computer
персональный чек   personal check
печатание денег   1. emission of
money; 2. printing of money
печатать / напечатать *(в + prep.; на*
+ prep.; + асс.), v.   1. publish;
2. print; 3. type
печатать / напечатать адрес на
конверте
type an address on an envelope
печатающее устройство   printer
печатная реклама
printed advertisement
печать, *f.*   1. seal; 2. stamp
печать для справок
stamp for certificates
печать компании   company seal
писать / выписать чек какому-либо
лицу   write a check to someone
письменное заключение
written statement
письменное заявление в суд,
содержащее просьбу
petition to court
письменное подтверждение
written confirmation
письменное раскрытие существа
изобретения   written disclosure
письменное согласие
written consent
письменное уведомление
letter of advice
письменные заверения
written assurances
письменный запрос
written inquiry
письмо, *n.*   letter
письмо иностранной компании

letter of a foreign company
письмо-обязательство, n.
letter of intent
письмо поставщику
letter to a supplier
письмо с уведомлением о вручении
registered letter
пища, f.   food
пищевые продукты   articles of food
пищеперерабатывающая промышленность
food processing industry
"плавающая" валюта   floating
currency (currency whose value
is permitted to vary in line with
market forces)
плавающие курсы валют
floating rates
плавающий, adj.   floating
плавающий курс рубля
floating ruble exchange rate
плакатная реклама
advertising poster
план, m.   1. program; 2. project
план капиталовложений
investment plan
план на случай непредвиденных
обстоятельств   contingency plan
план по сбыту   marketing plan
планирование бюджета
budget planning
планирование капиталовложений
capital planning
планирование финансовой страте-
гии, направленной на уменьшение
суммы доходов, облагаемой
налогом   tax planning
планирование экономики
economic planning
планировать / запланировать
(+ acc.), v.   1. plan; 2. schedule
плата, f.   1. charge; 2. fee; 3. pay;
4. payment
плата вперёд   1. advance payment;
2. cash in advance
плата за аренду   rent
плата за банковские услуги
bank service charge
плата за консультацию
consulting fees
плата за обработку груза

handling charge
плата за ремонт по гарантийному
обязательству   warranty payment
плата за хранение   storage fee
платёж, m.   payment
платёж без вычетов
payment without deductions
платёж в национальной валюте
payment in national currency
платежи за границу
external payments
платежи и поступления
payments and collections
платежи на льготных условиях
easy payments
платежи по безналичному расчёту
clearing payments
платежи по клирингу
clearing payments
платежи по урегулированию счетов
settlement payments
платёжная ведомость   payroll sheet
платёжная документация
payment documents
платёжное золото   payment gold
платёжное поручение
payment order
платёжное требование
collection order
платёжные операции
payment transactions
платёжный баланс
balance of payments
плательщик, m.   payer
платить / заплатить (за + acc.;
+ acc.), v.   pay
платить / заплатить авансом
pay in advance
платить / заплатить высшую цену
за что-либо
pay the top dollar for something
платить / заплатить за что-либо
pay for something
платить / заплатить неустойку
pay a penalty
платить / заплатить неустойку
за отмену контракта
pay compensation for the
termination of a contract
платить / заплатить полностью
pay in full

платить / заплатить по указанию
такого-то лица
pay to the order of...
платить / заплатить при доставке
pay on delivery
платить / заплатить чеком
pay by check
платить / заплатить штраф
pay a fine
платный груз   payload
плоттер, *m.*   plotter
плохая репутация   bad reputation
плюрализм, *m.*
1. pluralism; 2. variety
плюрализм форм собственности
variety of forms of property
ownership
по балансовой стоимости
at book value
побочный, *adj.*   indirect
поведение деловых кругов
business behavior
поведение покупателя
consumer behavior
поведение рынка   market behavior
поверенный, *m.*   attorney
поверить, *v.* see: *верить*
повестка в суд   subpoena
повестка дня
1. agenda; 2. order of business
повестка совещания
meeting agenda
поворот к лучшему в экономике
economic turnaround
повреждение, *n.*   damage
повреждение во время погрузки и
выгрузки   damage caused during
loading and unloading
повреждение в результате аварии
damage caused by an accident
повреждение, вызванное обстоя-
тельствами непреодолимой силы
damage caused by force-majeure
circumstances
повреждение оборудования
damage to equipment
повреждение товара по халатности   damage of goods due to
negligence
поврежденная упаковка
damaged packaging

поврежденные товары
damaged goods
повременная оплата   time rate
повседневная деятельность
day-to-day activity
повседневная работа
day-to-day work
повседневное управление
day-to-day management
повсеместное снижение расходов
across the board cuts
повторная реклама
follow-up advertising
повторное напоминание
second reminder
повторное обжалование
second appeal
повторное требование
repeated demand
повторный, *adj.*
1. repeated; 2. second
повторный заказ   repeat order
повышать/повысить оценку
кредитоспособности
upgrade a credit rating
повышение, *n.*   1. advance;
2. improvement; 3. promotion;
4. raise; 5. rise
повышение качества
quality improvement
повышение на ... пунктов
rise of ... points
повышение по службе   promotion
повышение цены   advance in price
погасить, *v.* see: *погашать*
погашать / погасить аванс
pay off an advance
погашение, *n.*   1. cancellation;
2. redemption; 3. repayment;
4. retirement
погашение денежного обязательства
cancellation of liability
погашение долга   1. debt repayment; 2. redemption of debt
погашение задолженности   1. debt
payment; 2. redemption of indebtedness; 3. retirement of debt
погашение кредита
repayment of credit
погашение кредита в рублях
repayment of credit in rubles

погашéние облигáций
redemption of bonds
погашéние ссýды
redemption of a loan
погáшенная ссýда   repaid loan
погáшенный чек   cancelled check
пограни́чный контрóль
border control
погрузи́ть, v. see: грузи́ть
погрýзка, f. 1. loading; 2. shipping
погрýзка без упакóвки
loading without packaging
погрýзка в контéйнерах
loading in containers
погрýзка за счет покупáтеля
loading at the buyer's expense
погрýзка за счет продавцá
loading at the seller's expense
погрýзка навáлом   loading in bulk
погрýзка нáсыпью   loading in bulk
погрýзочно-разгрýзочное оборýдование   handling equipment
подавáть / подáть (+ асс.), v.
1. file; 2. submit
подавáть / подáть докумéнты на
оформлéние   submit documents
for registration
подавáть / подáть докумéнты на
регистрáцию
submit documents for registration
подавáть / подáть заáвку
file an application
подавáть / подáть заявлéние в
арбитрáж
submit a matter for arbitration
подавáть / подáть на обжáлование
file an appeal
подари́ть, v. see: дари́ть
подáтель заáвки   applicant
подáть, v. see: подавáть
подбирáть / подобрáть материáлы
для оцéнки   gather information
for assessment
подвергáть / подвéргнуть про-
вéрке   put to test
подвéргнуть, v. see: подвергáть
подви́жная шкалá цен
floating prices
подви́жность капитáла
fluidity of capital
подготáвливать / подготóвить

(+ асс.), v.   prepare
подготáвливать / подготóвить
документáцию   prepare
documentation
подготáвливать / подготóвить кон-
ферéнцию   prepare a conference
подготáвливать / подготóвить приéм
prepare a reception
подготови́тельные затрáты капитáла
seed capital
подготóвить, v.
see: подготáвливать
подготóвиться, v. see: готóвиться
подготóвка к чемý-ли́бо
preparation for something
подготóвленный проéкт контрáкта
prepared draft of a contract
поддéльная валю́та   1. counterfeit
currency; 2. forged currency
поддéльный товáрный знак
imitated trademark
поддержáние цен на услóвленном
ýровне   price fixing
поддержáть, v. see: поддéрживать
поддéрживать / поддержáть
(+ асс.), v. 1. maintain; 2. support
поддéрживать / поддержáть в
рабóчем состоáнии
maintain in working order
поддéрживать / поддержáть спрос
maintain demand
поддéрживать / поддержáть трудо-
вýю дисципли́ну
maintain work order
поддéрживать / поддержáть ýровень
цен   maintain prices
подéнная плáта
1. day wages; 2. pay by the day
подлежáть обжáлованию
be subject of appeal
подлежáть рассмотрéнию в арбитрáже   be subject to arbitration
подлежáщая вы́чету сýмма
deductibles
пóдлинник, m.   original
подмóченная репутáция
damaged reputation
под надзóром компáнии
under a company's supervision
поднимáть / подня́ть (+ асс.), v.
1. boost; 2. lift; 3. raise

поднима́ть / подня́ть це́ны
1. boost prices; 2. raise prices
подня́ть, v. see: поднима́ть
подобра́ть, v. see: подбира́ть
подозри́тельная репута́ция
suspect reputation
подохо́дный нало́г с зарпла́ты и́ли
с дивиде́ндов withholding tax
подписа́ние, n. signing
подписа́ние а́кта эксперти́зы
signing of an examination report
подписа́ние о́рдера
signing of an order
подписа́ние прика́за
signing of an order
подпи́санное заключе́ние
signed opinion
подпи́санный акт   signed act
подписа́ть, v. see: подпи́сывать
подпи́ска, f. subscription
подпи́сывать / подписа́ть (+ асс.), v.
1. endorse; 2. sign
подпи́сывать / подписа́ть акт
сда́чи-прие́мки
sign an acceptance certificate
подпи́сывать / подписа́ть контра́кт
с компа́нией
sign a contract with a company
подпи́сывать / подписа́ть оборо́т-
ную сто́рону че́ка
endorse a cheque
подпи́сывать / подписа́ть что-ли́бо
по дове́ренности
sign something by proxy
по́дпись, заве́ренная нота́риусом
notarized signature
по́дпись, заве́ренная свиде́телями
witnessed signature
по́дпись на а́кте эксперти́зы signature on an examination report
по́дпись на оборо́те фина́нсового
докуме́нта endorsement
подпо́льная эконо́мика
hidden economy
подро́бная сме́та detailed estimate
подря́д на строи́тельство
construction contract
подря́дная организа́ция contractor
подря́дные рабо́ты
contract operations
подря́дчик, m.

1. bidder; 2. contractor
подстрахо́вывание, n.
1. hedging; 2. laying of a risk
подсуди́мый, m. defendant
подсче́т, m. estimate
подтверди́ть, v. see: подтвержда́ть
подтвержда́ть / подтверди́ть
(+ асс.), v. confirm
подтвержда́ть / подтверди́ть
договорённость
confirm an arrangement
подтвержда́ть / подтверди́ть заве-
ре́ния confirm assurances
подтвержда́ть / подтверди́ть задер-
жа́ние confirm detention
подтвержда́ть / подтверди́ть
обосно́ванность чего́-ли́бо
confirm validity of something
подтвержда́ть / подтверди́ть
уча́стие confirm participation
подтвержда́ть / подтверди́ть це́ну
confirm the price
подтвержде́ние, n.
1. acknowledgement;
2. confirmation; 3. evaluation
подтвержде́ние дипло́ма
diploma evaluation
подтвержде́ние договорённости
confirmation of an arrangement
подтвержде́ние зака́за
acknowledgement of an order
подтвержде́ние отгру́зки
confirmation of shipment
подтвержде́ние отка́за
confirmation of a refusal
подтвержде́ние платежа́
confirmation of payment
подтвержде́ние получе́ния
acknowledgement of receipt
подтвержде́ние по телефа́ксу
confirmation by fax
подтвержде́ние по телефо́ну
confirmation by telephone
подтвержде́ние приглаше́ния
confirmation of an invitation
подтвержде́ние сро́ков встре́чи
confirmation of the dates
of a meeting
подтвержде́ние те́лексом
confirmation by telex
подтверждённое согла́сие

confirmed consent
подтова́рный креди́т
credit against goods
поду́шный нало́г   poll tax
подхо́д, *m.*   approach
подхо́д ме́тодом проб и оши́бок
trial and error approach
подходя́щая та́ра
suitable packaging
подши́вка докуме́нтов
filing documents
подъём делово́й акти́вности
pickup in business activity
подъёмные, *only pl.*
assignment allowance
пое́здка, *f.*   1. travel; 2. trip
пожароопа́сный, *adj.*   fire hazard
поже́ртвование, *n.*   1. charity;
2. donation; 3. endowment
поже́ртвования на
благотвори́тельность
charitable contributions
поже́ртвования продово́льствен-
ных проду́ктов   food donations
пожи́зненная гара́нтия
life time guarantee
пожи́зненная страхова́я ре́нта
life insurance annuity
пожи́зненное страхова́ние на слу́-
чай сме́рти   whole life insurance
пожи́зненный, *adj.*
1. life; 2. lifelong; 3. life time
пожи́зненный контра́кт
life contract
позво́лять / позво́лить страхо-
во́му контра́кту исте́чь
allow insurance policy to lapse
по́здний, *adj.*   late
по́иск, *m.*   search
по́иск и вы́дача храни́мых да́нных
data search and retrieval
по́иск пате́нтной информа́ции
patent search
пойти́, *v.*   see: *1. идти́; 2. ходи́ть*
показа́тель, *m.*
1. index; 2. indicator
показа́ть, *v.*   see: *пока́зывать*
пока́зывать / показа́ть убы́ток
show a loss
покрови́тель, *m.*
1. patron; 2. sponsor

покрыва́ть / покры́ть (+ *acc.), v.*
1. cover; 2. defray; 3. meet;
4. reimburse
покрыва́ть / покры́ть долги́
meet debts
покрыва́ть / покры́ть расхо́ды
defray expenses
покры́тая недоста́ча
covered shortage
покры́тие, *n.*   reimbursement
покры́тие накладны́х расхо́дов
reimbursement of overhead
expenses
покры́ть, *v.*   see: *покрыва́ть*
покупа́тель, *m.*   1. buyer; 2. consumer; 3. customer; 4. purchaser
покупа́тель а́кций   stock buyer
покупа́тельная спосо́бность
purchasing power
покупа́тельная спосо́бность де́нег
cash purchasing power
покупа́тельная спосо́бность
потреби́телей
consumer purchasing power
покупа́тельная спосо́бность рубля́
ruble purchasing power
покупа́тельный потенциа́л
buying power
покупа́тель, предъявля́ющий высо́-
кие тре́бования к ка́честву това́ра
quality conscious consumer
покупа́тель с исключи́тельным
пра́вом на поку́пку това́ра
exclusive buyer
покупа́тель това́ров, не нося́щих
вред окружа́ющей среде́
environmentally conscious
consumer
покупа́ть / купи́ть (+ *acc.; на* + *prep.
на* + *acc.; в* + *prep.), v.*
1. buy; 2. purchase
покупа́ть / купи́ть а́кции на ча́стью
за́нятые де́ньги
buy shares on margin
покупа́ть / купи́ть баснословно
де́шево   buy dirt cheap
покупа́ть / купи́ть и бы́стро про́дать
це́нные бума́ги
in and out of the market
покупа́ть / купи́ть на аукцио́не
buy at an auction

покупа́ть / купи́ть на рубли́
buy for rubles

покупа́ть / купи́ть, не ви́дя това́р
buy goods sight unseen

покупа́ть / купи́ть о́птом
buy wholesale

покупа́ть / купи́ть с пе́рвого
взгля́да   buy at sight

покупа́ть / купи́ть това́ры впрок
purchase of goods for stockpiling

покупа́ть / купи́ть це́нные бума́ги
по теку́щей ры́ночной цене́   buy
securities at a going market price;
2. buy securities at the market

покупа́ть / купи́ть что-ли́бо в
больши́х коли́чествах
1. buy in quantity; 2. buy up

поку́пка, f.   1. acquisition; 2. buying; 3. purchase; 4. takeover

поку́пка а́кций   purchase of shares

поку́пка векселе́й   bill purchase

поку́пка компа́нии
company acquisition

поку́пка компа́нии её управля́ю-
щими   management takeover

поку́пка компа́нии про́тив её же-
ла́ния   hostile takeover

поку́пка компа́нии с её согла́сия
friendly takeover

поку́пка наибо́лее надёжных це́н-
ных бума́г   1. flight to quality;
2. flight-to-safety buying

поку́пка под де́йствием моме́нта
impulse buying

поку́пка поде́ржанного
buy second hand

поку́пка це́нных бума́г
purchase of securities

покупна́я спосо́бность э́кспорта
export purchasing power

покупна́я цена́
1. buying price; 2. purchase price

поле́зная нагру́зка   payload

поле́зный, adj.   effective

по́лис, m.   policy

по́лис, заключённый с иностра́нной
страхово́й компа́нией   policy
taken out with a foreign
insurance company

по́лис иностра́нного страхова́ния
foreign insurance policy

по́лис комбини́рованного страхо-
ва́ния
comprehensive insurance policy

по́лис на страхова́ние экспорти́ру-
емых гру́зов
export cargo insurance policy

по́лис, позволя́ющий меня́ть усло́вия
страхова́ния
convertible insurance policy

поли́тика, f.   1. policy; 2. practices

поли́тика бухга́лтерского учёта
accounting policy

поли́тика в отноше́нии де́нежного
обраще́ния и креди́та
monetary policy

поли́тика ограниче́ния делово́й
акти́вности
restrictive business practices

поли́тика ограниче́ния до́ступа к
мировы́м ры́нкам
segregation from foreign markets

поли́тика откры́тых двере́й
open door policy

поли́тика по́лной за́нятости
full employment policy

поли́тика привлече́ния инвести́ций
policy for attracting investments

поли́тика регули́рования междуна-
ро́дных валю́тных отноше́ний
international monetary policy

поли́тика снабже́ния   supply policy

поли́тика сниже́ния цен
deflationary policy

поли́тика ценообразова́ния
pricing policy

по́лная гара́нтия на ремо́нт автомо-
би́ля   bumper-to-bumper repair
coverage

по́лная опла́та   full payment

по́лная оце́нка
complete assessment

по́лная прове́рка   1. complete
inspection; 2. full examination

по́лная распрода́жа   sell-off

по́лная сто́имость
1. full cost; 2. overall cost

по́лная сто́имость опера́ции
total cost of an operation

по́лная су́мма   full amount

по́лная упла́та   payment in full

по́лная эксперти́за

full examination
по́лное возмеще́ние   full recovery
по́лное испыта́ние   complete test
по́лное обслу́живание   full service
по́лное отклоне́ние
complete rejection
по́лное се́рвисное обслу́живание
full service
по́лное удовлетворе́ние
complete satisfaction
по́лное эмба́рго   complete embargo
полномо́чия, only pl.
1. authority; 2. power
полномо́чия арбитра́жной коми́с-
сии   power of an arbitration
commission
полномо́чия вести́ перегово́ры
authority to conduct negotiations
полномо́чия для проведе́ния в
жизнь при́нятых реше́ний
enforcement power
полномо́чия на заключе́ние сде́лки
authority to conclude a deal
полномо́чия официа́льного пред-
стави́теля   authority of
an official representative
полномо́чия председа́теля внеш-
неторго́вого объедине́ния
authority of the chairman of
a foreign trade corporation
полномо́чный представи́тель
plenipotentiary representative
по́лностью опла́ченная пое́здка
all expense paid trip
по́лные ожида́емые расхо́ды
expected total costs
по́лный, adj.   1. complete; 2. full;
3. overall; 4. total
по́лный акце́пт
complete acceptance
по́лный возвра́т   complete return
по́лный член   full member
по́лный отка́з от отве́тственности
disclaim all responsibilities
по́лный се́рвис   full service
положе́ние, n.   1. position;
2. regulation; 3. statute
положе́ние о сбо́рах
fee regulations
положе́ние с ликви́дными сре́дст-
вами   liquidity position

положи́тельное са́льдо
favorable balance
положи́тельный, adj.
1. active; 2. favorable
положи́тельный бала́нс   1. active
balance; 2. favorable balance
положи́ть, v.   see: класть
поло́мка, f.   breakdown
полоса́ отчужде́ния   right-of-way
полуобрабо́танные изде́лия
semifinished goods
полуфабрика́ты, pl.
semifinished goods
получа́тель, m.
1. bearer; 2. recipient
получа́тель платежа́   payee
получа́тель ссу́ды   borrower
получа́тель субси́дии
grant recipient
получа́ть / получи́ть (+ acc.), v.
1. obtain; 2. receive; 3. secure
получа́ть / получи́ть ава́нс
receive an advance
получа́ть / получи́ть акт о сда́че
прие́мке
receive an acceptance certificate
получа́ть / получи́ть да́нные из
бюллете́ня
obtain data from a bulletin
получа́ть / получи́ть де́ньги в по-
кры́тие до́лга   collect a debt
получа́ть / получи́ть де́ньги по
дове́ренности   draw money
by power of attorney
получа́ть / получи́ть де́ньги по
за́йму   raise a loan
получа́ть / получи́ть де́ньги по че́ку
cash a check
получа́ть / получи́ть доста́вленные
зака́зы   take deliveries
получа́ть / получи́ть заве́рения
receive assurances
получа́ть / получи́ть заём
secure a loan
получа́ть / получи́ть зака́з
1. receive an order;
2. secure an order
получа́ть / получи́ть запро́с от
компа́нии   receive an inquiry
from a company
получа́ть / получи́ть катало́г

receive a catalogue
получа́ть / получи́ть лице́нзию
obtain a license
получа́ть / получи́ть обра́тно
recover
получа́ть / получи́ть подтвержде́-
ние   receive confirmation
получа́ть / получи́ть при́были
secure profits
получа́ть / получи́ть приглаше́ние
receive an invitation
получа́ть / получи́ть сертифика́т
receive a certificate
получа́ть / получи́ть това́ры на
железнодоро́жной ста́нции
receive goods at a railway station
получа́ть / получи́ть това́ры со
скла́да
receive goods from a warehouse
получа́ть / получи́ть финанси́ро-
вание че́рез банк
get bank financing
получе́ние, n.
1. acquisition; 2. receipt
получе́ние гру́за   receipt of cargo
получе́ние гру́за по́лностью
receipt of cargo in full
получе́ние де́нег   receipt of money
получе́ние зака́за
1. acknowledgement of an order;
2. receipt of an order
получе́ние информа́ции
getting information
получе́ние обра́тно   recovery
получе́ние платежа́
receipt of payment
получе́ние техноло́гии
acquisition of technology
получе́ние това́ра   receipt of goods
получе́ние това́ра со скла́да receipt of goods from a warehouse
полу́ченная корреспонде́нция
received correspondence
полу́ченная телефоногра́мма
received telephone message
полу́ченный зака́з   received order
полу́ченный креди́т   1. obtained
credit; 2. received credit
получи́ть, v.   see: получа́ть
по́льза, f.   use
по́льзователи компью́терных сете́й

users of computer networks
по́льзователь, m. 1. client; 2. user
по́льзоваться де́нежными сре́дствами
с аккредити́ва
utilize a letter of credit
по́льзоваться спро́сом
1. be in demand; 2. find a market
полюбо́вная сде́лка
sweetheart deal
помести́ть, v. see: помеща́ть
помеща́ть / помести́ть (на + prep;
в + prep.; + acc.), v.   place
помо́щник, m.
1. assistant; 2. deputy
помо́щник управля́ющего
assistant manager
по́мощь в бе́дственной ситуа́ции
disaster relief
по́мощь в по́исках но́вой рабо́ты,
подлежа́щим увольне́нию
outplacement services
понесе́нный уще́рб
sustained damage
понести́, v. see: нести́
пониже́ние, n.
1. decline; 2. fall; 3. reduction
пониже́ние валю́тного ку́рса
decline in the exchange rate
пониже́ние на ... пу́нктов
fall of ... points
пони́женный курс   reduced rate
поощре́ние, n.   encouragement
поощре́ние прито́ка капита́лов   incentives for capital investment
поощри́тельная систе́ма за́работной
пла́ты   payment by result
попада́ть / попа́сть в зави́симость
become dependent
попада́ть / попа́сть в чёрный
спи́сок   be blacklisted
попа́сть, v. see: попада́ть
попра́вка в сто́рону увеличе́ния
upward adjustment
попра́вка в сто́рону уменьше́ния
downward adjustment
попроси́ть, v. see: проси́ть
портати́вный компью́тер
portable computer
порт захо́да су́дна   port of call
порто́вые сбо́ры port charges
портфе́ль (finance), m.   portfolio

(the securities held by, or on behalf of, an investor)

портфе́ль зака́зов   1. backlog of orders; 2. portfolio of orders

портфе́ль зака́зов компа́нии company backlog

портфе́ль недвижи́мого иму́щества real estate portfolio

портфе́ль це́нных бума́г   1. investment portfolio; 2. portfolio of securities; 3. securities holdings

поруча́ть / поручи́ть (+ acc.), v. 1. assign; 2. authorize

поруча́ть / поручи́ть кому́-ли́бо заключи́ть соглаше́ние authorize somebody to conclude an agreement

поруче́ние по контра́кту guarantee under a contract

поруче́ние, n.   guarantee

поручи́тель, m.   guarantor

поручи́тельство за что-ли́бо guarantee

поручи́ть, v. see: *поруча́ть*

по́рча, f.   damage

поря́док, m. 1. order; 2. priority; 3. procedure

поря́док инспекти́рования inspection procedure

поря́док кредитова́ния crediting procedure

поря́док осуществле́ния платеже́й payment procedure

поря́док отме́ны order of cancellation

поря́док очере́дности   priority

поря́док подписа́ния order of signing

поря́док поста́вок order of deliveries

поря́док проведе́ния аукцио́на procedure of an auction

поря́док рабо́ты тамо́жни customs rules

поря́док рассмотре́ния order of proceedings

поря́док рассмотре́ния прете́нзий arbitration procedure

поря́док рассмотре́ния спо́ров order of consideration of disputes

поря́док регистра́ции order of registration

поря́док сле́дования гру́за order of transportation of cargo

поря́док сро́чности   priority

поря́док фрахтова́ния chartering procedure

по себесто́имости   at cost

посети́ть, v. see: *посеща́ть*

посеща́ть / посети́ть (+ acc.), v. visit

посеща́ть / посети́ть аукцио́н visit an auction

посеще́ние, n.   visit

по́сланное напомина́ние forwarded reminder

посла́ть, v. see: *посыла́ть*

по́сле вы́четов 1. after deductions; 2. net

после́днее уведомле́ние final notice

после́дний, adj.   1. last; 2. final

после́дний взнос   final payment

после́дний срок   final date

после́дний экземпля́р   last copy

после́довательность собы́тий order of events

послужно́й спи́сок   resumé

посо́бие, n.   1. allowance; 2. benefits; 3. grant; 4. pay; 5. subsidy

посо́бие на профессиона́льную подгото́вку   training grant

посо́бие по безрабо́тице unemployment benefits

посо́бие по боле́зни   sick pay

посре́дник, m.   1. broker; 2. dealer

посре́дничество, n. 1. brokerage; 2. mediation

посре́дничество аге́нта mediation of an agent

поста́вить все на свои́ места́ bring something under control

поста́вка, f. 1. delivery; 2. shipment; 3. supply

поста́вка в счет креди́та delivery on credit

поста́вка заку́пленного това́ра purchase delivery

поста́вка по частя́м delivery in lots

поста́вка сде́лана по́лностью delivery is made in full

поста́вка с запозда́нием
late delivery

поста́вка фра́нко   free delivery

поста́вки продово́льствия
food shipments

поста́вленная по́дпись
affixed signature

поставля́ть това́ры на миро́вой
ры́нок
export goods on the world market

поставщи́к, m.
1. shipper; 2. supplier

постате́йный спи́сок   itemized list

постате́йный счет
itemized invoice

постепе́нное паде́ние цен на а́кции
slide of stock prices

постоя́нное местонахожде́ние
domicile

постоя́нные изде́ржки
fixed expenses

постоя́нные изде́ржки с опла́той
нали́чными   cash fixed costs

постоя́нные накладны́е расхо́ды
fixed overhead charges

постоя́нные покупа́тели
loyal customers

постоя́нный, adj.   1. continuous;
2. fixed; 3. permanent

постоя́нный дохо́д   fixed income

постоя́нный разме́р лицензио́нных
платеже́й   fixed royalties

постоя́нный склад
permanent warehouse

постоя́нный спрос
continuous demand

постро́енный на зака́з   custom-built

поступа́ющая корреспонде́нция
1. forthcoming correspondence;
2. incoming mail

поступле́ние нало́гов   tax revenues

поступле́ния от за́ймов
proceeds from loans

по существу́ющей цене́
at prevailing price

посыла́ть / посла́ть (+ acc.), v.
1. forward; 2. send

посыла́ть / посла́ть ве́ксель
forward a draft

посыла́ть / посла́ть гру́ппу
специали́стов для осуществле́ния

надзо́ра над чем-ли́бо
send a team of experts for the
supervision of something

посыла́ть / посла́ть запро́с
send an inquiry

посыла́ть / посла́ть подтвержде́ние
send confirmation

посыла́ть / посла́ть прейскура́нт
зака́зчику
send a price list to a customer

посы́лочная торго́вля
mail-order trade

посы́лочный катало́г
mail-order catalogue

потенциа́л, m.
1. capacity; 2. potential

потенциа́льный покупа́тель
1. potential buyer; 2. prospect

потенциа́льный ры́нок
potential market

потенциа́льный спрос
potential demand

поте́ри, вы́званные перева́лкой
losses caused by transshipment

поте́ри капита́ла   capital losses

поте́ри по вине́ перево́зчика
losses because of a carrier's fault

поте́ри по за́йму   credit losses

поте́ри при обме́не валю́ты
losses on exchange

потерпе́ть, v. see: терпе́ть

поте́ря, f.   1. breach; 2. loss

поте́ря дове́рия   breach of trust

поте́ря за́работка   loss of earnings

поте́ря иму́щества   loss of property

поте́ря управле́ния
breakdown in management

поте́рянная репута́ция
ruined reputation

потеря́ть, v. see: теря́ть

потреби́тели, покупа́ющие проду́к-
цию то́лько да́нной фи́рмы и́ли
ма́рки   loyal customers

потреби́тель, m.
1. consumer; 2. customer

потреби́тельская ка́рточка
ration card

потреби́тельская корзи́нка това́ров
consumer goods basket (a representative group of consumer
goods chosen to provide a con-

sistent reference value against
varying prices)
потреби́тельская рекла́ма
consumer advertising
потреби́тельская цена́
consumer price
потреби́тельские това́ры
дли́тельного по́льзования
durable consumer goods
потреби́тельские услу́ги
consumer services
потреби́тельский кооперати́в
consumer cooperative
потреби́тельский креди́т
consumer credit
потреби́тельский ры́нок
consumer market
потреби́тельский се́ктор эконо́-
мики consumer sector
потреби́тельский спрос
consumer demand
потребле́ние, n. consumption
потребле́ние внутри́ страны́
domestic consumption
потребле́ние в обще́ственном
се́кторе public consumption
потребле́ние на ду́шу населе́ния
per capita consumption
потребле́ние това́ров и услу́г consumption of goods and services
потребле́ние электроэне́ргии
power consumption
потребле́ние эне́ргии и то́плива
energy and fuel consumption
потре́бности в капита́льных затра́тах
capital requirements
потре́бность, f. 1. demand;
2. need; 3. requirements
потре́бность в деньга́х
demand for money
потре́бность в капиталовложе́ниях
investment demand
потре́бность в креди́те
credit requirements
потре́бность в услу́гах
demand for services
потре́бность ры́нка market demand
потре́бовать, v. see: тре́бовать
по упла́те on payment
почасова́я ста́вка за́работной
пла́ты hourly rate

почини́ть, v. see: чини́ть
почи́нка, f. repair
по́чта, f. 1. mail; 2. post
по́чта, доставля́емая на сле́дующий
день overnight mail
почто́вая деклара́ция
postal declaration
почто́вое отправле́ние mail
почто́вый, adj. 1. mailing; 2. postal
почто́вый а́дрес mailing address
почто́вый зака́з mail-order
почто́вый и́ндекс ZIP code (USA)
по́шлина, f. 1. duty; 2. fee; 3. levy;
4. tariff; 5. tax
по́шлина за обрабо́тку докуме́нтов
handling fee
по́шлина за пода́чу filing fee
по́шлина за подгото́вку и отпра́вку
това́ра handling and shipping fee
по́шлина на ввоз import tax
по́шлина на вы́воз export duty
по́шлина, устано́вленная зако́ном
fee required by law
пошту́чная сто́имость cost by piece
поэта́пный, adj. by stage
появля́ющиеся рабо́ты
emerging jobs
права́ владе́льцев а́кций
shareholders' rights
права́ каранти́нного надзо́ра
quarantine inspection rights
права́ на това́рные зна́ки
trademark rights
права́ на эксплуата́цию лицензи́ро-
ванного предприя́тия
franchising rights
пра́вила, pl. 1. instractions; 2. procedures; 3. regulations; 4. rules
пра́вила арбитра́жа
arbitration rules
пра́вила вну́треннего распоря́дка
компа́нии company regulations
пра́вила о валю́тных опера́циях
instructions and regulations
regarding currency transactions
пра́вила, ограни́чивающие у́ровень
шу́ма noise regulations
пра́вила, регули́рующие застро́йку
и испо́льзование террито́рии в
городски́х райо́нах
zoning regulations

пра́вила, регули́рующие капита-
ловложе́ния
  investment regulations
пра́вила те́хники безопа́сности
  safety regulations
пра́вила те́хники безопа́сности и
охра́ны труда́   occupational
  safety and health regulations
пра́вила това́рной би́ржи
  commodity exchange regulations
пра́вила фо́ндовой би́ржи
  stock exchange regulations
пра́вильность оце́нки
  accuracy of assessment
пра́вильный, adj.
  1. accurate; 2. right
прави́тельственная по́мощь
  government assistance
прави́тельственные расхо́ды
  government expenditures
прави́тельственный депози́т
  government deposit
прави́тельственный контра́кт
  government contract
прави́тельство, n.   government
правле́ние, n.
  1. board; 2. executive board
правле́ние компа́нии
  company board
пра́во, n.   1. authority; 2. law;
  3. option; 4. power; 5. right
пра́во акционе́ров на подпи́ску на
а́кции   stock subscription right
пра́во "ве́то"   right of veto
пра́во вы́купа це́нных бума́г
  right of redemption of securities
пра́во должностно́го лица́ де́йст-
вовать по своему́ усмотре́нию
  discretionary power
пра́во ка́ждой из сторо́н
  right of each of the parties
пра́во купи́ть дополни́тельное
коли́чество а́кций по определённой цене́   option to buy more
  shares at certain price
пра́во на апелля́цию   right of appeal
пра́во на и́мпорт   right to import
пра́во на обжа́лование
  right of appeal
пра́во на отка́з   right of refusal
пра́во на отме́ну зака́за

right to cancel an order
пра́во на по́дпись
  right to a signature
пра́во на поку́пку
  right of purchase
пра́во на э́кспорт
  right to export
пра́во пе́рвой по́дписи
  right of first signature
пра́во по́дписи
  authority to sign
пра́во по́дписи юриди́ческого лица́
  legal counsel's right of signature
пра́во поку́пки а́кций
  option to buy shares
пра́во поку́пки а́кций и́ли това́ра в
тече́ние определённого пери́ода
по зара́нее устано́вленной цене
  call option
пра́во прода́жи   right of sale
пра́во прода́жи а́кций и́ли това́ра в
тече́ние определённого вре́мени
по зара́нее устано́вленной цене́
  put option
пра́во прохо́да   right-of-way
пра́во со́бственности
  1. estate; 2. property rights
пра́во удержа́ния зало́га до его́
вы́платы   lien
правова́я защи́та   legal protection
правова́я защи́та това́рного зна́ка
  legal protection of a trademark
правова́я обосно́ванность
  legal basis
правова́я систе́ма   legal system
правова́я среда́   legal environment
правово́е госуда́рство   legal state
правово́е обеспече́ние
  legal security
правово́й, adj.   legal
правово́й докуме́нт   legal document
правовы́е гара́нтии
  legal guarantees
правовы́е осно́вы предпринима́-
тельства
  legal basis of enterpreneurship
правозащи́тная фи́рма   law firm
правомо́чное приня́тие предложе́ния
  valid acceptance of an offer
правопрее́мник, m.
  1. assignee; 2. grantee

пра́ктика уче́та
accounting practices
практи́ческое примене́ние
practical application
превосхо́дный, *adj.*   prime
превраще́ние, *n.*   conversion
превраще́ние в свою́ со́бственность
appropriation
превы́сить максима́льно разре-
шённую су́мму расхо́да
overrun the cost ceiling
превыше́ние креди́та   overdraft
превыше́ние поступле́ния нали́ч-
ности над её расхо́дом
positive cash flow
превыше́ние расхо́да нали́чности
над её поступле́нием
negative cash flow
превыше́ние со́бственных полно-
мо́чий   exceeding one's authority
предвари́тельная договорённость
preliminary arrangement
предвари́тельная рекла́ма
advance advertising
предвари́тельное заключе́ние о
чём-ли́бо   preliminary
conclusion about something
предвари́тельное заключе́ние
соглаше́ния   preliminary
conclusion of an agreement
предвари́тельное соглаше́ние
1. preliminary agreement;
2. tentative agreement
предвари́тельно расфасо́ванные
това́ры   prepackaged goods
предвари́тельные перегово́ры
preliminary negotiations
предвари́тельный, *adj.* 1. advance;
2. preliminary; 3. provisional
предвари́тельный ана́лиз
preliminary analysis
предвари́тельный вы́бор
preliminary choice
предвари́тельный зака́з
advance order
предвори́тельный гонора́р   retainer
преде́л кредитова́ния для обо-
ро́тного капита́ла
working capital credit line
преде́льная нало́говая ста́вка
marginal tax rate

преде́льная но́рма   marginal rate
преде́льная но́рма проце́нта
ceiling rate
преде́льные изде́ржки
marginal costs
преде́льные показа́тели
marginal data
преде́льный, *adj.*
1. final; 2. marginal
предлага́емая сто́имость выполне́ния
прое́кта   bid
предлага́емая цена́   bid
предлага́емые и проси́мые це́ны
bid and asked prices
предлага́ть / предложи́ть катало́г
offer a catalogue
предлага́ть / предложи́ть но́вые
фо́рмы реклами́рования
offer new forms of advertising
предлага́ть / предложи́ть но́у-ха́у
offer know-how
предлага́ть / предложи́ть огово́рку
suggest a clause
предложе́ние, *n.* 1. offer (1. the
price at which a dealer will sell
a currency or a security; 2. the
rate at which a bank will lend
money); 2. proposal; 3. suggestion
предложе́ние бро́кера
broker's offer
предложе́ние о заме́не
replacement offer
предложе́ние о поку́пке контро́ль-
ного паке́та а́кций
takeover bid
предложе́ние о ску́пке а́кций
stock tender offer
предложе́ние по са́мой ни́зкой цене́
1. lowest bid; 2. lowest tender
предложи́ть, *v.* see: *предлага́ть*
предме́т де́ятельности
area of specialization
предме́т контра́кта
subject of a contract
предме́т, *m.*
1. article; 2. item; 3. subject
предме́т оце́нки
subject of assessment
предме́т поста́вки   item for delivery
предме́ты дома́шнего обихо́да
household articles

предме́ты ро́скоши   luxury goods
предназнача́ть / предназна́чить
(+ acc.; + dat.), v.   appropriate
предназна́ченный для жилья́
  residential
предназна́чить, v.
  see: предназнача́ть
преднаме́ренный, adj.   willful
преднового́дняя распрода́жа
  end of the year sale
предоста́вить, v.
  see: предоставля́ть
предоставле́ние в аре́нду и́ли
  в прока́т   rent
предоставле́ние за́ймов   lending
предоставле́ние креди́тов
  credit arrangements
предоставле́ние креди́тов для
  разви́тия   development financing
предоставле́ние лице́нзий
  licensing
предоста́вленный креди́т
  extended credit
предоставля́ть / предоста́вить
  (+ acc.; + dat.), v.   1. extend;
  2 grant; 3. render; 4. submit
предоставля́ть / предоста́вить
  да́нные   submit data
предоставля́ть / предоста́вить
  креди́ты для и́мпорта
  grant credits for imports
предоставля́ть / предоста́вить
  лице́нзию   grant a license
предоставля́ть / предоста́вить
  отсро́чку   grant a postponement
предоставля́ть / предоста́вить
  по́мощь   1. give assistance;
  2. grant an aid
предоставля́ть / предоста́вить
  ски́дку   1. allow a discount;
  2. grant a discount
предоставля́ющаяся возмо́жность
  window of opportunity
предотвраща́ть, v.
  see: предотврати́ть
предотврати́ть / предотвраща́ть
  наруше́ние   prevent infringement
предписа́ния, pl.   regulations
предписа́ния компа́нии
  company regulations
предписа́ния, препя́тствующие

вложе́нию иностра́нного капита́ла
  regulatory barriers to foreign
  investment
предполага́емая сто́имость   1. estimated price; 2. probable cost
предполага́ть / предположи́ть
  (+ acc.), v.   1. assume; 2. speculate
предположи́ть, v.
  see: предполага́ть
предпосы́лка, f.   assumption
предпочти́тельный, adj.
  preferential
предприи́мчивые лю́ди
  enterprising people
предпринима́тель, m.
  1. businessman; 2. enterpreneur
предпринима́тельская де́ятельность
  enterpreneurial activity
предпринима́тельский сою́з
  business alliance
предпринима́тельство, n.
  1. enterprise; 2. entrepreneurship
предпринима́ть / предприня́ть
  попы́тку   undertake an attempt
предприня́ть, v.
  see: предпринима́ть
предприя́тие, n.   1. concern;
  2. enterprise; 3. establishment;
  4. venture
предприя́тие добыва́ющей промы́ш-
  ленности   mining enterprise
предприя́тие, испо́льзующее пото-
  го́нную систе́му труда́ sweatshop
предприя́тия сфе́ры услу́г
  service oriented industries
председа́тель, m.   chairman
представи́тель, m.
  1. representative; 2. spokesman
представи́тель компа́нии, уполно-
  мо́ченный де́лать заявле́ния от её
  и́мени   company spokesman
представи́тель междунаро́дной
  организа́ции   representative of
  an international organization
представи́тельный, adj.
  representative
представи́тельный образе́ц
  representative sample
предста́вить, v.   see: представля́ть
представле́ние докуме́нта на реги-
  стра́цию   filing of a document

представле́ние к знако́мству кого́
и́ли чего́-ли́бо   introduction
предста́вленный прое́кт контра́кта
submitted draft of a contract
представля́ть / предста́вить
(+ acc.), v.   1. introduce; 2. submit
представля́ть / предста́вить
образе́ц   submit a sample
предупреди́тельная маркиро́вка
warning instructions
предупрежде́ние наруше́ния
prevention of infringement
предусма́тривать / предусмотре́ть
защи́ту   provide for protection
предусмо́тренные сме́той посто-
я́нные изде́ржки
budgeted fixed costs
предусмо́тренный, adj.   1. budgeted;
2. provided for; 3. stipulated
предусмотре́ть, v.
see: предусма́тривать
предше́ствующий   prior
предъяви́тель, m.   bearer
предъяви́ть, v.   see: предъявля́ть
предъявля́ть / предъяви́ть (+ acc;
+ dat.), v.   1. claim; 2. present
предъявля́ть / предъяви́ть иск
о недоста́че   claim a shortage
предъявля́ть / предъяви́ть о́рдер
present an order
предъявля́ть / предъяви́ть свои́
права́   assert one's rights
пре́жнее назва́ние   former name
пре́жний, adj.   1. former; 2. prior
пре́жний а́дрес   former address
презента́ция, f.   introduction
презентова́ть пода́рком   give a gift
президе́нт, m.   president
президе́нт компа́нии
company president
преиму́щественное пра́во
1. principal right; 2. priority right;
3. prior right; 4. priority
преиму́щественное пра́во приня́ть
и́ли отклони́ть офе́рту
refusal of an offer
преиму́щество, n.
1. advantage; 2. merit
преиму́щество, полу́ченное
нече́стным путём   unfair advantage
прейскура́нт, m.   price list

прейскура́нт на потреби́тельские
това́ры   consumer goods price list
прейскура́нт на услу́ги
price list for services
прейскура́нтная цена́
1. list price; 2. sticker price
прейскура́нтный и́ндекс
price index
прекрати́ть, v.   see: прекраща́ть
прекраща́ть / прекрати́ть (+ acc.), v.
1. cancel; 2. cease; 3. close; 4. lay;
5. stop; 6. suspend; 7. terminate
прекраща́ть / прекрати́ть вы́плату
дивиде́ндов   suspend dividends
прекраща́ть / прекрати́ть конта́кты
stop contacts
прекраща́ть / прекрати́ть отно-
ше́ния   cease relations
прекраща́ть / прекрати́ть перего-
во́ры   cancel negotiations
прекраще́ние задержа́ния
termination of detention
прекраще́ние обще́ния
breakdown in communications
премиа́льная систе́ма
bonus system
премиа́льные, only pl.   bonus
преоблада́ющая цена́
prevailing price
преоблада́ющие ста́вки
prevailing rates
преоблада́ющий, adj.
1. general; 2. prevailing
препя́тствие, n.
1. objection; 2. barrier
пре́рванная исково́я да́вность
terminated statute of limitations
пресле́довать компа́нию в суде́бном
поря́дке   prosecute a company
пре́ссинг на кого́-ли́бо
pressure on somebody
пресс-конфере́нция, f.
1. briefing; 2. press conference
престу́пная хала́тность
criminal negligence
престу́пный, adj.
1. criminal; 2. delinquent
престу́пный мир   criminal world
прете́нзия, f.   claim
прете́нзия в отноше́нии ка́чества
това́ра   claim concerning

the quality of goods
претéнзия, напрáвленная компáнии
claim forwarded to a company
претéнзия по клúрингу
clearing claim
претéнзия по пóводу кáчества
quality claim
претéнзия по пóводу колúчества
quantity claim
преуспевáть / преуспéть в делáх
succeed in business
преуспéть, *v.* see: *преуспевáть*
преференциáльный, *adj.*
preferential
приблизúтельная ценá
approximate price
прибóр-тéстер, *m.* tester
**прибывáть / прибы́ть по мéсту
назначéния**
arrive at the place of destination
прúбыль, *f.*
1. margin; 2. profit; 3. return
прúбыль за вы́четом налóга
after-tax profit
прúбыль корпорáций
corporate profit
**прúбыль распределéнная мéжду
владéльцами áкций** profit
distributed to shareholders
прúбыль торгóвого предприя́тия
trade margin
прúбыльный, *adj.* profitable
прúбыльный бúзнес
profitable business
прибы́ть, *v.* see: *прибывáть*
приватизациóнная комúссия
privatization commission
приватизациóнные чéки
"privatization" vouchers (in
Russia these vouchers are distributed among citizens to buy shares
in the state-run enterprises)
приватизáция, *f.* privatization
**приватизáция госудáрственного
жилóго фóнда**
privatization of public housing
приватизáция сóбственности
privatization of property
приватизáция страховóго дéла
privatization of the insurance
business

приватизúровать *(+ acc.), v.*
privatize
привилегирóванные áкции
1. preferred shares; 2. preferred
stocks (shares of stock which
entitle the holder to preferential
rights to the dividend over other
shareholders. The shares carry a
fixed rate of interest)
привилегирóванный, *adj.*
1. exclusive; 2. preferred
привилегирóванный жилóй райóн
exclusive neighborhood
привилéгия, *f.* franchise
привлекáтельность, *adj.* appeal
привлекáтельность реклáмы
advertising appeal
**привлекáтельность товáра для
потребúтеля** consumer appeal
**привлекáтельность товáра за счет
егó высóкого кáчества**
quality appeal
**привлекáтельность товáра за счет
егó нúзкой цены́** price appeal
привлекáть / привлéчь *(+ acc.), v.*
1. attract; 2. induce; 3. tap
**привлекáть / привлéчь компáнию
для выполнéния рабóт**
tap a company
**привлекáть / привлéчь на рабóту
наибóлее спосóбных людéй**
tap talent
привлекáть / привлéчь покупáтелей
attract buyers
привлечéние инострáнного капитáла
inducement of foreign capital
**привлечéние покупáтелей высóким
úровнем обслýживания**
service appeal
привлéчь, *v.* see: *привлекáть*
приглашéние, *n.* invitation
приглашéние для переговóров
invitation to negotiations
**приглашéние на подписáние согла-
шéния**
invitation to sign an agreement
приглашéние на приéм
invitation to a reception
**приглашéние торгóвого предста-
вúтельства**
invitation of a trade delegation

приготáвливать / приготóвить
(+ асс.), v.   prepare

приготóвить, v.
see: приготáвливать

придорóжная реклáма
roadside advertisement

приём, m.   1. acceptance;
2. appointment; 3. reception

приём в посóльстве
reception at an embassy

приём в честь когó-лúбо
reception in honor of someone

приём на постоянную рабóту
permanent appointment

приём по слýчаю подписáния
контрáкта   reception to celebrate
the signing of a contract

приёмлемая ценá   acceptable price

приёмлемое кáчество
acceptable quality

приёмлемый, adj.
1. acceptable; 2. reasonable

приёмлемый проéкт контрáкта
acceptable draft of a contract

приёмлемый счет
reasonable charge

приёмно-сдáточный акт
acceptance certificate

приёмные часы́   business hours

приёмный акт   receiving act

признавáть / признáть предмéт
заявки патентоспосóбным
allow an application

признавáть / признáть себя
винóвным   admit guilt

прúзнак, m.   sign

прúзнаки спáда в эконóмике
signs of economic cooling

прúзнанная винá   admitted fault

признáть, v.   see: признавáть

призовóй фонд   prize fund

прикáз брóкеру, дéйствующий в
течéнии мéсяца
good till month order

прúказ брóкеру, дéйствующий
одúн день   day order

прикáз о покýпке   buying order

прикáз о продáже   sell order

прикармáнивать / прикармáнить
прúбыли   pocket profits

прикармáнить, v.

see: прикармáнивать

прикúдка, f.   rough draft

прикладны́е исслéдования
applied research

прилáвок, m.   counter

приложéние, n.
1. appendix; 2. supplement

приложéние к áкту
supplement to an act

приложéние к óрдеру
appendix to an order

прилóженная кóпия   enclosed copy

применéние, n.
1. application; 2. use

применéние круты́х мер
shock therapy

принимáть / приня́ть (+ асс.), v.
1. accept; 2. assume; 3. receive;
4. take part

принимáть / приня́ть возражéние
accept an objection

принимáть / приня́ть закáз
accept an order

принимáть / приня́ть на себя
ведéние дел
assume charge of business

принимáть / приня́ть на себя долгú
assume liabilities

принимáть / приня́ть на себя обязáтельства   assume liabilities

принимáть / приня́ть на себя
обязáтельство
assume an obligation

принимáть / приня́ть на себя пóлную
отвéтственность
assume full responsibility

принимáть / приня́ть предупредú-
тельные мéры прóтив крúзиса
hedge against a crisis

принимáть / приня́ть приглашéние
accept an invitation

принимáть / приня́ть решéние
make a decision

принимáть / приня́ть товáры на
хранéние
receive goods into custody

принимáть / приня́ть учáстие в
аукциóне   take part in an auction

принимáть / приня́ть учáстие в
вы́ставке
take part in an exhibition

принима́ть / приня́ть уча́стие в
перегово́рах
take part in negotiations
принима́ть / приня́ть уча́стие в
расхо́дах share the expenses
принима́ть / приня́ть чек
accept a check (as a payment)
при́нтер, *m.* printer
принуди́тельный арбитра́ж
compulsory arbitration
принуди́ть, *v.* see: *принужда́ть*
принужда́ть / принуди́ть (+ *асс.*), *v.*
force
при́нцип, *m.* 1. idea; 2. principle
при́нцип изобрете́ния
idea of the invention
при́нципы сотру́дничества
principles of cooperation
при́нципы учёта
accounting principles
при́нятая прете́нзия
accepted claim
приня́тие, *n.* 1. acceptance;
2. assumption; 3. receiving
приня́тие во внима́ние allowance
приня́тие к опла́те acceptance
приня́тие предложе́ния
acceptance of bid (e.g., at an
auction or on the Stock Exchange)
приня́тие чего́-либо на себя́
assumption
при́нятый о́рдер accepted order
при́нятый станда́рт
accepted standard
приня́ть, *v.* see: *принима́ть*
приобрести́, *v.* see: *приобрета́ть*
приобрета́ть / приобрести́
(+ *асс.*), *v.* 1. acquire; 2. obtain;
3. purchase
приобрета́ть / приобрести́ компа́-
нию acquire a company
приобрета́ть / приобрести́ кон-
тро́ль acquire control
приобрета́ть / приобрести́ це́нные
бума́ги acquire securities
приобрете́ние, *n.*
1. acquisition; 2. purchase
приобрете́ние зо́лота
purchase of gold
приобрете́ние со́бственности
acquisition of property

приорите́т, *m.* priority
приорите́тная да́та (*patent*)
priority date
приорите́тная зада́ча
high priority task
приорите́тные пробле́мы
1. high priority issues;
2. most urgent problems
приро́дные ресу́рсы
natural resources
приро́ст, *m.*
1. accumulation; 2. gain; 3. growth
приро́ст капита́льной сто́имости
capital gain
приро́ст основно́го капита́ла
1. capital formation;
2. net investment
приро́ст со́бственных средств
equity accumulation
приростны́е изде́ржки
marginal costs
присва́ивать / присво́ить (+ *асс.*), *v.*
appropriate
присва́ивать / присво́ить чужу́ю
со́бственность
appropriate somebody's property
присво́ить, *v.* see: *присва́ивать*
при сложи́вшихся обстоя́тельствах
under the circumstances
присоединённый, *adj.* associate
приспоса́бливаться / приспосо́биться
к чему́-либо
get adjusted to something
приспосо́биться, *v.*
see: *приспоса́бливаться*
приспособле́ние к измене́ниям
на ры́нке
adjustment to market change
приспособля́емость к ры́нку ability to adjust to market economy
приступа́ть / приступи́ть к оформ-
ле́нию begin registration
приступи́ть, *v.* see: *приступа́ть*
присужде́ние контра́кта компа́нии
award of a contract to a company
прису́тствовать (*на* + *prep.*;
в + *prep.*), *v.* present
прису́тствовать на приёме
be present at a reception
притяза́ния на изобрете́ние claim
"приукра́шивание бала́нса"

window dressing
приумножа́ть / приумно́жить
сре́дства augment funds
приумно́жить, v. see: *приумножа́ть*
прихо́д, m. debit
прихо́д и расхо́д
   1. debit and credit;
   2. receipts and expenditures
причини́ть, v. see: *причиня́ть*
причи́на, f. 1. motive; 2. reason
причи́ны, веду́щие к поку́пке
   buying motives
причи́ны для установле́ния кон-
   та́ктов
   grounds for establishing contacts
причиня́ть / причини́ть уще́рб
   cause damage
пробе́г, m. run
пробле́ма конверти́руемости руб-
   ля́ problem of ruble convertibilty
пробле́ма с погаше́нием задо́л-
   женности debt servicing problem
про́бная па́ртия изде́лий
   1. pilot lot; 2. test batch
про́бное испыта́ние trial run
про́бный, adj.
   1. pilot; 2. test; 3. trial
про́бный образе́ц test sample
прова́л, m. 1. collapse; 2. failure
проведе́ние арбитра́жа
   arbitration process
проведе́ние испыта́ния testing
проведе́ние реви́зии auditing
прове́рить, v. see: *проверя́ть*
прове́рка, f. 1. audit; 2. examination; 3. inspection; 4. test
прове́рка гру́за
   examination of cargo
прове́рка докуме́нтов
   examination of documents
прове́рка ка́чества
   quality inspection
прове́рка ка́чества това́ра
   quality inspection of goods
прове́рка коли́чества
   quantity inspection
прове́рка на ме́сте
   on-site inspection
прове́рка отче́тности audit
прове́рка режи́ма рабо́ты
   performance test

прове́рочные форма́льности
   screening procedures
прове́рочный, adj.
   1. pilot; 2. screening
прове́рочный отбо́р соиска́телей
   на заполне́ние рабо́чих вака́нсий
   screening of job applicants
проверя́ть / прове́рить (+ acc.), v.
   1. check; 2. examine; 3. inspect;
   4. test
проверя́ть / прове́рить счет
   check an invoice
провести́, v.
   see: *1. вести́; 2. проводи́ть*
проводи́ть / провести́ (+ acc.), v.
   1. carry out; 2. conduct; 3. hold;
   4. implement
проводи́ть / провести́ сле́дствие
   investigate
проводи́ть / провести́ аукцио́н
   hold an auction
проводи́ть / провести́ в жизнь
   implement
проводи́ть / провести́ в жизнь
   эмба́рго enforce an embargo
проводи́ть / провести́ конфере́нцию
   hold a conference
проводи́ть / провести́ прове́рку
   carry out an inspection
проводи́ть / провести́ рассле́дование
   де́ятельности компа́нии
   investigate a company
проводи́ть / провести́ торги́
   hold tenders
провожа́ть / проводи́ть делега́цию
   see a delegation off
прогно́з, m. 1. forecast; 2. outlook
прогно́з делово́й коньюкту́ры
   forecasting of business activity
прогно́з состоя́ния междунаро́дной
   торго́вли foreign trade outlook
прогнози́рование изде́ржек
   cost forecast
програ́мма, f.
   1. program; 2. itinerary
програ́мма бездефе́ктных поста́вок
   zero defects program
програ́мма визи́та visit itinerary
програ́мма иссле́дований по ма́рке-
   тингу marketing research program
програ́мма капиталовложе́ний на

развитие произво́дства
investment project
програ́мма переквалифика́ции
трудя́щихся
job retraining program
програ́мма по созда́нию рабо́чих
мест   job creation program
програ́мма прие́ма
program of a reception
программи́ст, m.
computer programmer
програ́ммы о совме́стном сбы́те
joint marketing arrangements
програ́ммные проду́кты и обслу́-
живание, относя́щееся к компью́-
терам   computer related products
and services
програ́ммный проду́кт
1. computer software; 2. software
прогре́сс, m.   advance
прогре́сс в да́нной о́бласти те́х-
ники (patent)   1. advance in the
art; 2. progress in the art.
прогресси́вная опла́та
incentive payments
прогу́л, m.   absenteeism
продава́ть / прода́ть (+ асс.), v.   sell
продава́ть / прода́ть в убы́ток
sell below cost
продава́ть / прода́ть информа́цию
sell information
продава́ть / прода́ть лице́нзию
sell a license
продава́ть / прода́ть на аукцио́не
sell at an auction
продава́ть / прода́ть на комис-
сио́нных нача́лах
sell on commission
продава́ть / прода́ть о́птом
sell wholesale
продава́ть / прода́ть по пони́жен-
ному ку́рсу   sell at reduced rates
продава́ть / прода́ть проду́кцию
о́птом и в ро́зницу   sell manufactured goods wholesale and retail
продава́ть / прода́ть с молотка́
sell at an auction
продава́ть / прода́ть так, как есть
sell as is
продава́ть / прода́ть това́ры на
аукцио́не   sell goods at an auction

продава́ть / прода́ть что-ли́бо по
себесто́имости
sell something at cost
продава́ть / прода́ть что-ли́бо с
надба́вкой к цене́
sell something at premium
продаве́ц, m.   1. salesman; 2. seller
продаве́ц а́кций
1. stock dealer; 2. stock seller
продаве́ц маши́н   car salesman
продаве́ц поде́ржанных маши́н
used car salesman
прода́жа, f.   1. sale; 2. selling
прода́жа а́кций   1. sale of shares;
2. sale of stocks
прода́жа бро́керского ме́ста
sale of a seat on the Exchange
прода́жа в креди́т
1. charge sales; 2. sales on credit
прода́жа в рассро́чку   1. deferred
payments; 2. installment sale
прода́жа до́ма за долги́
foreclosure on a house
прода́жа за нали́чные   cash sale
прода́жа за нали́чный расчёт без
доста́вки на дом   cash and carry
прода́жа иму́щества   1. sale of
assets; 2. sale of property
прода́жа контра́ктов
sale of contracts
прода́жа на аукцио́не   auction sale
прода́жа невы́плаченной со́бствен-
ности ба́нком
foreclosure by a bank
прода́жа но́вых а́кций   stock offer
прода́жа по бро́совым це́нам
dumping
прода́жа с молотка́   auction sale
прода́жа со́бственности за про-
сро́ченные долги́   foreclosure
прода́жа с по́мощью торго́вых
автома́тов   automatic vending
прода́жа това́ров из катало́га
catalogue sales
прода́жа це́нных бума́г
sale of securities
прода́жная цена́
1. sale price; 2. selling price
про́данные това́ры   sold goods
прода́ть, v.   see: продава́ть
продле́ние сро́ка

extention of a term
продово́льственные купо́ны
food stamps (USA)
продово́льственные това́ры
1. foodstuffs; 2. provisions
продово́льственный кри́зис
food crisis
продово́льствие, *n.*
1. food; 2. foodstaffs
продолжи́тельность задержа́ния
duration of detention
проду́кт, *m.* product
продукти́вность, *f.* productivity
продукто́вая посы́лка food parcel
проду́кты, входя́щие в соста́в
агреги́рованной проду́кции
component products
проду́кты пе́рвой необходи́мости
indispensable products
проду́кция, в кото́рой специали-
зи́руется предприя́тие
product line
проездны́е расхо́ды
traveling expenses
прое́кт, *m.*
1. design; 2. draft; 3. project
прое́кт бюдже́та 1. budget estimates; 2. draft budget
прое́кт догово́ра draft agreement
прое́кт контра́кта
draft of a contract
прое́ктная документа́ция
design documentation
прое́ктно-констру́кторская инже-
не́рная консультацио́нная фи́рма
firm of consulting engineers
прое́ктно-констру́кторская фи́рма
design firm
прое́ктно-констру́кторские разра-
бо́тки и эксперти́за
engineering
прое́ктно-констру́кторские стан-
да́рты design standards
произвести́, *v.* see: *производи́ть*
производи́тель, *m.*
1. manufacturer; 2. producer
производи́тельность, *f.*
1. performance; 2. productivity
производи́тельность труда́
labor productivity
производи́ть / произвести́

инвентариза́цию take inventory
производи́ть / произвести́ обме́н
make an exchange
производи́ть / произвести́ опла́ту
make a payment
производи́ть / произвести́ расчёты
с поставщико́м
settle accounts with a vendor
производи́ть / произвести́ финан-
си́рование finance
произво́дственная мо́щность
production capacity
произво́дственная нагру́зка
production load
произво́дственная пра́ктика
internship
произво́дственная тра́вма
industrial accident
произво́дственные испыта́ния
field test
произво́дственные поте́ри
losses in production
произво́дственные це́ли
production objectives
произво́дственный, *adj.* industrial
произво́дственный спрос
business demand
произво́дство, *n.*
1. make; 2. manufacture;
3. production; 4. work
произво́дство на по́лную мо́щность
production at full capacity
произво́льное допуще́ние
arbitrary assumption
произво́льный подхо́д
arbitrary approach
происхожде́ние, *n.* origin
происхожде́ние изде́лия
origin of a product
прокурату́ра, *f.* prosecutor's office
промежу́ток вре́мени
1. period; 2. term
промыва́ние мозго́в brainwashing
промы́шленная вы́ставка
industrial exhibition
промы́шленная де́ятельность
industrial activity
промы́шленная фи́рма
industrial firm
промы́шленная электро́ника
industrial electronics

промы́шленная я́рмарка
industrial fair
промы́шленное внедре́ние
commercial introduction
промы́шленное испо́льзование
industrial use
промы́шленное потребле́ние
industrial consumption
промы́шленное предприя́тие
industrial enterprise
промы́шленное примене́ние
industrial use
промы́шленное проекти́рование
industrial design
промы́шленное произво́дство
manufacture
промы́шленное сотру́дничество
industrial cooperation
промы́шленное строи́тельство
industrial construction
промы́шленное холоди́льное обо-
ру́дование   industrial
refrigerating equipment
промы́шленные изде́лия
manufactured items
промы́шленные облига́ции
corporate bonds
промы́шленные това́ры
manufactured goods
промы́шленные това́ры широ́кого
потребле́ния   manufactured
consumer goods
промы́шленный, adj.
1. commercial; 2. industrial
промы́шленный образе́ц (patent)
industrial design
промы́шленный секре́т   trade secret
промы́шленный шпиона́ж
industrial espionage
проникнове́ние, n.   infiltration
про́пуск, m.   permit
пропуска́ть / пропусти́ть груз
че́рез тамо́жню
clear cargo at customs
пропускна́я спосо́бность   1. handling capacity; 2. traffic capacity
пропусти́ть, v. see: пропуска́ть
пропу́щенный абза́ц
omitted paragraph
пропу́щенный пара́граф
omitted paragraph

проси́тель, m.   applicant
проси́ть / попроси́ть образе́ц
1. ask for a sample;
2. request a sample
проспе́кт, m.   prospectus
просро́ченная аре́ндная пла́та
delinquent rent
просро́ченная квартпла́та
delinquent rent
просро́ченная опла́та
overdue payment
просро́ченные нало́ги
delinquent taxes
просро́ченные проце́нты
arrears of interest
просро́ченный, adj.   1. delinquent;
2. overdue; 3. past due
просро́ченный ве́ксель
past due bill
просро́ченный заём   problem loan
просро́ченный счет   1. overextended account; 2. past due bill
просто́й, m.   idle time
просто́й тари́ф   general tariff
просты́е а́кции   equity shares
про́сьба, f.   1. appeal;
2. application; 3. request
про́сьба об усту́пке
request for a discount
про́сьба о заме́не
request for replacement
протекциони́зм, m.   protectionism
противопра́вное де́йствие
illegal act
противопра́вное распределе́ние
illegal distribution
противоречи́вые да́нные
conflicting data
противоречи́вые све́дения
conflicting information
протоко́л, m.
1. minutes; 2. protocol
протоко́л перегово́ров
minutes of negotiations
профессиона́льные ассоциа́ции
professional associations
профессиона́льный, adj.
1. occupational; 2. professional
профсою́з, m.   trade union
профсою́зные рабо́чие
union workers

проходи́ть / пройти́ тамо́женный
досмо́тр   go through customs
процеду́ра, *f.*   procedure
процеду́ра подписа́ния
   signing procedure
процеду́ра проведе́ния торго́в
   bidding procedure
проце́нт, *m.*   1. interest;
   2. percentage; 3. rate; 4. share
проце́нт безгра́мотного населе́ния
   illiteracy rate
проце́нт гра́мотного населе́ния
   literacy rate
проце́нт за́йма   loan interest rate
проце́нт незда́нных в аре́нду
   нежилы́х помеще́ний   vacancy
   rate in commercial real estate
проце́нт непога́шенных в срок
   облига́ций
   rate of defaults on bonds
проце́нт несда́нных кварти́р
   vacancy rate
проце́нт несда́нных учрежде́нчес-
   ких помеще́ний
   office occupancy rate
проце́нт по облига́циям   bond yield
проце́нт пусту́ющих гости́ничных
   номеро́в   hotel vacancy rate
проце́нт ры́нка   market share
проце́нтная усту́пка
   percentage discount
проце́нтное возмеще́ние
   compensation with interest
проце́нтные отчисле́ния
   percentage allocations
проце́нтный дохо́д   interest
проце́нтный дохо́д от це́нных
   бума́г   securities yield
проце́нтный заём
   interest-bearing loan
проце́нтный счет
   interest-bearing account
проце́нты на долгосро́чный заём
   long-term interest
проце́нты на задо́лженность
   interest on debt
проце́нты по аккредити́ву
   letter of credit interest
проце́нты по непога́шенному
   оста́тку
   interest on an unpaid balance

проце́сс. *m.* 1.   flow; 2. process
проце́сс приспособле́ния
   adjustment process
проце́сс произво́дства, не принося́-
   щий вреда́ окружа́ющей среде́
   environmentally safe process
про́чие дохо́ды   1. miscellaneous
   earnings; 2. other income
про́чие расхо́ды   1. miscellaneous
   expenses; 2. miscellaneous costs
пряма́я отгру́зка гру́зов   1. direct
   consignment; 2. direct shipment
пряма́я потреби́тельская рекла́ма
   direct consumer advertising
пряма́я почто́вая рекла́ма
   direct-mail advertising
пряма́я сде́льная за́работная пла́та
   straight piece rate
прямо́е налогообложе́ние
   direct taxation
прямо́е уча́стие
   direct participation
прямо́й нало́г
   1. assessed tax; 2. direct tax
прямы́е затра́ты
   1. direct costs; 2. direct expenses
прямы́е изде́ржки   direct charges
пря́мые свя́зи   direct ties
прямы́е свя́зи производи́телей
   с ро́зничной торго́влей
   direct selling
прямы́е фина́нсовые субси́дии
   direct financial subsidies
публика́тор рекла́мы   advertiser
публика́ция об откры́тии чего́—ли́бо
   publication about the opening of
   something
пункт, *m.*
   1. article; 2. clause; 3. item
пункт в контра́кте
   item in a contract
пункт в контра́кте, обусла́вливаю-
   щий усло́вия плате́жа
   payment clause
пункт догово́ра об отве́тственности
   за убы́тки   indemnity clause
пункт контра́кта о гара́нтиях
   warranty clause
пункт контра́кта, определя́ющий
   усло́вия его́ отме́ны
   termination clause

пункт контра́кта, определя́ющий
усло́вия предвари́тельной опла́ты
prepayment clause
пункт контра́кта о цене́
price clause
пункт об арбитра́же в контра́кте
arbitration clause
пункт прое́кта   draft clause
пункт страхово́го догово́ра, опре-
деля́ющий насле́дника
beneficiary clause
пу́нкты соглаше́ния
1. articles of an agreement;
2. items of an agreement
пуск, m.
1. commissioning; 2. start up
пу́тающее схо́дство това́рных
зна́ков   1. confusing similarity
of trademarks; 2. confusing
trademarks
пу́тающие това́рные зна́ки
confusing trademarks
путеше́ствие, n.   1. travel, 2. trip
ПЭВМ, abbr.   personal computer

Р

рабо́та, f.   1. job; 2. service; 3. work
рабо́та в непо́лную сме́ну
1. part-time job; 2. part-time work
рабо́та в по́лную сме́ну
1. full-time job; 2. full-time work
рабо́та по госуда́рственным зака́-
зам   government business
рабо́та, свя́занные с примене́нием
квалифици́рованного физи́ческого
труда́   technical job
рабо́та, свя́занные с примене́нием
у́мственного труда́
white-collar job
рабо́та, тре́бующая большо́й затра́-
ты труда́   labor-intensive work
рабо́та, тре́бующие примене́ния
компью́тера   computer-based task
рабо́тать (в + prep.; на + prep.;
+ inst.), v.   1. operate; 2. work
рабо́тать на дому́
work out of one's home
рабо́тать на комиссио́нных нача́лах
work on a commission basis

рабо́тать на по́лную мо́щность
run full tilt
рабо́тать по догово́ру
operate under a contract
рабо́тать с перебо́ями
work by fits and starts
рабо́тающий, adj.   working
рабо́тник, доставля́ющий поку́пки
на дом   delivery man
рабо́тник тамо́жни   customs officer
рабо́тник у́мственного труда́
white-collar worker
рабо́тник физи́ческого труда́
blue collar-worker
рабо́чая вака́нсия   job opening
рабо́чая си́ла
1. labor; 2. manpower
рабо́чее ме́сто
1. workplace; 2. workstation
рабо́чие, не принадлежа́щие к проф-
сою́зу   1. non-union workers;
2. unorganized workers
рабо́чие часы́   business hours
рабо́чий гара́нт
guaranteed employment
рабо́чий телефо́н
1. business telephone number;
2. work telephone number
рабо́чий язы́к совме́стных предпри-
я́тий   1. business language of joint
ventures; 2. working language of
joint ventures
ра́вная опла́та   equal pay
ра́вная опла́та за ра́вный труд
equal pay for an equal job
равнодне́вка, f.   work schedule
with an equal number of working
days and days off
равнопра́вные партнёры
equal partners
радиорекла́ма, f.   radio advertising
разбаза́ривание де́нег
waste of money
разбаланси́рованная эконо́мика
imbalances in the economy
разби́вка на составля́ющие
detailed breakdown
разбира́тельство назна́чено на ...
proceedings are set for ...
развал эконо́мики
disintegration of the economy

развива́ть / разви́ть *(+ acc.), v.*
   1. develop; 2. grow
развива́ющиеся стра́ны с ры́ночной
   эконо́микой   developing market
   economies
разви́тие, *n.*
   1. development; 2. growth
разви́тие сотру́дничества
   development of cooperation
разви́тие торго́вли
   development of trade
ра́звитый, *adj.*
   1. advanced; 2. developed
разви́ть, *v.*   see: *развива́ть*
разгосуда́рственность со́бствен-
   ности   denationalization
разгосуда́рствление, *n.*
   conversion of state property
разгру́зка, *f.*   unloading
разда́ча, *f.*   distribution
разде́л иму́щества
   division of property
разде́л догово́ра
   1. clause; 2. paragraph
разде́л ры́нков сбы́та
   market-sharing arrangements
разделя́ть / раздели́ть (*+ acc.), v.*
   share
раздели́ть, *v.*   see: *1. дели́ть;*
   2. разделя́ть
разложе́ние на составля́ющие
   breakdown
разме́р, *m.*   1. amount; 2. extent;
   3. level; 4. quantity; 5. size
разме́р ава́нса
   amount of an advance
разме́р коми́ссии
   amount of commission
разме́р ло́та   lot quantity
разме́р обеспече́ния
   amount of security
разме́р опла́ты   amount of payment
разме́р па́ртии това́ра   lot quantity
разме́р убы́тков   extent of damages
разме́р уще́рба   extent of damages
размести́ть, *v.*   see: *размеща́ть*
размеща́ть / размести́ть (*на + prep.;*
   в + prep; + acc.), v.
   1. distribute; 2. place
размеща́ть / размести́ть заём
   1. float a loan; 2. place a loan

размеще́ние, *n.*   1. distribution; 2.
   floatation; 3. placement; 4. placing
размеще́ние зака́зов
   placing of orders
размеще́ние облига́ций
   floatation of bonds
размеще́ние це́нных бума́г
   placement of securities
ра́зница, *f.*   1. difference; 2. margin
ра́зница в дохо́дах
   income differentiation
ра́зница в ка́честве това́ров
   difference in the quality of goods
ра́зница ме́жду фью́черской и
   нали́чной цено́й   basis
разногла́сия из-за ры́нков
   differences over markets
разнoку́рсица, *f.*   variety of exchange rates set for a certain
   currency (e.g., for a ruble)
разносторо́ннее разви́тие
   diversification
разносторо́ннее разви́тие эконо́мики
   diversification of the economy
разноти́пность, *f.*   diversification
ра́зные должники́   sundry debtors
ра́зные кредито́ры   sundry creditors
ра́зовый арбитра́ж
   onetime arbitration
разраба́тывать / разрабо́тать
   (*+ acc.), v.*   1. design; 2. develop
разрабо́тать, *v.*   see: *разраба́тывать*
разрабо́тка но́вой проду́кции
   product development
разрабо́тчик компью́терных систе́м
   computer systems designer
разреша́ть / разреши́ть вы́дачу за́йма
   approve a loan
разреше́ние, *n.*   1. authorization;
   2. license; 3. permit; 4. settlement
разреше́ние на ввоз това́ра
   import permit
разреше́ние на постро́йку жило́го
   до́ма   residential building permit
разреше́ние на проведе́ние рабо́т
   work permit
разреше́ние на строи́тельство
   building permit
разреше́ние на трудоустро́йство
   work permit
разреше́ние на финанси́рование

financial authorization
разрешéние на экспорт товáра
export permit
разрешéние слóжной проблéмы
breakthrough
разрешéние спóра без судéбного
разбирáтельства
out-of-court settlement
разрешéние спóра в арбитрáже
settlement of a dispute
by arbitration
разрешéнная мóщность
licensed capacity
разрешéнный к выпуску акцио-
нéрный капитáл
authorized capital stock
разýмный, *adj.* reasonable
райóн, *m.* 1. area; 2. region
райóн, страдáющий от экономического упáдка depressed area
райóн строительства
1. construction project; 2. project
райóнный, *adj.* regional
ракéтное тóпливо rocket fuel
рáнее извéстное prior knowledge
раскрывáть / раскрыть (+ *acc*), *v.*
1. display; 2. open
раскрывáть / раскрыть секрéты
произвóдства display know-how
раскрыть, *v.* see: *раскрывáть*
распáд, *m.* breakdown
расписáние, *n.* schedule
расписáние постáвок
delivery schedule
расписка, *f.* receipt
расписка в получéнии грýза
cargo receipt
расписка в получéнии докумéнтов
receipt for documents received
расписка в получéнии зáйма
loan receipt
расписка в получéнии извещéния
notification receipt
расписка на сýмму в ...
receipt for the amount of ...
распла́чиваться / расплатиться в
фóрме аккредитива make payments by a letter of credit
располагáть / расположить
(+ *acc.), v.* 1. place; 2. set
расположить, *v.* see: *располагáть*

распорядительный óрган
managerial body
распределéние, *n.* 1. allocation;
2. distribution; 3. participation;
4. sharing
распределéние валю́тных средств
currency allocations
распределéние дивидéндов среди
владéльцев áкций distribution
of dividends among shareholders
распределéние дохóдов
income distribution
распределéние издéржек
cost distribution
распределéние платежéй
installment plan
распределéние рабóчей силы
allocation of labor
распределéние расхóдов
cost sharing
распределéние риска мéжду сто-
ронáми allocation of risks
between the parties
распределéние сóбственности
distribution of property
распределительная организáция
distributor
распределительная сеть
distribution network
распределительный центр
distribution center
распределить, *v.* see: *распределя́ть*
распределя́ть / распределить
(+ *acc.), v.* 1. allocate; 2. distribute
распределя́ть / распределить
ресýрсы allocate resources
распределя́ть / распределить рынки
allocate markets
распродавáемые по сниженным
цéнам товáры goods on sale
распродáжа, *f.*
1. clearance sale; 2. sale
распродáжа в связи с ликвидáцией
предприятия
going-out-of business sale
распродáжа остáтков товáра
close-out sale
распродáжа с цéлью умéньшить
складские запáсы
inventory reduction sale
распродáжа товáра поврежденного

огнём   fire sale
распространять / распространить
рекламу
distribute an advertisement
распространить, v.
  see: распространять
распыление средств
  piecemeal use of funds
рассекреченная информация
  declassified information
расследование, n.   investigation
расследовать (+ асс.), v.
  investigate
рассмотрение, n.
  1. consideration; 2. proceedings
рассмотрение иска
  consideration of a claim
рассмотрение спора в арбитраж-
ном порядке   consideration of
  a dispute by arbitration
рассчитанный на одного   single
рассчитанный на продажу
  market oriented
рассчитать, v. see: рассчитывать
рассчитывать / рассчитать рентабельность   calculate profitability
расторгнутый договор
  dissolved contract
расторжение, n.
  1. dissolution; 2. termination
расторжимый контракт
  nonbinding contract
расточительное потребление
  wasteful consumption
расточительство, n.   waste
растрата, f.   embezzlement
растратчик, m.   embezzler
растущий рынок
  1. bull market; 2. growing market
расфасованные товары
  packaged goods
расхищение собственности
  theft of property
расход, m.   1. charge; 2. consumption; 3. cost; 4. expenditure;
5. expense; 6. spending
расход валюты   currency outlays
расходная ведомость   cost record
расходные статьи бюджета
  budget allocations
расходование резервных средств

draft on funds
расходы на ведение дела
  1. business expenses;
  2. cost of doing business
расходы на жизнь   living expenses
расходы на капитальные вложения
  capital spending
расходы на непредвиденные нужды
  out-of-pocket expenses
расходы на оборону
  expenditures for defense
расходы на охрану окружающей
среды   1. environmental costs;
  2. environmental expenditures
расходы на продажу
  selling expenses
расходы на производственные
нужды   production expenses
расходы на рекламу   1. advertising
  expenditures; 2. advertising costs
расходы на страхование
  insurance expenses
расходы на топливо   fuel costs
расходы по доставке
  delivery costs
расходы покупателя
  buyer's expenses
расходы по погашению кредита
  debt servicing costs
расходы по стимулированию сбыта
  promotional expenses
расходы потребителей на покупки
  consumer spending
расходы продавца   seller's expenses
расходы, связанные с наймом
рабочей силы   hiring costs
расходы фрахтовщика
  carrier's expenses
расценки, f.
  1. rates; 2. rate scale; 3. tariffs
расценки прейскуранта
  rates of a price list
расчёт в форме открытого счёта
  payments on an open account
расчётная документация
  calculation documents
расчётная палата   clearing house
расчётная таблица
  computation table
расчётный баланс
  balance of claims and liabilities

расчётный лист   payroll
расчётный счет   bank account
расчёты, *pl.*   payments
расчёты в до́лларах
    payments in dollars
расчёты в иностра́нной валю́те
    payments in foreign currency
расчёты ме́жду фи́рмами
    payments between firms
расчёты по транзи́тным перево́зкам
    payments for transit shipments
расчёты с по́мощью доро́жных
че́ков   payments with
    traveller's cheques
расшире́ние обме́на
    broadening of exchange
расшире́ние торго́вли
    expansion of trade
расши́ренный и́мпорт
    extended imports
рационализа́торская гру́ппа
    innovation group
рационализа́торское предложе́ние
    improvement suggestion
реализа́ция акти́вов
    assets disposal
реализа́ция иму́щества   1. sale
    of assets; 2. sale of property
реа́лия дня   actual situation
реа́льная покупа́тельная
спосо́бность
    real purchasing power
реа́льная ста́вка проце́нта
    real interest rate (an effective
    interest rate which is adjusted
    for inflation)
реа́льность заключе́ния контра́кта
    possibility of concluding
    a contract
реа́льные изде́ржки   real costs
реа́льный, *adj.*   real
ревизио́нная коми́ссия
    auditing committee
реви́зия, *f.*   1. audit; 2. inspection
реви́зия пра́вильности начисле́ния
и вы́платы нало́гов   tax audit
реви́зия со стороны́   external audit
ревизо́р, *m.*   1. accountant; 2. audi-
    tor; 3. examiner; 4. inspector
регио́н, *m.*   region
региона́льная конфере́нция

regional conference
региона́льная фина́нсовая де́ятель-
ность   regional financial activities
региона́льные отноше́ния
    regional relations
региона́льный, *adj.*   regional
регистра́тор, *m.*   registrar
регистрацио́нная кни́га
    registration book
регистрацио́нная по́шлина
    registration fee
регистрацио́нное удостовере́ние
    certificate of registration
регистра́ция, *f.*
    1. filing; 2. registration
регистра́ция акционе́рной компа́нии
    registration of a stock company
регистра́ция в пате́нтном бюро́
    registration in a patent bureau
регистра́ция докуме́нтов   filing
регистра́ция корреспонде́нции
    registration of correspondence
регистра́ция пате́нта
    registration of a patent
регистра́ция това́ра на скла́де
    registration of goods at
    a warehouse
регистри́ровать / зарегистри́ровать
(+ *acc.*), *v.*   1. record; 2. register
регистри́ровать / зарегистри́ровать
а́вторское пра́во
    register a copyright
регистри́ровать / зарегистри́ровать
пате́нт   record a patent
регистри́ровать / зарегистри́ровать
това́рный знак
    register a trademark
регистри́ровать / зарегистри́ровать
факт отме́ны   record cancellation
регули́рование, *n.*   1. adjustment;
    2. control; 3. management;
    4. regulation
регули́рование бюдже́та
    budget regulation
регули́рование валю́тного ку́рса
    exchange rate adjustment
регули́рование внешнеторго́вых
отноше́ний   regulation of foreign
    trade relations
регули́рование пла́ты за кварти́ру
    rent control

регули́рование разме́ра зарпла́ты
  salary adjustment
регули́рование спро́са
  demand management
регули́рование цен
  price adjustment
регули́рование эконо́мики
  1. management of the economy;
  2. regulation of the economy
регуля́рная авиали́ния
  scheduled airline
регуля́рные де́нежные вы́платы на
вло́женный капита́л   dividend
реда́ктор те́кстов (computer)
  word processor
рее́стр, m.   1. list; 2. register
рее́стр това́рных зна́ков
  trademark register
режи́м наибо́льшего благоприя́т-
ствия в торго́вле   most favored
  nation status in trade
резе́рв, m.   1. fund; 2. reserve
резе́рв для вы́платы стра́хового
возмеще́ния
  claims settlement fund
резерви́ровать / зарезерви́ровать
(+ acc.), v.   1. book; 2. reserve
резерви́ровать / зарезерви́ровать
биле́ты   book tickets
резе́рвный креди́т   reserve credit
резе́рвный фо́нд   reserve fund
ре́зкий рост безрабо́тицы
  sharp increase in unemployment
ре́зкое кратковре́менное повыше́-
ние цен   spike in prices
ре́зкое ограниче́ние креди́та
  1. credit crunch; 2. credit squeeze
ре́зкое повыше́ние цен на облига́ции
  surge of bond prices
ре́зкое сниже́ние ста́вок и́ли
ку́рсов   rate slashing
ре́зко па́дающие це́ны
  plunging prices
ре́зко увели́чивающиеся расхо́ды
  spiralling costs
ре́зко уменьша́ть / уме́ньшить це́ны
  slash prices
резолю́ция, f.   resolution
результа́т, m.   result
результа́т прове́рки
  result of inspection

резюме́, n.   resumé
реинвести́рованная при́быль
  reinvested profit
реинвести́рованные дивиде́нды
  reinvested dividends
ре́йтинг, m.   rating
рекла́ма, f.   1. advertisement;
  2. advertising; 3. commercial
рекла́ма, вводя́щая покупа́теля в
заблужде́ние
  misleading advertising
рекла́ма в кино́   film advertising
рекла́ма для промы́шленных зака́з-
чиков   industrial advertising
рекла́ма на разве́рнутом центра́ль-
ном листе́
  center spread advertisement
рекла́ма на сте́ндах
  billboard advertising
рекла́ма на ти́тульной страни́це
  front-page advertising
рекла́ма нови́нки
  advertisement of an innovation
рекла́ма пате́нта
  patent advertising
рекла́ма по всей стране́
  national advertising
рекла́ма по ра́дио
  radio advertising
рекла́ма, проника́ющая в подсоз-
на́ние   subliminal advertising
рекла́ма, рассчи́танная на определённые гру́ппы потреби́телей
  selective advertising
рекла́ма ро́зничной торго́вли
  advertisement of retail trade
рекла́ма с по́мощью средств
ма́ссовой информа́ции
  media advertising
рекла́ма с це́лью получи́ть зака́зы
по по́чте   mail-order advertising
рекла́ма цен   price advertising
рекламацио́нный акт
  1. claim; 2. damage claim
реклами́рование в катало́ге
  advertising in a catalogue
реклами́рование в комме́рческой
пре́ссе   trade advertising
реклами́рование, напра́вленное на
потреби́теля
  consumer-oriented advertising

рекламирование на транспорте
transit advertising

рекламирование по радио и телевидению advertising on radio
and television

рекламирование по телевидению
television advertising

рекламирование средствами мас-
совой информации
advertising through mass media

рекламировать (в + prep.; + acc.), v.
advertise

рекламировать изобретение
advertise an invention

рекламировать товары на выставке
advertise goods at an exhibition

рекламируемые товары
advertised goods

рекламная деятельность promotion

рекламная информация
advertising information

рекламная кампания 1. advertising campaign; 2. ad campaign

рекламная кампания по стимулированию сбыта
promotional campaign

рекламная литература
advertising literature

рекламная программа
advertising program

рекламная распродажа по сниженным ценам с целью стиму-
лирования сбыта promotion sale

рекламная статья
advertising article

рекламная стратегия
advertising strategy

рекламное агенство
advertising agency

рекламное дело
advertising business

рекламное объявление, abbr. ad

рекламное объявление commercial spot (in the course of a TV
program or a radio brodcast)

рекламное объявление на целую
страницу full-page advertising

рекламное объявление по радио
radio commercial

рекламное объявление по
телевизору TV commercial

рекламное оформление
advertising design

рекламное приложение
advertising supplement

рекламные и торговые издержки
promotion and sales expenses

рекламные материалы
advertising materials (e.g., book-
lets, catalogues, films, etc.)

рекламный, adj. advertising

рекламный агент advertising agent

рекламный буклет
advertising booklet

рекламный листок
advertising leaflet

рекламный прейскурант
advertising price list

рекламный проспект
advertising prospectus

рекламный товарный знак
advertising trademark

рекламный художник
advertising artist

рекламодатель, m.
1. advertiser; 2. sponsor

рекомендательное письмо
letter of reference

рекомендовать представителя
recommend a representative

рекордно высокий уровень
all-time high

рекордно низкий уровень
all-time low

ремонт, m. repair

ремонт железной дороги
railroad repairs

ремонтировать / отремонтировать
(+ acc.), v. repair

ремонтная мастерская repair shop

ремонтно-обслуживающий персонал
technical support staff

рента, f. rent

рентабельное агенство
profitable agency

рентабельность, f. 1. earning
power; 2. profitability; 3. rate
of return

рентабельность продажи
profitability of a sale

рентабельность рекламы
profitability of an advertisement

рента́бельность услу́г
1. cost-effectivness of services;
2. profitability of services
рента́бельность финанси́рования
profitability of financing
рента́бельный, *adj.*
1. economic; 2. profitable
ре́нтные облига́ции annuity bonds
(bonds with no date for repayment)
ре́нтный дохо́д   rental income
реорганиза́ция администрати́вно-
управле́нческого аппара́та
management restructuring
реорганиза́ция компа́нии
company reorganization
репута́ция, *f.*
1. image; 2. reputation
репута́ция защи́тника окружа́ющей
среды́   green image
репута́ция компа́нии
reputation of a company
репута́ция ма́рки това́ра, сложи́в-
шаяся у покупа́теля   brand image
репута́ция това́ра
reputation of goods
репута́ция това́рного зна́ка
reputation of a trademark
ресе́л, *m.*   resale
ресе́лерская сеть   resale network
респекта́бельный, *adj.*   solid
республика́нский потреби́тельский
ры́нок
consumer market of a Republic
реститу́ция, *f.*   restitution
ресурсосберега́ющая техноло́гия
resource-saving technology
ресу́рсы, *pl.*   1. funds; 2. resources
рефера́т описа́ния изобрете́ния
abstract
рефо́рма цен   price reform
рефо́рма ценообразова́ния
price formation reform
реце́ссия, *f.*   recession
речь иде́т о...   the topic is...
реша́ть / реши́ть вопро́с о рента́-
бельности заключе́ния контра́кта
determine the profitability of
concluding a contract
реша́ющий, *adj.*   1. final; 2. key
реша́ющий фа́ктор   key factor

реше́ние, *n.*
1. action; 2. award; 3. decision
реше́ние арбитра́жа
arbitration decision
реше́ние в по́льзу истца́
decision in favor of a claimant
реше́ние в по́льзу отве́тчика
decision in favor of a defendant
реше́ние, на согласо́ванных сторо-
на́ми усло́виях   decision made on
the conditions agreed upon by the
parties
реше́ние о возмеще́нии
compensation award
реше́ние о заме́не
decision on a replacement
реше́ние операти́вного хара́ктера
administrative action
реше́ние о призна́нии патенто-
спосо́бным   allowance
реше́ние пате́нтного ве́домства
action
реше́ние по аппеля́ции
decision on an appeal
реше́ние про́тив истца́
decision against a claimant
реше́ние про́тив отве́тчика
decision against a defendant
реше́ние с попра́вками
decision with amendments
реше́ние суда́ о возмеще́нии убы́тков
award of damages
реши́ть, *v.* see: *реша́ть*
ри́нуться на поку́пку зо́лота
swarm into gold
риск, *m.*   risk (the insurance industry uses this term to refer to an
insurance proposition as a whole,
rather than to a hazard)
риск замора́живания э́кспортной
вы́ручки
risk of freezing export receipts
риск ненадлежа́щей поста́вки
risk of improper delivery
ри́ск неопла́ты полу́ченного това́ра
risk of default on payment for
received goods
риск перево́зчика   carrier's risk
риск перешёл на покупа́теля
risk has passed to the buyer
риск, подлежа́щий страхо́вке

insurable risk
риск покупа́теля buyer's risk
риск при предоставле́нии креди́та
  credit risk
риск продавца́ seller's risk
риск случа́йной утра́ты това́ра
  risk of accidental loss of goods
риско́ванное вложе́ние де́нег
  1. risky investment;
  2. speculative investment
риско́ванное капиталовложе́ние
  venture
риско́ванный, *adj.*
  1. risky; 2. speculative
риско́ванный би́знес risky business
риско́ванный заём problem loan
рискова́ть (+ *inst.*), *v.* risk
рису́нок, *m.* figure
ро́бот, *m.* robot
робототе́хника, *f.* robotics
ро́вный, *adj.* 1. even; 2. flat
роди́тельская компа́ния
  parent company
роди́тельская фи́рма
  1. mother firm; 2. parent firm
ро́зничная прода́жа
  1. retail; 2. retail sale
ро́зничная торго́вля retail business
ро́зничная цена́
  1. consumer price; 2. retail price
ро́зничный, *adj.* retail
рост, *m.* 1. development; 2. growth;
  3. increase; 4. rise
рост валю́тного ку́рса
  rise in the exchange rate
рост де́нежных дохо́дов населе́ния
  increase in personal income
рост производи́тельности труда́
  productivity gains
рост рента́бельности
  growth of profitability
рост цен price increase
рост цен на ры́нке market rally
ростовщи́к, *m.* 1. money lender;
  2. pawnbroker; 3. loan-shark
ростовщи́к, даю́щий де́ньги под
  зало́г pawnbroker
ростовщи́чество, *n.* loan-sharking
ро́ялти, *only pl.* royalties
рубле́вая при́быль
  earnings in rubles

рубле́вая цена́ price in rubles
рубле́вые сде́лки
  transactions in rubles
рубль, *m.* ruble
рубль име́ет това́рное обеспече́ние
  ruble is covered by goods
руководи́ть (+ *inst.*), *v.*
  1. direct; 2. head
руководи́ть компа́нией
  run a business
руково́дство, *n.* direction
руководя́щие круги́ policymakers
руководя́щие посты́
  executive positions
руководя́щий соста́в
  executive personnel
руло́нный пло́ттер roll plotter
русифици́рованный, *adj.*
  Russianized
русифици́рованный при́нтер
  1. Russianized printer;
  2. printer with Russian characters
русифици́рованный програ́мный
  проду́кт
  Russianized computer software
руча́тельство, *n.* warrant
рыво́к, *m.* leap
ры́нок, *m.* market
ры́нок в выжида́тельном состоя́нии
  hesitant market
ры́нок в упа́дке
  1. down market; 2. soft market
ры́нок деше́вых а́кций
  penny-stock market
ры́нок закры́лся на у́ровне ...
  market closed at ...
ры́нок идёт вверх market goes up
ры́нок идёт вниз market goes down
ры́нок капита́лов
  investment market
ры́нок комме́рческих бума́г
  commercial paper market
ры́нок комме́рческих векселе́й
  discount market
ры́нок краткосро́чного капита́ла
  money market
ры́нок ку́пли-прода́жи недвижи́мости
  real estate market
ры́нок нали́чного това́ра
  spot market
ры́нок не меня́ется

market is unchanged

рынок новых выпусков ценных
 бумаг   market of new issues

рынок облигаций   bond market

рынок падает   1. market goes
 down; 2. market plummets

рынок под открытым небом
 open-air market

рынок покупателя   buyers' market

рынок продавца   sellers' market

рынок рабочей силы   labor market

рынок растёт   market goes up

рынок сбыта
 1. market; 2. sale market

рынок с малой коммерческой
 активностью   thin market

рынок с плохим спросом
 depressed market

рынок с хорошим спросом
 firm market

рынок товаров, оборудования и услуг, способствующих охране окружающей среды   green market

рынок ценных бумаг
 securities market

рыночная норма процента
 market rate

рыночная ориентация
 market orientation

рыночная стоимость
 commercial value

рыночная цена   market price

рыночная экономика
 market economy

рыночноэкономические инстру-
 менты   instruments of economic
 and market policy

рыночные отношения
 market economy

рэкет, m.   racket

рэкетир, m.   racketeer

рэкетирство, n. racketeering

ряд, m.   set

С

со вторых рук
 1. second hand; 2. used

с ограниченным членством или
 капиталом   close

с поправкой на изменение цен
 adjusted for changes in prices

с поправкой на сезонные колебания
 adjusted for seasonal variations

с учётом инфляции
 after allowing for inflation

с учётом чего-либо   taking
 something into consideration

салон, m.   showroom

сальдо баланса
 1. balance; 2. surplus

сальдо по текущим операциям
 current account balance

самая низкая предложенная цена
 lowest bid

самая низкая цена
 1. bottom price; 2. lowest price;
 3. rock-bottom price

саммит, m.   summit

самое важное   bottom line

самое главное допущение
 key assumption

самообслуживание, n.   self-service

самоокупаемость, f.
 self-sufficiency (generation of
 profit equal to a at least specified
 minimum rate of return)

саморегулирующаяся экономика
 self-adjusting economy

самостоятельный, adj.   independent

самоуправление, n.
 self-management

самоуправление предприятием
 management of an enterprise
 by its employees

самофинансирование, n.
 self-financing

санитарно-гигиенические средства
 health aids

санкции за нарушение
 sanctions for violation

санкции против чего-либо или
 кого-либо   sanctions against
 something or somebody

санкционирование, n.   confirmation

санкция, f.   1. penalty; 2. sanction

санкция за нанесение ущерба
 sanction for damages

санкция за нарушение контракта
 sanction for the violation of a
 contract

сантéхник, *m.*   plumber
сантéхника, *f.*   plumbing supplies
сбаланси́ровать, *v.*
  see: *баланси́ровать*
сбаланси́рованное разви́тие
  balanced development
сбаланси́рованный бюджéт
  balanced budget
сбаланси́рованный рост
  balanced growth
сберегáтельная кáсса   savings bank
сберегáтельная кни́жка
  savings book
сберегáтельные облигáции
  savings bonds
сберегáтельные финáнсовые
  учреждéния   thrift institutions
сберегáтельный вклад
  savings deposit
сберегáтельный счет
  savings account
сберегáть / сберéчь (+ *асс.*), *v.*
  save
сбережéния, *pl.*   savings
сберéчь, *v.* see: *сберегáть*
сберкни́жка, *f.*   savings book
сбор, *m.*
  1. collection; 2. fee; 3. levy
сбор взнóсов
  collection of contributions
сбор докумéнтов
  collection of documents
сбор за вы́дачу разрешéния на
  ввоз и вы́воз товáра
  import and export license fee
сбор задóлженности
  collection of payments
сбор за прáво вы́воза товáров
  чéрез тамóжню
  charge for customs clearance
сбор информáции
  collection of information
сбóрка компью́терного оборýдования
  assembly of computer equipment
сбóрщик налóгов   tax collector
сбóры по устанóвленной тáксе
  fees charged at fixed rates
сбывáть / сбыть (+ *асс.*), *v.*
  1. market; 2. sell
сбывáть / сбыть негóдный товáр

(*colloquial*)   sell a bill of goods
сбыт, *m.*
  1. marketing; 2. sale; 3. selling
сбыт без посрéдников
  direct marketing
сбыт посрéдством реклáмы по
  телефóну   telemarketing
сбытовóе объединéние
  marketing association
сбытовóй коператúв
  1. marketing association;
  2. marketing cooperative
сбыть, *v.* see: *сбывáть*
свéжая мысль   fresh idea
свéртывать / сверну́ть произвóдство
  curtail production
сверхплáновый, *adj.*
  above what is planned
сверхсовремéнная тéхника
  high-technology
сверхурóчная рабóта   1. overtime
  work; 2. work after office hours
сверхурóчные, *only pl.*   overtime
световáя реклáма   neon signs
свидéтельство, *n.*
  1. certificate; 2. proof
свидéтельство на товáрный знак
  trademark certificate
свидéтельство об испытáнии
  test certificate
свидéтельство о регистрации компáнии   certificate of incorporation
свидéтельство об учреждéнии компáнии   certificate of incorporation
свидéтельство об экспертúзе
  examination certificate
свидéтельство о происхождéнии
  товáра
  certificate of origin of goods
свобóдная торгóвля   free trade
свобóдная экономúческая зóна
  free economic zone
свобóдное ценообразовáние
  competitive pricing
свободноконвертúруемая валю́та
  1. convertible currency;
  2. hard currency
свобóдно на борту́ (*ф.о.б.*)   free on
  board (f.o.b.) (this term means
  that the price quoted f.o.b. includes both the delivery of the

goods to the dock and loading on to the vessel)

свобо́дно обраща́ющиеся облига́ции
negotiable bonds

свобо́дно обраща́ющиеся це́нные бума́ги   negotiable securities

свободнообраща́ющийся, *adj.*
negotiable

свобо́дные де́ньги   available money

свобо́дные сре́дства
available capital

свобо́дный, *adj.*
1. available; 2. free; 3. open

свобо́дный курс   free rate

свобо́дный обме́н мы́слями и мне́ниями   free exchange of ideas and opinions

свобо́дный от долго́в   free of debts

свобо́дный ры́нок   free market

своди́ть / свести́ воеди́но
consolidate

сво́дка да́нных   data package

сво́дные счета́
consolidated accounts

сво́дный, *adj.*
1. composite; 2. consolidated

сво́дный бала́нс
consolidated balance sheet

своевре́менная опла́та
timely payment

своевре́менное взыска́ние
timely recovery

своевре́менный платёж
prompt payment

свора́чивание, *n.*   curtailment

свя́занный с рабо́той   occupational

свя́зи на осно́ве взаи́мной заинте-ресо́ванности   contacts based on mutual interests

свя́зь, *f.*   1. association; 2. communication; 3. contact

сгруппиро́ванные докуме́нты   file

сдава́ть / сдать (+ *acc.*), *v.*   1. award; 2. commision; 3. rent; 4. submit

сдава́ть / сдать в аре́нду   rent

сдава́ть / сдать в конце́ссию
award a concession

сдава́ть / сдать докуме́нты для сда́чи-прие́мки
submit documents for acceptance

сдать, *v.* see: *сдава́ть*

сда́ча в эксплуата́цию
commissioning

сда́ча-прие́мка, *f.*   acceptance

сда́ча-прие́мка в прису́тствии зака́зчика   acceptance in the customer's presence

сда́ча-прие́мка обору́дования
acceptance of equipment

сда́ча-прие́мка при перева́лке гру́за   acceptance in the transshipment of cargo

сда́ча ста́рого това́ра в счет поку́пки но́вого   trade-in

сде́ланное предложе́ние
1. bid; 2. tender offer

сде́ланный на зака́з   made-to-order

сде́ланный по индивидуа́льному зака́зу   custom-made

сде́лать, *v.* see: *де́лать*

сде́лка, *f.*
1. bargain; 2. deal; 3. transaction

сде́лка для подстрахо́вки   hedging

сде́лка за нали́чный расчёт
cash transaction

сде́лка за нали́чный това́р
spot transaction

сде́лка на предоставле́ние услу́г ти́па инжини́ринг
transaction for the rendering of engineering services

сде́лка но́у-ха́у   transaction for the transfer of know-how (transfer of confidential information regarding the technology of manufacturing of a product or carrying out a process)

сде́лки о ку́пле и́ли прода́же това́-ров на срок   commodity futures

сде́лки с использованием большо́й до́ли за́нятого капита́ла
highly leveraged deal

себесто́имость, *f.*
1. cost price; 2. self-cost

сезо́н, *m.*   season

сезо́нная торго́вля   seasonal trade

сезо́нник, *m.*   free of debts

сезо́нные колеба́ния
seasonal fluctuations

сезо́нный, *adj.*   seasonal

сезо́нный рабо́чий   seasonal worker

сезо́нный спрос   seasonal demand

сейф, m. 1. safe; 2. vault

секретáрь, m. secretary

сéкторы эконóмики, пережива́ющие спад declining sectors of the economy

сéльское хозя́йство agriculture

сельское хозя́йство и смéжные óтрасли
agriculture and related industries

сельскохозя́йственные закýпочные цéны
agricultural procurement prices

сельскохозя́йственные рабóчие farm workers

сельскохозя́йственный, adj.
1. agricultural; 2. farm

сельскохозя́йственный дохóд farm income

сельскохозя́йственный кооперати́в agricultural cooperative

семéйная фéрма family farm

семéйная фи́рма family business

семéйное предприя́тие family enterprise

семéйный бюджéт family budget

семéйный дохóд family income

семья́, f. 1. family; 2. household

сéрвис, m. service

сéрвисное обслýживание rendering of services

серебрó в сли́тках silver bullion

сéрия испыта́ний series of tests

сертифика́т, m.
1. bill; 2. invoice; 2. certificate

сертифика́т госуда́рственной инспéкции
state inspection certificate

сертифика́т для отправлéния waybill

сертифика́т ка́чества quality certificate

сертифика́т о приви́вках vaccination certificate

сертифика́ция, f. certification

"сéрый" ры́нок grey market (semi-legal market of goods sold at inflated prices)

серьéзное упущéние serious negligence

серьéзность наме́рений seriousness of intentions

серьéзный, adj. serious

сéссия, f. session

сеть по перепрода́же resale network

сжи́женный газ liquified gas

сигнализацио́нная систéма signalization system

си́ла, f. 1. energy; 2. power

си́ла воздéйствия рекла́мы advertising power

силовóе оборýдование power equipment

си́льная конкурéнция intense competition

си́льный, adj. 1. intensive; 2. strong

си́льный спрос strong demand

си́мвол, m. 1. symbol; 2. token

символи́ческая упла́та token payment

символи́ческий сбор nominal fee

синекýра, f. sinecure

систéма, f. 1. pattern; 2. system

систéма безнали́чных расчéтов clearing

систéма безопа́сности security system

систéма конкурéнтных цен competitive price system

систéма обеспечéния безопа́сности в отéле hotel security system

систéма потреблéния pattern of consumption

систéма распределéния distribution system

систéма социа́льного обеспечéния welfare system

систéма учéта accounting system

систéма ча́стного предпринима́тельства free enterprise system

систéма электрóнной защи́ты electronic security system

систематизи́ровать да́нные organize data

системати́ческая провéрка regular inspection

системати́ческое уча́стие systematic participation

скачки́, pl. fluctuations

скачки́ на мировóм ры́нке fluctuations on the world market

скачóк, m. leap

скв, *abbr.* 1. convertible currency;
2. hard currency
ски́дка, *f.* 1. concession;
2. discount; 3. mark down
ски́дка на комиссио́нные услу́ги
commission discounts
ски́дка при сде́лках с це́нными бу-
ма́гами по отноше́нию к номина́лу
discount on securities
ски́дка при упла́те нали́чными
cash discount
ски́дка с нали́чного ку́рса
current rate discount
ски́дка с нало́га на инвести́рован-
ный капита́л
investment tax credit
ски́дка со страхово́й пре́мии
premium discount
ски́дка с ро́зничной цены́ для
оптовико́в   trade discount
ски́дка с цены́   price discount
ски́дка с цены́ но́вого това́ра при
сда́че в обме́н ста́рого
trade-in allowance
...% ски́дки ... % discount
склад, *m.* 1. storage; 2. warehouse
склад, разделённый на небольши́е
отсе́ки для индивидуа́льных
клие́нтов mini-warehouse
склад-холоди́льник, *m.*
refrigerated warehouse
складска́я пло́щадь   storage space
скло́нность обме́нного ку́рса до́л-
лара к повыше́нию dollar strength
скло́нность обме́нного ку́рса до́л-
лара к пониже́нию
dollar weakness
скользя́щий гра́фик
flexible schedule
скоропо́ртящиеся това́ры
perishable goods
скоростно́й при́нтер
high-speed printer
ско́рость, *f.* 1. rate; 2. velocity
ско́рость де́нежного обраще́ния
money velocity
ско́рость оборо́та   rate of turnover
ско́рость оборо́та това́рноматери-
а́льных запа́сов
rate of turnover of inventory
скорректи́рованные да́нные

adjusted data
скрыва́ть / скрыть что-ли́бо
hide something
скры́тая безрабо́тица
hidden unemployment
скры́тая инфля́ция   hidden inflation
скры́тая при́быль   hidden profit
скры́тая эконо́мика
hidden economy
скры́тые изде́ржки   hidden costs
скры́тый, *adj.*
1. hidden; 2. invisible
скрыть, *v.* see: *скрыва́ть*
скупа́ть / скупи́ть а́кции
acquire shares
скупа́ть / скупи́ть все вокру́г
buy up
скупи́ть, *v.* see: *скупа́ть*
сла́бый, *adj.* 1. flat; 2. weak
сле́дствие, *n.* investigation
сли́тки и́ли моне́ты из драгоце́нных
мета́ллов станда́ртного ве́са и
про́бы   bullion
слия́ние ба́нков bank merger
слия́ние компа́ний
company merger
сло́жные проце́нты
compound interest
сло́жный, *adj.*
1. compound; 2. complex
слу́жащий, *m.* 1. employee;
2. white collar worker
слу́жащий, рабо́тающий на по́лную
ста́вку full-time employee
слу́жащий, рабо́тающий непо́лное
рабо́чее вре́мя
part-time employee
слу́жба доста́вки зака́зов
delivery service
служе́бная телегра́мма
official cable
служе́бное изобрете́ние
employee's invention
служе́бный, *adj.* official
служе́бный кабине́т   office
служи́ть обеспече́нием
serve as collateral
случа́йная вы́годная поку́пка
chance bargain
случа́йное раскры́тие существа́ изо-
брете́ния accidental disclosure

случа́йность, *f.*
1. accident; 2. contingency
случа́йные расхо́ды
incidental expenses
сме́на владе́льца
change of ownership
сме́та, *f.* 1. budget; 2. cost estimate
сме́та расхо́дов expense budget
сме́та теку́щих затра́т
operating budget
сме́тно-фина́нсовый расчёт
estimate and financial calculation
сме́тные предположе́ния estimate
сме́шанная эконо́мика
mixed economy
смысл, *m.* reason
снабди́ть, *v.* see: *снабжа́ть*
снабжа́ть / снабди́ть (+ *acc.*), *v.*
1. provide; 2. supply
снабже́ние, *n.* 1. offer; 2. procurement; 3. purchasing; 4. supply
снижа́ть / сни́зить (+ *acc.*), *v.*
1. bring down; 2. downgrade;
3. reduce
снижа́ть / сни́зить оце́нку кредитоспосо́бности
downgrade a credit rating
снижа́ть / сни́зить це́ны
bring down prices
сниже́ние, *n.* 1. decline;
2. discount; 3. reduction
сниже́ние изде́ржек cost cutting
сниже́ние сто́имости depreciation
сниже́ние цен 1. decline in prices;
2. price reduction
сниже́ние цен с це́лью подорва́ть
сбыт у конкуре́нтов price-cutting
сни́зить, *v.* see: *снижа́ть*
сни́женные це́ны 1. discount
prices; 2. reduced prices
снима́ть / снять (+ *acc*), *v.* 1. lift;
2. remove; 3. revoke; 4. withdraw
снима́ть / снять де́ньги со счёта
withdraw money from an account
снима́ть / снять запре́т на что-ли́бо
lift a ban on something
снима́ть / снять с себя́ возло́женные полномо́чия resign
снима́ть / снять эмба́рго
remove an embargo
сня́тие контро́ля над це́нами

price decontrol
сня́тые полномо́чия
revoked authority
снять, *v.* see: *снима́ть*
собесе́дование с кандида́том на
рабо́чее ме́сто job interview
собира́ть / собра́ть (+ *acc.*), *v.*
1. collect; 2. investigate; 3. raise
собира́ть / собра́ть да́нные о репута́ции investigate reputation
собира́ть / собра́ть капита́л
raise capital
собира́ть / собра́ть недои́мки
collect arrears
соблюда́ть / соблюсти́ поря́док подписа́ния
observe the order of signing
собра́ть, *v.* see: *собира́ть*
со́бственник, *m.*
1. property owner; 2. proprietor
со́бственная часть капита́ла equity
со́бственность, *f.* property
со́бственность, необлага́емая
нало́гом nontaxable property
соверше́нно но́вый brand-new
соверше́нствование, *n.*
1. development; 2. improvement
сове́т, *m.* board
сове́т директоро́в
board of directors
сове́т директоро́в компа́нии
company board of directors
совеща́ние, *n.*
1. conference; 2. meeting
совладе́лец, *m.* coowner
совладе́ние, *n.* joint ownership
совме́стная отве́тственность
joint responsibility
совме́стная рекла́ма
joint advertisement
совме́стное владе́ние
со́бственностью 1. common
property ownership; 2. joint
property ownership
совме́стное по́льзование joint use
совме́стное предприя́тие
joint venture
совме́стное предприя́тие по контра́кту contractual joint venture
совме́стное произво́дство
joint manufacturing

совмéстное финанси́рование
consolidated financing
совмéстные расхóды   joint cost
совмéстный, *adj.*   1. common;
2. consolidated; 3. joint
совмéстный проéкт   joint project
совмéстный счет   joint account
совокýпная цена́ дня   composite
daily prices (composite daily
price of securities traded on the
Exchange at the end of the day)
совокýпность ба́нковских
организа́ций   banking industry
совокýпные да́нные   aggregate data
совокýпные дохóды
aggregate incomes
совокýпные издéржки
commercial costs
совокýпный, *adj.*   1. aggregate;
2. composite; 3. gross; 4. joint;
5. overall
совокýпный и́ндекс
composite index
совокýпный кредитóр
joint creditor
совокýпный риск   1. composite
risk; 2. overall risk; 3. total risks
совокýпный спрос   1. aggregate
demand; 2. total demand
совпадéние, *n.*
1. coincidence; 2. correspondence
совремéнный, *adj.*
1. current; 2. modern
согла́сие, *n.*
1. agreement; 2. consent
согла́сие истца́   claimant's consent
согла́сие на выполнéние договóра
consent to fulfill an order
согла́сие на заключéние сдéлки
consent to conclude a deal
согла́сие на поста́вку това́ра
consent to deliver goods
согла́сие на страхова́ние
consent to insurance
согла́сие на упла́ту за ущéрб
consent to pay damages
согла́сие на урегули́рование спóра
consent to settle a dispute
согла́сие сторóн
consent of the parties
согласи́ться, *v.*   see: *соглаша́ться*

согла́сно счéту   as per invoice
согласова́ние, *n.*
1. adjustment; 2. agreement
согласóванная цена́   agreed price
согласóванное решéние
balanced decision
согласóванный, *adj.*   1. agreed
upon; 2. arranged; 3. reconciled
согласóванный тари́ф   agreed tariff
согласова́ть, *v.*   see: *согласóвывать*
согласóвывать / согласова́ть вы́бор
agree upon a choice
согласóвывать / согласова́ть
вы́плату   arrange repayment
согласóвывать / согласова́ть счета́
reconcile accounts
соглаша́ться / согласи́ться
(*на + асс.; с + inst.), v.*   agree
соглаша́ться / согласи́ться подпи-
са́ть что-ли́бо
agree to sign something
соглаша́ться / согласи́ться с отка́зом
по зая́вке на патéнт   adhere to the
rejection of a patent application
соглашéние, *n.*   1. agreement;
2. consent; 3. deal; 4. pact
соглашéние на замéну
consent to replacement
соглашéние о брóкерской коми́ссии
brokerage agreement
соглашéние об экономи́ческом и
техни́ческом   сотрýдничестве
agreement on economic and
technical cooperation
соглашéние о взаи́мных поста́вках
agreement on mutual supplies
соглашéние о закýпках
purchase agreement
соглашéние о кли́ринговых расчéтах
clearing agreement
соглашéние о поста́вках
supply agreement
соглашéние о предоставлéнии
исключи́тельных и преимýщест-
венных прав прода́жи
preferential trade agreement
соглашéние о расчéтах по ба́ртеру
barter payment arrangement
соглашéние о свобóдной торгóвле
free trade pact
соглашéние о снабжéнии

distribution agreement
соглашéние о сотру́дничестве
1. cooperation agreement;
2. working agreement
соглашéние по тамóженным
вопрóсам customs agreement
соглашéние сторóн
agreement between parties
содéйствие, *n.*
1. contribution; 2. promotion
содержáщийся на благотвори́-
тельные срéдства
supported by charity
создавáемые рабóты emerging jobs
создавáть / создáть (+ *асс.*), *v.*
1. create; 2. form
создавáть / создáть компáнию
form a company
создáть, *v.* see: *создавáть*
соискáтель на дóлжность
job applicant
соискáтель, *m.* applicant
сократи́ть, *v.* see: *сокращáть*
сокращáть / сократи́ть (+ *асс.*), *v.*
1. curtail; 2. reduce; 3. shrink
сокращáть / сократи́ть и́мпорт
reduce imports
сокращéние, *n.* 1. contraction;
2. curtailment; 3. reduction;
4. shrinkage
сокращéние деловóй акти́вности
contraction in business conditions
сокращéние дефици́та
shrinkage of deficit
сокращéние ры́нка
contraction of the market
сокращéние э́кспортных поступ-
лéний export shortfall
соли́дная компáния
well-established business
соли́дная репутáция
solid reputation
сомневáться в обоснóванности
doubt the validity
сообщáть / сообщи́ть
(+ *асс.; + dat.*), *v.* 1. announce;
2. inform
сообщáть / сообщи́ть о встрéче
inform of a meeting
сообщéние о вы́плате дивидéндов
dividend notice

сообщи́ть, *v.* see: *сообщáть*
соотвéтствовать (+ *dat.*), *v.*
1. conform; 2. corresponde;
3. satisfy
соотвéтствовать образцу́
correspond to a sample
соотвéтствовать полу́ченным
заверéниям conform to the
assurances received
соотвéтствующая валю́та
corresponding currency
соотвéтствующий пакéт
appropriate package
соотношéние мéжду заéмным и
сóбственным капитáлом
debt-to-equity ratio
соотношéние мéжду ценóй и
себестóимостью
cost price relationships
сопостави́мые дáнные
comparable data
сопостави́мые цéны
prices adjusted for comparison
сопостави́мый тари́ф
comparable tariff
сопоставлéние, *n.*
1. comparison; 2. coordination
сопоставлéние тари́фов
coordination of tariffs
сопроводи́ловка (*colloquial*), *f.*
1. accompanying document;
2. covering note
сопроводи́тельная запи́ска
covering note
сопроводи́тельный докумéнт
accompanying document
соревновáние, *n.* competition
сорт, *m.* 1. brand; 2. category
состави́тель прогнóзов forecaster
состáвить, *v.* see: *составля́ть*
составля́ть / состáвить (+ *асс.*), *v.*
1. compile; 2. compose; 3. draw;
4. make up
составля́ть / состáвить катáлог
compile a catalogue
составля́ть / состáвить прейскурáнт
make up a price list
составнáя часть component part
составнóй, *adj.*
1. composite; 2. compound
состоя́ние дел state of affairs

состояние техники (patent)
state of the art
состояться, v.   take place
сотрудники компании, занятые
сбытом   company sales force
сотрудники на окладе
salaried employees
сотрудничество, n.   cooperation
сотрудничество в области внешней торговли
foreign trade cooperation
сохранить, v.   see: сохранять
сохранная квитанция
deposit receipt
сохранять / сохранить (+ асс.), v.
1. maintain; 2. reserve; 3. save
сохранять / сохранить за собой
право   reserve the right
социальная инфраструктура
social infrastructure
социальное обеспечение
social welfare
социальноэкономический статус
socioeconomic status
социальный, adj.   social
спад, m.   1. decline; 2. recession;
3. slowdown
спад деловой активности
business slowdown
спасение компании от банкротства
company bailout
спекулировать (на + prep.; + inst.), v.
speculate
спекулировать на бирже
1. play the market;
2. speculate on the Exchange
спекулировать на повышение
рынка   bull the market
спекулянт, m.
1. profiteer; 2. speculator
спекулянт, играющий на повышение (finance)   bull
спекулятивный, adj.   speculative
спекулятивная деятельность
speculative activity
специализация торговли
specialization of trade
специализированная выставка
specialized exhibition
специализированная фирма
specialized firm

специализированная ярмарка
specialized fair
специализированный, adj.
1. customized; 2. specialized
специализированный банк
specialized bank
специализированный магазин
specialty store
специалист, инвестирующий деньги
клиентов и оперирующий их
счетами   money manager
специалист в области анализа рынка
ценных бумаг   securities analyst
специалист в области биржевого
технического анализа   1. elf
(colloquial); 2. technical market
analyst; 3. technician
специалист, делающий заключение
о состоянии рынка на основании
данных с ленты котировального
аппарата   tape-watcher
специалист по компьютерному
математическому обеспечению
software specialist
специалист по компьютерным
системам   systems analyst
специалист по рынкам сбыта
marketing expert
специальная маркировка
special instructions
специально разработанные изделия
designer products
специальные инструкции
special instructions
специальный, adj.   special
специальный текущий счет
special current account
спецификация, f.   specification
спецификация оборудования
equipment specification
спецификация по контракту
specification under a contract
спецификация прибора
instrument specification
спецификация производственного
заказа
production order specification
списание долга   debt forgivness
списание расходов из налогов
deduction of expenses from taxes
списанная задолженность

written off indebtness
спи́саннная недоста́ча
  written off shortage
списа́ть, v. see: *спи́сывать*
спи́сок, *m.* 1. list; 2. register
спи́сок адреса́тов для рассы́лки
  публика́ций mailing list
спи́сок иностра́нных компа́ний
  list of foreign firms
спи́сок инофи́рм
  list of foreign firms
спи́сок КОКОМ COCOM list (Coordinating Committee of East-West
  Trade Policy) (list of goods restricted for sale to the countries
  of the former Soviet block)
спи́сывать / списа́ть обору́дование
  retire equipment
спо́нсор, *m.* sponsor
спонта́нное приглаше́ние
  spontaneous invitation
спор, *m.* 1. argument; 2. dispute
спор в суде́бном проце́ссе
  dispute in court proceedings
спор ме́жду страхова́телем и
  страховщико́м dispute between
  an insured and an insurer
спор о деньга́х dispute over money
спор по ку́пле-прода́же
  dispute over sales
спо́соб, *m.*
  1. method; 2. procedure; 3. process
спо́соб изготовле́ния изде́лия
  process of making a product
спо́соб испо́льзования изде́лия
  process of using a product
спо́соб опла́ты method of payment
спо́соб приня́тия реше́ний
  decision making procedure
спо́соб приобрете́ния
  mode of acquisition
спосо́бность, *f.*
  1. capacity; 2. power
спосо́бность к обме́ну
  exchangeability
спосо́бность приноси́ть дохо́д
  earning power
способствовать разви́тию сотру́д-
  ничества encourage the
  development of cooperation
спосо́бствовать чему́-ли́бо

contribute to something
спосо́бствующее обстоя́тельство
  contributing factor
спот *(finance)*, *m.* spot (cash price
  for immediate delivery)
справедли́вая цена́ fair price
справедли́вость, *f.*
  1. fairness; 2. validity
справедли́вый, *adj.* fair
спра́вка, *f.* reference
спра́вочная цена́ reference price
спра́вочный курс posted rate
спра́вочный указа́тель компа́ний
  trade directory
спра́шиваемая цена́ asking price
спрос, *m.* demand
спрос, вы́званный рекла́мой
  advertisement-led demand
спрос госуда́рственного се́ктора
  public demand
спрос на и́мпортные това́ры
  import demand
спрос на рабо́чие вака́нсии
  job demand
спрос на свобо́дно конверти́руемую
  валю́ту demand for hard currency
спрос со стороны́ населе́ния
  private demand
спу́тниковая анте́нна satellite dish
спу́тниковая связь
  communication via satellite
сравне́ние, *n.* comparison
сравни́тельная себесто́имость
  comparative cost price
сравни́тельная цена́
  comparable price
сравни́тельный, *adj.* comparative
сравни́тельный ана́лиз
  comparative analysis
сравни́тельный бала́нс акти́вов и
  пасси́вов
  comparative balance sheet
среднегеометри́ческие те́мпы
  compound rate
среднегеометри́ческий, *adj.*
  compound
сре́днее значе́ние за день
  daily average
сре́днее коли́чество
  average amount
среднеры́ночный курс

market average
среднесро́чный креди́т
intermediate-term credit
среднестатисти́ческая прода́жная цена́   median sales price
сре́дний курс
1. average rate; 2. mean rate
сре́дний объём зака́за
average order size
сре́дний потреби́тель
average consumer
сре́дний ры́ночный курс
market average
сре́дняя продолжи́тельность рабо́чей неде́ли   average work week
сре́дняя сто́имость   average cost
сре́дняя цена́   average price
сре́дства, pl.   1. fixed assets;
2. funds; 3. receipts
сре́дства, вы́рученные от прода́жи
receipts from a sale
сре́дства из вну́тренних исто́чников
internal funds
сре́дства, легкообраща́емые в нали́чные   liquidity
сре́дства материа́льного поощре́ния
financial incentives
сре́дства на поку́пки, име́ющиеся в распоряже́нии покупа́телей
buying power
сре́дства широ́кого распростране́ния рекла́мы   advertising media
срок, m.   1. date; 2. length;
3. period; 4. term; 5. time
сро́к ве́кселя   term of a bill
срок вступле́ния в си́лу
effective date
срок го́дности   life
срок истече́ния го́дности
expiration date
сро́к опла́ты   payment period
срок отсро́чки платеже́й
grace period
срок платежа́   due date
срок погаше́ния   term of maturity
срок погаше́ния задо́лженности
collection period
срок погаше́ния облига́ций
maturity of the bonds
срок погаше́ния це́нных бума́г
maturity date

срок полномо́чий и́збранного лица́
term of office
срок рабо́ты аукцио́на
duration of an auction
срок слу́жбы   length of service
срок хране́ния   period of storage
срок хране́ния проду́ктов
shelf lifetime
срок эксплуата́ции
operating service life
сро́чная би́ржа   futures market
(market which deals in commodities and securities with trades made today for settlement at some future date)
сро́чная доста́вка   1. prompt delivery; 2. special delivery
сро́чная прода́жа из запа́сов
unloading
сро́чная распрода́жа по са́мым ни́зким це́нам   fire sale
сро́чная сде́лка
contract for forward delivery
сро́чная телегра́мма   urgent cable
сро́чное заключе́ние контра́кта
speedy conclusion of a contract
сро́чное заключе́ние соглаше́ния
urgent conclusion of an agreement
сро́чное уведомле́ние
urgent notification
сро́чные обяза́тельства
accrued liabilities
сро́чные перегово́ры
urgent negotiations
сро́чный, adj.   1. forward; 2. future;
3. prompt; 4. urgent
сро́чный вклад
1. demand deposit; 2. time deposit
сро́чный зака́з
1. priority order; 2. rush order
ссу́да, f.   loan
ссу́да в разме́ре ...
loan in the amount of ...
ссу́да делово́му предприя́тию
business loan
ссу́да на поку́пку автомоби́ля
car loan
ссу́да на потреби́тельские ну́жды
consumer loan
ссу́да под зало́г недвижи́мости

mortgage
ссу́да под недвижи́мость
real estate loan
ссу́да по э́кспортным опера́циям
loan for exportation
ссуди́ть, *v.* see: *ссужа́ть*
ссу́дные опера́ции   loan business
ссу́дный капита́л   money capital
ссу́дный проце́нт   cost of borrowing
ссу́дный счет   loan account
ссу́до-сберега́тельный банк
savings and loan bank
ссужа́ть / ссуди́ть (*+ асс.*), *v.*   lend
ссужа́ть / ссуди́ть деньга́ми
lend money
ссы́лка, *f.*   reference
ссы́лка на контра́кт
reference to a contract
ссыскно́е аге́нство
detective agency
стабилиза́ция, *f.*   stabilization
стабилиза́ция ры́нка
market stabilization
стабилиза́ция цен
price stabilization
стаби́льность дохо́дов
earnings stability
ста́вка, *f.*   1. cost; 2. rate
ста́вка дивиде́нда по а́кциям
rate of dividend on shares
ста́вка коми́ссии   commission rate
ста́вка креди́тного проце́нта,
взима́емая с лу́чших клие́нтов
prime rate
ста́вка накладны́х расхо́дов
overhead rate
ста́вка окла́да   rate of pay
ста́вка по закладно́й
mortgage rate
ста́вка проце́нта   1. cost of money;
2. rate of interest
ста́вка проце́нта на заёмный капи-
та́л   borrowing rate
ста́вка проце́нта по креди́там
cost of capital
ста́вка ссу́дного проце́нта
1. lending rate;
2. money lending rate
ста́вка страхово́й пре́мии
rate of insurance
ста́вка тамо́женной по́шлины

customs tariff rate
ста́вки аре́ндной пла́ты
rental rates
ста́вки железнодоро́жных тари́фов
rail rates
ста́вки за́работной пла́ты
rates of wages
ста́вки сбо́ров   rates of charges
ста́вленник, *m.*   protégé
стагна́ция, *f.*   stagnation
стаж, *m.*   service
станда́рт, *m.*   standard
стандартиза́ция докуме́нтов
standardization of documents
стандартиза́ция конте́йнеров
container standards
станда́ртная офе́рта   standard offer
станда́ртный вы́чет из дохо́дов
standard deductions
станда́ртный тест   standard test
станда́рты ка́чества
quality specification
стара́тельность персона́ла
diligence of employees
старт, *m.*   start
старшинство́, *n.*   priority
стати́стика, *f.*   statistics
стати́стика и́мпорта
import statistics
статисти́ческая информа́ция
statistical information
статисти́ческая прове́рка
statistical test
статисти́ческие вы́кладки
statistical data
статисти́ческие показа́тели делово́й
акти́вности   business barometers
статисти́ческий, *adj.*   statistical
статисти́ческий ана́лиз
statistical analysis
статисти́ческий бюллете́нь
statistical bulletin
статьи́ расхо́дов   expense items
стать чле́ном   become a member
статья́, *f.*   1. article; 2. item
статья́ бала́нса   balance item
ста́тья бала́нса и́ли сме́ты   item
статья́ догово́ра
1. article; 2. article of a treaty
статья́ изде́ржек   cost item
статья́ и́мпорта   import article

статья́ ко́декса   article of a code
сте́пень, f.   rate
сте́пень вероя́тности
   rate of probability
сте́пень зави́симости
   rate of dependency
стимули́ровать инве́стмент
   spur investments
сти́мулы, pl.
   1. incentives; 2. inducements
стипе́ндия, f.
   1. grant; 2. scholarship
сто́имость, f.   1. cost; 2. fare;
   3. price; 4. value
сто́имость авиабиле́та   air fare
сто́имость возмеще́ния
   cost of compensation
сто́имость в теку́щих це́нах, вы́ра-
   женных в до́лларах
   price in current dollars
сто́имость жи́зни   cost-of-living
сто́имость зака́за   cost of an order
сто́имость зда́ния под учрежде́ние
   office-building value
сто́имость изде́лия
   cost of a manufactured item
сто́имость и фрахт (к.а.ф.)   cost
   and freight (c.a.f.) (term indicates
   that the price of shipment includes transit cost. The cost of
   insurance is the responsibility of
   the buyer)
сто́имость капита́льного ремо́нта
   overhaul cost
сто́имость командиро́вки
   cost of a business trip
сто́имость креди́та   1. borrowing
   costs; 2. cost of borrowing
сто́имость лице́нзии
   cost of a license
сто́имость медици́нского обслу́-
   живания   health care costs
сто́имость нови́нки
   cost of innovation
сто́имость обору́дования
   cost of equipment
сто́имость перево́зки
   cost of transportation
сто́имость поддержа́ния в поря́дке
   cost of upkeep
сто́имость подпи́ски

underwriting costs
сто́имость приобрете́ния
   acquisition cost
сто́имость про́данной проду́кции
   cost of products sold
сто́имость прое́ктно-констру́ктор-
   ских рабо́т   design costs
сто́имость рабо́чей си́лы
   labor costs
сто́имость рекла́мы
   cost of advertising
сто́имость ремо́нта и́ли заме́ны
   renewal cost
сто́имость сде́лки
   value of a transaction
сто́имость, страхова́ние, фрахт
   с.и.ф.)   cost, insurance, freight
   (c.i.f.) (a contractual term indicat-
   ing that the price includes delivery and insurance costs)
сто́имость страхова́ния
   cost of insurance
сто́имость строи́тельных рабо́т
   cost of construction
сто́имость строи́тельства
   construction costs
сто́имость това́ра   cost of goods
сто́имость това́ра при перепрода́же
   resale value
сто́имость, ука́занная по контра́кту
   contractual value
сто́имость услу́г   cost of services
сто́имость услу́г аге́нства
   agency fee for services
сто́имость фра́хта   cost of freight
сто́имость хране́ния
   cost of storage
сто́имость це́нных бума́г
   value of securities
сто́имость э́кспорта
   value of exports
сто́имость эфи́рного вре́мени
   cost of TV or radio time
сто́имостью ...   which cost ...
столбцо́вая диагра́мма   bar chart
сторона́, f.   1. litigant; 2. party
сторона́ в суде́бном проце́ссе
   litigant
сторона́, предложи́вшая наивы́сшую
   це́ну   highest bidder
страна́-должни́к, f.   debtor nation

страна́-кредито́р, *f.* creditor nation
стра́ны с централизо́ванным пла́-
новым хозя́йством
    centrally planned economies
страхова́ние, *n.* 1. insurance;
    2. insurance industry
страхова́ние ба́нковских вкла́дов
    insurance of bank deposits
страхова́ние без предвари́тельного
    медици́нского осмо́тра insurance
    without a medical examination
страхова́ние в пути́
    transportation insurance
страхова́ние гражда́нской отве́тст-
    венности liability insurance
страхова́ние гру́за cargo insurance
страхова́ние деловы́х предприя́тий
    business insurance
страхова́ние жи́зни life insurance
страхова́ние жи́зни на определён-
    ный срок 1. fixed term insurance;
    2. term life insurance
страхова́ние жилья́
    home insurance
страхова́ние здоро́вья
    health insurance
страхова́ние ипоте́чной
    задо́лженности
    mortgage insurance
страхова́ние креди́та
    insurance of credit
страхова́ние креди́тных и валю́т-
    ных ри́сков insurance of credit
    and exchange risks
страхова́ние на вы́дачу посо́бия по
    боле́зни полу́ченной на произво́д-
    стве workmen's compensation
    insurance
страхова́ние на су́мму необходи́-
    мую для восстановле́ния потеря́н-
    ного иму́щества
    replacement value insurance
страхова́ние от вое́нных ри́сков
    war insurance
страхова́ние от всех ви́дов ри́ска
    all risks insurance
страхова́ние от кра́жи
    theft insurance
страхова́ние от медици́нских
    оши́бок
    medical malpractice insurance

страхова́ние от наводне́ния
    flood insurance
страхова́ние от некомпете́нтного ве-
    де́ния дел malpractice insurance
страхова́ние от несча́стного слу́чая
    1. accident insurance;
    2. casualty insurance
страхова́ние от неурожа́я
    crop insurance
страхова́ние от пожа́ра
    fire insurance
страхова́ние по безрабо́тице
    unemployment insurance
страхова́ние по нетрудоспосо́бности
    disability insurance
страхова́ние по по́лису
    insurance under a policy
страхова́ние почто́вых отправле́ний
    postal insurance
страхова́ние предприя́тий от поте́рь,
    вы́званных преостановле́нием их
    де́ятельности из-за стихи́йных
    бе́дствий
    business interruption insurance
страхова́ние со́бственности
    property insurance
страхова́ние тра́нспортных средств
    vehicle insurance
страхова́ние тури́стов
    travel insurance
страхова́ние це́нных бума́г
    insurance of securities
страхова́ние чрезвыча́йных меди́-
    ци́нских расхо́дов
    major medical expense insurance
страхова́тель, *m.* insured
страхова́я вы́плата
    insurance payment
страхова́я компа́ния 1. insurance
    company; 2. insurance under-
    writer; 3. insurer
страхова́я пре́мия
    insurance premium
страхо́вка, *f.* insurance
страхо́вка а́вто-ко́мби
    comprehensive vehicle insurance
страхо́вка на опла́ту лече́ния зубо́в
    dental insurance
страхо́вка про́тив несча́стного
    слу́чая accident insurance
страхово́е аге́нство

insurance agency
страховóе дéло   insurance business
страховóе покры́тие
insurance coverage
страховóе посóбие
insurance benefit
страховóй агéнт   insurance agent
страховóй би́знес
insurance business
страховóй контрáкт
insurance contract
страховóй пóлис
insurance policy
страховóй риск   insurance risk
страховóй ры́нок   insurance market
страховóй тари́ф   1. insurance
rates; 2. underwriting rates
страховщи́к, *m.*   insurer
страховы́е опера́ции
insurance operations
страховы́е стáвки   insurance rates
страховы́е фóрмы
insurance documents
строи́тельная компáния
1. construction company;
2. land developer
строи́тельная площáдка
construction site
строи́тельные материáлы
1. building materials;
2. construction materials
строи́тельный, *adj.*   construction
строи́тельный кооперати́в
construction cooperative
строи́тельство, *n.*   1. construction;
2. property development
строи́тельство нóвых объéктов
construction of new projects
строи́тельство под ключ
construction on a turnkey basis
строи́тельство торгóвых цéнтров
construction of shopping centers
строи́тельство шоссéйных дорóг
highway construction
стройматериáлы, *only pl.*
1. building materials;
2. construction materials
структу́ра затрáт   cost structure
**структу́ра междунарóдной тор-
гóвли**   framework of foreign trade
структу́ра потреблéния

structure of consumption
структу́ра товáрного ры́нка
structure of a commodities market
студéнческая ви́за   student visa
субподря́д, *m.*   subcontract
субсиди́руемый э́кспорт
subsidized export
субси́дия, *f.*
1. grant; 2. grant-in-aid; 3. subsidy
**субси́дия на оплáту путевы́х
расхóдов**   travel grant
**субси́дия на сельскохозя́йственную
продýкцию**   agricultural subsidy
**субси́дия на финанси́рование иссле́-
довательских рабóт**   research grant
суд, *m.*   1. court; 2. court of law
судéбная документáция
court documents
судéбное разбирáтельство
1. court proceedings; 2. litigation;
3. proceedings
**судéбные делá, свя́занные с нар-
кóтиками и организóванной пре-
стýпностью**
drug and organized crime cases
судéбные издéржки   legal expenses
судéбные полномóчия
court jurisdiction
судéбный процéсс   1. court
proceedings; 2. proceedings
су́мма, *f.*   1. amount; 2. level;
3. sum; 4. total; 5. volume
су́мма авáнса   sum of an advance
су́мма акредити́ва
letter of credit amount
су́мма акти́вов   assets holdings
су́мма ассигновáний
amount of allocations
су́мма, ассигнóванная по резолю́ции
amount appropriated by resolution
су́мма балáнса   total assets
су́мма вознаграждéния
amount of compensation
су́мма в рубля́х   1. amount
in rubles; 2. sum in rubles
су́мма вы́четов
amount of deductions
су́мма дéнег   sum of money
су́мма дóлга   1. amount of debt;
2. indebtedness
су́мма зáйма   1. amount of a loan;

2. principal amount

су́мма за́ймов   volume of credit

су́мма, на кото́рую начисля́ются проце́нты   principal amount

су́мма нало́говых поступле́ний   tax collection

су́мма невы́плаченного до́лга   amount of outstanding debt

су́мма обяза́тельств по счета́м   accounts outstanding

су́мма опла́ты   total payment

су́мма, подлежа́щая опла́те   amount due

су́мма по счёту   invoice sum

су́мма убы́тка   amount of loss

су́мма убы́тка, подлежа́щая возме-ще́нию убы́тков   amount of settle-ment (in accordance with an agreement or with a court order)

сумма́рная сто́имость   1. integrated cost; 2. total cost

сумма́рные изде́ржки   1. aggregate costs; 2. overall expenses; 3. total costs

сумма́рный, adj.   1. aggregate; 2. overall; 3. total

сумми́ровать (+ acc. pl), v.   add up

суперкомпью́тер, m.   supercomputer

суперма́ркет, m.   supermarket

су́точная ве́домость   daily records

су́точные, only pl.   1. daily allowance; 2. per diem expenses

су́точный, adj.   daily

суще́ственный, adj.   1. essential; 2. material

существо́ зая́вки (patent)   merits of the application

существу́ющая вероя́тность повы-ше́ния в цене́   price appreciation potential

существу́ющая возмо́жность   potential

существу́ющая цена́   existing price

существу́ющий поря́док   existing order

сфе́ра, f.   1. area; 2. field; 3. sphere

сфе́ра обме́на   sphere of exchange

сформули́ровать, v.   see: формули́ровать

схе́ма, f.   1. chart; 2. flowchart

схе́ма структу́ры организа́ции   organization chart

схе́ма технологи́ческого проце́сса   flowchart

схо́дная цена́   fair price

схо́дные това́рные зна́ки   similar trade-marks

схо́дный, adj.   1. fair; 2. similar

счёт, m.   1. account; 2. bill; 3. charge; 4. check; 5. invoice

счёт амортиза́ции   depreciation account

счёт ассигнова́ний   appropriation account

счёт без задо́лженности   clear account

счёт в до́лларах   invoice in dollars

счёт в драгоце́нных мета́ллах   precious metals account

счёт в рестора́не   restaurant check

счёт вы́писан на и́мя ...   invoice is made out in the name of ...

счёт за перево́зку   shipping charges

счёт за́работной пла́ты   payroll account

счёт за техни́ческие услу́ги   engineering fees

счёт за услу́ги   service charge

счёт за услу́ги по инжини́рингу   engineering fees

счёт за хране́ние   storage charges

счёт кру́пного клие́нта и́ли зака́з-чика   major account

счёт на и́мя ...   invoice in the name of ...

счёт на опла́ту   invoice for payment

счёт на представи́тельские расхо́ды   expense account

счёт на приобретённые това́ры   purchase invoice

счёт на су́мму в ...   invoice in the amount of ...

счёт от аге́нства   bill from an agency

счёт при́былей и убы́тков   loss and gain account

счёт реализа́ции   sales account

счета́ к получе́нию   accounts receivable

счета́, подлежа́щие опла́те   accounts payable

счета́ расчётов внутри́ страны́
domestic accounts
счетово́д, *m.*   bookkeeper
сырьево́й, *adj.*   primary
сырьево́й ры́нок
raw materials market
сырьево́й това́р
1. commodity; 2. raw material
сырьё, *n.*   1. commodities; 2. primary goods; 3. raw materials
сэконо́мить, *v.*   see: *эконо́мить*

Т

табли́ца в специфика́ции
specification table
табли́цы для пересчёта
adjustment tables
та́йные торги́   sealed bids
таллониза́ция, *f.*
issue of rationing coupons
талло́ны на бензи́н для госуда́рственных маши́н   coupons for buying fuel for state-owned vehicles
тамо́женная деклара́ция
customs declaration
тамо́женная деклара́ция по прибы́тии   bill of entry
тамо́женная инспе́кция
customs inspection
тамо́женная по́шлина
customs duty
тамо́женник, *m.*   customs officer
тамо́женное разреше́ние на ввоз и́ли вы́воз това́ра
customs clearance
тамо́женное управле́ние customs
тамо́женные пра́вила
customs procedures
тамо́женные предписа́ния
customs regulations
тамо́женные расхо́ды
customs expenses
тамо́женные сбо́ры   customs fees
тамо́женный докуме́нт
customs document
тамо́женный зало́г customs bond
тамо́женный запре́т customs ban
тамо́женный инспе́ктор

customs inspector
тамо́женный склад
customs warehouse
тамо́женный сою́з   customs union
тамо́женный тари́ф   customs tariff
тамо́жня, *f.*   customs
тамо́жня в морско́м по́рту
customs at a sea port
та́ра, *f.*   1. package; 2. packaging; 3. packing container
таре́лка *(colloquial), f.*
satellite dish
тари́ф, *m.*   1. rate; 2. tariff
тари́ф для бытовы́х потреби́телей
residential rates
тари́ф для сбо́ров   fee tariff
тари́ф за прока́т   rental rates
тари́ф на коммуна́льные услу́ги
utility rates
тари́ф на рекла́мные объявле́ния
advertisement rates
тари́ф на техни́ческое обслу́живание
technical services tariff
тари́фная се́тка   table of rates
тари́фная ста́вка   tariff rate
тари́фная цена́   tariff price
тари́фное расписа́ние   rate scale
тари́фное соглаше́ние
tariff agreement
тари́фный и́ндекс   tariff index
тари́фы возду́шных перево́зок
air freight rates
тве́рдая валю́та   1. convertible currency; 2. hard currency
тве́рдая офе́рта *(finance)*
firm offer
тве́рдая ста́вка проце́нта
fixed rate of interest
тве́рдая су́мма гонора́ра   flat fee
тве́рдая цена́   firm price
тве́рдое предложе́ние   firm offer
тве́рдое то́пливо   solid fuel
тве́рдые валю́тные ку́рсы
fixed exchange rates
тве́рдый, *adj.*
1. firm; 2. fixed; 3. hard; 4. solid
тве́рдый проце́нт   fixed interest
тве́рдый тари́ф   fixed fee
тво́рческий труд   creative work
текст соглаше́ния
text of an agreement

текст статьи́   text of an article

теку́честь рабо́чей си́лы
1. personnel turnover;
2. work force turnover

теку́щая задо́лженность
floating debt

теку́щая проце́нтная ста́вка
current interest

теку́щая цена́   current price

теку́щее состоя́ние ры́нка
actual state of the market

теку́щие опера́ции
current transactions

теку́щие произво́дственные рас-
хо́ды   current operating expenses

теку́щие расхо́ды   1. current expenditures; 2. current expenses;
3. operating expenditures

теку́щие ри́ски   current risks

теку́щие собы́тия
current developments

теку́щие счета́   operating accounts

теку́щий, adj.
1. current; 2. going; 3. operating

теку́щий дефици́т   current deficit

теку́щий разме́р дивиде́нда
current dividend

теку́щий ремо́нт   maintenance

теку́щий ры́ночный валю́тный курс
going market rate

телеаукцио́н, m.   TV auction

телеви́дение, n.   television (TV)

телеви́дение с высо́кой разре-
ша́ющей спосо́бностью
high resolution TV

телевизио́нная рекла́ма
TV advertising

телеви́зор с высо́кой разреша́ющей
спосо́бностью экра́на
high resolution TV set

телегра́мма, f.   1. cable; 2. telegram

телегра́мма-уведомле́ние, f.
notification by cable

телегра́фный и́ндекс
telegraph code

телекоммуникацио́нное обору́до-
вание
telecommunications equipment

телекоммуника́ция, f.
telecommunications

те́лекс, m.   telex

те́лекс о согла́сии   telex of consent

телета́йп, m.   telex

телефа́кс, m.   fax machine

телефо́н, m.   telephone

телефо́нная кни́га
telephone directory

телефо́нное спра́вочное бюро́
telephone information service

телефо́нные цифровы́е систе́мы
telephone digital systems

телефоногра́мма, f.
telephone message

телефоногра́мма каса́тельно
чего́-ли́бо   telephone message
concerning something

телефоногра́мма поставщику́
telephone message to a supplier

те́ма, f.   project

те́мпы инфля́ции   inflation rate

те́мпы оживле́ния эконо́мики
pace of economic recovery

те́мпы ро́ста   rate of growth

тенде́нции разви́тия
development trends

тенде́нция, f.   trend

тенде́нция к повыше́нию
1. bullish trend; 2. upward trend

тенде́нция к пониже́нию   1. bearish
trend; 2. downward trend

те́ндер, m.   tender (the term refers
to any formal offer to supply or
purchase goods, services, or
securities)

те́ндерная документа́ция
tender documentation

те́ндерное соглаше́ние
tender agreement

тенева́я эконо́мика
shadow economy (a part of the
economy hidden from taxation)

теплова́я электроста́нция
conventional power plant

терпе́ть / потерпе́ть убы́тки
suffer losses

теря́ть / потеря́ть репута́цию
lose reputation

те́сный, adj.   close

тест, m.   test

тест, проводи́мый по тре́бованию
зака́зчика   test conducted
on a customer's request

те́хник, *m.* technician

те́хника взя́тия образца́
sampling procedure

те́хника делово́го обраще́ния
business conducting techniques

техни́ческая документа́ция
technical documentation

техни́ческая инстру́кция
technical instructions

техни́ческая коопера́ция с ино-
стра́нными госуда́рствами
technological relations with
foreign countries

техни́ческая по́мощь
technical assistance

техни́ческая эксперти́за
technical examination

техни́ческие да́нные образца́ technical specifications of a sample

техни́ческие нормати́вы
technical norms

техни́ческие но́рмы и инстру́кции
technical regulations

техни́ческие характери́стики
нови́нки technical characteristics
of an innovation

техни́ческий, *adj.* technical

техни́ческий консульта́нт
technical adviser

техни́ческий прогре́сс
technical progress

техни́ческий у́ровень произво́дства
technical level of production

техни́ческое зо́лото technical gold

техни́ческое обоснова́ние
technical justification

техни́ческое проекти́рование
engineering design

техни́ческое сотру́дничество
technical cooperation

технологи́ческая модерниза́ция
technological modernization

технологи́ческая отста́лость
technological backwardness

технологи́ческий, *adj.*
technological

технологи́ческое обоснова́ние
technological justification

техноло́гия, *f.* 1. method; 2. method
of production; 3. technology

техноло́гия произво́дства
production technology

технопа́рк, *m.* industrial park

ти́кер, *m.* ticker

ти́кер-анали́ст, *m.* tape-watcher

тип, *m.* type

тип комме́рческого ба́нка
type of commercial bank

типи́чный покупа́тель
average buyer

типово́е испыта́ние standard test

типово́е соглаше́ние
model agreement

типово́й, *adj.* 1. model; 2. standard

типово́й контра́кт
standard contract

типогра́фские расхо́ды
printing costs

тира́ж, *m.* circulation

ти́тул со́бственности deed

това́р, *m.* 1. article; 2. commodity;
3. merchandise; 4. product

това́р без фабри́чной ма́рки
изготови́теля generic brand

това́р под о́бщим назва́нием без
указа́ния фабри́чной ма́рки
изготови́теля no-name brand

това́рная би́ржа
commodity exchange

това́рная фе́рма commercial farm

това́рное назва́ние trade name

това́рное произво́дство
commodity production

това́рно-зало́говый креди́т
goods pledged with a bank

това́рно-материа́льные це́нности
material assets

това́рные пото́ки 1. flow of commodities; 2. flows of goods

това́рные соглаше́ния
commodity agreements

това́рные фо́нды commodity funds

това́рный аккредити́в
commercial letter of credit

това́рный аукцио́н
commodity auction

това́рный го́лод
acute shortage of goods

това́рный докуме́нт
goods document

това́рный знак trademark

това́рный знак компа́нии

company trademark
товáрный знак на реклáме
trademark on an advertisement
товáрный знак на упакóвке
trademark on packaging
товáрный обмéн   goods exchange
товáрный образéц   sample of goods
товáрный склад   warehouse
товáрный трáнсферт
transfer of goods
товáрный э́кспорт
commodity exports
товаровéд, *m.*   commodity expert
товарораспоряди́тельная документáция
documents of title to the goods
товáры, *pl.*   goods
товáры в тамóженном залóге
bonded goods
товáры, вы́ставленные на продáжу
goods offered for sale
товáры дли́тельного пóльзования
durable goods
товáры инострáнного происхож-
дéния   goods of foreign origin
товáры кратковрéменного пóльзования   nondurable goods
товáры однорáзового пóльзования
single-use goods
товáры привлекáтельные для молодёжи   goods with youth appeal
товáры, продавáемые за валю́ту
1. currency earning goods;
2. goods sold for currency
товáры произвóдственного назначéния   capital goods
товáры с завы́шенной ценóй
overpriced goods
товáры ширóкого потреблéния
consumer goods
товáры ширóко извéстных мáрок
brand-name goods
тождéственный товáрный знак
identical trademark
толковáние контрáкта
interpretation of a contract
толковáть (+ *acc.*), *v.*   interpret
тóнер, *m.*   toner
тóпливно-энергети́ческий сéктор
fuel-energy sector
торг, *m.*   bargaining

торги́, *pl.*
1. auction; 2. tender; 3. trading
торги́ на би́рже
trading on the Exchange
торговáть (*c + inst.; + inst.*), *v.*
trade
торговáться (*c + inst.;
из-за + gen.*), *v.*   1. bargain;
2. haggle; 3. negotiate
торгóвая вы́ставка
commercial exhibition
торгóвая дéятельность   1. commercial activity; 2. trading;
3. trading activity
торгóвая компáния
trading company
торгóвая мáрка   brand
Торгóвая палáта
Chamber of Commerce
торгóвая поли́тика
commercial policy
торгóвая фи́рма   trading house
торгóвая я́рмарка   trade fair
торгóвец, *m.*   1. broker; 2. dealer;
3. merchant; 4. trader
торгóвец автомоби́лями   car dealer
торгóвец орýжием   arms trader
торгóвец подéржанными автомо-
би́лями   used car dealer
торгóвец цéнными бумáгами
1. securities dealer;
2. securities broker
торгóвля, *f.*   1. commerce;
2. marketing; 3. trade
торгóвля за нали́чные   cash trade
торгóвля товáрами
commodity trade
торгóвля на би́рже
trade on the Exchange
торгóвля на оснóве взаи́мной
вы́годы   fair trade
торгóвля опциóнами
trade in options
торгóвля орýжием
1. arms trade; 2. weapons trade
торгóвля патéнтами
patent marketing
торгóвля товáрами
merchandise trade
торгóвля цéнными бумáгами
securities trade

торго́вое аге́нство   trade agency
торго́вое отделе́ние промы́шленной
фи́рмы   sales branch
торго́вое пра́во   commercial law
торго́вое представи́тельство
trade mission
торго́вое су́дно   merchant ship
торго́во-посре́дническая фи́рма
intermediary trading company
торго́во-промы́шленная вы́ставка
commercial and industrial
exhibition
Торговопромы́шленная пала́та
Chamber of Commerce and
Industry
торго́вые изде́ржки   1. commercial
expenses; 2. trading costs
торго́вые конфли́кты   trade frictions
торго́вые отноше́ния
commercial relations
торго́вые партнёры   trade partners
торго́вые пото́ки   commercial flows
торго́вые противоре́чия
trade dispute
торговые сделки
commercial transactions
торго́вые спо́ры
commercial disputes
торго́вый, adj.
1. commercial; 2. trade
торго́вый автома́т   vending machine
торго́вый автома́т, рабо́тающий на
моне́тах
coin-operated vending machine
торго́вый аге́нт   commercial agent
торго́вый бала́нс   trade balance
торго́вый бюллете́нь   1. commercial
bulletin; 2. trade bulletin
торго́вый день на би́рже   session
торго́вый догово́р   trade agreement
торго́вый дом   1. firm; 2. house; 3.
trading company; 4. trading house
торго́вый оборо́тный капита́л
trade capital
торго́вый райо́н   shopping area
торго́вый сове́тник
commercial counselor
торго́вый станда́рт
commercial standard
торго́вый центр, состоя́щий из
магази́нов, принадлежа́щих

компа́ниям-производи́телям
factory outlet mall
торго́вый цикл   commercial cycle
торгпре́дство, n.   trade mission
торможе́ние рефо́рм
slowdown of reforms
традицио́нная ку́пля-прода́жа
това́ров   conventional
merchandise transaction
транзи́т, m.   transit
транзи́тные расхо́ды   transit costs
транзи́тный груз   transit cargo
транзи́т, предусмо́тренный согла-
ше́нием   transit provided for by
the agreement
транзи́т че́рез не́сколько стран
transit through several countries
транзи́т че́рез промежу́точную
страну́
transit through a third country
транснациона́льная корпора́ция
international corporation
тра́нспорт, m.   transportation
тра́нспорт зака́зчика
buyer provides transportation
транспортиро́вка, f.
1. shipping; 2. transportation
тра́нспортная компа́ния
1. carrier; 2. shipping company
тра́нспортная накладна́я
1. consignment note; 2. waybill
тра́нспортная сеть
transportation network
тра́нспортная систе́ма
transportation system
тра́нспортное аге́нство
transportation agency
тра́нспортные затра́ты
shipping costs
тра́нспортные изде́ржки
1. forwarding charges;
2. transportation expenses
тра́нспортный вертолёт
transport helicopter
тра́нспортный отде́л
1. traffic department;
2. transportation department
тра́нспортный самолёт
transport plane
тра́нсферт (finance), m.   transfer
(transfer of securities from the

seller to the buyer including
registration of the securities
to the buyer's name)
траст-фонд, *m.* trust fund
тра́тта *(finance), f.*
1. bill; 2. bill of exchange
тре́бование, *n.*
1. claim; 2. demand; 3. request
тре́бование возвра́та де́нег
request for a refund
тре́бование кредито́ра
creditor's demand
**тре́бование на вы́плату страхово́го
возмеще́ния** insurance claim
тре́бование на со́бственность
property claim
тре́бование опла́ты чего́-ли́бо
demand for the payment
of something
**тре́бование от бро́кера клие́нту
внести́ на счет дополни́тельные
сре́дства** margin call
**тре́бование по возмеще́нию
убы́тков** damage claim
**тре́бование по заме́не повреж-
де́нного гру́за** demand for the
replacement of damaged cargo
**тре́бование по повыше́нию за́ра-
ботной пла́ты**
demand for higher wages
**тре́бования для получе́ния лице́н-
зии** licensing requirements
тре́бовать / потре́бовать *(+ асс.), v.*
1. claim; 2. demand; 3. request
**тре́бовать / потре́бовать возмеще́-
ния понесе́нного уще́рба**
claim damages
**тре́бовать / потре́бовать исклю-
че́ния из обложе́ния нало́гом**
claim exemption from taxes
**тре́бовать / потре́бовать объяс-
не́ний** demand explanations
тре́бовать / потре́бовать отме́ны
request cancellation
тре́буемая эксперти́за
required examination
тренд, *m.* trend
тре́ния, *pl.* frictions
трест, *m.* trust
трете́йский суд arbitration
тре́тье лицо́ third party

**тре́тья сторона́, отве́тственная
за платежи́** third party payer
труд, *m.* 1. labor; 2. work
труди́ться *(на + prep.; в + prep.), v.*
work
**труднозаполня́емые рабо́чие
вака́нсии** hard-to-fill jobs
тру́дности с получе́нием креди́та
1. credit crunch;
2. financial squeeze
тру́дные фина́нсовые обстоя́тельства
financial straits
**трудова́я за́нятость в промы́шлен-
ности** industrial employment
трудово́й догово́р 1. employment
contract; 2. labor contract
трудоспосо́бный, *adj.* able-bodied
трудя́щиеся, *pl.* work people
тру́женик, *m.* hard worker
тури́сткий курс обме́на валю́ты
tourist rate of exchange
тща́тельная прове́рка screening
тща́тельно подо́бранный сотру́дник
hand-picked employee
тща́тельный вы́бор careful choice
тя́жба, *f.* litigation
тяже́лая промы́шленность
heavy industry
тяже́лый, *adj* 1. hard; 2. heavy
тя́жесть отве́тственности
burden of responsibility

У

убеди́тельные объясне́ния
conclusive arguments
убеди́ть, *v.* see: *убежда́ть*
убежда́ть / убеди́ть в чем-ли́бо
convince of something
**убира́ть / убра́ть препя́тствия на
пути́ поку́пки одно́й компа́нии дру-
го́й** rescind takeover obstacles
убира́ть / убра́ть форма́льности
waive formalities
убо́рка зда́ний janitorial services
убра́ть, *v.* see: *убира́ть*
**убыва́ющий дохо́д на вло́женный
капита́л**
diminishing return on investment
убы́ток, *m.* 1. damage; 2. loss

убы́ток от неисполне́ния обяза́-
тельств   loss because of default
убы́ток по неосторо́жности
loss because of negligence
убы́точное предприя́тие
unprofitable enterprise
убы́точный би́знес
unprofitable business
уважа́ть чьи-ли́бо права́
respect one's rights
уве́домить, v. see: уведомля́ть
уведомле́ние, n.   notification
уведомле́ние об акце́пте
notification of acceptance
уведомле́ние об отгру́зке
notification of shipment
уведомле́ние о переда́че де́ла в
арбитра́ж   notification of referral
of a matter to arbitration
уведомля́ть / уве́домить (+ acc.;
o + prep.), v.   1. inform; 2. notify
уведомля́ть / уве́домить бизнес-
ме́на о чем-ли́бо
notify a businessman of something
уведомля́ть / уве́домить об откло-
не́нии   notify about rejection
увеличе́ние, n.
1. growth; 2. increase; 3. widening
увеличе́ние де́нежных дохо́дов
населе́ния
increase in personal income
увеличе́ние дефици́та
widening of a deficit
увеличе́ние за́работной пла́ты
pay raise
увеличе́ние и́мпорта
increase in imports
увели́чивать / увели́чить (+ acc.), v.
1. increase; 2. raise; 3. step up
увели́чивать / увели́чить масшта́бы
кредитова́ния   increase lending
увели́чивать / увели́чить объём
прода́ж   step up sales
увели́чить, v. see: увели́чивать
уве́ренность покупа́теля в благо-
полу́чии эконо́мики
consumer confidence
уво́лить, v. see: увольня́ть
увольня́ть / уво́лить (+ acc.), v.
1. dismiss; 2. lay off
увольня́ть / уво́лить кого́—ли́бо

lay somebody off
увольня́ть / уво́лить с рабо́ты
dismiss from work
уголо́вное обвине́ние про́тив
компа́нии   criminal charges
against a company
уда́рить, v. see: ударя́ть
ударя́ть / уда́рить (+ acc.), v.
1. hit; 2. strike
удели́ть, v. see: уделя́ть
уде́льные затра́ты   cost per unit
уделя́ть / удели́ть чему́-ли́бо
внима́ние
pay attention to something
удержа́ние нало́га   tax withholding
удо́бный для испо́льзования
user friendly
удовлетворе́ние апелля́ции
compliance with an appeal
удовлетворе́ние и́ска
settlement of a claim
удовлетвори́тельное това́рное по-
кры́тие   adequate supply of goods
удовлетвори́тельный дохо́д на
вло́женный капита́л
fair return on an investment
удовлетвори́ть, v.
see: удовлетворя́ть
удовлетворя́ть / удовлетвори́ть
(+ acc.), v.   1. meet; 2. satisfy
удовлетворя́ть / удовлетвори́ть
спрос   satisfy demand
удостовере́ние, n.   certificate
удостовере́ние ли́чности
identity card
удостове́рить, v. see: удостоверя́ть
удостоверя́ть / удостове́рить
докуме́нт   certify a document
узлово́й аэропо́рт   hub airport
уйти́, v. see: уходи́ть
указа́ние, n.   1. designation;
2. direction; 3. indication;
4. specification
указа́ние наименова́ния
designation of a name
указа́ние цены́ в катало́ге
indication of a price in a
catalogue
указа́ния свы́ше
directions from above
ука́занная в догово́ре ссу́да

loan indicated in the contract
ука́занное коли́чество
specified quantity
ука́занный, *adj.*   1. specified;
2. stated; 3. stipulated
указа́тель, *m.*
1. index; 2. indicator; 3. register
указа́ть, *v.*   see: *ука́зывать*
ука́зывать / указа́ть *(в + prep.;*
на + преп.; + acc.), v.   1. indicate;
2. quote; 3. specify
ука́зывать / указа́ть и́ндекс
indicate an index
ука́зывать / указа́ть причи́ны для
отклоне́ния
indicate reasons for rejection
ука́зывать / указа́ть срок
indicate a date
ука́зывать / указа́ть це́ны в ката-
ло́ге   quote prices in a catalogue
уклоне́ние от упла́ты нало́га
tax evasion
укра́сть информа́цию
steal information
укрепи́ть, *v.*   see: *укрепля́ть*
укрепле́ние конта́ктов
strengthening of contacts
укрепля́ть / укрепи́ть *(+ acc.), v.*
strengthen
ула́живание спо́ров по за́работной
пла́те   wage arbitration
улучша́ть / улу́чшить *(+ acc.), v.*
1. improve; 2. strengthen
улучша́ть / улу́чшить отноше́ния
improve relations
улучша́ющаяся эконо́мика
strengthening economy
улучше́ние, *n.*
1. improvement; 2. recovery
улучше́ние состоя́ния   recovery
улучше́ние состоя́ния ры́нка по́сле
спа́да   market recovery
улу́чшить, *v.*   see: *улучша́ть*
уменьша́ть / уме́ньшить *(+ acc.), v.*
1. cut; 2. reduce
уменьша́ть / уме́ньшить расхо́ды
компа́нии *(colloquial)*
cut fat from the company
уменьша́ть / уме́ньшить расхо́ды на
командиро́вки   cut down on
business travel expenses

уменьше́ние, *n.*
1. erosion; 2. reduction
уменьше́ние накладны́х расхо́дов
reduction of overhead
уменьше́ние покупа́тельной спо-
со́бности потреби́телей
erosion of consumer purchasing
power
уменьше́ние при́былей
erosion of profits
уменьше́ние рента́бельности
reduction in profitability
уменьше́ние ри́ска за счет диверси-
фика́ции   diversification of risks
уменьше́ние сто́имости биле́тов на
тра́нспорте   fare reduction
уме́ньшить, *v.*   see: *уменьша́ть*
уме́ренная цена́   1. moderate price;
2. reasonable price
уме́ренные ри́ски   moderate risks
уме́ренный, *adj.*
1. moderate; 2. reasonable
умы́шленное наруше́ние пра́вил
те́хники безопа́сности
willful safety violations
универма́г, *m.*   department store
универса́льный банк
full-service bank
унифици́рованный тари́ф
unified tariff
упа́дочный, *adj.*   soft
упако́вка, *f.*   1. package;
2. packaging; 3. packing
упако́вка чего́-либо   packing
упако́вочный конве́рт
packing envelope
упла́та, *f.*   1. payment; 2. repayment
упла́та сбо́ров   payment of fees
упла́ченная коми́ссия
paid commission
упла́ченная по́шлина
paid duty
упла́ченный, *adj.*   paid
уполнома́чивать / уполномо́чить
(+ acc.; на + acc.), v.
1. authorize; 2. commission
уполномо́ченное лицо́
authorized person
уполномо́ченный ди́лер
authorized dealer
уполномо́ченный представи́тель

authorized representative
уполномо́чить, *v.*
see: *уполнома́чивать*
упо́рный, *adj.*   hard
употребле́ние, *n.*   use
управле́ние, *n.*   1. administration;
2. control; 3. government;
4. management
управле́ние дела́ми
business management
управле́ние ка́драми
personnel administration
управле́нческая иера́рхия
management structure
управле́нческая рабо́та
administrative work
управле́нческие посты́
managerial positions
управле́нческие расхо́ды
administrative expenses
управле́нческий, *adj.*
1. administrative; 2. management; 3. managerial
управле́нческий гонора́р
management fee
управле́нческий о́пыт
managerial experience
управля́емая инфля́ция
controlled inflation
управля́ть (+ *inst.*), *v.*   1. control;
2. execute; 3. handle; 4. manage
управля́ть чем-ли́бо
handle something
управля́ющий дела́ми
business administrator
управля́ющий ме́стным отделе́нием
компа́нии   field manager
управля́ющий филиа́лом
branch manager
упуще́ние, *n.*
1. negligence; 2. oversight
упуще́ние поставщика́
supplier's oversight
уравни́ловка (*colloquial*), *f.*
wage-leveling
уравнове́шивать / уравнове́сить
(+ *acc.*), *v.*   balance
урегули́рование, *n.*
1. adjustment; 2. settlement
урегули́рование прите́нзий
adjustment of claims

урегули́ровать (+ *acc.*), *v.*
1. adjust; 2. normalize; 3. settle
урегули́ровать отноше́ния
normalize relations
урегули́ровать спор и́ли конфли́кт
settle a dispute
у́ровень, *m.*
1. level; 2. rate; 3. standard
у́ровень безрабо́тицы   1. jobless
rate; 2. unemployment rate
у́ровень валю́тного ку́рса
level of the exchange rate
у́ровень делово́й акти́вности
level of business activity
у́ровень жи́зни   standard of living
у́ровень производи́тельности
productivity rate
у́ровень производи́тельности труда́
labor productivity rate
у́ровень цен   level of prices
уско́ренная амортиза́ция
accelerated depreciation
уско́ренное рассмотре́ние зая́вки
(*patent*)
advancement of application
уско́рить, *v.*   see: *ускоря́ть*
ускоря́ть / уско́рить (+ *acc.*), *v.*
1. accelerate; 2. speed up
ускоря́ть / уско́рить поста́вку
speed up delivery
ускоря́ть / уско́рить проце́сс
speed up a process
ускоря́ть / уско́рить сбор задо́л-
женностей   speed up collection
усло́вия, *pl.*   1. conditions;
2. environment; 3. standards;
4. terms
усло́вия аукцио́на
terms and conditions of an auction
усло́вия вне́шней торго́вли
terms of trade
усло́вия возобновле́ния контра́кта
terms of the renewal of a contract
усло́вия для веде́ния би́знеса
business environment
усло́вия догово́ра
terms of a contract
усло́вия, дости́гнутые в результа́те
перегово́ров   negotiated terms
усло́вия жи́зни   living standards
усло́вия заключе́ния контра́кта

terms of the conclusion of a contract
усло́вия компенса́ции
terms of compensation
усло́вия на́йма
terms of employment
усло́вия обме́на
terms of exchange
усло́вия отме́ны
terms of cancellation
усло́вия переда́чи чего́-ли́бо
terms of transfer of something
усло́вия платежа́ terms of payment
усло́вия поста́вки
terms of delivery
усло́вия предоставле́ния за́йма
loan terms
усло́вия предоставле́ния креди́та
credit terms
усло́вия страхово́го по́лиса
terms and conditions of an insurance policy
усло́вия труда́ working conditions
усло́вия урегули́рования
terms of settlement
усло́вия финанси́рования
terms of financing
усло́вная прода́жа conditional sale
усло́вный, *adj.*
1. conditional; 2. provisional
услу́га, *f.* service
услу́ги в о́бласти рекла́мы
advertising services
услу́ги желе́зной доро́ги
railroad services
услу́ги по контра́кту
contract services
услу́ги по перево́зке
transportation services
услу́ги по убо́рке
janitorial services
**услу́ги по управле́нию инвести́ци-
ями** investment services
услу́ги, предлага́емые аге́нством
services offered by an agency
услу́ги страховы́х компа́ний
insurance underwriting services
услу́ги ти́па инжини́ринг
engineering services
**успе́шное разреше́ние наибо́лее
тру́дных вопро́сов в перегово́рах**

breakthrough in negotiations
успе́шные перегово́ры
successful negotiations
уста́в, *m.* 1. by-laws; 2. charter
**уста́в акционе́рного о́бщества и́ли
компа́нии** 1. articles of
association; 2. corporate charter;
3. corporation by-laws
уста́в страхово́й компа́нии
insurance company charter
уста́вный докуме́нт компа́нии
company charter
устана́вливать / установи́ть
(+ *acc.*), *v.* 1. establish; 2. fix;
3. schedule; 4. set
**устана́вливать / установи́ть гра́фик
сверхуро́чных рабо́т**
schedule overtime
устана́вливать / установи́ть поря́док
establish order
**устана́вливать / установи́ть
приорите́т** (*patent*)
fix the priority date
**устана́вливать / установи́ть срок
да́вности**
establish the period of limitation
**устана́вливать / установи́ть сро́ки
визи́та** schedule a visit
установи́вшийся, *adj.*
1. established; 2. standard
установи́ть, *v.* see: *устана́вливать*
устано́вка заводско́го обору́дования
factory tooling
устано́вка цен price formation
**установле́ние деловы́х конта́ктов
и́ли свя́зей** establishment of
business contacts
устано́вленная вина́
established fault
**устано́вленная зако́ном проце́нтная
ста́вка** legal rate of interest
устано́вленная цена́ set price
устано́вленный, *adj.* 1. established;
2. fixed; 3. specified; 4. stated
устано́вленный нормати́в
fixed normative
устано́вленный поря́док
established order
**устано́вленный преде́л разме́ра
зарпла́ты** wage ceiling
устано́вленный срок due date

установленный стандарт
established standard
установленный тариф
established tariff
установленный уровень прибыли
normative profit margin
устаревать / устареть, v.
become obsolete
устаревшее оборудование
1. antiquated equipment;
2. obsolete equipment
устаревший, adj.   1. antiquated;
2. obsolete; 3. outdated;
4. out-of-date
устаревший прейскурант
1. outdated price list;
2. out-of-date price list
устаревший стандарт
obsolete standard
устареть, v.   see: устаревать
устное подтверждение
verbal confirmation
устойчивая репутация
solid reputation
устойчивость валюты
stability of currency
устойчивый, adj.   1. firm; 2. stable
устойчивый рубль   stable ruble
устойчивый рынок   steady market
устоявшиеся связи
long-standing contacts
устраивать / устроить (+ acc), v.
1. arrange; 2. organize
устранить, v.   see: устранять
устранять / устранить в корне
root out
устранять / устранить дефект
eliminate a defect
устранять / устранить торговые
барьеры   cut trade barriers
устроители ярмарки
fair organizers
устроить, v.   see: устраивать
устройство ввода   input device
уступка; f.
1. concession; 2. discount
уступка на сумму в ...
discount in the amount of ...
утаивать / утаить информацию
hide information
утаить, v.   see: утаивать

утвердить, v.   see: утверждать
утверждать / утвердить (+ acc.), v.
1. approve; 2. authorize
утверждать / утвердить список
approve a list
утверждать / утвердить план
approve a plan
утверждённые расходы
authorized expenditures
утверждённый прейскурант
approved price list
утверждённый проект контракта
approved draft of a contract
утверждённый тариф
approved tariff
утечка мозгов   brain drain
уточнить, v.   see: уточнять
уточнять / уточнить (+ acc.)
1. clarify; 2. specify
уточнять / уточнить условия
предполагаемого соглашения
specify the terms of a proposed
agreement
уточнять / уточнить требования
clarify requirements
утрата доверия к рублю
loss of confidence in the ruble
уходить / уйти в отставку   resign
уходить / уйти из бизнеса
go out of business
ухудшаться / ухудшиться, v.
1. decline; 2. deteriorate
ухудшающаяся экономика
deteriorating economy
ухудшающиеся основные показатели деятельности компании
deteriorating corporate
fundamentals
ухудшающийся рынок
deteriorating market
ухудшение, n.
1. decline; 2. downturn
ухудшение состояния экономики
economic downturn
ухудшиться, v.   see: ухудшаться
уценка, f.   markdown
участвовать (в + prep.), v.
1. participate; 2. share
участвовать в выставке
participate in an exhibition
участвовать в конференции

participate in a conference
уча́ствовать в ры́ночных опера́циях
do business on the market
уча́стие, *n.*
1. participation; 2. share
уча́стие в акционе́рном капита́ле
equity participation
уча́стие в аукцио́не
participation in an auction
уча́стие в при́былях
participation in profits
уча́стие в расхо́дах   cost sharing
уча́стие в сде́лке
participation in a transaction
уча́стие иностра́нной компа́нии
participation of a foreign
company
уча́стие по приглаше́нию
participation by invitation
уча́стие че́рез тре́тье лицо́
participation through a third party
уча́стник, *m.*   1. bidder;
2. contributor; 3. participant
уча́стник аукцио́на
participant at an auction
**уча́стник, де́лающий кру́пный
взнос**   major contributor
уча́стник торго́в и́ли аукцио́на
bidder
**уча́стники в заключе́нии кон-
тра́кта**   participants in the
conclusion of a contract
учёт, *m.*
1. accounting; 2. inventory
учёт амортизацио́нных отчисле́ний
depreciation accounting
учёт векселе́й   discounting
учёт изде́ржек произво́дства
cost accounting
учёт недоста́чи
inventory of shortage
учёт средств   registration of funds
учет це́нных бума́г
discount of securities
учётная ба́нковская ста́вка
bank rate
учётная ста́вка
1. discount rate; 2. interest rate
учётный проце́нт   discount rate
учётный реги́стр   1. accounting
book; 2. ledger; 3. register

учётный ры́нок   discount market
учрежде́ние, *n.*   1. agency; 2. office
учрежде́ние фи́рмы
establishment of a firm
учтённые расхо́ды
expenses taken into account
учтённый ве́ксель   discounted bill
уще́рб, *m.*
1. damage; 2. loss; 3. waste
уще́рб в ви́де упу́щенной при́были
loss of profit
уще́рб в де́нежном выраже́нии
damage in monetary form
уще́рб в разме́ре ...
damage in the amount of ...
уще́рб, вы́званный наруше́нием
losses caused by infringement
уще́рб нанесён клие́нту
damage is done to the customer
**уще́рб, нанесённый неблагоприя́т-
ными пого́дными усло́виями**
weather damage
**уще́рб, нанесённый окружа́ющей
среде́**   damage to the environment
уще́рб, нанесённый пожа́ром
fire damage
уще́рб на су́мму...
damage in the amount of...

Ф

фабри́чная ма́рка   brand name
**фабри́чная ма́рка, изве́стная в
ограни́ченном райо́не**   local brand
**фабри́чная ма́рка, изве́стная по всей
стране́**   national brand
факс, *m.*
1. fax machine; 2. fax message
факси́ми́льная связь
communication by fax
факс о согла́сии   fax of consent
факти́ческая договорённость
actual arrangement
факти́ческая недоста́ча
actual shortage
факти́ческая производи́тельность
actual performance
факти́ческая себесто́имость
end cost of production
факти́ческие да́нные   actual data

факти́ческие затра́ты
actual expenses
факти́ческие изде́ржки   actual cost
факти́ческие поте́ри   actual loss
факти́ческие прода́жи   actual sales
факти́ческий, *adj.*   1. actual; 2. real
факти́ческий объём прода́ж
real volume of sales
факти́ческий отка́з   actual refusal
факти́чески отрабо́танное вре́мя
actual hours
факти́ческое уча́стие
actual participation
фа́кторы, не поддаю́щиеся коли́-
чественному измере́нию
nonquantifiable factors
факт прове́рки   fact of inspection
факту́ра, *f.*   invoice
факту́ра на су́мму...
invoice in the amount of...
фальши́вые де́ньги   1. counterfeit
money; 2. bogus money
фальши́вый депози́т   forged deposit
фарцо́вщик *(slang), m.*
profiteer (e.g., in currencies)
фе́рмерское хозя́йство
private farm
физи́ческий объём торго́вли
volume of trade
физи́ческое лицо́ *(law)*
1. individual; 2. natural person
фикси́рованная цена́   fixed price
фикси́рованный, *adj.*   fixed
фикси́рованный дохо́д
fixed income
фикти́вная компа́ния
dummy company
филиа́л, *m.*   1. affiliate; 2. branch;
3. branch office; 4. field office
филиа́л компа́нии
company branch office
финанси́рование, *n.*   financing
финанси́рование ассигнова́ний
financing of appropriations
финанси́рование вне́шней торго́вли
financing of foreign trade
финанси́рование, гаранти́рованное
прави́тельством
government guaranteed financing
финанси́рование заку́пок
financing of purchases

финанси́рование за счет вы́пуска
а́кций   equity financing
финанси́рование и́мпорта
financing of imports
финанси́рование прое́кта ба́нком
financing of a project by a bank
финанси́рование путём вы́пуска
облига́ций   bond financing
финанси́рование с по́мощью заёмного капита́ла   debt financing
финанси́рование строи́тельства
property development
финанси́рование че́рез ба́нки
financing through banks
финанси́рование э́кспорта
financing of exports
фина́нсовая ве́домость
financial statement
фина́нсовая заинтересо́ванность
financial incentives
фина́нсовая недоста́ча
financial shortage
фина́нсовая отве́тственность
financial responsibility
фина́нсовая подде́ржка
financial backing
фина́нсовая усто́йчивость
financial stability
фина́нсовая фи́рма
financial enterprise
фина́нсово-бюдже́тная поли́тика
fiscal policy
фина́нсовое де́ло   finance
фина́нсовое обеспече́ние
financial security
фина́нсовое оздоровле́ние
improvement of the financial
situation
фина́нсовое соглаше́ние
financial agreement
фина́нсовое состоя́ние
financial standing
фина́нсовое уча́стие в прое́кте
financial participation in a project
фина́нсовые акти́вы и пасси́вы
financial assets and liabilities
фина́нсовые затрудне́ния
financial squeeze
фина́нсовые опера́ции   finance
фина́нсовые отноше́ния
financial relations

фина́нсовые показа́тели
financial indicators
фина́нсовые предписа́ния
financial regulations
фина́нсовые ресу́рсы
financial resources
фина́нсовые сре́дства   1. financial
assets; 2. financial means
фина́нсовый, *adj.*
1. fiscal; 2. financial
фина́нсовый ана́лиз
financial analysis
фина́нсовый анали́ст
financial analyst
фина́нсовый гара́нт
affidavit of support
фина́нсовый год   fiscal year
фина́нсовый капита́л
financial capital
фина́нсовый контро́ль
financial control
фина́нсовый магна́т   tycoon
фина́нсовый отчёт   1. financial
report; 2. financial statement
фина́нсовый ры́нок
financial market
фина́нсовый ры́нок с завы́шенной
сто́имостью а́кций
overvalued stock market
фина́нсовый ры́нок с зани́женной
сто́имостью а́кций
undervalued stock market
фина́нсовый сканда́л
financial scandal
фина́нсы, *only pl.*   finance
фина́нсы ча́стной корпора́ции
corporate finances
фи́рма, *f.* 1. concern; 2. enterprise;
3. firm; 4. house; 5. venture
фи́рма в ка́честве аге́нта
firm acting as an agent
фи́рма, выполня́ющая рабо́ту по
контра́кту   independent contractor
фи́рма застро́йщик   developer
фи́рма по ку́пле-прода́же це́нных
бума́г   security firm
фи́рма, уполномо́ченная вести́
опера́ции по прода́же   dealership
фи́рменная печа́ть   company seal
фи́рменные това́ры
brand-name goods

фи́рменный конве́рт
envelope of a firm
фи́рменный проспе́кт
prospectus of a firm
фиска́льный, *adj.*   fiscal
фло́ппи-дисково́д *(computer), m.*
floppy disk drive
фонд валю́тных отчисле́ний
currency fund
фонд за́работной пла́ты   payroll
фонд капиталовложе́ний
investment fund
фонд ли́чного потребле́ния
personal consumption fund
фонд материа́льного поощре́ния
material incentive fund
фонд на покры́тие непредви́денных
расхо́дов   contingency fund
фонд на ра́зные расхо́ды
general fund
фонд нау́чно-техни́ческого разви́тия
fund for the development of
science and technology
фо́ндовая би́ржа   1. securities
exchange; 2. stock exchange;
3. stock market
фо́ндовая опера́ция
dealings on the stock exchange
фонд погаше́ния задо́лженности
sinking fund
фонд потребле́ния
consumption fund
фонд приватиза́ции
privatization fund
фонд разви́тия произво́дства
fund for the development
of production
фонд стабилиза́ции
stabilization fund
фонд стабилиза́ции валю́тного ку́р-
са   exchange stabilization fund
фонд стабилиза́ции рубля́
1. ruble equalization fund;
2. ruble stabilization fund
фонд уча́стия рабо́чих и слу́жащих
в при́былях предприя́тия
employee participation fund
фонд финанси́рования
financing fund
фо́нды, *pl.*   funds
фо́нды капиталовложе́ний и

развития investment and
development funds
фо́нды материа́льного поощре́ния
incentive funds
фо́нды на покры́тие путевы́х
расхо́дов travel funds
фо́нды социа́льного обеспече́ния
welfare funds
фо́нды социа́льно-культу́рного раз-
ви́тия
social-cultural objective funds
фо́нды экономи́ческого стимули́ро-
вания economic incentive funds
фо́рвардная сде́лка
forward transaction
фо́рвардный контра́кт forward
contract (a contract for the purchase of goods or securities with
settlement and delivery at a
specified future time)
фо́рма, f. 1. blank; 2. form
форма́льности, pl. formalities
форма́льный запро́с
formal request
фо́рма обеспече́ния
form of security
фо́рма отка́за form of refusal
фо́рма отклоне́ния form of refusal
фо́рма раскры́тия (patent)
disclosure form
форма́т (computer), m. format
фо́рмула изобрете́ния claim
формули́ровать / сформули́ровать
огово́рку word a clause
формуля́р, m. blank form
фо́рмы регули́рования
forms of regulation
форси́рованное продвиже́ние к
ры́нку rapid march towards a
market economy
фотореклама, f.
photo advertisement
франши́за (finance), f.
1. franchise; 2. deductibles
франши́зный контра́кт
franchise contract
франши́зный нало́г
franchise tax (USA)
фрахт, m. freight
фрахт со страхова́нием
freight with insurance

фрахтова́ние, n. charter
фрахто́вые ста́вки 1. cargo rates;
2. freight rates; 3. rates of freight;
4. shipping rates
фрахто́вый тари́ф freight rate
фундамента́льное иссле́дование
fundamental research
функциона́льная специализа́ция
functional specialization
функциона́льный подхо́д
functional approach
функционе́р, m.
1. functionary; 2. official
фью́черсная би́ржа
1. Exchange trading in futures;
2. futures market
фью́черсная торго́вля
futures trading
фью́черсные поста́вки
future deliveries
фью́черсные сде́лки futures (deals
in commodities or securities
which are made today for settlement at some future date)
фью́черсные това́рные сде́лки
commodity futures
фью́черсный, adj. future
фью́черсный ры́нок futures market
(market which deals in commodities and securities with trades
made today for settlement at
some future date)

Х

хала́тность, f. negligence
ха́ос в эконо́мике economic chaos
характери́стика, f.
letter of reference
характе́рный для одного́ кла́сса
generic
хара́ктер поврежде́ния
nature of damage
хеджи́рование, n. hedging (reduction of market risks by holding
both physical stocks of commodities and an equal and opposite
position in futures)
хими́ческая эксперти́за
chemical examination

хище́ние госуда́рственной со́бст-
венности
  embezzlement of state property
хище́ние де́нег
  1. embezzlement; 2. money theft
хище́ние иму́щества
  theft of property
ход. *m.* 1. process; 2. run
ход арбитра́жа   arbitration process
хода́тайство, *n.*
  1. appeal; 2. application; 3. motion
хода́тайство о ви́зе
  application for a visa
ходи́ть / пойти́ за поку́пками
  1. shop; 2. go shopping
хозрасче́т, *m.* 1. khozraschet
  (businesslike management that
  operates on the basis of economic
  accountability); 2. cost accounting; 3. self-financing
хозрасче́тная фи́рма
  self-supporting firm
хозрасче́тное предприя́тие
  self-financing enterprise
хозрасче́тные организа́ции
  self-financing organizations
хозя́ин, *m.* 1. owner; 2. principal;
  3. proprietor
хозя́йственные свя́зи
  economic infrastracture
хозя́йственные това́ры
  1. hardware; 2. household goods
хозя́йственный, *adj.*   economic
хозя́йственный спор
  economic dispute
хозя́йство, *n.*   economy
хо́лдинговая компа́ния   holding
  company (a company which owns
  or controls another company)
хоро́шее фина́нсовое состоя́ние
  sound finances
хране́ние, *n.*   storage
хране́ние да́нных   storage of data
хране́ние запасны́х часте́й
  storage of spare parts
хране́ние за счет покупа́теля
  storage at the buyer's expense
храни́лище, *n.*
  1. storage; 2. warehouse
храни́ть (+ *асс.*), *v.* 1. keep; 2. store
храни́ть това́ры на скла́де

store goods at a warehouse
хрони́ческая нехва́тка
  chronic shortages
хрони́ческий дефици́т
  chronic deficit
худо́жественное оформле́ние
  artistic design
ху́дшего ка́чества   marginal
ху́дший вариа́нт   1. last choice;
  2. worst case scenario

Ц

целево́е управле́ние
  management by objective
целево́й фонд   trust fund
целевы́е поже́ртвования   designated charitable contributions
целенапра́вленная програ́мма
  goal-specific program
це́лый, *adj.* 1. complete; 2. whole
цель, *f.*
  1. goal; 2. object; 3. purpose
цель командиро́вки
  purpose of a business trip
цель пребыва́ния делега́ции
  purpose of a visit by a delegation
цель регистра́ции
  purpose of registration
це́лью визи́та бы́ло...
  visit had the purpose of...
цена́, *f.* 1. charge; 2. cost; 3. price
цена́ а́кции без пра́ва получе́ния
  пе́рвого дивиде́нда
  price ex-dividend
цена́ а́кций   stock price
цена́, включа́ющая по́шлину
  duty-paid price
цена́ зо́лота   price of gold
це́на изготови́телей
  producers' prices
цена́ на ры́нке нали́чного това́ра
  spot market price
цена́ на услу́ги   price of services
цена́ не име́ет значе́ния
  money is no object
цена́ но́у-ха́у   price of know-how
цена́ одно́й а́кции   price per share
цена́ покупа́теля   buyer's price
цена́ по прейскура́нту заво́да-изго-

товителя   factory list price
цена по текущему валютному
курсу
   price at the current exchange rate
цена, предлагаемая изготовителем
для розничной продажи
   manufacturer's suggested price
цена, предлагаемая покупателем
или подрядчиком   bid price
цена, предлагаемая оптовиком
для розничной продажи
   suggested price
цена, предложенная на торгах
   tender price
цена предусмотренная соглаше-
нием   stipulated price
цена продавца
   1. asking price; 2. seller's price
цена производителей
   producers' prices
цена производства   cost price
цена, равная себестоимости
   self-cost
цена с доставкой   delivered price
цена спроса
   price offered by the buyer
цена товара по прейскуранту
   price of goods according
   to a price list
цена товара при перепродаже
   resale price
цена, указанная на накладной
   invoice price
цена фрахта   price of freight
цена чёрного рынка
   black market price
ценник, m.   price tag
ценное имущество   valuable assets
ценность, f.   value
ценные бумаги   1. credit instruments; 2. issue; 3. paper assets;
   4. securities
ценные бумаги, выпущенные
компанией   corporate securities
ценные бумаги зарегистрирован-
ные и котирующиеся на бирже
   listed securities
ценные бумаги, котирующиеся на
бирже   quoted securities
ценные бумаги на предъявителя
   bearer securities

ценные бумаги, необлагаемые
налогом   1. nontaxable securities;
   2. tax-exempt securities
ценные бумаги, непродаваемые на
главных биржах
   over-the-counter securities
ценные бумаги, приносящие
проценты   financial instruments
   paying interest
ценные бумаги, приносящие твёрдый
доход   fixed income securities
ценные средства   valuable assets
ценовая конкурентоспособность
   price competitiveness
ценовая конкуренция
   price competition
ценообразование, n.   pricing
ценообразование с наценкой
   markup pricing
централизованная система доставки
   consolidated delivery system
централизованное управление
   centralized management
централизованные закупки
   centralized buying
центральное отделение компании
   company headquarters
центральный банк   central bank
центр международной торговли
   international trade center
центр по подготовке менеджеров
   business training center
центр технического обслуживания
   technical services center
цены внутреннего рынка
   domestic prices
цены мирового рынка   world prices
цены на жилые дома
   residential prices
цены на облигации   bond prices
цены на сельскохозяйственную
продукцию   agricultural prices
цены на товары   1. commodity
   prices; 2. price of goods
цены покатились вниз
   prices tumbled
цены при закрытии биржи
   prices at the close of trading
цены с учётом инфляции
   prices adjusted for inflation
цепь магазинов   chain stores

цепь магази́нов сни́женных цен
  discount store chain
цепь магази́нов–суперма́ркетов
  supermarket chain
цепь магази́нов, торгу́ющих по
  сни́женным це́нам
  chain discount stores
цех, *m.*   shop
цикл, *m.*   cycle
цикл делово́й акти́вности
  commercial cycle
цикли́ческие колеба́ния
  cyclical fluctuations
цикли́чный би́знес
  cyclical business
цифрово́е коммуникацио́нное
  обору́дование
  digital communication equipment
цифрово́й и́ндекс   index number

Ч

ча́ртер, *m.*   charter
ча́ртерный авиаре́йс
  chartered flight
части́чная договоре́нность
  partial arrangement
части́чная ликвида́ция
  partial liquidation
части́чное освобожде́ние
  partial exemption
части́чное уча́стие
  partial participation
части́чное эмба́рго
  partial embargo
части́чные облига́ции
  divisional bonds
части́чный, *adj.*
  1. divisional; 2. partial
части́чный акце́пт
  partial acceptance
части́чный платёж
  partial payment
ча́стная компа́ния
  private company
ча́стная со́бственность на зе́млю
  private land ownership
ча́стная торго́вля   private trade
ча́стная фе́рма   private farm
ча́стная фи́рма   private enterprise

ча́стник, *m.*   private owner
  (e.g., private car owner)
ча́стное аге́нство   private agency
ча́стное предпринима́тельство
  private enterpreneurship
ча́стное приглаше́ние
  private invitation
ча́стное финанси́рование
  private financing
ча́стно-предпринима́тельская де́я-
  тельность
  private enterpreneurship
ча́стные капиталовложе́ния
  private investment
ча́стные поже́ртвования
  private donations
ча́стные сре́дства   private funds
ча́стный, *adj.*   private
ча́стный дом   private house
ча́стный изво́з
  private carrier's trade
часть де́нег   part of the money
часть расхо́дов на гаранти́йное
  обслу́живание, выпла́чиваемое
  покупа́телем
  warranty deductible charges
часть страховы́х расхо́дов, выпла́-
  чиваемая владе́льцем страхово́го
  по́лиса
  insurance policy deductibles
часть фо́рмулы изобрете́ния
  clause
часы́ посеще́ния   attendance hours
чей-ли́бо паке́т а́кций
  equity participation
чек, *m.* check
чек без де́нежного обеспече́ния
  1. bad check; 2. rubber check
чек, вы́писанный не в том го́роде,
  где нахо́дится банк
  out-of-town check
чек компа́нии   company check
чек на предъяви́теля
  bearer check
чек на су́мму ...
  check in the amount of ...
чек оказа́лся без обеспече́ния (*colloquial*)   check bounced
че́ковая кни́жка   checkbook
че́ковые вкла́ды
  checking account deposits

чéковый депозит   check deposit
чéковый счёт в бáнке
  checking account
человéк, подáющий заявлéние о
  приéме на рабóту   job applicant
человéк, рабóтающий на себя
  self-employed individual
человéческие ресýрсы
  human resources
чересчýр высóкая стóимость
  prohibitive cost
чéрная ценá *(slang)*
  black market price
черновик, *m.*   draft
черновóй вариáнт   rough draft
черновóй набрóсок   first draft
чéрный лист   blacklist
чéрный рынок   black market
чéрный рынок квартир
  black market in housing
чéрный список   blacklist
чертá бéдности   poverty line
чертёж, *m.*   1. design; 2. draft
чертёж образцá
  drawing of a sample
чертить / начертить *(+ acc.), v.*
  draw
чéстная конкурéнция
  fair competition
чéстная сдéлка   fair deal
чéстное поведéние   fair play
чéстные мéтоды торгóвли
  fair trade practices
чéстный, *adj.*   fair
чётко сформулированное решéние
  clearly defined decision
Чикáгская товáрная биржа
  Chicago Board of Trade
чинить / починить *(+ acc.), v.*
  1. fix; 2. repair
чинóвник, *m.*   official
числó, *n.*
  1. date; 2. figure; 3. number
чистая сýмма   net amount
чистые активы   net assets
чистый, *adj.*   net
чистый дохóд
  1. net income; 2. net proceeds
чистый зáработок
  after-tax earnings
член, *m.*   member

член делегáции
  member of a delegation
члéнский взнос   membership fee
члéнство, *n.*   membership
чрезвычáйное положéние
  emergency situation
чрезвычáйное финансирование
  extraordinary financing
чрезвычáйные обстоятельства
  emergency circumstances
чрезвычáйные расхóды
  extraordinary expenditures
чрезвычáйный, *adj.*
  1. emergency; 2. extraordinary
чрезвычáйный рост цен
  skyrocketing prices
чрезмéрная задóлженность
  excessive indebtedness
чрезмéрно высóкие цéны
  1. astronomical prices; 2. exorbitant prices; 3. prohibitive prices
чрезмéрный, *adj.*   excessive
что-либо, относящееся к здраво-
  охранéнию   health

Ш

шаги к достижéнию единого мнéния
  consensus building measures
ширóкая извéстность товáрного
  знáка
  general notoriety of a trademark
ширóкое толковáние
  wide interpretation
шóковая терапия   shock therapy
  (e.g., in the economy)
шоп, *m.*   shop
штаб-квартира, *f.*
  1. headquarters; 2. main office
штаб-квартира компáнии
  company headquarters
штаб-квартира корпорáции
  corporate headquarters
штамп, *m.*   1. seal; 2. stamp
штамп на заявке
  stamp on an application
штат, *m.*   1. staff; 2. state
штáтный ревизóр   internal auditor
штраф, *m.*
  1. fine; 2. penalty; 3. sanction

штраф за нарушéние
  penalty for violation
штраф за неуплáту налóга
  tax penalty
штрафны́е сáнкции   fine
штраф, устанóвленный арбитрáжем
  penalty awarded by arbitration
шту́ка, f.   1. item; 2. piece

Э

ЭВМ, *abbr.*   computer
экземпля́р, *m.*   copy
экземпля́р áкта   copy of an act
эккáунтинг, *m.*   accounting
экологи́ческая катастрóфа
  ecological disaster
экологи́ческий терроризм
  eco-terrorism
экологи́ческий уще́рб
  ecological damage
эколóгия, f.   ecology
эконóмика, f.   economy
эконóмика внутри́ страны́
  domestic economy
эконóмика откры́того ти́па
  open economy
эконóмика, развивáющаяся за счет
  потреби́тельского спрóса
  economy driven by consumer
  spending
эконóмить / сэконóмить (+ *acc.*), *v.*
  save
экономи́ческая безгрáмотность
  lack of understanding of economic
  issues
экономи́ческая информáция
  economic information
экономи́ческая инфраструкту́ра
  economic infrastracture
экономи́ческая пóмощь
  1. economic aid;
  2. economic assistance
экономи́ческая самостоя́тельность
  economic independence
экономи́ческая свобóда товаро-
  производи́теля
  economic freedom of a producer
экономи́ческая стагнáция
  economic stagnation

экономи́ческая шокотерапи́я
  economic shock therapy
экономи́ческие барье́ры
  economic barriers
экономи́ческие отношéния с зару-
  бéжными странáми
  foreign economic relations
экономи́ческие преступлéния
  economic crimes
экономи́ческие свя́зи
  economic ties
экономи́ческие услóвия
  economic environment
экономи́ческий, *adj.*
  1. business; 2. economic
экономи́ческий бюллетéнь
  economic bulletin
экономи́ческий кли́мат благоприя́т-
  ный для вложéния инострáнного
  капитáла   economic climate
  hospitable to foreign investment
экономи́ческий показáтель
  economic indicator
экономи́ческий потенциáл
  economic potential
экономи́ческий прогнóз
  economic forecast
экономи́ческий райóн
  economic region
экономи́ческий спад
  economic slowdown
экономи́ческий сувернитéт
  economic autonomy
экономи́ческий цикл
  business cycle
экономи́чески наибóлее уязви́мые
  слои́ óбщества
  economically most vulnerable
  groups of the population
экономи́чески рáзвитые стрáны
  developed market economies
экономи́чески развитые стрáны
  тихоокеáнского бассéйна
  Pacific Rim Economies
экономи́ческое нерáвенство
  economic disparity
экономи́ческое положéние
  economic conditions
экономи́ческое соревновáние
  economic competition
экономи́ческое сотру́дничество

economic cooperation
эконо́мия, f.
  1. economy; 2. savings
эконо́мия затра́т   cost savings
эконо́мия от увеличе́ния объе́ма
  произво́дства   economies of scale
эконо́мия энергоресу́рсов
  energy savings
эконо́мный, adj.   economical
экра́н, m.   display
эксклюзи́вный, adj.   exclusive
экспеди́тор, m.   forwarding agent
эксперимента́льная разрабо́тка
  experimental development
эксперимента́льное испо́льзование
  experimental use
эксперимента́льные да́нные
  test data
эксперимента́льный, adj.
  1. experimental; 2. pilot; 3. test
эксперимента́льный заво́д
  pilot plant
эксперимента́льный подхо́д
  experimental approach
э́ксперт в о́бласти страхово́го
  де́ла   insurance expert
экспе́рт, занима́ющийся ана́лизом
  коньюкту́ры   business analyst
эксперти́за, f.   1. evaluation;
  2. inspection; 3. examination
эксперти́за для определе́ния при-
  чи́ны дефе́кта   examination to
  determine the cause of a defect
эксперти́за ка́чества
  quality examination
э́кспертная оце́нка
  expert evaluation
экспе́рты по ма́ркетингу
  marketing experts
эксплуатацио́нная нагру́зка
  operating load
эксплуатацио́нные изде́ржки
  costs of operation
эксплуатацио́нные ка́чества
  performance
эксплуатацио́нный, adj.   working
эксплуати́ровать (+ acc.), v.
  operate
эксплутацио́нное испыта́ние
  performance test
экспози́ция вы́ставки

exposition of an exhibition
экспони́ровать, (+ acc.)
  1. exhibit; 2. show
экспони́ровать това́ры на вы́ставке
  exhibit goods at an exhibition
э́кспорт, m.   export
э́кспорт впуска́емый в страну́ без
  облаже́ния нало́гом
  duty-free access for exports
э́кспорт на компенсацио́нной осно́ве
  export on a compensatory basis
э́кспорт сло́жных ма́шин и оборудо́-
  вания   high-technology export
э́кспорт техноло́гии
  technology export
э́кспорт услу́г   export of services
э́кспорт-и́мпорт сельскохозя́йствен-
  ной проду́кции
  agricultural export / import
э́кспорт-и́мпорт сырья́
  export / import of raw materials
экспорте́р, m.   exporter
экспорти́ровать (+ acc.), v.   export
э́кспортная зая́вка
  export application
э́кспортная цена́   export price
э́кспортно-и́мпортная документа́ция
  export / import documents
э́кспортно-и́мпортная опера́ция
  export / import operation
э́кспортно-и́мпортные креди́ты
  export / import credits
э́кспортно-и́мпортные платежи́
  export / import payments
э́кспортные дохо́ды
  export revenue
э́кспортные льго́ты
  export incentives
э́кспортные о́трасли промышленности   export industries
э́кспортные поступле́ния
  export earnings
э́кспортный потенциа́л
  export capacity
э́кспортный потенциа́л страны́
  export potential of the country
э́кспортный се́ктор эконо́мики
  export sector
э́кспортный склад
  export warehouse
экспре́сс-по́чта, f.   overnight mail

экспроприация имущества
1. confiscation of assets;
2. expropriation of assets
экстенсивное сельское хозяйство
extensive agriculture
экстенсивный рост экономики
extensive growth of the economy
экстренные закупки
emergency purchases
экстренный, adj.
1. emergency; 2. urgent
эластичность спроса
elasticity of demand
электрический автомобиль
electric car
электричество, n.   electric power
электронная записная книжка
notebook personal computer
электронная почта   electronic mail
электроснабжение, n.
power supply
электростанция, f.   power plant
электростанция, работающая на
угле   coal-burning power plant
элемент добавочной стоимости
value added component
элемент новизны (patent)
novel feature
элементы издержек
cost elements
эмбарго, n.   embargo
эмбарго на нефть   oil embargo
эмбарго на что-либо
embargo on something
эмиссия, f.   issue
эмиссия денег   issuing of money
эмиссия ценных бумаг
issue of securities
эмитент, m.   1. emitter; 2. issuer
эмитент ценных бумаг
issuer of securities
эмитент ценных бумаг с высоким
процентом   high-yield issuer
эмпирическая проверка
empirical test
эмпирический подход
empirical approach
энергетический баланс
energy balance
энергетический кризис
energy crisis

энергичная кампания по продаже
aggressive sales effort
энергия, f.   1. energy; 2. power
энергоемкий, adj.
energy-intensive
энергоносители, pl.
1. energy; 2. fuels
энергоресурсы, pl.   energy supply
эскизный проект   draft design
этикетка, f.   label
эфирное время
1. radio time; 2. TV time
эфирное время отведенное рекламе
ad time
эффективная реклама
effective advertisement
эффективность, f.   efficiency
эффективность рекламы
advertising effectiveness
эффективный, adj.   effective

Ю

ювелирное золото   jewelry gold
юридическая доверенность
power of attorney
юридическая контора   law firm
юридическая ответственность рабо-
тодателей за сотрудников, водя-
щих машину в нетрезвом виде,
находясь при исполнении служеб-
ных обязанностей   drunk-driving
liability of the employers
юридический адрес
1. domicile; 2. legal address
юридический смысл   legal meaning
юридический статус совместных
предприятий
legal status of joint ventures
юридическое лицо
1. legal counsel; 2. legal entity
юридическое лицо во внешнеторговой сделке   legal counsel in
a foreign trade transaction
юридическое толкование
legal meaning
юрисдикция, f.   jurisdiction
юрисдикция суда
court jurisdiction m.
юрисконсульт,   legal adviser

Я

явиться, v.   see: *являться*
являться / явиться следствием
 упущения   result from negligence
язык ЭВМ   computer language
ярлык, *m.*   1. label; 2. price tag
ярлык с указанием цены товара
  price tag
ярмарка, *f.*   fair